Der Koran

Der Koran

in der Übersetzung von
Friedrich Rückert

Verlag Projekt Gutenberg-DE
ISBN: 9783865117632

Inhalt

Die Erste Sura
Überschrieben
Die Eröffnerinn des Buches

Überschrift ***Die Eröffnerinn Fatiha,*** **als allgemeines Gebet billig der ganzen Sammlung vorangestellt. Die Segensformel:** ***Im Namen Gottes des allbarmherzigen Erbarmers*** **kehrt über jeder Sure wieder, mit Ausnahme der neunten; wir haben sie überall weggelassen.**

–/1 Im Namen Gottes des allbarmherzigen Erbarmers.
1/2 Gelobt sei Gott, der Herr der Welten!
2/3 Der Allbarmherzige, der Erbarmer,
3/4 Der König des Gerichtstags.
4/5 Dir dienen wir, dich rufen wir um Hilf' an.
5/6 Führ' uns den Weg den graden!
6/7 Den Weg derjenigen, über die du gnadest,
7/- Deren auf die nicht wird gezürnt, und deren die nicht irrgehn.

Nach einer anderen Auffassung der Satzfügung kann diese Zeile auch lauten:

Nicht deren, auf die wird gezürnt,
und deren nicht die irrgehn.

Die ersteren sollen dann die Juden seyn, und die letztern die Christen. Vergl. Sure 60,13. Dieser Bezug scheint aber unstatthaft für das einfache Gebet.

Aus der Zweiten Sure
Die Kuh

Überschrift ***Die Kuh*** **Diese Riesin unter den Suren, doppelt so lang als die übrigen längsten, und zehn oder mehrfach als die von mittlerer Länge, scheint aller inneren Einheit zu ermangeln und nur ein Versuch (ob des Profeten, oder der Sammler, sei dahingestellt), alles sonst einzeln Ausgeführte als ein äußerliches Ganzes zusammen zu fassen. Viele einzelne Partien, obgleich der fühlbaren Richtung auf ein bestimmtes Ziel, und somit der rechten Wirkung entbehrend, sind doch rhetorisch schön genug, und wir begnügen uns, dergleichen einzeln auszuheben; einiges andere durften wir des mythischen oder des dogmatischen Inhaltes, oder auch der Vergleichung wegen mit Stellen in späteren Suren, nicht übergehen. Arabische Ausleger geben diese Sure für die erste medinische, wir müßten sie nach Obigem vielmehr für die letzte halten. Die letzte aber, deren Zeit sich aus ihr selbst beglaubigt, ist S. 9. Dagegen sind in dieser zweiten wenigstens einige Stücke, die gewiß in die frühste medinische Zeit fallen, z.B. die Veränderung der Kibla V. 136 ff.**

7/8 Wol von den Menschen mancher spricht: »Wir glauben
An Gott und an den jüngsten Tag;«
Allein sie glauben nicht.

8/9 Sie wollen Gott betrügen und die Gläubigen;
Doch sie betrügen nur sich selbst, und merkens nicht.

9/10 In ihren Herzen ist ein Siechthum;
Zunehmen läßt sie Gott an Siechthum,
Und ihrer wartet Strafe peinlich
Darum daß sie verleugnen.

10/11 Sagt man zu ihnen: Stiftet Unheil nicht auf Erden!
So sagen sie: Wir stiften Heil.

11/12 Ei freilich, Unheil stiften sie, und merken's nicht.

12/13 Sagt aber man zu ihnen: Glaubet,
Als wie die Leute glauben! So sagen sie: Wir sollten glauben,
Alswie die Thoren glauben?
Ei ja, die Thoren sind sie selbst, und wissen's nicht.

13/14 Wenn aber sie begegnen denen
Die glauben, sagen sie: Wir glauben.
Doch wenn sie sind allein bei ihren Satanen,
So sagen sie: Wir sind mit euch;
Fürwahr wir spotten nur.

14/15 Gott spottet ihrer, und läßt sie in ihrem Trotz hintaumeln.

15/16 Die sind es, die einkaufeten den Irrthum für die Leitung;
Und nicht gewuchert hat ihr Handel,
Und sie sind ungeleitet.

16/17 Ihr Gleichnis ist das Gleichnis dessen
Der angezündet hat ein Feuer;
Und als es ringsum leuchtete,
Nahm Gott hinweg ihr Licht, und ließ sie
Im Finstern, die nicht sehen;

17/18 Taub, stumm und blind; darum sie nie umkehren.

18/19 Oder wie ein Gewölk vom Himmel,
In dem ist Finsternis und Blitz und Donner;
Sie stecken ihre Finger in die Ohren vor den Schlägen,
Aus Furcht vorm Tod; und Gott umfaßt die Leugner.

19/20 Der Blitz will rauben ihre Augen;
Sooft es ihnen leuchtet, wandeln sie darin,
Und wenn es dunkelt über ihnen, stehn sie.
Und wollt' es Gott, so nähm' er ihr Gehör und ihre Augen,
Denn Gott ist jedes Dings gewaltig.

— — —

28/30 Wie da dein Herr sprach zu den Engeln: Ich will setzen
Auf Erden einen Stellvertreter.

Sie sprachen: Willst du auf sie setzen einen,
Der sie verdirbt und Blut vergießt?
Da wir doch preisen deinen Ruhm und heiligen!
Er aber sprach: Ich weiß was ihr nicht wisset.

29/31 Nun lehrte er den Adam alle Namen der Geschöpfe,
Dann führt' er sie den Engeln vor,
Und sprach: Sagt mir die Namen doch von diesen,
Wenn ihr die Wahrheit redet!

30/32 Sie sprachen: Preis sei Dir! wir haben
Kein Wissen, als was du uns lehrest,
Denn du nur bist der Wissende, der Weise.

31/33 Da sprach er: Adam, sag die Namen ihnen!
Und als er ihnen nun gesagt die Namen,
Sprach er: Hab' ichs euch nicht gesagt?
Ich weiß' die Heimlichkeit des Himmels und der Erde,
Und weiß das was ihr zeigt und was ihr berget.

32/34 Wie wir da zu den Engeln sprachen: Fallet nieder
Vor Adam! und sie fielen nieder,
Nur Iblis weigert's und war stolz,
Und war von den Verleugnern.

33/35 Wir sprachen: Adam wohne
Du und dein Weib im Garten hier,
Und eßt von ihm die Fülle, wo ihr wollet,
Nur nahet diesem Baume nicht und sündigt!

34/36 Doch Satan machte sie entgleiten
Und das verlieren was sie hatten;
Wir sprachen: Geht hinab von hier,
Und seid einander feind, auf Erden
Sei euer Aufenthalt und Nießbrauch einer Frist.

35/37 Dem Adam aber wurden Worte
Zu Theil von seinem Herrn, zu dem er sich bekehrte;
Und Er ist der barmherzig zugekehrte.

36/38 Wir sprachen: Geht hinab von hier zusammen!
Doch kommen soll von mir euch Leitung;
Wer nun wird folgen meiner Leitung,
Auf solchen sei nicht Furcht noch Leid.

37/39 Die aber leugnen meine Zeichen
Und Lüge zeihen, sind Genossen
Des Feuers, drin sie ewig sind.

38/40 Ihr Söhne Israels, denkt meiner Wohlthat, die ich that an euch,
Und haltet meinen Bund! so halt' ich euren Bund.
Mich fürchtet, mich!

–/41 und glaubt an das
Was ich gesendet habe zur Bekräftigung
Von dem was euch geworden.
Und seid nicht dessen erste Leugner;
Gebt meine Zeichen nicht für schlechten Preis auf! sondern ehrt mich!

— — —

63/67 Wie Mose sprach zu seinem Volke: Gott befiehlt euch,
Daß ihr sollt schlachten eine Kuh! sie sprachen:
Willst du uns wol verspotten?
Er sprach: Ich nehme Gott zur Zuflucht,
Daß ich nicht sei der Thoren einer.

Vers 63 *Kuh* Das Urbild dieser Kuh, von der die Sure ihren Namen hat, ist im alten Testamente doppelt vorhanden. 1.) 4 Mos. 19,1 ff.: »Und Jehova redete zu Mose: Sage den Söhnen Israels, daß sie dir bringen eine *rothe Kuh*, fehlerlos, auf welche kein Joch gekommen, und gebet sie Eleasar dem Priester, und jemand soll sie hinausführen vor das Lager, und sie schlachten. Und Eleasar soll von ihrem Blute nehmen mit seinem Finger, und von demselben gegen das Versammlungszelt sprengen siebenmal. Darnach soll jemand die Kuh verbrennen vor ihm; ihre Haut und ihr Fleisch und ihr Blut nebst ihrem Miste soll er verbrennen. Und der Priester soll Cedernholz nehmen und Isop und einen purpurnen Faden, und es in den Brand der Kuh werfen; und soll seine Kleider waschen, und seinen Leib baden in Wasser, und darnach ins Lager gehn und soll unrein seyn bis an den Abend. Und der sie verbrannt soll eben so unrein seyn bis an den Abend. Und ein reiner Mann soll die Asche der Kuh sammeln und sie außerhalb des Lagers schütten an einen reinen Ort, daß sie daselbst aufbewahrt werde für die Gemeinde der Söhne Israels, zum Wasser der Reinigung; es ist ein Sündopfer. Und es soll für die Söhne Israels eine ewige Satzung seyn: Wer einen Todten anrührt, die Leiche irgend eines Menschen, der soll unrein seyn sieben Tage. Wenn sich nun derselbe mit diesem Wasser entsündigt am dritten Tage und am siebenten Tage, so ist er rein.« – 2.) 5. Mos. 21,1 ff.: »Wenn ein Erschlagener gefunden wird im Lande, liegend auf dem Felde, und man nicht weiß, wer ihn erschlagen; so sollen deine Aeltesten und Richter ausgehen, und messen bis zu den Städten, welche rings um den Erschlagenen liegen, und welche Stadt die nächste ist an dem Erschlagenen, die Aeltesten derselben Stadt sollen eine junge Kuh nehmen, mit welcher noch nicht gearbeitet worden, und welche noch nicht gezogen am Joche; und sollen sie hinabführen zu einem fließenden Bach, worin nicht gepflügt noch gesäet wird, und sollen die Kuh schlachten daselbst im Bache. Und sollen ihre Hände waschen über der Kuh und sprechen: Unsere Hände haben dis Blut nicht vergossen, und unsre Augen haben es nicht gesehen. Vergib es deinem Volke Israel, welches du erlöset, Jehova, und lege nicht unschuldiges Blut auf dein Volk! Alsdann werden sie über dem Blute versöhnet seyn.« – Es ist zu sehen, daß die obige Erzählung im Koran sich bestimmter auf die zweite dieser Sühnkühe bezieht als auf die erste, von der nur die rothe Farbe mitgenommen ist. Die Behandlung selbst aber der Geschichte setzt deren Bekanntschaft voraus, wie dis mit allen jüdisch-christlichen Mythen im Koran der Fall ist.

— — —

–/68 Sie sprachen: Ruf uns deinen Herrn an,
Daß er uns deute, wie sie sei.
Er sprach: Gott spricht: solch eine Kuh sei's,
Nicht alt noch jung, in Mitte zwischen beidem.
So thut nun, was euch ist befohlen!

64/69 Sie sprachen: Ruf uns deinen Herrn an,
Daß er uns deute, wie sei ihre Farbe.
Er sprach: Gott spricht, solch eine Kuh sei's, rothgelb ihre Farbe,
Erfreuend alle die sie sehn.

65/70 Sie sprachen: Ruf uns deinen Herrn an,
Daß er uns deute, wie sie sei!
Nicht unterscheiden können wir die Kühe,
Und möchten seyn, so Gott will, recht geleitet.

66/71 Er sprach: Gott spricht, solch eine Kuh sei's, nicht gezähmt
Das Feld zu pflügen, noch die Saat zu wässern unterworfen,
Und an ihr sei kein Flecken.
Sie sprachen: Jetzo kamst du mit der Wahrheit.
Da schlachteten sie jene nun, kaum thaten sie's.

Vers 66 ***Kaum thatens sie's*** **weil sie noch immer nicht recht glaubten, und aus alter eingewurzelter Halsstarrigkeit oder (sagen arabische Ausleger), weil ihnen der Kaufpreis zu hoch war; siehe zu V. 67 u. 68.**

67/72 Wie ihr ein Leben nun erschlugt, und strittet drum,
Doch Gott zum Vorschein brachte was ihr barget!

68/73 Wir sprachen: Rührt ihn an mit einem Theil von ihr!
So macht lebendig Gott die Todten,
Und läßt euch sehen seine Zeichen,
Ob ihr verstehen möchtet.

Verse 67. 68 An die Stelle des Reinigungswassers in der hebräischen Urkunde läßt die phantastische jüdisch-arabische Sage das Wunder treten, daß der Todte, mit einem Theile der Kuh berührt, lebendig werde und seinen Mörder anzeige. Die Ausleger wollen wissen, und wir haben keinen Grund an der Richtigkeit der Sagenüberlieferung zu zweifeln: Im Lager der Israeliten sei ein alter reicher Mann von seinen beiden Neffen heimlich erschlagen worden, und unter zwei Stämmen, zwischen deren Lagerorten der Leichnam gefunden ward, sei über die Entrichtung des Blutgeldes Streit entstanden; diesen zu schlichten und die Mörder zu entdecken, sei das Wunder geschehen. Zugleich aber habe dadurch einer armen Witwe geholfen werden sollen, die allein eine solche Kuh, wie die beschriebene, gehabt, und sie sich nun, immer steigernd, theuer genug habe bezahlen lassen. – Mit den meisten Auslegerberichten zu den im Koran angespielten Sagen ist es wie mit diesem: sie geben uns allerlei, zum Theil Läppisches und Abgeschmacktes, was wir zum Verständnis der Stelle nicht brauchen und worauf in ihr kein Bezug sich findet; daher wir dergleichen künftig unbeachtet lassen dürfen. Es sind die späteren Nachwächse und Auswüchse der Sage, die im Koran noch viel einfacher erscheint.

69/74 Doch wieder dann verhärteten sich eure Herzen,
Und waren wie die Felsen oder härter.
Denn von den Felsen ist wol mancher,
Aus welchem Ströme quellen,
Und mancher ist von ihnen wol, der spaltet sich,
Und aus ihm fließet Wasser,
Und mancher ist von ihnen wol, der niederstürzt,
Aus Furcht vor Gott; und Gott ist nicht
Unachtsam dessen was ihr thut.

— — —

74/80 Sie sagen: Nicht berühren wird uns
Die Glut, als nur gezählte Tage.
Sag' ihnen: Habet ihr darauf von Gott das Wort erhalten?
Denn nie wird brechen Gott sein Wort.
Wie oder saget ihr von Gott, was ihr nicht wisset?

Vers 74 *Sie sagen* **die Juden nämlich behaupten (wie hier behauptet wird) für sich den Vorzug eines solchen Fegefeuers, oder einer Höllenstrafe auf bestimmte kurze Zeit. Nach den Auslegern sollen die** *gezählten*, **d.i. wenigen** *Tage* **bald 40 seyn, solange als sie das Kalb angebetet, bald nur 7 nach den 7000 Jahren der Welt, Einen Tag für jedes Tausend Jahre. Mohammed behauptet die Ewigkeit der Strafe, wenigstens für die Ungläubigen; denn für die Gläubigen setzt er der Gnade Gottes in Vergebung andrer Sünden, als des Unglaubens, keine Schranken.**

75/81 Nein! Wer gewirkt hat Böses, wen umrungen seine Sünde,
Dieselbigen sind die Genossen
Der Glut, in der sie ewig sind.

76/82 Die aber glaubten und das Gute thaten, Dieselbigen sind die Genossen
Des Gartens, drin sie ewig sind.

Vers 76 *Die glaubten etc.* **Beiläufig sei hier noch bemerkt, daß in den unzähligen Stellen, wo wie hier den Gläubigen der Garten, das Paradis, verheißen ist, dis immer mit dem Zusatz geschieht: Die glaubten und das Gute thaten. Streng und ängstlich ist überall im Koran an dieser Formel gehalten.**

— — —

81/87 Dem Mose gaben wir die Schrift einst,
Und ließen nach ihm folgen die Gesandten,
Und gaben Jesu, Sohn Marias, die Beweise,
Und stärketen ihn mit dem Geist der Heiligkeit.
Wie denn? sooft euch kommt ein Abgesandter
Mit dem was nicht begehren eure Seelen, thut ihr stolz?
Und ein'ge zeiht ihr Lügen, andre tödtet ihr!

82/88 Sie aber sprechen: Unsre Herzen
Sind eben unbeschnitten! – Ja, gefluchet

Hat ihnen Gott um ihre Leugnung;
Wie wenig sie doch glauben!

Vers 82 *Unsere Herzen sind ja nicht beschnitten*: **eine Spottrede, ihren Unglauben an Mohammeds Sendung zu bezeichnen.**

83/89 Nachdem nun ihnen kam ein Buch von Seiten Gottes,
Bestätigend das, was sie selber haben;
Da sie nach Gottes Hülfe sonst gerufen gegen die Verleugner, –
Nachdem nun ihnen kam, was sie erkannten wol,
Verleugneten sie's doch; Gott aber hat geflucht den Leugnern.

Vers 83 *Ein Buch* **der Koran. Die Juden werden hier als solche dargestellt, die, unter den ungläubigen Arabern, selbst auf einen Profeten warteten, und nun diesen, da er gekommen war, nicht annehmen wollten.**

84/90 Schlimm ist, wofür sie ihre Seelen
Verkaufen, das zu leugnen, was Gott offenbart,
Aus Schelsucht, daß Gott offenbare
Aus seiner Gnadenfülle, wem er will von seinen Knechten.
So tragen sie nun Zorn auf Zorn heim,
Und den Verleugnern bleibet Strafe schmachvoll.

Vers 84 *Zorn auf Zorn*: **den Zorn Gottes für diese und für jene Welt.**

— — —

88/94 Sag ihnen: Wenn bei Gott die ewige Wohnung
Euch eigen ist mit Ausschluß andrer Menschen;
So wünschet doch den Tod, wenn ihr die Wahrheit redet!

89/95 Sie aber wünschen nimmer ihn,
Des wegen was vorwirkten ihre Hände,
Gott aber kennt die Sünder.

90/96 Du findest sie vor allen Menschen
Die gierigsten nach Leben;
Selbst vor den Götzendienern. Mancher wol von ihnen wünschte
Zu altern tausend Jahre;
Doch nicht der Straf' entrücken würd' ihn dieses, daß er alterte;
Denn Gott ist schauend was sie thun.

91/97 Sag' ihnen: Wer ein Feind ist Gabriels (denn dieser
Gab deinem Herzen ein dis Buch, auf Gottes
Geheiß, bestätigend das Vorige, zur Leitung
Und Freudenbotschaft für die Gläub'gen)

92/98 Wer Gottes Feind und seiner Engel ist und seiner Boten,
Und Gabriels und Michaels; nun, Gott ist Feind der Leugner!

93/99 Wir haben dir gesendet Zeichen offenkundig,
Die leugnen nur Abtrünnige.

94/100 Wie denn? sooft sie sich verbinden
Zu einem Bund, verwirft ihn wieder
Ein Theil von ihnen? ja die meisten glauben nicht.

95/101 Und nun nachdem ein Abgesandter
Von Seiten Gottes ihnen kam,
Bestätigend was sie schon haben, wirft ein Theil
Von denen die das Buch empfiengen,
Das Buch von Gott hinter den Rücken,
Alsob sie es nicht kenneten!

Vers 95 *das Buch empfiengen* **das Gesetz Mose's. –** *Das Buch von Gott* **den Koran.**

96/102 Und folgen dem, was die Satane
Vorbringen von der Herrschaft Salomonis
(Doch Salomon war kein Verleugner,
Die Satane sind Leugner nur und lehren
Die Menschen Zauberei) und dem,
Was offenbart ward den zwei Engeln Babels,
Harut und Marut; doch die beiden lehren keinen,
Bevor sie sagen: Wir sind eine
Versuchung; sei du kein Verleugner!
Und gleichwol lassen sie sich von den beiden lehren,
Womit sie Trennung stiften zwischen Mann und Weib;
Doch keinem schaden sie damit wenn's Gott nicht zuläßt;
Und lassen das sich lehren,
Was ihnen schadet und nicht nützt,
Und wissen wohl, wer solches kauft,
Der hat am Künftigen keinen Antheil;
Schlimm ist, um was sie ihre Seelen
Verkaufen, wenn sie's wüßten!

Vers 96: Von Salomo sagt der Koran an vielen Stellen, daß ihm die Geister (bald Satane, bald Dschinnen) unterwürfig gewesen. Hier scheint dieses für eine Fabel erklärt, für ein bloßes Vorgeben der Satane selbst, um mit dieser Vorspiegelung salomonischer Herrschaft die Menschen zu bethören. Es läßt sich aber so vermitteln: Die Satane waren allerdings dem Salomo unterworfen, er aber nicht ihnen und ihrer Zauberei. – Die beiden gefallenen Engel, Harut und Marut, die in einem Brunnen zu Babel sitzen und jeden, der sie dort aufsucht, Zauberei lehren, sind uns wol bekannt genug. Hier werden nun die Juden solcher Zauberkünste beschuldigt. Vergl. S. 113.

97/103 O glaubten sie und fürchteten,
Der Lohn von Seiten Gottes wäre besser, wenn sie's wüßten!

— — —

118/124 Wie da den Abraham sein Herr versuchete mit Worten,
Und er erfüllte sie;
Da sprach Er: Machen will ich dich zu einem
Vorgänger für die Menschen.
Sprach jener: Auch von meiner
Nachkommenschaft? sprach Er: Mein Bund
Erstreckt sich nicht auf Frevler.

Vers 118 *mit Worten* **Geboten und Verboten. Andere Lesart:**

Wie Abraham da seinen Herrn versuchete mit Worten,
Und Er erfüllte sie,
Sprach: Machen –

wo dann *mit Worten* **mit Bitten bedeutet. –** *Vorgänger* **im Glauben,** *Imam.*

119/125 Und wie wir machten da das Haus
Zum Sammelort den Menschen und zur Freistatt,
(Nehmt euch den Standort Abrahams zum Betort!)
Und legten auf dem Abraham und Ismael:
Reinigt mein Haus und weihet es
Für die Umwandelnden und Stehenden,
Verbeugten und Fußfälligen!

Vers 119 *Das Haus* **das heilige, die** *Kaba.* **–** *Ismael* **Der von Seite der Juden ausgestoßene Ismael ist von denen, die ihn unter ihre Stammväter zählen, billig zu hohen Ehren angenommen; er baut zugleich mit seinem Vater Abraham die Kaba, so wie auch er, nicht Isak, es ist, den Gott zum Opfer forderte. Das alles hat Mohammed so in der Überlieferung seines Volkes vorgefunden, und macht es hier gegen die Juden gelten.**

120/126 Wie da sprach Abraham: O Herr, mach diese Flur
Befriedet, und versorge die Bewohner
Mit Früchten, alle die da glauben
An Gott und an den jüngsten Tag!
Sprach Er: Wer aber leugnet,
Dem geb' ich kurzen Nießbrauch,
Dann zwing' ich ihn zur Pein der Glut,
Schlimm ist dahin die Einkehr.

121/127 Und wie da Abraham den Grund
Des Hauses legt' und Ismael:
O Herr, nimm dieses an von uns!
Du bist der Hörer und der Wisser.

122/128 O unser Herr, mach' uns zu dir Ergebnen, und
Von unserer Nachkommenschaft
Ein Volk ein dir ergebnes;
Und lehr' uns unsre Weihgebräuche,

Und kehr' dich zu uns! Denn du bist
Der Zugekehrte, der Erbarmer.

Vers 122 *Ergebnen* **Muslims.**

123/129 O unser Herr, erweck' auch unter ihnen einen Abgesandten
Aus ihnen selber, welcher ihnen
Vortrage deine Zeichen,
Und sie die Schrift und Weisheit lehre,
Und rein'ge sie; denn du bist der Allmächtige Allweise:

124/130 Wer aber strebet ab vom Glauben Abrahams,
Als wer sich selber thöret?
Wir wählten ihn in dieser Welt,
Und in der andern ist er bei den Guten.

125/131 Wie da zu ihm sein Herr sprach: Komm, ergib dich!
Er sprach: Ergeben hab' ich mich dem Herrn der Welten.

126/132 Und das vermachte Abraham an seine Söhn', und Jakob:
O meine Söhne, Gott hat
Für euch erkohren diesen Dienst;
O sterbt nicht ohne daß ihr scid Ergebne!

127/133 War't ihr zugegen, als der Tod
Trat Jakob an? als er zu seinen Söhnen sprach:
Wem wollt ihr nach mir dienen?
Sie sprachen: Dienen wollen
Wir deinem Gott und deiner Väter
Gott Abrahams und Ismaels
Und Isaks, Einem Gott, und ihm sind wir ergeben.

128/134 Dahin ist nun gegangen dieser Volkstamm;
Sein was er wirkte, euer was ihr wirket!
Nicht fragen wird man euch um das, was jene thaten.

129/135 Sie sprechen: Werdet Juden oder Nazarener,
Und seid geleitet! – Nein! zum Glauben Abrahams,
Andächtig, der nicht war ein Götzendiener.

130/136 Sprecht nur: Wir glauben
An Gott und das, was uns gesandt ist,
Und was gesandt ist Abrahamen
Und Ismael und Isak
Und Jakob und den Stammeshäuptern,
Und was empfangen Mose hat und Jesus,
Und was empfangen die Profeten
Von ihrem Herrn, wir machen keine Scheidung zwischen einem unter ihnen,
Und wir sind Gottergebne.

131/137 Wenn sie nun glauben an dasselbe
An was ihr glaubet, so sind sie geleitet;
Doch wenden sie sich ab, so sind sie in der Spaltung,
Gott aber wird dich gegen sie vertreten,
Er ist der Hörer und der Wisser.

136/142 Die Thoren von den Menschen sagen:
Was hat sie abgewendet ihrer Kibla,
Nach welcher sie sich richteten?
Sag' ihnen: Gottes ist der Aufgang
Der Sonn' und Niedergang; er leitet, wen er will, zum graden Pfade.

Vers 136 *Kibla* die Richtung des Angesichtes beim Gebet, und der Ort, nach welchem hin man es richtet. Mohammed, solang er in Mekka mehr gegen die Götzendiener als gegen die Juden zu kämpfen hatte, auch wol die letzteren noch ganz zu gewinnen hoffen mochte, hatte zur Kibla seiner Gläubigen den Tempel von Jerusalem bestimmt. Nun in Medina, in ganz anderer Lage gegen die Juden sowohl, die er immer mehr aufgeben mußte, als gegen die Mekkaner und die alteinheimische Gottesverehrung, deren er sich ganz bemächtigen wollte, wie er sich ihrer denn auch mit Gewalt wirklich bemächtigte, veränderte er die *Kibla*, und setzte im 2. J. d. H. an die Stelle des jüdischen Tempels das arabische Heiligthum, die Kaba in Mekka, deren in Götzendienst entartete Gebräuche er streng monotheistisch reformirte.

138/143 Wir machten jene Kibla,
Nach welcher du dich richtetest,
Nur um zu unterscheiden, wer
Da folgen würde dem Gesandten,
Von dem der träte hinter sich,
Wiewol sie euch beschwerlich war,
Nur denen nicht die leitet Gott,
Gott aber wollte nicht verloren
Gehn lassen euern Glauben,
Denn Gott ist mild den Menschen und barmherzig;

Vers 138 Durch die Veränderung der Kibla stellte Mohammed erst seine arabischen Anhänger zufrieden, die sich ungern, und nur aus Gehorsam gegen Gottes Leitung, bisher nach der Kibla der Juden gerichtet hatten. Zur Belohnung für ihren Gehorsam erhalten sie nun ihre eigene ihnen angenehme Kibla.

139/144 Wir sehn, wie du dein Antlitz kehrst umher am Himmel;
Zu einer Kibla wollen wir dich wenden, die dir wohlgefällt!
Wende dein Antlitz dem geweihten Bethaus zu!
Und wo ihr immer sein mögt, wendet euer Antlitz
Demselben zu! Ja jene, so die Schrift empfiengen,
Erkennen werden sie, daß dieses
Die rechte Wahrheit ist von ihrem Herren,
Und Gott ist nicht unachtsam dessen was sie thun.

140/145 Doch wenn du jenen, so die Schrift empfiengen,
Auch jedes Zeichen brächtest,
Sie folgten doch nicht deiner Kibla,
Und du sollst auch nicht folgen ihrer Kibla;
Ein Theil von ihnen selber folgt ja
Der Kibla nicht des andern Theiles;
Doch wenn du ihren Lüsten folgtest
Nach dem was dir vom Wissen zukam,
So wärst du von den Sündern.

137/143 So machten wir euch nun zu einem Volk der Mitte,
Daß ihr seid Zeugen über die Menschen,
Und der Gesandte über euch sei Zeuge.

142/147 Dis die Wahrheit von deinem Herrn,
Sei du nicht von den Zweiflern!

143/148 Ein jeder hat wol seine Richtung,
Nach welcher er sich wendet;
Ihr aber sollt vorangehn
Im Guten, wo ihr immer seid!
So wird euch Gott zusammen bringen,
Denn Gott ist jedes Dings gewaltig.

Vers 143 ***Euch*** **alle Araber oder auch Menschen,** ***zusammen bringen*** **zu Einem Glauben.**

144/149 Von wo du immer ausgehst, wende
Dein Angesicht nur dem geweihten Bethaus zu!
Das ist von deinem Herrn die rechte Wahrheit,
Und Gott ist nicht unachtsam dessen was ihr thut.

145/150 Von wo du immer ausgehst, wende
Dein Angesicht nur dem geweihten Bethaus zu!
Und wo ihr immer sein mögt, wendet euer Angesicht ihm zu!
Damit den Menschen gegen euch kein Streitgrund bleibe,
Die Frevler ausgenommen unter ihnen;
Die aber fürchtet nicht! mich fürchtet!
Und daß ich meine Wohlthat
An euch vollend', und daß ihr seid geleitet;

146/151 Wie wir denn schon gesendet haben unter euch
Einen Gesandten aus euch selbst,
Daß er euch vorträgt unsre Zeichen,
Und reinigt euch, und lehret euch die Schrift und Weisheit,
Und lehret euch, was ihr nicht wußtet.

147/152 So denket mein, und Ich denk' euer,
Seid dankbar mir, und leugnet nicht undankbar!

153/158 *Safa* und *Marwa* auch sind von den Heiligthümern Gottes.
Wer bei dem Hause nun die *Wallfahrt* oder den *Besuch* macht,
Versündigt sich nicht, wenn er auch umwandelt jene beiden;
Und wer da thut ein gutes Werk freiwillig,
Traun, Gott ist dankbar und erkennend.

Vers 153 *Safa und Marwa*: **Auch die beiden altgeheiligten Hügel bei Mekka,** *Safa und Marwa*, **sollen in den Kreis der Heiligthümer mit aufgenommen bleiben; so wie denn Mohammed, seit er die Kibla nach der Kaba richtete, immer mehr von der dortigen alten Feierordnung aufnahm, nur alles vom Götzendienerischen ab zur Verehrung seines Einen Gottes lenkte. – Die** *Wallfahrt* **oder** *der Besuch* **jene ist die eigentliche feierliche Wallfahrt, allezeit im letzten Monat des Jahres, der davon Wallfahrtsmonat heißt, wobei keiner der vielfachen Gebräuche und keine der heiligen Stätten übergangen werden darf, dergleichen denn jeder Moslim wenigstens einmal im Leben machen muß; dagegen der** *Besuch* **an keine bestimmte Zeit gebunden ist und weniger Feierlichkeiten erfordert.**

148/153 Ihr die da glaubet, nehmt zu Hülfe die Geduld
Und das Gebet! Gott ist mit den Geduldigen.

149/154 Und saget nicht von denen die erschlagen sind
Im Wege Gottes: Todte! sondern: Lebende!
Ihr aber merket es nur nicht.

150/155 Auch prüfen werden wir euch etwas
Mit Kriegsgefahr und Hunger,
Und Schmälerung an Gütern, Leibern, Früchten;
Doch Freudenbotschaft gib du den Geduldigen!

151/156 Die, wenn ein Unfall sie befället, sprechen: wir sind Gottes,
Und zu ihm kehren wir zurück.

152/157 Die sind es, über denen sind die Segnungen
Von ihrem Herren und Erbarmung,
Und sie sind die Geleiteten.

— — —

210/214 Wie? meinet ihr, ihr werdet eingehn in den Garten, ohne daß
Zuvor auch euch ein Gleiches kam
Wie denen die vor euch gewesen,
Die Kriegsbeschwer und Noth erlitten,
Und wurden sehr geschüttert?
So daß nun der Gesandte spricht und die da glauben
Mit ihm: Wann kommt die Hilfe Gottes? –
O, Gottes Hilfe kommt wol bald.

Vers 210 In dem folgenden, was sich dem Inhalt nach an das in unserm Auszug nächstvorstehende (V. 148–152) unmittelbar anschließen läßt, versuchten wir zwei auseinandergerissene Stücke des Textes zu einem kleinen Ganzen zusammen zu stellen, wie die Verszahlen angeben.

212/216 Euch vorgeschrieben ist der Kampf,
Er aber ist euch leid.

213/- Doch manches mag euch leid seyn, was euch besser ist,
Und manches mag euch lieb seyn, was euch schlimmer ist,
Denn Gott weiß, und ihr wisset nicht.

214/217 Sie fragen dich um die geweihten Monde, um den Kampf darin.
Sag ihnen so: der Kampf darin ist arg;
Verdrängung aber von dem Wege Gottes und Verleugnung
Desselben und des heil'gen Hauses,
Samt der Vertreibung der Bewohner draus ist ärger
Vor Gott, und Aergernis ist ärger
Als Tödtung. Und sie rasten nicht
Euch zu bekämpfen, bis sie euch von eurem Gottesdienst abbringen,
Wenn sie's vermögen; doch von euch wer abfällt
Von seinem Gottesdienst, und stirbt als Leugner,
Derselben Werke sind verfallen
In dieser Welt und in der andern,
Dieselbigen sind die Genossen
Des Feuers, drin sie ewig sind.

Vers 214 Die Frage wird beantwortet, in wiefern die Feinde in den geweihten Monaten, wo altherkömmliche Waffenruhe und Landfriede war, bekriegt werden dürften. – Für *Aergernis* **hier und im folgenden V. 189 kann auch Meuterei gesetzt werden. Denn schon sieht der Profet seine Feinde als Empörer gegen Gott und den Glauben an. Das vielumfassende arabische Wort ist** *fitna*, **das sonst auch nur Prüfung, Versuchung, Verführung bedeutet.**

215/218 Doch die den Glauben nahmen an,
Und die auswanderten und stritten
Für Gottes Weg, dieselben haben
Zu hoffen die Erbarmung Gottes,
Und Gott ist gnädig und barmherzig.

186/190 Bekämpfet denn für Gottes Weg,
Diejenigen, die euch bekämpfen! schreitet aber
Nicht aus! Denn Gott liebt die nicht, die ausschreiten.

Vers 186 *Schreitet aber nicht aus* **Könnte dem Sinne nach, den die Worte durch den Zusammenhang bekommen, deutlicher so übersetzt werden,**

– greifet aber
Zuerst nicht an! Denn Gott liebt die nicht, die angreifen.

187/191 Erschlaget sie, wo ihr sie treffet;
Vertreibet sie, von wo sie euch vertrieben!
Denn Aergernis ist ärger noch als Tödtung.
Bekämpft sie aber nicht beim heiligen Hause,
Bis sie euch selber dort bekämpfen;

Bekämpfen sie euch aber, so erschlaget sie!
Das ist Vergeltung für die Leugner.

188/192 Doch stehn sie ab, nun, Gott ist gnädig und verzeihend.

189/193 Bekämpft sie also, bis kein Aergernis mehr sei,
Und Gottes sei der Gottesdienst;
Doch stehn sie ab, nun, keine Feindschaft
Sei als nur gegen Frevler.

— — —

244/243 O sahst du dort nicht jene, die aus ihrer Heimat wanderten
Zu Tausenden, aus Furcht vorm Tod? Und Gott sprach
Zu ihnen: Sterbt! dann macht' er sie lebendig.
Ja Gott ist gnadenreich den Menschen,
Die meisten Menschen aber sind undankbar.

Vers 244 Anspielung auf eine jüdisch-arabische Überlieferung, die in ihrem letzten Grunde eine Umbildung ist des Gesichtes des Profeten Hesekiel, 37, von den lebendig gewordenen Todtengebeinen. Die hier angespielte Sage aber will, daß eine Schaar von Israeliten aus einer Stadt ihres Landes vor der Pest, oder wie andere wollen, vorm Kriege, geflohn, und in einem Thale wohin sie sich geflüchtet, sämmtlich von Gott getödtet, dann aber auf Fürbitte ihres Profeten wieder lebendig gemacht worden. Das Sinnbildliche ist unverkennbar: So wanderten die bedrängten erschreckten Gläubigen aus Mekka aus, und waren in der Verbannung wie Todte, bis sie Gott neu belebte, sie zwiefach neu belebte, im Glauben und in weltlicher Geltung.

245/244 So kämpft für Gottes Weg, und wisset:
Gott hört und weiß.

Vers 245 Auch diese Partie schließt sich im Inhalt an die nächst vorher ausgezogene an.

246/245 Wer will darlehnen Gott ein schönes Darlehn,
Daß er's ihm doppele mit vieler Dopplung?
Gott ziehet ein und strecket aus,
Und zu ihm seid ihr heimgebracht.

Vers 246 ***Darlehn*** **zur Führung des heiligen Kriegs, Aufopferung von Gut und Blut für Gottes Sache. –** *Gott ziehet ein und strecket aus* **die Hand, er nimmt und gibt.**

247/246 O sahst du dort nicht die Gemeinde
Der Söhne Israels nach Mose, wie sie sprachen
Zu dem Profeten, den sie hatten:
Erweck' uns einen König, daß wir kämpfen mögen
Für Gottes Weg! Er sprach: vielleicht dann werdet ihr,
Wann euch der Kampf wird vorgeschrieben,
Nicht kämpfen wollen? Doch sie sprachen:
Wie sollten wir nicht kämpfen wollen
Für Gottes Weg, da wir vertrieben sind von unsrer Heimat

Und unsern Kindern? (doch, als nun
Der Kampf ward ihnen vorgeschrieben,
Da wandten sie den Rücken, bis auf wenige;
Gott aber kannte wohl die Sünder.)

Vers 247 *Zu dem Profeten* **Samuel. Auch die folgende Anwendung einer biblischen Geschichte hat, wie meist alle dergleichen Geschichten, eine absichtlich vorbildliche Beziehung auf Mohammed und seine Gläubigen, denen er hiermit Ausdauer und Entbehrungen im heiligen Kampfe empfehlen, sich selbst aber vielleicht im Lichte eines weltlichen Herrschers zeigen will.**

248/247 Doch ihr Profete sprach zu ihnen:
Gott hat erweckt den *Talut* euch zum Könige.
Sie sprachen: wie soll diesem werden
Die Königsherrschaft über uns?
Da wir sind würdiger der Herrschaft,
Und er nicht Fülle hat an Gut!
Er sprach: Gott hat ihn auserkohren über euch,
Und ihn ansehnlich wachsen lassen
Am Wissen und am Leibe.
Und Gott gibt seine Herrschaft, wem er will, und Gott
Ist allumfassend weise.

Vers 248 *Talut* **Saul, eine sehr abweichende Form, die ihren Ursprung vielleicht dem Reime auf den gleich folgenden** *Galut*, **Goliat, verdankt. – Daß Mohammed selbst im Saul sich spiegelt, sieht man an allen Zügen:** *Er hat nicht Fülle von Gütern.* **Gott aber hat ihn** *auserkohren, [i]stafahu*, **wovon Mohammed selbst** *Mustafa*, **der Auserkorene, heißt.** *Ansehnlich am Leibe* **war auch Mohammed, wenngleich er nicht wie Saul um eines Hauptes Länge über die andern hinausragte. Das** *Wissen* **zwar wird an Saul nicht besonders gerühmt, und auch Mohammed rühmt sich sonst nicht dessen, sondern seiner Unwissenheit. Aber auch Saul war ja, als der verwandelnde Geist über ihn kam, unter den Profeten. Doch zu genau dürfen wir die beiden Gegenbilder nicht aneinanderhalten, sonst kämen wir zuletzt mit Saul-Mohammed ins Gedränge durch den David von V. 252, der dann ein profezeiter Nachfolger des Profeten sein müßte.**

249/248 Doch weiter sprach zu ihnen ihr Profete:
Das Zeichen seiner Herrschaft ist, daß euch wird kommen
Die *Lad'*, in welcher ist die *Gottesruh* von eurem Herren,
Und Überbleibsel dessen was zurückließ
Das Haus von Mose und von Aron,
Dieselbe werden Engel tragen.
Fürwahr, in diesem ist ein Zeichen
Für euch, wenn ihr seid Gläubige.

Vers 249 *Die Lade* **die in die Hände der Filistäer gefallene, von diesen dann zurückgegebene Bundeslade, die aber 1. Samuel. 6,10 nicht von Engeln, sondern von Kühen gebracht wird. – Die** *Gottesruhe* **hebräisch Schakine, arabisch ebenso Sakina, im Hebräischen die geheimnisvolle Herrlichkeit Gottes, die im Bundeszelt und auf**

der Lade ruht, von Mohammed aber, der Wortbedeutung gemäß, an mehreren Stellen gebraucht als *Ruh und Friede*, von Gott auf die Gläubigen nach Kampfermattung, Furcht und Unruhe herabgesandt. Vgl. 9,26. So wird denn also hier auch die von Engeln gebrachte Lade sinnbildlich zu verstehn seyn.

250/249 Als Talut mit dem Heer nun aufbrach,
Sprach er: Gott will euch prüfen
Mit einem Strome. Wer davon trinkt,
Ist nicht von mir; wer aber nichts davon genießt,
Der ist von mir (es sei denn, wer nur schöpfet
Ein Schöpfen mit der Hand). Sie aber tranken alle,
Nur wen'ge ausgenommen. Als darüber nun
Geschritten er und die da glaubten
Mit ihm, da sprachen sie: Wir haben keine Kraft
Heut gegen Galut und sein Heer.
Da sprachen die so daran dachten,
Daß sie vor Gott erscheinen müßten:
Wie mancher kleine Haufen hat
Besiegt schon einen großen Haufen
Nach Gottes Rathschluß, denn Gott ist
Mit den ausharrenden Geduld'gen!

Vers 250 Meine Bibelbelesenheit reicht nicht zu, die hier genannte Begebenheit in Sauls Feldzügen nachzuweisen. Ich finde nur eine entfernt ähnliche 1 Sam. 14,24 ff., wo Saul dem Volke am Tage der Schlacht verbietet vor dem Abend, und vor vollständig genommener Rache an den Feinden, etwas zu essen, welches Verbot Jonathan selber bricht, indem er wilden Honig isset. Aber jene Geschichte selbst findet sich, nur früher, im Buch der Richter 7,4 ff., wo *Gideon*, auf Gottes Gebot, das Heer, um es zu prüfen, an ein Wasser führt, und alle als unnütz ausscheidet, die niederknien, um bequemlich zu trinken, und nur die 300 behält, die »mit ihrer Zunge das Wasser leckten wie die Hunde«; oder »die leckten aus der Hand zum Munde«.

251/250 Als sie anrückten nun vor Galut und sein Heer,
Sprachen sie: Unser Herr! verleih uns
Ausharrende Geduld, und stärke unsre Tritte,
Und steh uns bei gegen das Volk der Leugner!

252/251 Da schlugen sie sie in die Flucht nach Gottes Rathschluß,
Und David tödtete den Galut,
Und Gott gab ihm die Herrschaft und die Weisheit,
Und lehrt' ihn alles was er wollte.
Und wär' es nicht, daß Gott abtriebe
Die Menschen, einige durch andre,
So würde wüst die Erde,
Doch Gott ist gnadenreich den Menschen.

Vers 252 *Und wär' es nicht u.s.w.* Die mohammedanische Glaubens- und Rechtslehre findet hierin die Begründung des Krieges und der Todesstrafe.

253/252 Dies sind die Zeichen Gottes, die
Wir dir vortragen nach der Wahrheit,
Und du bist einer von den Gottgesandten.

255/254 Ihr die da glaubet, spendet aus
Von dem womit wir euch versorgten;
Bevor der Tag kommt, wo kein Kauf gilt
Und keine Freundschaft, keine Fürsprach',
Und die Verleugner sind die Sünder.

Vers 255 ***Spendet aus*** **besonders steuert bei zur Führung des heiligen Krieges, vgl. 263.**

256/255 Gott, außer ihm kein Gott!
Er der Lebendige, der Beständige,
Ihn fasset weder Schlaf noch Schlummer,
Sein ist was da im Himmel ist und was auf Erden;
Wer leget Fürsprach' ein bei ihm,
Als er erlaub' es denn? Er weiß
Was vor ist und was hinter ihnen,
Doch sie umfassen nichts von seinem Wissen,
Als was er will. Sein Richtstuhl füllt
Die Weite Himmels und der Erde,
Und ihn beschwert nicht die Behütung beider,
Er ist der Hohe, Große.

Vers 256 ***Sein Richtstuhl*** **hiervon heißt dieser Vers bei den Mohammedanern der Vers des Richtstuhls, und ihm wird eine besondere Heiligkeit beigelegt.**

257/256 Kein Zwang im Gottesdienst! Geschieden hat sich klar
Die Richtigkeit vom Irrthum;
Wer nun den *Tagut* leugnet, und an Gott glaubt,
Der hält sich an der festesten Handhabe,
Die nicht zerbricht, und Gott ist Hörer, Wisser.

Vers 257 ***Kein Zwang im Gottesdienst*** **sei förder! Denn jedem steht nun selbst die klare Einsicht und die Wahl zu zwischen den beiden geschiedenen Prinzipien des Lichtes und der Finsternis. Es bedarf nicht des besonderen Bezugs, den die Ausleger beibringen, daß hiemit die Neubekehrten abgemahnt werden sollten, ihre noch unbekehrten Kinder oder Angehörigen mit Gewalt zu bekehren. –** ***Tagut*** **ein Götze, oder alle Götzen und Dämonen, die ganze Nachtseite der Gottesverehrung. Als Plural ist es in V. 259 gedacht.**

258/257 Gott, Schutzfreund derer, die da glauben,
Führt aus der Finstre sie zum Licht;

259/– Und derer, die da leugnen,
Schutzfreunde Tagut, führen sie
Vom Lichte zu der Finsternis;

Dieselbigen sind die Genossen
Der Glut, in der sie ewig sind.

260/258 O sahst du dort nicht jenen, der mit Abraham
Stritt über seinen Herren,
Weil Gott die Herrschaft ihm gegeben?
Sprach Abraham: Mein Herr ist,
Der leben macht und sterben.
Sprach er: Ich bins der leben macht und sterben.
Sprach Abraham: Wenn Gott nun bringt die Sonn' aus Morgen,
So bring du sie aus Abend!
Da war bestürzt, der leugnete,
Gott aber leitet nicht die Frevler.

Vers 260 Dieselbe Wendung wie oben V. 244 und 247. – Der, dem Gott die Herrschaft verliehen, und der deshalb mit Abraham über die höchste Herrschaft streiten wollte, ist *Nimrod.* Abraham[s] erster Streitgrund vom Herrn über Leben und Tod, wird vom Gewaltherrscher nicht anerkannt, der sich selbst Herr über Leben und Tod nennt. Der andre Streitgrund, daß er nicht der Herr der Weltordnung sei, bestürzt ihn, bringt ihn aber nicht zum Glauben.

261/259 Oder wie der an einer Stadt vorüberzog,
Die eingefallen lag auf ihren Pfeilern;
Und sprach: »Wie wird lebendig diese machen Gott
Nach ihrem Tode?« Da ließ Gott ihn todt seyn hundert Jahre,
Dann weckt' er ihn und sprach: Wielange ruhtest du?
Er sprach: Ich ruhte einen Tag,
Oder auch einen Theil des Tages.
Sprach Er: Vielmehr, du ruhtest hundert Jahre.
Nun sieh nach deiner Speis' und deinem Tranke!
Sie sind nicht alt geworden;
Und sieh nach deinem Esel!
Und daß wir dich zum Zeichen machen für die Menschen;
Und sieh nach den Gebeinen, wie wir sie beleben
Und sie bekleiden dann mit Fleisch. –
Wie dieses nun ihm klar ward, sprach er:
Ich weiß, daß Gott ist jedes Dings gewaltig.

Vers 261 Die Überlieferung nennt als den, dem dieses begegnete, *Esra*, und als die wüste Stadt selbst Jerusalem, vor der er auf seinem Esel vorbeigeritten. Die Mythe könnte sich aber eben so gut wie die obige in V. 244 aus dem Gesichte *Hesekiel's* entwickelt haben. Sie ist übrigens die früheste Gestalt unseres Mährchens von Brunnenhold und Brunnenstark, in welchem das hier gemeinte Sinnbild von Auferstehung der Todten zum anmuthigen Spiel geworden ist. Als Sinnbild ist zu vergleichen die Geschichte der *Siebenschläfer* in S[ure] 18.

262/260 Und auch wie da sprach Abraham:
Herr, laß mich sehn, wie du belebst die Todten!

Sprach Er: Und glaubst du nicht? er sprach:
Ja! aber, daß mein Herz beruhigt werde!
Sprach er: So nimm vier Vögel,
Und drücke sie an dich,
Dann leg' auf jeden Berg ein Stück von ihnen,
Dann rufe sie, so kommen sie dir eilend;
Und wiß, Gott ist allmächtig, weise!

Vers 262 Ein das Gleiche besagende[s] Gleichnis. Abraham *drückt an sich*, d.i. tödtet vier Vögel, legt jeden auf einen anderen Berg, und auf seinen Ruf im Namen Gottes, des Todtenerweckers, kommen sie von allen Seiten zu ihm geflogen. – Es bedarf weder für den Sinn, noch für die Worte, die wir übersetzt haben »drücke sie an dich«, der Angabe der Ausleger, daß Abraham die vier Vögel zerstückt habe, um auf jeden Berg das Stück eines Vogels zu legen, statt ein Stück von ihnen, d.i. einem der vier Vögel; wodurch dann gar mehr Berge nothwendig würden als die sagenhaften vier der vier Weltgegenden. Übrigens hat sich diese heilige Sage wol aus 1 Mos 15 gebildet.

263/261 Das Gleichnis derer die aufwenden ihre Güter
Für Gottes Weg, ist wie das Gleichnis eines Körnleins,
Das sieben Aehren sprosset,
An jeder Aehre hundert Körnlein;
Und Gott verdoppelt, wem er will,
Und Gott ist allumfassend weise.

Vers 263 Geht zurück auf den Anfang dieser Partie, V. 255. Der Gedankengang ist springend oder fliegend, doch richtig zum Ziele gehend: Spendet für Gottes Weg Gut und Leben! Denn Er ist der Verleiher und der Wiederbringer von beidem.

264/262 Die da aufwenden ihre Güter
Für Gottes Weg, dann das was sie aufwendeten,
Nicht mit Dankforderung begleiten, noch mit Kränkung,
Denselben bleibt ihr Lohn bei ihrem Herren,
Und keine Furcht ist über ihnen und kein Leid.

265/263 Freundliches Wort und Mitleid
Ist besser als Almosen, die begleitet Kränkung,
Und Gott ist reich und milde.

266/264 Ihr die da glaubt, vernichtet eure
Almosen durch Dankfordrung nicht und Kränkung,
Wie wer aufwendet was er hat
Zur Schau der Menschen, und nicht glaubt
An Gott und an den jüngsten Tag;
Sein Gleichnis ist das Gleichnis eines Kiesels,
Auf welchem etwas Erde liegt,
Es trifft ein Regenguß ihn

Und läßt ihn glatt und hart.
Sie haben nichts von dem was sie gewirket,
Gott leitet nicht die undankbaren Leugner.

Vers 264 ***Dankforderung*** **oder Vorrückung der Wohlthat, und** ***Kränkung*** **; dieses zeigt, daß unter dem Aufwenden oder Ausspenden auch wirkliches Almosengeben und Unterstützung der Armen begriffen sei, was übrigens im damaligen einfachen Staatshaushalte gar nicht vom Aufwand für den Krieg verschieden ist; wie besonders aus V. 274 erhellet.**

267/265 Das Gleichnis aber derer die ausspenden ihre Güter,
Suchend das Wohlgefallen Gottes
Und ihrer Seelen Festigung,
Ist wie ein Garten auf gelinder Anhöh,
Es trifft ein Regenguß ihn,
Da bringt er seine Früchte zwiefach;
Und wenn ihn trifft kein Regenguß, so ists ein Thau,
Und Gott ist dessen, was ihr thut, ansichtig.

268/266 Möcht' einer unter euch wol haben einen Garten
Von Palmen und Weinreben,
Darunter hin die Ströme fließen,
Und drin für ihn wär' jede Frucht?
Doch dann träf' ihn das Alter und er hätte schwache
Nachkommenschaft? Da träfe
Den Garten Wirbelwind, darin ein Feuer;
Daß er verbrennet würde!
So deutet Gott die Zeichen euch,
Ob ihr nachdenken wollet!

Vers 268 Dieses Gleichnis ist, wie so manches der Art im Koran, nichts weniger als deutlich für den ersten Blick; obgleich, wie es dabei heißt, Gott seine Zeichen deutet; aber er deutet sie eben nur an, nicht aus, was erst die Nachdenkenden thun sollen. Das Gleichnis ist eine Fortsetzung von dem in V. 266, und erklärt sich durch die dortige Erklärung: Sie haben nichts von dem was sie gewirkt. Die Ausleger haben in ihrer Rathlosigkeit aus dem bösen Alter, das ihn trifft, ein gutes Alter, das er erreicht, und gar aus der schwachen Nachkommenschaft eine ihm gleich edle Nachkommenschaft gemacht. Auf dergleichen Gewältigungen des Textes nehmen wir fürder keine Rücksicht, so wie wir auch schon bisher manches dergleichen mit Stillschweigen übergangen haben. Wer jene legitimen Auslegungen sucht, findet sie bei Maraccius und Boysen-Wahl. – Bei: ***Da träfe den Garten*** **kann, wer es bedarf, hinzusetzen** ***gleichsam*****; doch wer es nicht bedarf, das ist ihm besser.**

269/267 Ihr die glaubet, spendet aus
Vom Besten des was ihr erworben,
Und was wir euch hervorgehn ließen aus der Erde;
Und klaubet nicht das Schlechte davon aus zu spenden;

270/– Was selber ihr nicht nehmen würdet, ohn' ein Auge zuzudrücken;
Und wisset, Gott ist reich und hochgelobet!

Vers 269, 270 Vgl. Maleachi 1,7 ff.

271/268 Der Satan droht euch mit der Armuth,
Und heißt euch Niederträchtigkeit,
Doch Gott verheißt euch Huld von sich und Gnadenfülle,
Und Gott ist allumfassend weise.

273/270 Was ihr gespendet habt von Spenden,
Oder gelobet von Gelübden,
Gott kennt es, und den Frevlern wird kein Helfer.
Wenn ihr Almosen offen gebet, gut sind sie;
Doch wenn ihr sie verberget und den Armen gebet,
Das ist euch besser (und abnehmen
Wird Er euch euer Böses,
Und Gott ist kundig eures Thuns);

274/272 Den Armen, die bedränget sind für Gottes Weg,
Und nicht im Stande sind ins Feld zu ziehen,
Die der Unwissende für reich hält,
Weil sie sich scheun, du kennest sie an ihrem
Gepräg, sie fordern nicht von Menschen ungestüm;
Was ihr so ausgebt, das ist besser,
Denn Gott ist des mitwissend.

Vers 274 Einige Zeilen haben wir hier ausgelassen als überflüssige und störende Glosse, wodurch die Anfügung des Satzes ganz unkenntlich gemacht wird. – ***Ins Feld zu ziehen*** **könnte freilich auch übersetzt werden: durch's Land zu reisen. Aber die Geltung dieser Frase scheint mir befestigt durch andere Stellen, wie z.B. 4,102.**

275/274 Die da ausspenden ihre Güter Nachts und Tags,
Geheim und öffentlich, denselben bleibt ihr Lohn
Bei ihrem Herrn, und keine Furcht
Ist über ihnen und kein Leid.

276/275 Die aber Wucher essen, werden nicht bestehn,
Es sei denn wie besteht, wen sinnlos niederwirft
Der Satan mit Anrührung.
Dis, weil sie sprachen: Auch der Handel ist ein Wucher!
Gott aber hat erlaubt den Handel, und verpönt den Wucher.
Wem nun zukommet die Ermahnung
Von seinem Herren, und er steht ab:
Der habe was geschehen ist,
Und die Verfügung über ihn kommt Gott zu;

Doch wer es wieder thut, dieselben sind Genossen
Des Feuers, drin sie ewig sind.

277/276 Gott tilgt den Wucher, wuchern aber läßt er die Almosen;
Und Gott liebt keinen undankbaren Leugner.

Vers 276 Sie werden nicht bestehen im Gerichte, sondern fallen, wie wer die fallende Sucht hat. – *Wucher* **bedeutet für die moslimische Gesetzgebung nicht blos übermäßige Zinsen, sondern Zinsen überhaupt.**

278/278 Ihr die da glaubet, fürchtet Gott, und gebet auf
Was unter euch noch übrig ist von Wucher!

279/279 Und thut ihrs nicht, so höret eine Kriegserklärung
Von Gott und seinem Abgesandten;
Bekehrt ihr aber euch, so bleibt euch
Der Grundstock eueres Vermögens;
In dem ihr selbst nicht sollt verkürzen,
Und nicht verkürzt sollt werden.

280/280 Ist aber Jemand unvermögend,
So werd' ihm Stundung, bis er sich erholet;
Doch schenkt ihrs als Almosen ihm,
Das ist euch besser, wenn ihrs [wißt].

281/281 Und fürchtet jenen Tag, wo ihr
Zurückgebracht zu Gott seid,
Dann wird gewähret jeder Seele, was sie wirkte,
Sie werden nicht verkürzet.

284/284 Gottes ist was im Himmel und auf Erden ist:
Und zeigt ihr, was in euren Seelen, oder bergt es,
Berechnen wird es Gott euch, und vergeben wem er will, und strafen wen er will,
Denn Gott ist jedes Dings gewaltig.

285/285 Der Abgesandte glaubt an das,
Was ihm ist offenbart von seinem Herren,
Und auch die Gläubigen alle glauben
An Gott und seine Engel
Und Schriften und Gesandte,
(Wir machen keine Scheidung zwischen einem der Gesandten),
Und also sprechen sie: Wir hören und gehorchen.
Verzeihung, Herr! und zu dir ist die Heimkehr.

286/286 Gott muthet keiner Seele mehr zu als sie kann;
Für sie ist was sie wirkte, gegen sie was sie verwirkte.
Herr, straf uns nicht, wenn wir vergaßen oder fehlten,
O Herr, und leg' auf uns nicht Bürden,
Wie du auf die vor uns sie legtest,

Herr, und laß uns nicht tragen, was wir nicht vermögen!
Vergib uns und verzeih uns, und erbarm dich unser!
Denn du bist unser Schutzherr, steh uns
Bei gegen die Verleugner!

Aus der dritten Sure
Das Geschlecht Imran's

31/35 Wie da das Weib von Imran sprach:
Herr, ich gelobe dir das Kind in meinem Leibe,
Zu eigen dir geweihet, nimm es an von mir!
Denn du ja bist der Hörende, der Wissende.
Und als sie's nun gebar, sprach sie:
Herr, ich gebar's ein Weibliches,
(Gott aber wußte wohl, was sie gebar)
Nicht gleich ist Männliches dem Weiblichen;
Ich aber nenne sie Maria,
Und deinem Schutz empfehl' ich sie und ihre
Nachkommenschaft vorm Satan, dem gesteinigten.

Vers 31 *Imran* heißt hier der Vater Maria's, der Mutter Jesus, wie im Hebräischen Amram der Vater Miriams, Moses und Arons. Sichtlich sind die beiden Maria's, hebräisch Miriam, arabisch Mariam, verwechselt; so wie denn auch in S. 19,29 Maria, Jesus Mutter, Schwester Arons genannt wird. Doch wird man schwerlich einen solchen Verstoß auf die Rechnung Mohammeds setzen dürfen, der diese beiden wohl zu unterscheiden weiß, sondern annehmen müßen, daß die arabische Volksüberlieferung vor ihm auf solche Weise, wenn nicht die Personen, doch die Namen zusammengeschmolzen habe. Die Art wie Mohammed im Koran meist nur anspielungsweise die alttestamentlichen Geschichten berührt, beweist schon, daß er sie als seinen Zeitgenossen geläufig voraussetzte; für eine uralte Aneignung derselben, oder ursprüngliche Gemeinschaft, zeugt noch mehr die eigenthümliche arabische Umbildung fast aller solcher Namen, wie eben Imran aus Amram, Mariam aus Miriam, Musa aus Mose, Harun aus Aron, Ibrahim aus Abraham u.s.w.

32/37 Da nahm sie an ihr Herr mit schöner Annahm',
Und ließ sie wachsen schönes Wachsthum;
Und in die Pflege nahm sie Zacharia.
Sooft zu ihr nun ins Gemach
Trat Zacharia, fand er bei ihr Speise,
Sprach: O Maria! wannen kommt dir dieses?
Sie sprach: Es kommt von Gott; denn Gott
Speist und versorgt, wen Er will, ohn' Anrechnung.

33/38 Alda bat Zacharia seinen Herrn und sprach:
Herr, gib von dir mir eine gute

Nachkommenschaft! denn du bist Hörer des Gebets.
Da riefen ihm die Engel zu,
Indem er stand und betet' im Gemache:

34/- Sieh, Gott verheißt dir den Johannes,
Der wird ein Zeuge für ein Wort von Gott seyn,
Ein Edler und Enthaltsamer
Und ein Profet, der Guten einer.

35/40 Er sprach: Herr, wie soll werden mir ein Knabe,
Da schon mich hat erreicht das Alter,
Und auch mein Weib ist unfruchtbar?
Er sprach: Auf solche Weise thut Gott was er will.

36/41 Er sprach: Herr, gib ein Zeichen mir!
Er sprach: Dein Zeichen sei, daß du
Nicht redest zu den Menschen
Drei Tage, als nur durch Geberde.
Und denke deines Herrn viel,
Und preis' ihn spät und frühe! –

37/42 Wie da die Engel sprachen: O Maria! Gott
Hat dich erwählt und dich gereinet,
Und dich erwählet ob den Fraun der Welten.

38/43 Maria, sei gehorsam deinem Herrn, bet' an
Fußfällig und verbeugt mit den Verbeugten! –

39/44 Dis von den Kunden des Geheimen, was wir dir eröffnen;
Du selber warest nicht bei ihnen,
Als sie des Looses Pfeile warfen,
Wer nehmen sollt' in Pflege die Maria,
Und warest nicht bei ihnen als sie stritten. –

40/45 Wie da die Engel sprachen: O Maria! Gott
Verheißet dir ein Wort von sich,
Sein Nam' ist der Messias, Jesus, Sohn Marias,
Geehrt in dieser Welt und in der andern,
Und von den Nahgestellten.

41/46 Der redet zu den Menschen in der Wieg' und als Erwachsner,
Und ist der Guten einer.

42/47 Sie sprach: Mein Herr, wie soll ein Sohn mir werden,
Und nie hat mich ein Mann berührt?
Er sprach: Auf solche Weise schafft Gott was er will;
Wenn er ein Ding beschließt, sagt er nur Sei! so ists.

43/48 Der lehret ihn die Schrift und Weisheit,
Gesetz und Evangelium,

–/49 als einen Abgesandten an
Die Söhne Israels: Ich bringe
Ein Zeichen euch von eurem Herrn,
Daß ich euch schaff' aus Thon Gebild von Vögeln,
Dann blase drein, so wird es fliegend,
Nach Gottes Willen, und ich heile
Den Blinden von Geburt und den Aussätzigen,
Zum Leben weck' ich auf die Todten
Nach Gottes Willen, weiß und sag' euch, was ihr esset
Und was ihr aufbewahrt in euern Häusern.
In diesem ist ein Zeichen traun für euch, wenn ihr seid Gläubige.

44/50 Daß ich bestätige was vor mir vom Gesetz war,
Und euch erlasse manches was euch war verboten;
Und kam zu euch mit einem Zeichen
Von eurem Herrn; so fürchtet
Gott und gehorchet mir!

–/51 denn Gott ist
Mein Herr und euer Herr, ihn betet an! das ist der grade Weg.

45/52 Doch als nun Jesus ward gewahr
Von ihnen die Verleugnung, sprach er: Wer sind meine *Helfer*
Zu Gott? die Jünger sprachen:
Wir sind die Helfer Gottes, glauben
An Gott, und zeuge du uns, daß wir sind Ergebne.

Vers 45 *Helfer, Ansar*, **die von Mohammed erwählten unter seinen medinischen Anhängern. –** *Ergebne* **Muslims, Muselmanen.**

46/53 Wir glauben, Herr, an das was du herabgesandt hast,
Und folgen dem Gesandten,
Du schreib uns zu den Zeugen ein! –

Vers 46 *Zeugen* **Blutzeugen, Märtirer.**

47/54 Da haben sie gelistet, und Gott hat gelistet,
Gott aber ist der beste Lister.

Vers 47 *Sie* **die Juden wider Jesus.**

48/55 Wie Gott da sprach zu Jesus:
Hinnehmen will ich dich und dich erhöhn zu mir
Und reinen dich von denen die verleugnen,
Und setzen will ich, die dir folgen, über die verleugnen,
Zum Tag der Auferstehung,
Zu mir ist eure Rückkehr dann,

Da werd' ich richten zwischen euch
In dem worinnen ihr uneinig waret.

49/56 Die nun verleugneten, die werd' ich strafen
Mit schwerer Straf in dieser Welt und jener,
Und ihnen wird kein Helfer.

50/57 Die aber glaubten und das Gute thaten,
Gewähren wird er ihnen ihre Löhne,
Und Gott liebt nicht die Unrecht thu'nden. –

51/58 Dis tragen wir dir vor von unsern Zeichen,
Und von der weisen Kunde.

52/59 Fürwahr das Gleichnis Jesus ist
Vor Gott als wie das Gleichnis Adams,
Den er aus Erde bildete,
Dann sprach zu ihm: Werd'! und er ward.

53/60 Dis die Wahrheit von deinem Herrn,
Sei du nicht von den Zweiflern.

54/61 Doch wenn man dich darüber will bestreiten,
Nach solchem Wissen, das dir kam,
So sprich: Kommt her! wir rufen unsre Söhn' und eure Söhne,
Und unsre Fraun und eure Frauen,
Uns selber und euch selber,
Dann beten wir und legen Gottes Fluch auf den der lüget!

55/62 Dis ist die wahrhafte Geschichte,
Und nicht ist außer Gott ein Gott,
Und Gott ist der Allmächtige Allweise.

56/63 Doch wenn sie ab sich wenden, nun,
Gott kennt die Übelthäter.

57/64 Sag ihnen: O ihr Schriftinhaber kommt heran
Zu einer gleichen Rede zwischen uns und euch:
Daß wir nichts außer Gott anbeten,
Noch ihm abgöttisch beigesellen etwas,
Noch uns einander selber
Zu Herren nehmen außer Gott!
Doch wenn sie ab sich wenden, sprecht:
Seid Zeugen des daß wir sind *Gottergebne*! –

58/65 Ihr Schriftinhaber, warum wollt ihr streiten
Um Abraham? da doch ward offenbaret
Gesetz und Evangelium
Erst nach ihm! wollt ihr nicht verstehn?

59/66 Habt ihr gestritten über das, wovon ihr habt ein Wissen,
Was streitet ihr nun über das, wovon ihr keines habet?
Denn Gott weiß, und ihr wisset nicht.

60/67 Ein Jude nicht war Abraham und nicht ein Nazarener,
Sondern war ein Rechtgläubiger Ergebner,
Und war kein Götzendiener.

61/68 Am nächsten von den Menschen stehn dem Abraham
Diejenigen, die folgten ihm und dieser
Profet, und die da nahmen an den Glauben,
Gott aber ist der Gläubigen Schutzherr.

62/69 Es möcht' ein Theil der Schriftinhaber
Euch irreführen, doch sie führen
Sich selbst nur irr und merkens nicht.

63/70 Ihr Schriftinhaber, warum wollt ihr leugnen
Die Zeichen Gottes, da ihr selber Zeugen seid?

64/71 Ihr Schriftinhaber, was wollt ihr verkleiden
Die Wahrheit mit dem Irrthum, und verdecken
Die Wahrheit, die ihr selber wißt!

65/72 Ein Theil der Schriftinhaber spricht:
»Glaubt das, was denen offenbart ist die da glauben,
Nur beim Beginn des Tags und leugnets
Bei seinem End', ob sie vielleicht ablassen.

66/73 Glaubt keinem der nicht folget eurem Gottesdienst!«
Sag' ihnen: »Leitung ist allein die Leitung Gottes,
Daß irgendeinem werd' ein gleiches als euch ward!«
Und wenn sie wollen euch bestreiten
Vor eurem Herrn, sag' ihnen:
Die Gnadenfülle ist in Gottes Hand,
Er gibt sie wem er will,
Und Gott ist weit umfassend weise.

67/74 Er wählet, wen er will, in seiner
Barmherzigkeit, und Gott ist Herr der Gnaden groß.

68/75 Wol mancher von den Schriftinhabern,
Wenn du ihm anvertrauest tausend,
So gibt er sie dir wieder,
Doch mancher auch, wenn du ihm anvertraust ein einziges Goldstück,
So gibt er dirs nicht wieder
Solange du dabei nicht stehst.

69/– Dis, weil sie sagen: »Gegen uns steht
Den andern Völkern zu kein Recht!«
Und reden also Lüg' auf Gott, und wissens.

70/76 Nein! wer sein Wort hält und Gott fürchtet,
Gott liebt die Gottesfürchtigen.

71/77 Die Gottes Bund und ihren Glauben
Verkaufen für geringen Preis;
Die haben keinen Theil an jenem Leben,
Gott wird sie nicht anreden noch anblicken
Am Tag der Auferstehung, noch sie reinigen,
Für sie ist Strafe peinvoll.

72/78 Und auch von ihnen ist ein Haufen,
Die ihre Zungen mit der Schrift beschäftigen,
Daß ihr vermeinet es sei aus der Schrift,
Doch ists nicht aus der Schrift;
Und sagen: Dieses ist von Gott!
Doch es ist nicht von Gott; und reden Lüg' auf Gott, und wissen's.

73/79 Nicht steht es einem Menschen zu,
Daß Gott ihm gebe Schrift und Weisheit
Und Profetie, und er dann sage
Den Menschen: Seid mir Diener neben Gott!
Vielmehr: Seid Herrendiener! wie ihr wisset
Die Schrift und wie ihr lest in ihr.

74/80 Und er gebeut euch nicht, zu nehmen Engel und Profeten
Zu Herrn; geböt' er euch wol Leugnung,
Nachdem ihr wart *Ergebne*?

75/81 Wie Gott einst die Zusage der Profeten nahm:
Was ich euch gab von Schrift und Weisheit,
Und wenn euch nun kommt ein Gesandter,
Bestätigend das Eurige,
So sollt ihr an ihn glauben und ihm helfen.
Er sprach: Bekennet ihr, und nehmet
Auf solches meinen Auftrag an?
Sie sprachen: Wir bekennen!
Er sprach: So seid mir Zeugen, und ich bin mit euch ein Zeuge.

Vers 75 *Ein Gesandter* **Mohammed. – Diese den Profeten abgenommene Zusage ist wie die den Seelen der Menschen vor ihrer Geburt abgenommene (S. 7,171).**

76/82 Und wer davon hernach sich abkehrt,
Dieselben sind Abtrünnige.

77/83 Was außer'm Dienste Gottes suchen wollen sie?
Ihm ist *ergeben*, wer im Himmel und auf Erden,
Freiwillig und gezwungen,
Und zu ihm seid ihr heimgebracht.

78/84 Sprich so: Wir glauben
An Gott und das was uns herabgesendet ist,
Und was herabgesendet ist auf Abraham
Und Ismael und Isak
Und Jakob und die Stammeshäupter,
Und was empfangen Mose hat und Jesus
Und die Profeten all von ihrem Herren;
Wir machen keine Scheidung zwischen einem unter ihnen,
Und wir sind Ihm *Ergebne.*

79/85 Wer folget anderm Gottesdienst als der Ergebung,
Es wird von ihm nicht angenommen,
In jener Welt ist er von den Verlierern.

89/95 Sprich: Wahrheit redet Gott, so folget
Der Glaubensgilde Abrahams, rechtgläubig,
Der nicht war von den Götzendienern.

90/96 Das erste Haus, gegründet für die Menschen,
Ist das zu *Bekka*,
Gesegnet, und zur Leitung für die Welten.

Vers 90 *Bekka* **Mekka.**

91/97 In ihm sind klare Zeichen,
Der Standort Abrahams; und wer dort eingeht,
Ist friedlich-sicher, doch zu fordern
Hat von den Menschen Gott die Wallfahrt zu dem Hause,
Wer dazu Weg und Mittel findet.

Vers 91 *Standort* **wo er, mit Ismael, stand das Haus zu bauen, und wo er stand betend.**

92/– Wer aber leugnet, nun Gott ist
Der Welten unbedürftig.

93/98 Sag: O ihr Schriftinhaber, warum leugnet ihr
Die Zeichen Gottes? und Gott ist ein Zeuge dessen was ihr thut.

94/99 Sag: O ihr Schriftinhaber, warum dränget ihr
Vom Wege Gottes ab, wer glaubt,
Und wünschet ihn zu krümmen? Ihr seid Zeugen,
Und Gott ist nicht unachtsam dessen was ihr thut.

95/100 Ihr die da glaubt, wenn ihr gehorchet einem Trupp
Von denen, die die Schrift empfiengen,
So werden sie nach eurem Glauben
Euch wieder machen zu Verleugnern.

96/101 Wie aber solltet ihr verleugnen,
Da euch sind vorgetragen Gottes Zeichen,
Und unter euch ist sein Gesandter?
Und wer sich hält an Gott, der ist geführt zum graden Wege.

97/102 Ihr die da glaubet, fürchtet Gott mit rechter Furcht,
Und sterbet nicht, ihr seid denn *Gottergebne*.

98/103 Und haltet euch am Bande Gottes alle,
Und trennt euch nicht! Gedenket
Der Wohlthat Gottes über euch,
Da ihr verfeindet waret,
Hat er verbündet eure Herzen,
Und Morgens waret ihr durch seine Wohlthat Brüder.

99/– Ihr wart am Rande eines Grabens
Der Glut, und er hat euch davon errettet.
So deutet Gott euch seine Zeichen,
Ob ihr geleitet möget seyn.

100/104 Und immer sei von euch ein Volkstamm,
Berufend zu dem Guten,
Gebietend Fug und wehrend ab von Unbill,
Dieselben sind die Hochbeglückten.

101/105 Und seid nicht alswie jene die sich spalteten
Und trenneten nachdem zu ihnen kamen die Beweise;
Derselben wartet Strafe groß;

102/106 Am Tage wo weiß werden Angesichter,
Und Angesichter werden schwarz;
Die deren Angesichter schwarz nun werden:
»Habt ihr verleugnet (fragt man sie), nachdem ihr glaubtet?
So schmeckt die Pein weil ihr verleugnet!«

103/107 Die aber, deren Angesichter werden weiß,
Sind im Erbarmen Gottes, sie sind ewig drin.

106/110 Ihr seid der beste Volkstamm, vorgeführt den Menschen,
Gebietet Fug und wehret ab von Unbill
Und glaubt an Gott. Und glaubeten die Schriftinhaber,
So wär' es ihnen besser. Ihrer einige
Sind gläubig, doch die meisten sind abtrünnig.

107/111 Sie können euch nicht schaden, sondern kränken blos;
Und wenn sie euch bekämpfen, wenden sie den Rücken,
Dann wird sie Niemand retten.

108/112 Die Schmach wird ihnen aufgeprägt, wo man sie trifft,
Sie fügen denn sich Gottes Band' und Menschenbande,
Und tragen heim den Zorn von Gott,

Und ihnen aufgeprägt wird Armuth;
Dis weil sie leugneten die Zeichen Gottes,
Und tödteten Profeten ohne Recht,
Dis weil sie trotzeten und übertraten.

Vers 108 *Gottes Band* **Annahme des Glaubens,** *Menschenband*, **Unterwerfung, Schatzung, Kopfsteuer.**

109/113 Doch gleich nicht sind sie; von den Schriftinhabern ist ein Volkstamm,
Aufrichtig, lesend Gottes Zeichen um die Nacht, mit Fußfall;

110/114 Glaubend an Gott und jüngsten Tag,
Gebietend Fug und wehrend ab von Unbill,
Und eilend vor im Guten,
Dieselben sind Rechtschaffene.

112/116 Die aber leugnen, denen wird nicht helfen
Ihr Gut noch ihre Kinder etwas gegen Gott, die sind Genossen
Des Feuers, drin sie ewig sind.

113/117 Das Gleichnis des, was sie aufwenden
Im Leben dieser Zeitlichkeit ist als ein Wind,
Worin ein Frost ist, der die Saat von Leuten trifft,
Die sich versündigt haben, und verdirbt sie;
Nicht Gott kränkt sie, sie selber kränken sich durch ihre Sünden.

114/118 Ihr die da glaubet, nehmet keinen
Vertrauten von den Fremden, die nicht lassen ab
Euch zu vergiften, wünschen, daß ihr straucheltet;
Zum Vorschein ist gekommen ihre
Feindseligkeit aus ihren Mündern,
Was aber ihre Busen bergen, das ist mehr.
Wir haben euch gedeutet
Die Zeichen, wenn ihr sie versteht.

115/119 O ihr, ihr liebt sie (doch sie lieben euch nicht)
Und glaubet an die ganze Schrift,
Doch wenn sie euch begegnen, sprechen sie: Wir glauben!
Und wenn sie wieder sind allein,
Beißen sie über euch die Finger sich vor Grimm.
Sag' ihnen: Sterbt in eurem Grimme!
Denn Gott ist kundig des Gehalts der Busen.

Vers 115 Die *ganze Schrift* **sowol die Schrift der Schriftinhaber als eure eigene.**

116/120 Wenn euch betrifft ein Gutes, so verdrießt es sie,
Und wenn euch rührt ein Böses, freun sie sich daran.
Doch wenn ihr haltet standhaft aus und fürchtet Gott,

So wird ihr Anschlag euch nicht schaden,
Denn Gott umfasset all ihr Thun.

119/123 Schon hat euch Beistand Gott verliehn bei *Bedr*,
Als ihr gering wart. Also fürchtet Gott, damit ihr dankbar seid!

Vers 119 *Bedr* Der erste siegreiche Kampf Mohammeds von Medina aus gegen die Mekkaner, bei *Beder*, einem Orte zwischen Mekka und Medina, im zweiten Jahr der Flucht. Er siegte mit 319 Mann über 100 Mekkaner. – Der rasche Übergang vom Wortkampf gegen die Schriftinhaber zu diesem Waffenkampfe ist zu bemerken. Wir haben die drei Verse versetzt. Es schien uns dazu als ein vierter zu gehören folgender weiter oben in der übergangenen Partie ganz verbindungslos stehender (V. 11):

**Schon ward ein Zeichen euch in den zwei Heeren,
Die sich begegneten, das eine kämpfend
Für Gottes Sache, und das andre leugnerisch.
Ihr sahet diese dreimal stärker, nach dem Sehn
Des Auges, aber Gott stärkt
Mit seinem Beistand, wen er will.
In diesem ist ein Beispiel traun für Sehende.**

Doch scheint mir nunmehr dieser Vers zwar sich auf dasselbe zu beziehen, aber nicht mit obigen zusammenzugehören. Er schließt aus und wird ausgeschlossen, auch hat er die Assonanz *a*, die in jener Partie herrscht, dagegen im obigen die gewöhnliche Assonanz *i, u*.

118/122 Wie da von euch zwei Truppen dachten
Zu wanken, doch Gott war ihr Schutzfreund;
Auf Gott vertrauen sollen all die Gläubigen.

117/121 Wie du da morgens giengst aus deinem Zelte,
Den Gläubigen anweisend ihren Platz zum Kampf,
Und Gott war Hörer, Wisser.

120/124 Wie du da sprachest zu den Gläubigen: Genügts euch nicht,
Daß euer Herr euch helfe mit dreitausend Engeln hergesandt?

121/125 Ja, wenn ihr standhaft haltet aus und fürchtet Gott,
Und sie euch jetzt angreifen,
Wird euer Herr euch helfen mit fünftausend Engeln, waffenbunt.

122/126 Zur Siegesbotschaft nur hat Gott euch das gemacht,
Und daß sich so beruhigten eure Herzen.
Der Beistand ist von Gott allein, dem Mächtigen, Allweisen,

–/127 Daß er abschneid' ein Ende derer die da leugnen,
Oder sie stürz' und sie umwenden sieglos,

123/128 (Das geht dich nicht an) oder wieder
Sich zukehr' ihnen, oder
Sie strafe, Sünder sind sie ja!

124/129 Und Gottes ist, was ist im Himmel und auf Erden,
Er mag vergeben wem er will,

Und strafen wen er will, und Gott
Ist gnädig gernvergebend.

133/139 Seid unerschlafft und unbekümmert,
Weil ihr die Oberhand habt, wenn ihr Gläubige seid!

134/140 Hat euch betroffen eine Schramme,
So traf die Feinde gleiche Schramme.
Denn diese Siegestage lassen
Wir wechselschwanken zwischen den Menschen,
Auch daß Gott kennen lerne, die da glauben,
Und nehm' aus euch Blutzeugen,
Und Gott liebt nicht die Frevler;

135/141 Und daß Gott sondre, die da glauben,
Und rotte aus die Leugner.

136/142 Vermeintet ihr, ihr würdet eingehn in den Garten,
Eh Gott erkenne die von euch, die stritten,
Und kenne die ausharrenden?

137/143 Ihr habet schon den Tod gewünscht,
Bevor ihr ihm begegnetet;
Nun seht ihr ihn und staunet.

138/144 Mohammed selber ist nur ein Gesandter,
Vor dem hingiengen viel Gesandte –
Wie? wenn er stürbe oder würd' erschlagen,
Wolltet ihr darum fallen ab?
Wer abfällt, schadet Gott mitnichten,
Doch Gott belohnt die Dankbarn.

140/146 O mit wie manchem der Profeten stritten viele Tausende!
Sie aber zagten nicht bei dem, was sie betraf im Wege Gottes,
Und wankten nicht, und gaben nicht nach;
Und Gott liebt die Ausharrenden.

141/147 Und ihre Rede war nur, daß sie sprachen:
O Herr, vergib uns unsre Sünden
Und Fehl' in unsren Sachen,
Befestig' unsre Tritt' und hilf
Uns gegen die Verleugner!

–/148 da gab ihnen Gott
Den Segen dieser Welt, und schönen Segen jener andern;
Denn Gott liebt die schönhandelnden.

142/149 Ihr die da glaubet, wenn ihr folget jenen die verleugnen,
Werden sie euch zum Abfall bringen,
Dann kehrt ihr um verlustig.

143/150 Nein, Gott ist euer Schutzfreund,
Er ist der beste Beistand.

144/151 Wir werden werfen in die Herzen derer, die verleugnen,
Schreck,
Weil sie Gott beigesellten das,
Wozu er nicht gab Vollmacht ihnen.
Ihr Einkehrort das Feuer,
Schlimm ist die Wohnung für die Sünder.

145/152 Schon hat euch Gott bewähret sein Versprechen,
Da ihr sie schlugt auf sein Geheiß;
Bis ihr erschlafftet dann und uneins wurdet
Im Rath und ungehorsam,
Nachdem er euch ließ sehen was ihr liebet.

Vers 145 *Da ihr sie schlugt* **bei Beder, s. 119. –** *Was ihr liebet* **schwerlich: den Sieg, sondern die Beute, über die sie herfallen wollten, statt zu kämpfen. Vergl. 149.**

146/– Von euch will mancher diese Welt,
Und mancher will die andre.
Da ließ er euch vor ihnen weichen,
Um euch zu prüfen, doch schon hat er euch verziehn,
Denn Gott ist gnadenreich den Gläubigen.

147/153 Wie ihr den Berg anklommt und keinem hieltet Stand,
Indeß euch der Gesandte nachrief hinten bei den letzten.
Da ward zu Lohn euch Noth um Noth,
Daß ihr nicht mehr euch kümmertet
Um das was euch entgieng, noch das was euch betraf;
Doch Gott war kundig eures Thuns.

Vers 147 *Der Berg* **Ohod bei Medina, wo die Gläubigen im dritten Jahr der Flucht von den Mekkanern geschlagen wurden.** *Was euch entgieng* **von Beute.**

148/154 Dann aber sandt' er nach der Noth
Auf euch hernieder Friedenstille, Schlummer,
So einen Theil von euch umhüllte,
Doch einen Theil betrübten ihre Seelen,
Indem sie wähneten von Gott Unwahres,
Den Wahn des Heidenthumes, sprechend:
Was haben wir denn von der Sache?
Sag' ihnen: Gott hat ganz die Sache! -
Sie bergen in den Seelen, was sie dir nicht wollen zeigen,
Und sagen nur: Wenn von der Sache
Wir etwas hätten, wären wir nicht hier erschlagen.
Sag' ihnen: Wäret ihr in euern Häusern auch,
Doch wären, denen war der Tod geschrieben,

Zu ihrer Ruhestatt gelangt;
Und: Daß Gott prüfen möchte was in eurer Brust ist,
Und sondern, was in eurem Herzen,
Denn Gott sieht den Gehalt der Brust.

149/155 Die unter euch sich wandten ab
Am Tage wo sich die zwei Heere trafen,
Ausgleiten ließ sie nur der Satan,
Um einiges das sie verwirkt.
Schon aber hat euch Gott verziehn,
Denn Gott ist gnädig gernverzeihend.

Vers 149 *Um einiges, das sie verwirkt* **Dieses versteht man zum Theil so: durch ihre Habgier, daß sie sich von der Beute verlocken ließen. So trägt man gezwungen hier ein, was wir V. 145 gefunden haben. Hier heißt es nichts als: um ihrer Sünden willen.**

150/156 Ihr die da glaubt, seid nicht wie die da leugnen,
Die da von ihren Brüdern sagen,
Wenn sie zu Feld ziehn oder Gottes Streiter sind:
»O wären sie bei uns geblieben,
Sie wären nicht gestorben noch erschlagen;«
Daß also Gott leg' einen Kummer in ihr Herz;
Doch Gott läßt leben und läßt sterben,
Und Gott ist eures Thuns ansichtig.

Vers 150 *in ihr* **der also Sprechenden,** *Herz.*

151/157 Und werdet ihr getödtet auf dem Wege Gottes oder sterbt,
So ists Barmherzigkeit von Gott und Gnade,
Besser als alles was ihr häuft.

152/158 Und sterbt ihr oder seid getödtet,
So werdet ihr zu Gott erwecket.

153/159 Doch aus Erbarmung Gottes warst du ihnen lind.
Und wärst du rauh und hart von Sinn gewesen,
So wären sie von dir gewichen.
Darum sieh ihnen nach, bitt' um Verzeihung Gott
Für sie, berathe dich mit ihnen in den Sachen;
Doch wenn du etwas hast beschlossen, trau auf Gott!
Denn Gott liebt die Vertrauenden.

154/160 Steht Gott euch bei, so ist ob euch kein Sieger;
Verläßt er euch, wer wird euch beistehn hinter ihm?
Darum auf Gott sollen vertraun die Gläubigen.

158/164 Schon hat sich hold erwiesen Gott den Gläubigen,
Da er erweckte unter ihnen einen
Gesendeten aus ihnen selber,
Der ihnen vorträgt seine Zeichen,

Und sühnet sie und lehret sie
Die Schrift und Weisheit, wenn sie auch
Zuvor in offner Irre waren.

155/161 Keinem Profeten kommt es zu zu trügen.
Wer aber trügt, bringt was er trog, zum Tag der Urständ',
Und jeder Seele wird gewährt dann was sie wirkte,
Kein Unrecht thut man ihnen.

156/162 Ist wol, wer wandelte nach Gottes Wohlgefallen,
Wie wer hingeht mit Zorn von Gott?
Sein Hingang ist Gehenna,
Und schlimm ist dort die Einkehr.

157/163 Sie stehn bei Gott nach Stufen,
Und Gott ist sichtig ihres Thuns.

159/165 Wie? weil euch ward ein Schlag geschlagen,
Da ihr schon schlugt zweimal soviel,
Sprecht ihr: von wannen dieses?
Sag' ihnen: Dieses von euch selber!
Denn Gott ist jedes Dings gewaltig.

Vers 159 Wir sind wieder bei der Schlappe von *Ohod*. – Hier sei beiläufig auf die Vieldeutigkeit und Unerschöpflichkeit der versbeschließenden und reimenden Gemeinsprüche aufmerksam gemacht. Der hier gebrauchte kann für diesen Fall unter andern auch meinen: Gott an sich ist allmächtig, und konnte nicht den Feinden des Glaubens im Kampf unterliegen; nur ihr habt die Niederlage verschuldet.

160/166 Und was euch traf am Tag wo sich die beiden Heere trafen,
Geschah nach Gottes Willen, und aufdaß er kenne
Die Gläubigen, und kenne, die da heuchelten,
Als ihnen ward gesagt: Heran und kämpfet
Für Gottes Weg und wehret euch! da sprachen sie:
Wenn wir den Kampf verstünden, wollten wir euch folgen!
Der Leugnung waren sie des Tages näher als dem Glauben.

161/167 Mit ihren Mündern sprechen sie,
Was nicht in ihren Herzen ist,
Gott aber weiß am besten was sie bergen.

162/168 Die da von ihren Brüdern sagten,
Indem sie selber stille saßen: Hätten sie
Gehorchet uns, sie wären nicht erschlagen.
Sag' ihnen: Wehret doch den Tod ab
Von euren Seelen! wenn ihr Wahrheit redet.

163/169 Nicht aber rechne du, die da erschlagen sind
Auf Gottes Weg, für Todte, sondern Lebende
Bei ihrem Herrn versorgte,

164/170 Froh dessen was Gott ihnen gab von seiner Gnadenfülle,
Glückwünschend sich zu denen, die
Noch nicht zu ihnen sind gelangt, von ihren Nachgebliebnen,
Daß keine Furcht sei über ihnen und kein Leid;

165/171 Glückwünschend sich zu Gottes Huld und Gnadenfülle,
Und daß Gott lässet nicht verloren gehn den Lohn der Gläu-bigen.

166/172 Die da willfährig waren Gott und dem Gesandten,
Nachdem sie traf die Schramme;
Für diese, die schön handelten
Und waren fromm, ist großer Lohn.

167/173 Zu denen da die Leute sagten:
»Die Leute haben gegen euch sich
Geschaaret, hütet euch vor ihnen!«
Das aber mehrete nur ihren Glauben,
Sie sprachen: Unsre Zuversicht
Ist Gott, er ist ein guter Vogt.

168/174 Und kamen heim mit Huld von Gott und Gnadenfülle,
Nicht rührte sie ein Böses,
Und wandelten dem Wohlgefallen Gottes nach,
Und Gott ist großer Gnaden reich.

169/175 Der Satan da macht furchtbar seine
Genossen; fürchtet sie nur nicht!
Mich fürchtet, wenn ihr Gläubige seid!

170/176 Und laßt euch die nicht kümmern, die voreilen in der Leug-nung!
Sie werden nie Gott etwas schaden:
Gott will, daß er geb' ihnen keinen Antheil
Am künft'gen Leben; ihrer wartet große Pein.

171/177 Ja, die einkauften die Verleugnung für den Glauben,
Sie werden nie Gott etwas schaden,
Und ihrer wartet große Pein.

172/178 Nicht sollen denken, die da leugnen,
Weil wir mit ihnen Nachsicht haben,
Das sei für ihre Seelen gut;
Wir haben nur mit ihnen Nachsicht,
Daß sie zunehmen an Verschuldung,
Und ihrer wartet Pein voll Schmach.

173/179 Nicht kommt es Gott zu, daß er lasse
Die Gläubigen in solcher Lage, wie ihr seid,
Wann er gesondert haben wird das Schlechte von dem Guten.

174/- Auch kommt es Gott nicht zu, daß er
Euch blicken lass' in das Geheimnis.
Vielmehr Gott wählt von seinen Boten wen er will.
So glaubt an Gott und seine Boten!
Und wenn ihr glaubt und fromm seid, wird euch großer Lohn.

Vers 174 Die zwei ersten Zeilen schließen die Ermahnungen an die Gläubigen ab, machen aber zugleich den Übergang zu einer neuen Vornahme der Juden (s. 58 u 63).

175/180 Nicht sollen denken, die da geizen
Mit dem was ihnen Gott gegeben
Von seiner Gnadenfülle, gut sei es für sie;
Nein! schlimm ist es für sie.

176/- Als Halsband werden sie
Einst tragen das womit sie geizten,
Am Tag der Auferstehung, aber Gottes ist
Die Erbschaft Himmels und der Erde,
Und Gott ist kundig eures Thuns.

177/181 Gott hat gehört die Rede derer,
Die sprachen: Gott ist arm und wir sind Reiche.
Wir werden schreiben, was sie sprachen,
Und daß sie tödteten Profeten ohne Recht;
Und sagen werden wir: Schmeckt Pein des Brandes!

Vers 177 *Gott ist arm* weil er Almosen und Sühnungssteuer und Aufwand für seinen Krieg von den Gläubigen fordert.

178/182 Dis wegen des, was ihre Hände vorgewirkt;
Und daß nicht Gott thut Unrecht an den Knechten.

179/183 Die sprachen: Gott hat uns verpflichtet, nicht zu glauben
An einen Abgesandten, bis er uns vor Augen bringe
Ein Opfer, das die Glut verzehrt!

Vers 179 *Ein Opfer* das auf wunderbare Weise durch Feuer vom Himmel verzehrt werde, wie das des Elias.

Sag' ihnen: Abgesandte brachten euch vor mir
Beweise schon und was ihr sprachet;
Warum denn habt ihr sie getödtet?
Wenn ihr die Wahrheit redet!

182/185 Den Tod muß jede Seele schmecken,
Doch euer Lohn wird euch gewährt
Am Tag der Auferstehung;
Wer dann entrückt dem Feuer ist,

Und eingeführt zum Garten, ist gerettet.
Das ird'sche Leben aber ist ein Nießbrauch der Bethörung nur.

183/186 Geprüfet werdet ihr an euren Gütern und an euren Seelen,
Und hören müßet ihr von denen,
Welche die Schrift empfiengen,
Und von den Götzendienern manche Kränkung.
Doch wenn ihr in Geduld ausharret
Und fürchtet Gott, das ist von Festigkeit des Rathes.

Vers 183 *Von Festigkeit des Rathes* **Diese öfter, immer in Verbindung mit der Geduld, wiederkehrende Phrase, scheint mir nicht, wie die Ausleger wollen, zu sagen: Das ist unveränderlicher Beschluß Gottes; sondern: Das ist die rechte Mannestüchtigkeit. – 184–199 erkläre ich für eine geflickte Partie, die auch, den Anfang ausgenommen, andere Assonanz, nämlich** *a*, **hat.**

200/200 Ihr, die da glaubet, seid geduldig
Und harret in Geduld aus,
Und rüstet euch und fürchtet Gott,
Auf daß ihr glücklich seiet!

4e Sure
Die Weiber

Überschrift *Die Weiber* **von den gesetzlichen Bestimmungen über eheliche Verhältnisse, die einen Theil des Inhalts der Sure ausmachen. Wir aber haben diese, sowie die damit verbundenen Verordnungen über Erbrecht und dergl. übergangen, weil sie uns für unsern Zweck noch weniger angehn als das Aehnliche in der mosaischen Gesetzgebung, dann aber auch, weil die betreffenden Verse in völliger Verwirrung und Zersplitterung zwischen Alles übrige bunt verstreut sind. Freilich besteht die Einheit dieser Sure, wie anderer medinischer, nur in der Mannigfaltigkeit der zu besprechenden und festzusetzenden Angelegenheiten des neu werdenden Staatshaushaltes; doch ist dadurch eine gewisse Ordnung nicht ausgeschlossen, die wir denn auch durch Ausstoßung des Zerrütteten, hin und wieder auch durch Versetzung und Einrenkung des aus seinen Fugen gerückten, herzustellen gesucht haben, soweit es für unseren Zweck hinlänglich war.**

1/1 O Menschen, fürchtet euern Herrn,
Der euch erschuf von Einem
Lebendigen, und von demselben
Schuf sein Gemahl, und von den beiden
Ausstreute Männer viel und Weiber.
O fürchtet Gott, bei welchem ihr einander bittet,
Und ehrt die Blutsverwandtschaft!
Denn Gott ist über euch ein Wächter.

2/2 Gebet den Waisen ihr Vermögen,
Und schiebt nicht Schlechtes statt des Guten unter;
Zehret nicht ihr Vermögen auf zu euerem Vermögen;
Denn das ist große Sünde.

3/3 Doch fürchtet ihr, daß ihr gerecht
Nicht handeln möchtet an den Waisen;

Vers 3 *Doch fürchtet ihr...* **Der im Text folgende Nachsatz paßt nicht zum Vordersatz, denn er enthält Ehegesetze. Der geforderte Nachsatz wäre etwa: So gebt die Verwaltung ihres Vermögens lieber ab.**

4/5 Den' Unverständigen gebt nicht ihr Vermögen,
Das Gott euch anvertraut hat zur Verwaltung,
Sondern ernähret sie davon und kleidet sie
Und redet auch mit ihnen Rede freundlich.

5/6 Prüfet die Waisen, bis sie mannbar werden;
Dann, wenn ihr merkt an ihnen rechte Stärke,
So übergebet ihnen ihr Vermögen,
Verzehrt es nicht verschwendrisch und eilfertig,

6/- Bevor sie groß geworden!
Wer reich ist, der enthalte ganz sich dessen;
Wer aber arm ist, zehre davon füglich.

7/- Wenn ihr dann ihnen ihr Vermögen übergebt,
So nehmet dazu Zeugen,
Gott aber gnügt zur Rechenschaft.

11/10 Traun, die da essen Waisengut mit Unrecht,
Essen in ihren Bauch ein Feuer,
Und werden brennen in der Hölle.

33/29 Ihr Gläubigen, verzehrt nicht eur Vermögen
Untereinander sündlich,
Es sei denn eine Handelschaft
Nach Übereinkunft zwischen euch;
Auch tödtet euch nicht selber!
Denn Gott ist euch barmherzig.

Vers 33 *Verzehrt nicht euer Vermögen untereinander sündlich* **soll, nach den Auslegern, den unerlaubten Wucher bezeichnen. Wir verstehn es in weiterem Umfang, wie in einer nicht übersetzten Stelle 2,184.**

61/58 Gott heißet euch zurückzugeben Anvertrautes seinem Herrn,
Und wenn ihr richtet zwischen Leuten,
Zu richten mit Gerechtigkeit.
O schön ist, wozu Gott euch mahnt,
Und Gott ist hörend, schauend.

36/32 Begehret nicht, was Gott als Gnadenvorzug
Gab einem unter euch vorm andern!
Den Männern bleib' ihr Antheil
Von dem, was sie erworben, und den Weibern
Ihr Antheil auch von dem, was sie erworben;
Und bittet Gott um seine Gnaden!
Denn Gott ist aller Dinge kundig.

38/34 Die Männer gehen vor den Weibern,
Weil Gott gab Gnadenvorzug einem vor dem andern,
Und auch weil sie aufwenden ihr Vermögen.
Ehrbare Frauen aber sind
Gehorsam und bewahren das Geheimnis, weil sie Gott be-wahrt.
Doch deren Widerspenstigkeit ihr fürchtet,
Dieselbigen vermahnet
Und scheidet euch von ihrem Lager,
Und schlaget sie! doch wenn sie euch gehorchen,
Suchet gegen sie keinen Weg!
Denn Gott ist hoch und mächtig.

Vers 38 *Aufwenden ihr Vermögen* **eben zum Unterhalt der Weiber, aber auch für Gottes Sache, für den heiligen Krieg gegen die Ungläubigen.**

39/35 Befürchtet ihr Zerwürfnis eines Ehebundes,
So bringt zur Stelle einen
Schiedsrichter von des Mannes Seite,
Und einen von des Weibes Seite.
Und wenn die beiden sich vertragen,
So wird Gott ihren Bund befestigen,
Denn Gott ist weis' und kundig.

40/36 Dient Gott nur und gesellet ihm nichts andres bei!
Doch an den Eltern handelt schön,
Und an den Anverwandten,
Den Waisen und den Armen,
Am Nachbar der euch anverwandt ist,
Und an dem Nachbar der euch fremd ist,
So wie am Freund an eurer Seite,
Und an dem Sohn des Weges und an denen,
Die unter eurer Hand stehn.
Denn Gott liebt nicht die dünkelhaften, stolzen,

41/37 Die geizen und zum Geiz die Menschen leiten an,
Und vorenthalten, was Gott ihnen
Aus seinem Gnadenvorzug gab;
Den Leugnern haben wir bereitet Strafe schmachvoll;

42/38 Und die ausgeben ihr Vermögen
Zur Schau den Leuten, und nicht glauben
An Gott und an den jüngsten Tag;
Und wes Genoß der Satan ist,
Der hat schlimmen Genossen.

43/39 Was thät' es ihnen, wenn sie glaubten
An Gott und an den jüngsten Tag,
Und gäben aus von dem womit sie Gott versorgt?
Und Gott ist ihrer wohlbewußt.

44/40 Gott thut nicht Unrecht ums Gewicht von einem Stäubchen;
Wenn's Gutes war, verdoppelt er's,
Und legt von seiner Seite großen Lohn zu.

45/41 Wie aber, wann wir einst von jeder
Volksgilde bringen einen Zeugen,
Und bringen dich als Zeugen wider diese?
Des Tages möchten wünschen, die da leugneten
Und trotzten dem Gesandten, daß wär' ausgeglichen
Der Erde Boden über ihnen,
Sie aber werden Gott verbergen keine Kunde.

46/43 Ihr Gläubigen, kommt zum Gebet nicht trunken,
Daß ihr auch wisset, was ihr saget;
Auch nicht befleckt (es sei denn auf der Reise),
Bevor ihr euch gewaschen habet.
Doch wenn ihr krank seid, oder auf der Reise,
Oder einer vom Abtritt kommt,
Oder ihr habt berührt die Weiber,
Und findet dann kein Wasser,
So reinigt euch mit Sande, feinem gutem,
Und wischet eur Gesicht und eure Hände;
Denn Gott ist nachsichtsvoll und gnädig. –

Vers 46 *Trunken* **Erst in der nächstfolgenden medinischen Sure, V. 93 [92], wird der Wein verboten.**

47/44 Siehst du wol jene, denen ward ein Theil der Schrift,
Die Handel mit dem Irrthum treiben,
Und möchten daß ihr irretet im Wege;
Gott aber kennt wohl eure Feinde,
Und Gott genügt zum Freund, und Gott genügt zum Helfer.

Vers 47 *Denen ward ein Teil der Schrift* **d.i. die Juden, die dem Profeten in Medina viel zu schaffen machen, Ernstliches und Spöttliches, wie das letztere hier an einem ergötzlichen Beispiel gezeigt wird, V. 48 u 49.**

48/51 Von denen die sich Juden nennen,
Verrücken einige die Worte
Von ihrer Stell', und sprechen:
Wir hören und mishorchen;
Auch: *Hör' und scheu uns!*
Aus schiefer Zungendrehung und aus Hohn am Glauben.

49/– Doch sprächen sie: *Wir hören und gehorchen*;
Und: *Hör' und schau uns*! Das wär' ihnen besser
Und bünd'ger; doch geflucht hat ihnen Gott um ihrer
Verleugnung willen, und nur wenig glauben sie.

50/47 Ihr die ihr habt die Schrift bekommen, glaubt an das,
Was wir herabgesendet zur Bestätigung
Des was ihr habt, eh wir verwüsten die Gesichter,
Sie kehrend um in ihre
Rückseiten, oder fluchen euch,
Wie wir geflucht den Sabatschändern!
Was Gott befiehlt, das ist gethan.

Vers 50 *den Sabatschändern* **deren Verwandlung in Affen S. 7,63–65 (7,163–166).**

51/48 Ja Gott vergibt nicht, daß ihm beigesellt werd' etwas,
Doch außer dem vergibt er wem er will; wer aber
Gott etwas beigesellt, der hat erdichtet großen Frevel.

Vers 51 kehrt wieder 116. Könnte hier wegbleiben.

52/49 Siehst du wol jene, die sich selbst rein machen?
Nein, Gott macht rein den wen er will,
Und Unrecht thut man ihnen nicht um eine Dattelfaser.

53/50 Schau, wie sie Lug auf Gott erdichten!
Genug des offnen Frevels!

54/51 Siehst du wol jene, denen ward ein Theil der Schrift,
Und die da glauben an den *Gibt* und *Tagut*!
Und sagen von den Leugnern: Die sind besser
Geleitet, als die Gläubigen, des Weges.

Vers 54 *Gibt und Tagut* **Götzen dieses Namens, auch Götzen überhaupt. Das Glauben daran besteht hauptsächlich in einer Art von Schiedsgericht oder Gottesurtheil, dem auch die Juden sich gelegentlich bequemen mochten. Vergl. V. 63.**

56/53 Wie! haben sie wol Theil an Gottes Herrschaft?
Da gäben sie gewis den Leuten keinen Kriebs.

57/54 Oder beneiden sie den Leuten,
Was ihnen Gott für Gnaden gab?
Wir aber gaben einst dem Hause Abrahams

Die Schrift und Weisheit, und wir gaben ihnen große Herrschaft.

Vers 57 *was ihnen* **den andern Leuten, den Arabern, Gott für Gnaden gab, nämlich den jetzigen Vorzug durch Erscheinung des Profeten.**

58/55 Von ihnen mancher glaubt nun dran,
Und mancher kehrt sich ab davon;
Doch heiß genug ist die Gehenna.

59/56 Ja, die verleugnen unsre Zeichen,
Wir werden sie im Feuer glühen lassen
So daß, so oft schrumpft ihre Haut,
Wir ihnen geben eine neue Haut dafür,
Daß sie die Pein verkosten; denn
Gott ist allmächtig, weise.

60/57 Die aber glaubten und das Gute thaten,
Die führen wir in Gärten,
Darunter hin die Ströme fließen,
Darin sie ewig sind; sie haben
Darinnen Frauen, reine,
Wir aber führen sie in schattige Schatten.

62/59 Ihr die da glaubt, gehorchet Gott,
Gehorchet dem Gesandten,
Und denen unter euch, die zu gebieten haben!
Und streitet ihr um etwas, bringt es
Zu Gott und dem Gesandten,
Wenn ihr in Wahrheit glaubt an Gott
Und an den jüngsten Tag; das ist euch besser
Und schöner zur Entscheidung.

Vers 61 siehe zwischen 33 und 36.

63/60 Siehst du wol jene, die da geben vor, zu glauben
An das was dir herabgesandt ist
Und was vor dir herabgesandt ist,
Und gleichwol sich berufen wollen auf den Tagut,
Da ihnen doch geheißen ist ihn zu verleugnen!
Doch Satan will sie irre führen in die weite Irre.

Vers 63 *Tagut* **wie V. 54. –** *Sich berufen auf ihn* **als einen Schiedsrichter.**

64/61 Und sagt man ihnen: Kommt zu dem,
Was Gott eröffnet hat, und zum Gesandten,
So siehst du wie die Heuchler dir
Mit Weigerung sich weigern.

65/62 Wie nun, wenn sie befällt ein Unfall
Um das was ihre Hände vorgewirket?
Dann kommen sie zu dir und schwören
Bei Gott: Wir wollen nichts als Liebs und Gutes.

66/63 Die sinds, die Gott kennt, was in ihren Herzen ist;
Drum wende dich von ihnen, aber mahne sie und rede
In ihre Seelen eine Red' eindringlich.

67/64 Wir sandten niemals einen Abgesandten,
Außer damit ihm sei gehorcht
Nach Gottes Willen. Und o möchten jene, wann
Sie sich versündigt haben, zu dir kommen,
Um sich mit Gott zu sühnen,
Und möchte für sie sühnen der Gesandte;
So fänden sie Gott zugekehrt, barmherzig.

21/17 Zukehrung lieget Gott nur ob für solche,
Die Böses thun unwissentlich,
Und sich darauf bekehren in der Kürze,
Zu denen kehret Gott sich,
Und Gott ist weis' und kundig.

22/18 Zukehrung ist für jene nicht,
Die Böses thun, bis ihrer einem naht der Tod,
Und er sagt: Nun bekehr' ich mich;
Noch auch für jene die da sterben
Als Leugner, solchen haben wir bereitet Strafe peinvoll.

Vers (67 b). 21. 22. Diese beiden Verse passen hier leidlich, und ich wollte ihnen, um sie nicht gar umkommen zu lassen, das Plätzchen gönnen, wo allein sie bestehn können.

68/65 Bei deinem Herrn! sie glauben nicht in Wahrheit,
Wenn sie dich nicht zum Richter wählen
Des was ist zwistig unter ihnen,
Und dann sich nicht verdrießen lassen
Was du entscheidest, und sich ganz
Ergeben mit Ergebung.

69/66 Ja wenn wir ihnen auferlegten: bringt euch um,
Oder wandert aus eurer Heimat!
Dann möchten es nur wenige thun von ihnen.
Doch wenn sie dis nur thäten, wes man jetzt sie mahnt,
So wär' es ihnen besser und zu festerer Begründung.

70/67 Und geben würden wir auch ihnen
Von unsrer Seite großen Lohn,
Und würden leiten sie des graden Pfades.

71/69 Denn wer gehorcht Gott und dem Abgesandten,
Die sind mit denen, über welche Gott gegnadet,
Von den Profeten und Gerechten,
Den Zeugen und den Frommen;
Sie haben herrliche Genossen.

72/74 Das ist die Gnadenfülle Gottes,
Und Gottes Weisheit ist genug. –

82/80 Wer da gehorchet dem Gesandten,
Hat Gott gehorcht; wer aber sich wendet, nun,
Wir sandten dich nicht über sie zum Hüter.

83/81 Sie sprechen wol: Gehorsam!
Doch wenn sie wieder von dir gehn,
So führen einige von ihnen nächtlich andre Reden.
Gott aber schreibet was sie nächtlich reden;
Du laß sie und vertrau auf Gott!
Gott genüget zum Vertrauen.

84/82 Erwägen sie den Koran nicht?
Wenn er von Gott nicht wäre,
Sie würden in ihm finden manchen Widerspruch!

Vers 84 Das mag auch auf ihre nächtlichen Unterhaltungen gehn.

85/83 Wenn ihnen ein Gerücht nun kommt
Von Frieden oder Kriegsgefahr,
Verbreiten sie dasselbe; brächten sie's doch lieber
Zu dem Gesandten, oder denen
Die zu gebieten haben unter ihnen;
So würden's doch diejenigen wissen,
Die es ergründen könnten.
Ja, wäre Gottes Huld nicht über euch und sein Erbarmen,
Ihr folgetet dem Satan bis auf wenige! –

Vers 82–85 Diese Partie unterbricht an der Stelle, wo sie steht, den Zug der Rede; hier aber, wo wir sie hersetzen, kann sie zu einem Übergang dienen von der vorigen Partie zu der folgenden V. 73.

73/71 Ihr die da glaubet, nehmet eure Wahrung;
Dann greift an einzelstandhaft oder schaarweis!

Vers 73 Von hier an feurige Ermunterung zum heiligen Krieg.

74/72 Doch mancher ist von euch der da zurückbleibt.
Wenn euch ein Unfall dann befiel,
Spricht er: Gott war mir gnädig,
Daß ich bei ihnen nicht gewesen.

75/73 Doch wenn euch eine Gunst von Gott ward,
So wird er sprechen, gleichalsob nie zwischen euch
Und ihm gewesen wär' ein Abwand:
Wär' ich bei ihnen doch gewesen,
Mich hätte großes Glück beglückt!

Vers 75 *Abwand* **oder Abstand u. dergl. Man mag statt des nur äußerst gezwungen zu erklärenden** *mawaddatun* **lesen** *maraddatun* **oder auch ein sonst nicht vorkommendes** *mu 'addatun* **von** *add.*

76/74 Doch kämpfen soll für Gottes Weg,
Wer da verkaufen will dis Leben für das künft'ge.
Und wer da kämpft für Gottes Weg,
Werd' er getödtet oder siege,
Wir bringen großen Lohn ihm.

Vers 76 *Gottes Weg* **Religion, Gottes Sache.**

77/75 Was habt ihr denn, daß ihr nicht kämpft für Gottes Weg,
Und für die Schwachen von den Männern
Und Fraun und Kinder, die da sprechen:
O Herr, bring' uns aus dieser Stadt
Der sündigen Bewohner,
Und gib von Dir uns einen Hort,
Und gib von dir uns einen Helfer!

78/76 Ja, die da glauben, kämpfen
Für Gottes Weg, und die da leugnen,
Sie kämpfen für den Weg des *Tagut*.
So kämpft denn gegen die Genossen
Des Satans! denn schwach ist der Anschlag Satans.

79/77 Siehst du wol jene, denen erst gesagt war:
Laßt eure Hände ruhn, bestellet das Gebet
Und gebt die Sühnungssteuer!
Nun aber ihnen auch ward aufgelegt der Kampf;
Da fürchten einige von ihnen
Die Menschen, wie man Gott nur fürchtet,
Ja noch mit stärkrer Furcht, und sprechen:
O Herr, warum hast du uns aufgelegt den Kampf?
O hättest du gefristet uns zu naher Frist!
Sag' ihnen: Dieses Lebens Nießbrauch ist gering,
Das andre dort ist besser, wer Gott fürchtet;
Von seinem Rechte wird man ihm entziehn nicht eine Dattelfaser.

Vers 79 *Laßt eure Hände ruhn* **enthaltet euch für euch selber der Theilnahme am Krieg.**

80/78 Wo ihr auch seid, wird euch der Tod erreichen,
Und wäret ihr auf Thürmen hochgemauerten.
Doch wenn sie Glückliches betrifft, so sprechen sie:
Das ist von Gott! und wenn sie trifft ein Unglück,
So sprechen sie: Das ist von dir!
Sag' ihnen: Alles ist von Gott!
Was hat dis Volk, daß sie kaum recht verstehn ein Wort?

81/79 Was dich betraf von Glücklichem, das ist von Gott;
Doch was dich traf von Unglück, das ist von dir selber.
Wir sandten dich den' Menschen zum Gesandten,
Und Gott genügt zum Zeugen.

86/84 So kämpfe du für Gottes Weg!
Du nimmst nur auf dich selber die Beschwerde;
Reiz' aber auch die Gläubigen!
Vielleicht daß Gott thu' Einhalt der Gewalt von denen die da leugnen;
Denn Gott ist stärker an Gewalt
Und stärker an Bezwingung.

89/87 Gott, außer dem kein Gott ist, sammeln wird er euch
Zum Tag der Urständ', an dem ist kein Zweifel;
Wer ist wahrhaftiger als Gott an Rede?

90/88 Was aber habt ihr, daß ihr für
Die Heuchler macht Partei, die Gott
Gestürzt hat ihrer Werke willen?
Wollt ihr rechtleiten, wen Gott irrgehn läßt? wen Gott
Läßt irrgehn, nimmer findest du ihm Wege.

91/89 Sie möchten, daß ihr leugnet, wie sie leugnen,
Und würdet ihnen gleich. O nehmt
Von ihnen keine Freunde,
Bis sie auswandern für die Sache Gottes.
Doch wenden sie sich feindlich ab,
So faßt und tödtet sie, wo ihr sie findet;
Und nehmt von ihnen keinen Freund noch Helfer!

Vers 91 ***auswandern*** **wie ihr selbst dafür ausgewandert seid. Die Gemeinten sind Araber von den umwohnenden Stämmen; sie meinten es nicht so ernstlich mit ihrer Anhänglichkeit an die Sache des Glaubens, daß sie dafür die Verbindung mit ihren heidnischen Stammgenossen hätten aufgeben wollen.**

92/90 Die ausgenommen, die sich halten
Zu einem Volke, zwischen dem
Und euch ein Bund ist, oder zu euch kommen
Bedrängtes Muthes, daß sie sollten

Entweder euch bekämpfen oder
Bekämpfen ihren eignen Volkstamm.
Denn wär' es Gottes Wille, könnt' er
Macht geben ihnen über euch,
Und euch bekämpfen würden sie.
Drum wenn sie euch bei Seite lassen,
Euch nicht bekämpfen und euch Friede bieten,
So hat Gott gegen sie euch keinen Weg gegeben.

Vers 92 *keinen Weg gegeben* **kein Recht sie feindlich zu behandeln.**

93/91 Allein ihr werdet andre finden,
Die gerne möchten gut mit euch stehn
Und gut mit ihrem Volke auch;
Sooft sie sich in Meuterei einlassen,
Bekommt es ihnen übel!
Wenn sie euch nicht bei Seite lassen,
Euch bieten Fried' und ihre Händ' abhalten,
So faßt und tödtet sie, wo ihr sie treffet!
Über dieselben haben wir
Euch volle Macht gegeben. –

94/92 Kein Gläubiger wird einen Gläubigen tödten,
Es sei denn unvorsätzlich.
Wer einen Gläubigen nun tödtet unvorsätzlich,
Die Sühne sei Befreiung eines Nackens, eines gläubigen,
Und Buße ausbezahlt den Angehörigen,
Es sei denn daß sie diese ihm erlassen.
War der Getödtete von einem Feindesvolk euch.
Er selber aber gläubig,
So sei's nur die Befreiung eines Nackens, eines gläubigen.
Doch war er eines Volkes, zwischen dem und euch ein Bund ist,
Sei Buße ausbezahlt den Angehörigen,
Und dazu die Befreiung eines Nackens, eines gläubigen.
Wenn aber das nicht möglich ist,
So sei's ein Fasten zweier Monde nacheinander,
Zu einer Reu von Gott, und Gott ist weis' und kundig.

Vers 94 *Befreiung eines Nackens* **Freilassung eines Sklaven, oder Loskaufung eines Kriegsgefangenen.**

95/93 Doch wer vorsätzlich einen Gläubigen tödtet,
Dessen Vergeltung ist die Hölle,
Darin er ewig bleibt;

Gott zürnt auf ihn und fluchet ihm,
Und hat ihm zubereitet große Strafe. –

96/94 Ihr Gläubigen, wenn ihr auf Gottes Weg ausziehet,
So unterscheidet wohl und sagt nicht
Zu jedem der euch grüßt: Du bist kein Gläubiger!
Indem ihr sucht Gewinn von Weltgut;
Aber bei Gott ist reiche Beute.
So war't ihr sonst, doch Gott war gnädig gegen euch;
Drum unterscheidet wohl! Gott ist des, was ihr thuet, kundig.

Vers 96 *Indem ihr sucht Gewinn von Weltgut* **d. h. weil ihr ihn nur ausplündern wollt unter dem Vorwand, er sei kein Gläubiger.** *So waret ihr sonst* **so pflegtet ihr es sonst zu halten, eh euch Gott nach seiner Gnade eines bessern belehrte.**

Vers (96 b) 88 Die Einfügung hier wie 67 b.

88/86 Wenn man euch grüßt mit einem Gruße,
So grüßt darauf mit einem schönern,
Oder gebet den gleichen wieder;
Denn Gott ist über alle Ding' ein Rechner. –

97/95 Doch nicht sind gleich die Sitzer von den Gläubigen
(Schadhafte ausgenommen) und die Kämpfer
Für Gottes Weg mit ihrem Gut und ihrem Blut.
Gott hat erhöht die Kämpfenden mit Gut und Blut
Über die Sitzenden um eine Stufe;
Verheißen zwar hat beiden Gott das Schönste,
Jedoch erhöht die Kämpfenden mit Gut und Blut
Über die Sitzenden mit großem Lohne.

99/97 Wen hin die Todesengel nehmen
In seinen Sünden, zu denselben sprechen sie:
Was waret ihr? sie sprechen:
Wir waren schwache in dem Lande.
Doch jene sprechen: War nicht Gottes Erde weit,
Daß ihr auswandern möchtet?
Die Wohnung derer ist Gehenna,
Schlimm ist dahin die Einkehr.

Vers 99 *Wir waren schwache in dem Lande* **und konnten deswegen uns nicht für den Glauben offen erklären und für Gottes Sache mitkämpfen, wir waren** *Sitzer*. **Aber sie hätten eben auswandern können und sollen.**

100/98 Die wirklich schwachen ausgenommen,
Der Männer, Fraun und Kinder,
Die keinen Rath und Ausweg finden;

Vers 100 *Rath und Ausweg* **um auszuwandern.**

–/99 Denselbigen mag Gott verzeihn,
Denn Gott ist gnädig gern verzeihend.

101/100 Doch wer auswandert auf dem Wege Gottes,
Der wird auf Erden finden Unterkommen gnug und Fülle.
Wer geht aus seinem Vaterland auswandernd
Zu Gott und seinem Abgesandten,
Und ihn erreichet dann der Tod,
Dessen Belohnung lieget Gott' ob,
Und Gott ist gnädig und barmherzig. –

102/101 Wenn aber ihr im Lande reiset,
Ists keine Sünd' euch, abzukürzen das Gebet,
Dafern ihr fürchtet Überfall
Von jenen die verleugnen;
Denn die Verleugner sind euch offne Feinde.

103/102 Wenn aber du bist unter ihnen,
Und lässest das Gebet sie halten;
So soll ein Theil von ihnen mit dir stehn und ihre Waffen nehmen;
Doch wenn sie niederfallen, sollen
Sie hinter euerm Rücken seyn.
Kommen soll dann ein andrer Theil,
Der noch nicht hat gebetet,
Und sollen mit dir beten,
Und nehmen ihre Hut und ihre Waffen.
Wol möchten die Verleugner, daß
Ihr außer Acht ließ't eure Waffen
Und eur Gepäck, um über euch
Mit einmal herzufallen.
Doch sei es keine Sünd' euch, wenn ihr leidet
Von Regen, oder wenn ihr krank' seid,
Daß ihr ableget eure Waffen;
Nur nehmet eure Hut! Und Gott hat
Bereitet den Verleugnern Strafe schmachvoll.

Vers 103 ***Du*** **Mohammed,** ***unter ihnen*****, unter solchen die auf der Reise oder dem Kriegszug das feierliche Gebet halten wollen. –** ***Ein Theil soll stehn*** **bleiben, und gewaffnet die Gebetstellungen und Neigungen verrichten, während die andern den Gebetniederfall machen (und dabei die Waffen ablegen).**

104/103 Habt ihr so das Gebet vollendet,
So denket Gottes dann beim Stehn,
Beim Sitzen und beim Liegen auf den Seiten.
Doch wenn ihr sicher seid, bestellet das Gebet recht!
Denn das Gebet ist für die Gläub'gen Vorschrift für bestimmte Zeit. –

Vers 104 *Denket Gottes* **betend, als Ersatz der Mangelhaftigkeit des öffentlichen Gebetes.**

105/104 Ermüdet nicht, die Feinde aufzusuchen!
Wenn ihr dabei auch leidet,
So leiden sie nicht minder als ihr leidet,
Ihr aber seid von Gott begnadigt,
Wie nimmer sie begnadigt werden,
Und Gott ist weis', allwissend. –

106/105 Wir haben dir das Buch herabgesendet mit der Wahrheit,
Aufdaß du richtest unter den Menschen
Nach dem, was Gott dir zeiget.
Sei du kein Anwalt den Betrügern,

Vers 106 *Sei den Betrügern kein Vertreter* **Dis schließt sich einigermaßen an den Inhalt von V. 90 an, nur daß es hier der Profet sich selber, wie dort seinen Gläubigen, zu Gemüth führt.** *Und sühne Gott!* **Wenn du dir eine solche Parteilichkeit hast zu Schulden kommen lassen.**

–/106 Und sühne Gott! denn Gott ist gnädig und versöhnlich.

87/85 Wer als Vertreter wird vertreten Gutes,
Dem wird ein Antheil dran;
Wer als Vertreter aber wird vertreten Böses,
Dem wird gleichviel davon, und Gott
Ist über alles ein Verfüger.

107/107 Darum vertheidige nicht, die sich
Mit ihrem Truge selbst betrügen;
Denn Gott liebt nicht den trügerischen Frevler.

108/108 Verbergen sie sich vor den Menschen,
Verbergen sie sich doch vor Gott nicht,
Er ist bei ihnen, wann sie nächtlich
Rede führen, die er nicht liebt,
Gott hält ihr Thun umschlossen.

109/109 Ihr, die ihr sie vertheidiget in diesem Leben,
Wer wird sie gegen Gott vertheidigen
Am Tag der Urständ', oder seyn
Für sie dann ein Sachwalter?

Vers 109 Hieran schließt sich 134, doch so, daß was dazwischen liegt, eine natürliche Abschweifung heißen mag, deren Inhalt bildet die (in späteren Suren oft wiederkehrende) Rüge allerlei heimlicher Umtriebe, und Einverständnisse der Übelgesinnten, verbunden mit Anhänglichkeit an verpönte heidnische Gebräuche, die ein Werk Satans sind.

111/111 Wer eine Sünde wirkt, der wirkt sie seiner Seele,
Und Gott ist weis', allwissend.

112/112 Wer aber eine Sünde wirket oder Schuld,
Und dann damit beschmitzt einen Unschuldigen,
Der hat zu tragen beides, Lüg' und offne Schuld.

113/113 Und wäre Gottes Huld nicht über dir und sein Erbarmen,
Ein Theil von ihnen suchte wol dich irrzuführen,
Sie aber führen nur sich selbst irr,
Und werden dir nicht schaden irgend;
Denn Gott hat dir herabgesandt die Schrift und Weisheit,
Und dich gelehrt was du nicht wußtest,
Und Gottes Gnadenfülle über dir ist groß.

114/114 Nichts Gut's ist in den meisten ihrer heimlichen Gespräche,
Wer nicht anmahnt zu Unterstützung
Und Freundlichkeit und zur Versöhnung unter Menschen;
Wer aber dis thut, suchend Gottes Wohlgefallen,
Dem werden wir einst geben großen Lohn.

115/115 Wer aber hindert den Gesandten,
Nachdem ihm kund geworden ist die Leitung,
Und folget anderm Weg als dem der Gläubigen,
Dem lassen wir das womit er sich einläßt,
Glühn lassen wir ihn in der Hölle,
Schlimm ist dahin die Einkehr.

116/116 Denn Gott vergibt nicht, daß ihm zugesellt sei Etwas,
Das Mindere vergibt er wem er will, wer aber
Gott etwas zugesellt, der irrt in weiter Irre.

Vers 116 Schon 51 dagewesen

117/117 Sie rufen außer Gott nichts andres an als Frauen,
Sie rufen nichts andres als den Satan den Empörer.

Vers 117 ***Frauen*** **die weiblichen Gottheiten und Engelwesen.**

118/118 Dem fluchte Gott, er aber sprach:
Ich will von deinen Knechten nehmen
Den mir beschiednen Theil,

–/119 und will sie irre leiten,
Will sie zu Wunsch und Wahn verführen,
Will ihnen heißen, daß sie sollen
Des Viehes Ohren stutzen,
Will ihnen heißen, daß sie sollen
Verstümmeln Gottes Schöpfung.
Doch wer den Satan nimmt zum Schutzherrn neben Gott,
Der ist verlustig offenen Verlustes.

Vers 118 ***des Viehes Ohren stutzen*** **ein heidnischer Gebrauch, jedes zehnte Kameljunge mit solchem Zeichen den Göttern zu weihen. Vergleiche andere ähnliche Gebräuche S. 6, 138 ff.**

119/120 Denn er verheißt, und machet wünschen, wähnen,
Doch nichts verheißt der Satan als Bethörung.

122/123 Nichts ists mit eurem Wunsch und Wahn,
Noch mit dem Wunsch und Wahn der Schriftbesitzer!
Wer Böses thut, dem wirds vergolten,
Er findet neben Gott für sich
Nicht Schutzherrn nicht Helfer.

Vers 122 *der Schriftbesitzer* **Juden (und Christen).**

123/124 Wer aber Gutes thut, von Männern oder Fraun,
Und ist dabei ein Gläubiger,
Dieselben führen wir zum Garten,
Sie werden nicht verkürzt um eine Faser.

124/125 Und wer hat schönern Gottesdienst,
Als wer sein Antlitz hingibt Gott', und handelt schön,
Und folgt der Gilde Abrahams, rechtgläubig!
Gott nahm den Abraham zum Freunde.

Vers 125 Hierauf folgt eine ganz fremdartige Partie von den Weibern und deren Behandlung, die in V. 130 und 131 mit demselben Gemeinplatz und Übergang schließt wie hier V. 125.

125/126 Und Gottes ist, was ist im Himmel und auf Erden.
Und Gott ist alles Ding umfassend.

132/133 Will er, so nimmt er euch hinweg, ihr Menschen,
Und bringet andre; Gott ist dessen wohl gewaltig.

133/134 Wer da den Lohn will dieser Welt, bei Gott ist
Der Lohn von dieser Welt und jener,
Und Gott ist hörend, schauend.

134/135 Ihr die ihr glaubt, seid standhaft in Gerechtigkeit,
Als Zeugen Gottes, sei's auch gegen
Euch selber oder eure Eltern
Und nächsten Anverwandten,
Mag einer arm seyn oder reich,
Denn Gott ist nahe beiden;
Und folget nicht der Lust, daß ihr euch neiget!
Doch wendet ihr euch oder weigert,
Gott ist des, was ihr thut, bewußt.

Vers 134 *nahe beiden* **3,61.**

135/136 Ihr die da glaubet, glaubt an Gott und seinen Abgesandten,
Und an die Schrift, die er gab seinem Abgesandten,
Und an die Schrift, die er zuvor gab.

Doch wer verleugnet Gott und seine Engel
Und seine Schriften und Gesandten
Und jüngsten Tag, der irrt in weiter Irre.

136/137 Die glaubten erst, dann leugneten,
Dann wieder glaubten, und dann wieder leugneten,
Und nahmen zu an Leugnung,
Denselben wird Gott nicht verzeihn,
Noch sie des Weges leiten.

137/138 Verkündige den Heuchlern: ihrer wartet Strafe peinvoll.

138/139 Die da zu Freunden nehmen
Die Leugner mit Vorbeigehn
Der Gläubigen, o suchen sie
Bei ihnen Macht? die Macht ist alle Gottes.

139/140 Und schon ist euch im Buch eröffnet:
Wo ihr die Zeichen Gottes höret
Geleugnet und verspottet,
Da sitzet bei den Leuten nicht,
Bis sie von etwas anderm schwätzen;
Sonst wäret ihr wie sie! und sammeln
Wird Gott die Heuchler und die Leugner
In der Gehenna sämmtlich.

140/141 Sie, die da auf euch lauern, und wenn euch nun ward
Ein Sieg von Gott, so sprechen sie:
Waren wir nicht mit euch? doch wenn
Den Leugnern wird ein Vortheil,
So sprechen sie zu ihnen: Hatten
Wir Macht nicht über euch, und schützten
Euch vor den Gläubigen? doch Gott wird
Am Tag der Auferstehung richten zwischen euch,
Und nie wird Gott den Leugnern geben
Gegen die Gläubigen einen Weg.

141/142 Die Heuchler, traun, belisten Gott,
Doch sie wird er belisten.
Und wenn sie stehen zum Gebet,
So stehn sie träg', und sehen nach den Leuten,
Und denken Gottes wenig nur.

142/143 Sie schwanken zwischen beiden,
Nicht diesen zu, noch jenen zu;
Wen aber Gott läßt irre gehn,
Dem wirst du finden keinen Weg.

149/150 Die da verleugnen Gott und seine Abgesandten,
Und möchten machen eine Scheidung zwischen Gott

Und dessen Abgesandte,
Sprechend: »An Eines glauben wir,
Und verleugnen das Andre,«
Und möchten da hindurch einschlagen einen Weg;

Vers 149 ***An Eines*** **oder auch an Einen Abgesandten.**

150/151 Dieselben sind Verleugner wahrhaft,
Gott aber hat bereitet den Verleugnern Strafe schmachvoll.

151/152 Doch die an Gott und seine Abgesandte glauben,
Und machen keinen Unterschied
Zwischen einem von ihnen,
Denselben werden wir einst geben ihren Lohn,
Und Gott ist gnädig und barmherzig.

152/153 Die Schriftbesitzer fordern, daß
Du ihnen bringst herab ein Buch vom Himmel.
Sie forderten von Mose Größres noch als das,
Und sprachen: Laß uns schauen Gott von Antlitz!
Da faßte sie die Schmetterung in ihrer Schuld.

Vers 152 Was hier und nach 160 ausgelassen worden, steht in vollkommnem Zusammenhang, ist aber überflüssig.

154/155 Doch weil sie brachen ihren Bund,
Und weil sie leugneten die Zeichen Gottes,
Weil sie erschlugen die Profeten ohne Recht,
Und sprachen: Unsre Herzen sind ja nicht beschnitten;
(Jawohl versiegelt hat sie Gott in ihrer
Verleugnung, so daß wenige nur glauben);

155/156 Und weil sie leugneten und arg verleumdeten Maria,

156/157 Und weil sie sprachen: Getödtet haben
Wir den Messias, Jesus, Sohn Marias;
(Und haben doch ihn nicht getödtet noch gekreuzigt,
Es täuschte sie ein Scheinbild nur;
Doch die darüber streiten, sind darob in Zweifel,
Da sie davon kein Wissen haben
Und folgen nur der Meinung;
Sie aber haben ihn in Wahrheit nicht getödtet,

–/158 Erhoben hat ihn Gott zu sich,
Denn Gott ist stark und weise;

157/159 Und keiner von den Schriftinhabern
Ist der an ihn nicht glauben wird vor seinem Tod,
Am Tag der Urständ' aber wird er gegen sie ein Zeuge);

158/160 Ob solcher Frevel derer, die sich Juden nennen,
Verboten wir denselben Gutes,
Das ihnen sonst erlaubt war,
Und weil sie viel von Gottes Weg ablenken,

159/161 Und weil sie Zinsen nehmen, was doch ihnen untersagt ward,
Und das Vermögen Anderer verzehren sündlich;
Bereitet aber haben wir
Den Leugnern unter ihnen scharfe Pein.

160/162 Doch die feststehenden im Wissen unter ihnen
Und glaubenden, die glauben
An das was dir herabgesandt ist
Und was vor dir herabgesandt ist,
Und das Gebet bestellenden
Und Sühnungssteuer gebenden
Und glaubenden an Gott und an den jüngsten Tag,
Die sind es, ihnen werden
Wir geben großen Lohn.

165/167 Doch die da leugnen und ablenken
Von Gottes Weg, sind irr in weiter Irre.

166/168 Die Leugnenden und Frevelnden,
Gott mag denselben nicht verzeihn,
Noch einen Pfad sie leiten,

167/169 Außer den Pfad zur Hölle, drin sie ewig sind,
Und das ist Gott' ein Leichtes.

168/170 Ihr Menschen, euch gekommen ist
Der Abgesandte mit der Wahrheit
Von eurem Herrn, so glaubt! das ist euch besser;
Doch leugnet ihr, nun, Gottes ist
Was ist im Himmel und auf Erden,
Und Gott ist weis' und kundig.

169/171 Ihr Schriftinhaber, schreitet
Nicht aus in eurem Gottesdienst,
Und sagt von Gott nichts als die Wahrheit!
Ja, der Messias, Jesus, Sohn Marias, ist
Der Abgesandte Gottes, und sein Wort, das er
Gegossen auf Maria, und ein Geist von ihm.
So glaubt an Gott und seine Abgesandten,
Und sagt nicht: Drei sinds! lasset ab! das ist euch besser.
Gott ist ein einziger Gott, Lobpreis ihm, es sei ferne,
Daß sein ein Sohn sei! Sein ist was

Im Himmel ist und was auf Erden,
Und Gott genügt zum Anwalt.

170/172 Sich weigert nimmer der Messias,
Daß er ein Knecht sei Gottes,
Und auch die Engel nicht, die nahgestellten.

171/- Und wer sich seiner Knechtschaft weigert
Und stolz ist, – sammeln wird Er zu sich alle.

172/173 Die glaubten nun und Gutes thaten,
Gewähren wird er ihnen ihre Löhne,
Und ihnen legen zu von seiner Gnadenfülle;
Die aber stolz sich weigerten und sträubten,
Bestrafen wird er sie mit Strafpein.

173/- Und finden werden sie für sich nicht neben Gott
Schutzherren oder Helfer.

174/174 Ihr Menschen, euch gekommen ist
Beweis von eurem Herrn nunmehr,
Und euch herabgesendet haben
Wir offnes Licht. Nun, die da glauben
An Gott und halten sich an ihn,
Die wird er eingehn lassen in Erbarmung
Von sich und Gnadenfülle,
Und leitet sie zu sich im graden Pfade.

Vers 174 Der Schlußvers 175 enthält einen Nachtrag zu den obigen von uns übergangenen Erbbestimmungen.

Aus der 5^{N} Sure
Der Tisch

Überschrift *Der Tisch* **s. V. 112.**

3/- Kein Antrieb soll euch seyn der Haß von Leuten,
Die euch wegdrängen vom geweihten Bethaus,
Daß ihr auch sie beleidigt. Helft einander
Zur Frömmigkeit und Gottesfurcht, doch helfet
Einander nicht zu Frevel und Feindseligkeit;
Und fürchtet Gott! denn Gott ist stark von Rache.

10/7 Gedenkt der Wohlthat Gottes an euch,
Und seines Bunds, mit dem er euch verbündet, als ihr sprachet:
Wir hören und gehorchen! Fürchtet Gott! denn Gott
Kennt den Gehalt der Busen.

11/8 Ihr die da glaubt, seid standhaft gegen Gott,
Zeugen für die Gerechtigkeit!
Kein Antrieb soll euch seyn der Haß von Leuten,
Daß ihr gerecht nicht seiet. Seid gerecht! das ist gemäßer
Der Gottesfurcht; und fürchtet Gott!
Denn Gott ist kundig eures Thuns.

14/11 Ihr die da glaubet, denket
Der Wohltat Gottes über euch, als Leute strebten
Nach euch zu strecken ihre Hände;
Da hielt er ihre Händ' euch ab.
Und fürchtet Gott! und ja auf Gott
Sollen vertraun die Gläubigen.

— — —

15/12 Einst nahm Gott an den Bund der Söhne Israels,
Und unter ihnen weckten wir zwölf Fürsten;
Gott sprach: Ich bin mit euch! wenn ihr
Bestellet das Gebet und gebt die Sühnungssteuer,
Und glaubt an meine Boten und steht ihnen bei,
Und darlehnt Gotte schönes Darlehn,
So will ich von euch nehmen euer Böses,
Und führen euch in Gärten, unter denen hin
Die Ströme fließen. Aber wer nach diesem
Von euch wird leugnen, ist verirrt vom rechten Wege.

16/13 Weil sie nun brachen ihren Bund,
Fluchten wir ihnen und verstockten ihre Herzen.
Nun rücken sie die Worte
Der Schrift von ihren Stellen, und vergaßen
Das beste Theil von dem des sie gemahnet worden,
Und unaufhörlich nimmst du wahr Betrug von ihnen,
Nur wenige ausgenommen. Drum
Entzieh dich ihnen und entschlag!
Denn Gott liebt die schönhandelnden.

17/14 Und auch von denen, die sich Nazarener nennen, nahmen
Wir ihren Bund an, aber sie vergaßen
Das beste Theil von dem des sie gemahnet worden,
Drum wir erregten unter ihnen Feindschaft
Und Zwietracht bis zum jüngsten Tag,
Dann wird Gott ihnen sagen, was sie machten.

18/15 Ihr Schriftbesitzer, euch gekommen
Ist unser Abgesandter,
Der euch eröffnet manches dessen,

Was ihr verbarget von der Schrift,
Und übergeht auch manches.
Gekommen ist euch Licht von Gott und offne Schrift,

–/16 Womit Gott leitet den der folget seiner Gnade,
Den Pfad des Heils, und führt sie aus der Finsternis
Zum Licht nach seinem Willen,
Und leitet sie zum graden Wege.

19/17 Die sind Verleugner, welche sprechen: Gott ist der Messias,
Der Sohn Marias. Sprich du: Wer vermöchte
Denn gegen Gott wol etwas, wollt' er
Vertilgen den Messias, Sohn Marias,
Und seine Mutter, und auf Erden alle?

20/– Denn Gottes ist das Reich des Himmels und der Erde
Und was da zwischen beiden; Er schafft was er will,
Und Gott ist jedes Dings gewaltig.

21/18 Die Juden doch und Nazarener sagen: Wir
Sind Gottes Kinder und seine lieben Freunde.
Sag' ihnen: Nun warum denn straft er euch um eure Sünden?
Ihr seid nur Menschen, wie er schuf,
Doch er verzeihet wem er will,
Und strafet wen er will, und Gottes ist das Reich
Des Himmels und der Erd' und was dazwischen,
Und zu ihm ist die Wiederkehr.

22/19 Ihr Schriftbesitzer, euch gekommen
Ist unser Abgesandter, euch eröffnend
Nach Unterbrechung der Gesandten,
Daß ihr nicht sagt: Uns kam kein Heilverkündiger und Warner.
Denn euch gekommen ist ein Heilverkündiger und Warner;
Und Gott ist jedes Dings gewaltig.

— — —

30/27 Trag ihnen vor die Kunde beider Söhne Adams nach der Wahrheit;
Als sie ein Opfer opferten,
Vom einen ward es angenommen,
Und angenommen nicht vom andern;
Sprach jener: tödten will ich dich!
Sprach dieser: Gott nimmt an nur von den Frommen.

31/28 Drum, wenn du deine Hand ausstreckest mich zu tödten,
Werd' ich nicht meine Hand ausstrecken dich zu tödten;
Denn ja, ich fürchte Gott den Herrn der Welten.

32/29 Ich will daß du hingehst mit meiner Schuld und deiner,
Und einer wirst von den Genossen
Des Feuers, denn das ist der Lohn der' Frevler.

33/30 Doch überredete ihn seine Seele
Zur Tödtung seines Bruders, und er tödtet' ihn.
Und war des Tages einer der Verlornen.

34/31 Da sendete Gott einen Raben,
Der wühlete im Boden, ihm zu zeigen,
Wie er verbergen sollte seines Bruders Greul.
Da sprach er: Weh mir, bin ich nicht im Stande
Zu thun wie dieser Rabe, zu verbergen meines Bruders Greul?
Und war des Tags voll Reue.

35/32 Von diesetwegen schrieben wir nun vor den Söhnen Israels:
Wer schlägt ein Leben ohne für ein andres,
Und ohne Krieg im Lande,
Seyn solls, alsob er hab' erschlagen alle Menschen;
Wer aber eins erhält, das sei
Alsob er hab' erhalten alle Menschen.

Vers 35 *Ohne für ein andres* **außer nach dem Rechte der Blutrache, zur Vergeltung für ein andres.**

— — —

59/54 Ihr die da glaubet! wer von euch da wieder
Abfällt von seinem Gottesdienst; –
Gott wird ein Volk von andren bringen, die er liebt,
Und die ihn lieben, unterwürfig gegen
Die Gläubigen, stolz gegen die Verleugner,
Und streitend auf dem Wege Gottes,
Nicht fürchtend Tadel eines Tadlers.
Das ist die Gnadenfülle Gottes,
Er gibt sie wem er will, und Gott
Ist weitumfassend weise.

Vers 59 *Auf dem Wege Gottes* **für die Sache Gottes.**

— — —

76/72 Die sind Verleugner, welche sprechen: Gott ist der Messias,
Der Sohn Marias. Aber der Messias sprach:
Ihr Söhne Israels, o dienet
Gott, meinem Herrn und eurem Herrn!
Denn wer Gott etwas beigesellt,
Dem hat versaget Gott den Garten,
Und seine Wohnung ist das Feuer,
Die Sünder aber finden keine Helfer.

77/73 Die sind Verleugner, welche sprechen:
Gott ist der Dritte von Dreien.
Es ist kein Gott als nur Ein Gott.
Und stehn sie ab von dem nicht, was sie sprechen,
So wird berühren die Verleugner unter ihnen scharfe Pein.

78/74 O werden sie sich nicht bekehren
Zu Gott und ihn versöhnen?
Denn Gott ist gnädig und versöhnlich.

79/75 Der Sohn Marias, der Messias,
Ist nichts wan ein Gesandter,
Vor welchem hergegangen viel Gesandte,
Und seine Mutter eine
Wahrhaftige; sie beide aßen Speise.
Schau, wie wir ihnen deuten
Die Zeichen! schau dann, wie sie sind verblendet!

— — —

92/90 Ihr die da glaubet! Wein und Spiel,
Bildsäulen und Looßpfeile sind ein Greuel
Vom Werk des Satans; meidet sie,
Aufdaß ihr glücklich werdet!

93/91 Der Satan will nur unter euch
Erregen Haß und Feindschaft
Durch Wein und Spiel, und euch ablenken
Von dem Gedächtnis Gottes
Und vom Gebet. Wollt ihr euch wol abwenden?
Gehorchet Gott denn und gehorchet dem Gesandten
Und hütet euch! Doch weigert ihr, so [wisset:]
Unserm Gesandten liegt nur ob die klare Meldung.

Vers 93 *wisset* **Ms. tut es. Rückert las versehentlich** *fa ?malu* **statt** *fa ?lamu* **(H.B).**

95/94 Ihr die da glaubet, Gott will auch euch prüfen
Mit etwas von der Jagd, das eure Händ' erreichen
Und eure Spieße, damit Gott erkenne,
Wer da ihn fürchtet im Verborgnen.
Doch wer es künftig überschreitet,
Dem bleibet Strafe peinlich.

96/95 Ihr die da glaubet, tödten sollt ihr
Kein Jagdthier, wenn ihr in der Wallfahrt Weihe seid.
Doch wer von euch eins tödten wird vorsätzlich,
Ersatz dafür sei gleichviel, als er tödtete, vom Hausvieh,
Nach Urtheil zwei gerechter Männer unter euch,

Zum Opfer das da hingelangt zur Kaaba,
Oder die Sühne sei die Speisung Armer,
Oder ein Gleichbetrag an Fasten, daß er schmecke
Die Folgen seine Missethat.
Gott übersiehet gnädig, was geschehn ist,
Doch wer es wiederthut, Gott wird es rächen;
Gott ist allmächtig und ein Rächer.

97/96 Erlaubt ist aber euch die Jagd
Des Meers und deren Speise
Zur Nutzung für euch selbst und für den Reisetrupp;
Verboten ist euch nur die Jagd des Landes,
Solang ihr in der Weihe seid, drum fürchtet Gott,
Zu dem ihr einst versammelt werdet!

98/97 Gott hat gemacht die Kaaba, das geweihte Haus,
Als eine Stätte für die Menschen,
Und die geweihten Monate,
Die Opfer auch und Angehänge;
Aufdaß ihr wisset, daß Gott weiß,
Was ist im Himmel und auf Erden,
Und Gott ist jedes Dings bewußt.
Wißt, daß Gott ist von starker Strafe,
Und daß Gott ist nachsichtig und barmherzig.

102/103 Doch nichts hat Gott gemachet von Bahira noch von Sa'iba,
Nichts von Waßila noch von Hami;
Nur die Verleugner dichten solchen Lug auf Gott,
Und ihre meisten sind unweise.

103/104 Wann ihnen wird gesagt: Kommt her
Zu dem was Gott hat offenbart, und zum Gesandten!
So sagen sie: Uns gnüget das,
Wobei wir unsre Väter fanden. –
Wie? auch wenn ihre Väter
Nichts wußten und nicht waren recht geleitet?

104/105 Ihr die da glaubet, hütet eure Seelen,
Daß euch nicht Schaden bringen die Verirrten,
Wenn ihr seid recht geleitet!
Zu Gott ist aller euer Heimgang,
Dann wird er euch ansagen was ihr thatet.

— — —

108/109 Tags wo Gott sammeln wird die Boten,
Und sprechen: Was erhieltet ihr für Antwort?

Sie sprechen: Uns ist nichts bewußt,
Du bist der Wisser des Geheimen.

109/110 Wie Gott sprach: Jesus, Sohn Marias!
Gedenke meiner Wohlthat über dir und deiner Mutter,
Wie ich dich stärkte mit dem Geist der Heiligkeit,
Daß du sprachst zu den Menschen in der Wieg' und als Erwachsner;

110/- Und wie ich lehrte dich die Schrift,
Die Weisheit, das Gesetz und Evangelium,
Und wie du schufst aus Thon Gebild von Vögeln
Nach meinem Willen, bliesest's an, und fliegend wards
Nach meinem Willen, und du heiltest
Den Blindgebornen und Aussätz'gen
Nach meinem Willen, und hervorgehn ließest du die Todten
Nach meinem Willen, und wie ich abwehrete
Die Söhne Israels von dir, als du zu ihnen kamest
Mit sichtbaren Beweisen, und die Leugner unter ihnen sprachen:
Das ist nichts wan ein offenbares Blendwerk.

111/111 Und wie ich dort eröffnete den Jüngern:
Glaubet an mich und meinen Abgesandten!
Sie sprachen: Ja wir glauben; sei uns Zeuge,
Daß wir sind Gottergebne!

Vers 111 *Gottergebene* **Moslime.**

112/112 Wie da die Jünger sprachen:
O Jesus, Sohn Marias, kann
Dein Herr uns niedersenden einen Tisch vom Himmel?
Er sprach: O fürchtet Gott nur, wenn ihr Gläubige seid!

Vers 112 ff. Nicht sowohl »eine verdeckte Anspielung« auf die Einsetzung des Abendmales, als eine sehr abgeleitete phantastische Auffassung jenes Geheimnisses.

113/113 Sie sprachen: Von ihm essen wollen wir, daß sich
Beruhigen unsre Herzen und wir wissen,
Daß du die Wahrheit uns geredet,
Und wir des seyen Zeugen.

114/114 Sprach Jesus, Sohn Marias: Herrgott, unser Herr!
Send' auf uns nieder einen Tisch vom Himmel,
Daß er uns eine Feier sei,
Dem ersten unter uns und letzten,
Und ein Zeichen von dir; versorg' uns!
Du bist der beste der' Versorger.

115/115 Sprach Gott: Ich will ihn niedersenden
Auf euch; doch wer von euch noch leugnet,
Den will ich strafen mit einer Strafe,
Mit der ich keinen strafe aus den Welten.

116/116 Und wie da Gott sprach: Jesus, Sohn Marias!
Hast du gesagt den Menschen: Nehmt mich
Und meine Mutter zu zwei Göttern neben Gott an?
Er spricht: Preis dir! mir kommt nicht bei
Zu sagen, was mir nicht gebührt.
Hätt' ichs gesagt, so wüßtest du's;
Du weißt was ist in meiner Seele,
Nicht ich weiß was in deiner Seel' ist,
Denn du nur bist der Wisser des Geheimen.

117/117 Nichts sagt' ich ihnen als was du mir anbefahlst:
Dient Gotte meinem Herrn und eurem Herren!
Und war ein Zeuge über sie,
Solang ich weilte unter ihnen;
Als du mich hingenommen, warest du der Wächter über ihnen,
Und du bist jedes Dinges Zeuge.

118/118 Wenn du sie strafst, so sind sie deine Knechte;
Und wenn du ihnen nachsiehst,
So bist du der Allmächtige, Allweise.

119/119 Spricht Gott: Dis ist der Tag, wo nützet den Gerechten ihre
Gerechtigkeit, für sie sind Gärten,
Darunter hin die Ströme fließen,
Darin sie bleiben ewig;
Gott hat an ihnen Wohlgefallen,
Und Wohlgefallen sie an ihm,
Das ist die große Seligkeit.

120/120 Und Gottes ist die Herrschaft
Des Himmels und der Erd' und was in beiden,
Und er ist jedes Dings gewaltig.

Die sechste Sure
Die Hausthiere

Überschrift *Die Hausthiere* **s. V. 138. – Wir haben hin und wieder einen oder mehrere überflüssige, zuweilen auch störende und wol unächte, Verse übergangen, wie die Zahlen anzeigen.**

1/1 Gelobt sei Gott, der Himmel schuf und Erde,
Und machte Finsternis und Licht;
Doch die Verleugner setzen ihrem Herren etwas andres gleich!

2/2 Er ist es der euch schuf aus Thon,
Und dann euch setzte eine Frist,
Eine Frist ist bestimmt bei ihm;
Ihr aber wollet zweifeln!

3/3 Er ist der Gott im Himmel und auf Erden,
Er weiß eur Heimliches und euer Lautes,
Und weiß auch was ihr wirket.

4/4 Doch kommt kein Zeichen ihnen von den Zeichen ihres Herren,
Von dem sie nicht sich kehrten ab!

7/7 Und sendeten wir dir hernieder
Ein Buch auf Blättern, und sie rührten's
Mit ihren Händen, dennoch sprächen
Die Leugnenden: Es ist ein offnes Blendwerk.

8/8 Und sprechen: Würde doch zu ihm
Herabgesandt ein Engel!
Doch sendeten wir einen Engel,
So wär' es aus, sie würden nicht gefristet.

9/9 Doch sendeten wir auch einen Engel,
Wir ließen ihn als Mann erscheinen,
Und würden ihn bekleiden, wie sie sich bekleiden.

33/33 Wir wissen wohl, dich kränket was sie reden:
Sie aber zeihen dich nicht Lügen,
Die Sünder, sondern Gottes Zeichen leugnen sie.

34/34 Doch Lügen wurden auch geziehn Gesandte
Vor dir, und duldeten's wie sie
Bezüchtigt wurden und gekränkt,
Bis ihnen unser Beistand kam.
Kein Wandler ist der Worte Gottes;
Und Kunde kam dir ja von den Gesandten.

35/35 Und wenn so schwer dir fiele ihre Widrung,
Und wenn du könntest einen Schlupf dir suchen
Im Boden, oder eine Leiter
Hinauf zum Himmel, um zu holen
Ein Zeichen ihnen; – doch, wärs Gottes Wille,
Zusammen brächt' er sie zur rechten Leitung;
Du aber sei nicht von den Thoren!

36/36 Antworten können nur, die hören;
Die Todten aber wird Gott wecken,
Dann sind sie zu ihm heimgebracht.

42/42 Wir sendeten an Völkergilden vor dir,
Und faßten sie mit Noth und Drangsal,
Ob sie sich wol demüthigten!

43/43 O hätten sie, als ihnen unsre Macht kam,
Sich doch gedemüthigt! allein
Verstocket waren ihre Herzen,
Und wohlgefallen
Ließ ihnen Satan, was sie thaten.

44/44 Vergaßen sie nun, wes gemahnt sie waren,
So öffneten wir über ihnen
Die Thore aller Fülle,
Bis sie froh wurden dessen was sie hatten,
Da faßten wir sie plötzlich,
Und sie verzageten.

45/45 Und ausgerottet ist der Stumpf des Volks der Frevler,
Und Lobpreis Gott dem Herrn der Welten!

46/46 Sag' ihnen: Wenn nun euch auch nähme Gott Gehör und Augen,
Und siegelt' eure Herzen zu,
Wer wär' ein Gott denn außer Gott,
Der es euch wieder brächte?
Sieh, wie wir modeln unsre Zeichen!
Sie aber beugen ab davon.

47/47 Sag' ihnen: Wenn nun Gottes Straf' euch käme
plötzlich oder offen,
Wer würd' umkommen als das Volk der Frevler?

48/48 Wir aber senden die Gesandten
Nur als Verkündiger und Mahner;
Nun wer da glaubt und recht thut,
Nicht Furcht sei über ihnen, noch Betrübnis!

49/49 Die aber Lügen strafen unsre Zeichen,
Berühren wird die Strafe sie
Ob dem was sie gemeutert.

50/50 Sag' ihnen: Nicht ja sag' ich euch:
Bei mir sind die Schatzkammern Gottes;
Noch weiß ich das Verborgene,
Noch sag' ich euch: ich bin ein Engel.
Ich folge dem nur was mir offenbart wird.
Sag' ihnen: Ist wol gleich ein Blinder und ein Sehender?
O wollt ihr nicht bedenken!

51/51 Und mahn' hiermit, die davor zittern,
Daß sie versammelt sey'n zu ihrem Herren:
Für sie ist außer ihm kein Schützer noch Vertreter;
Daß sie Gott fürchten mögen!

52/52 Und treib nicht weg, die ihren Herrn anrufen
Am Morgen und am Abend, weil sie suchen
Sein Angesicht. Dir liegt nicht ihre Rechenschaft ob,
Noch ihnen deine Rechenschaft;
Daß du hinweg sie treiben dürftest,
Und würdest dich versündigen.

Vers 52 Die Armen und Geringen, die den Glauben annehmen, vielleicht auch solche, die nicht im besten Rufe standen, deren Anhang man ihm zum Vorwurf machte. Vergl. S. 26, 111–114, auch S. 80,1.

53/53 So laßen wir von ihnen ein'ge
Den andern zur Versuchung dienen,
Damit sie sagen: »Warum ist Gott gnädig diesen unter uns?«
Kennt Gott am besten doch die Dankbarn!

54/54 Doch kommen zu dir, die da glauben
An unsre Zeichen, sage: Friede sei mit euch!
Es hat sich selber vorgeschrieben
Euer Herr die Barmherzigkeit,
Daß wer von euch thut Böses in Unwissenheit,
Und sich hernach bekehrt und bessert,
Daß er ist huldreich und barmherzig.

55/55 So modeln wir die Zeichen,
Daß sichtbar werde auch der Weg der Schuldigen.

56/56 Sag' ihnen: Mir ist untersagt
Zu dienen denen die ihr anruft neben Gott.
Sag': Euern Lüsten folg' ich nicht;
Da würd' ich irrgehn ja, und würde
Nicht seyn von den Geleiteten.

57/57 Sag': Auf Beweise meines Herrn beruf' ich mich;
Ihr aber straft sie Lügen.
In meiner Macht ist nicht, was ihr herbeiruft;
Der Richterspruch ist Gottes nur,
Er wird die Wahrheit sprechen,
Er ist der beste der Entscheider.

58/58 Sag': Wär's in meiner Macht, was ihr herbeiruft;
So wäre schon entschieden
Der Handel zwischen mir und euch;
Doch kennt am besten Gott die Sünder.

59/59 Bei ihm nur sind die Schlüssel des Geheimnisses,
Sie kennt nur Er, er kennt was ist zu Land und Meer,
Und nicht ein Blättlein fällt daß er's nicht wüßte,
Und nicht ein Körnlein in der Erde Finsternis,
Nichts Grünes und nichts Dürres,
Daß es nicht ständ' in einem Buche deutlich.

60/60 Er ist es der bei Nacht euch hinnimmt,
Und weiß was ihr verübt am Tag,
Er wecket euch dazu, damit
Werde vollbracht bestimmte Frist,
Alsdann zu ihm ist eure Rückkehr,
Dann wird er euch ansagen, was ihr thatet.

61/61 Er ist der Machtherr über seinen Knechten,
Und sendet auf euch Wächter,
Bis euer einem nun der Tod kam,
Da nehmen hin ihn unsre Boten,
Und säumen nicht.

62/62 Zurückgebracht
Sind sie zu Gott dann ihrem wahren Oberherrn;
Ist sein nicht das Gericht? und Er ist
Der schnellste Rechenschafter.

63/63 Sag' ihnen: Wer errettet euch aus Finsternissen
Zu Land und Meer? ihr ruft ihn an demüthig in der Stille:
Wenn du von diesen uns errettest,
So werden wir gewis seyn von den Dankbarn.

64/64 Sag' ihnen: Gott errettet euch
Von diesem und von jeder Noth;
Dann ehrt ihr Nebengötter!

65/65 Sag' ihnen: Er ist wohl imstande,
Auf euch ein Strafgericht zu senden
Von oben oder unter euern Füßen,

In innre Zwietracht auch euch zu verwickeln,
Euch gegenseitig schmecken
Zu lassen euern Grimm. O schau, wie wir die Zeichen modeln,
Ob sie verstehen möchten!

66/66 Doch Lügen zieh dein Volk dis was die Wahrheit ist;
Sag': Über euch bin ich nicht Vogt;

–/67 Jedwedes Ding hat seine Weile,
Und einst mögt ihrs erfahren.

67/68 Und siehst du sie, die schwätzen über unsre Zeichen,
So wende dich von ihnen ab,
Bis sie von etwas anderm schwätzen.
Und ließ dich Satan es vergessen,
So sitze doch nach dieser Mahnung
Nie mehr beim Volk der Sünder.

68/69 Zwar liegt nicht denen die Gott fürchten
Die Rechenschaft von jenen ob,
Doch Mahnung, ob sie nicht Gott fürchten wollen.

74/74 Wie Abraham zu seinem Vater Aser sprach:
O nimmst du Bilder an zu Göttern?
Ich seh' dich und dein Volk in offner Irre.

75/75 So zeigen wir dem Abraham
Das Reich der Himmel und der Erde,
Daß er erkennen möge das Gewisse.

76/76 Als über ihn nun einbrach
Die Nacht, erblickt' er einen Stern,
Und sprach: Das ist mein Herr. Doch als er untergieng,
Sprach er: Ich liebe nicht die Untergehenden.

77/77 Als er nun sah den Mond vorbrechen,
Sprach er: Das ist mein Herr. Doch als er untergieng,
Sprach er: Wenn nicht mein Herr mich leitet,
So werd' ich seyn von den Verirrten.

78/78 Als er nun sah die Sonn' aufbrechen,
Sprach er: Das ist mein Herr, das ist ein größrer.
Doch als sie untergieng, sprach er:
Mein Volk, ich habe keinen Theil
An eurer Gottgesellung.

79/79 Mein Angesicht hab' ich gerichtet
Zu dem, der Himmel schuf und Erd', andächtig,
Und bin nicht von den Gottgesellern.

80/80 Und ihn bestritt sein Volk, er sprach:
Wollt ihr mich über Gott bestreiten,
Da er mich schon geleitet hat?
Nicht fürcht' ich das was ihr ihm beigesellet,
Nur was mein Herr will! Allumfassend ist mein Herr
An Wissen; wollet ihr euch nicht besinnen!

81/81 Wie aber sollt' ich fürchten, was ihr beigesellt,
Da ihr nicht fürchtet, Gott beizugesellen
Etwas worüber er euch keine Vollmacht gab?
Wer von den beiden hat mehr Recht
Furchtlos zu seyn? Wenn ihr es wisset!

82/82 Die glauben, und nicht ihren Glauben
In Frevel hüllen, ihr ist die Furchtlosigkeit,
Und sie sind wohlgeleitet.

83/83 Dis unsere Bestreitung, die wir gaben
Gegen sein Volk dem Abraham.
Wir höh'n um Stufen, wen wir wollen,
Fürwahr dein Herrn ist weis' und kundig.

84/84 Und schenkten ihm dem den Isak und den Jakob,
Die beide wir geleiteten,
Und Noah auch geleiteten wir vorher, und von seiner
Nachkommenschaft den David und den Salomo,
Hiob und Josef, Moses auch und Aron;
Und so belohnen wir die Frommen.

85/85 Zacharia auch, Johannes, Jesus und Elias,
Jeder war von den Guten.

86/86 Und Ismael, Elisa, Jonas auch und Lot,
Jedweden zeichneten wir vor der Welt aus.

87/87 Von ihren Vätern auch und ihrer
Nachkommenschaft und ihren Brüdern viele
Erwählten wir und führten sie zum graden Pfad.

88/88 Das ist die Leitung Gottes,
Womit er leitet wen er will von seinen Knechten;
Und hätten sie ihm beigesellt Abgötter,
Verloren wäre, was sie wirkten.

89/89 Die sind es, denen wir die Schrift gegeben,
Die Weisheit und die Profetie.
Und wenn undankbar diese sie verleugnen,
So haben wir damit beauftragt
Ein andres Volk, das sie nicht wird verleugnen

Vers 89 *Wenn diese* **die Juden,** *verleugnen sie*, **die vorhergenannte Schrift, Weisheit und Profetie, besonders wol die letzte, die Profetie, und deren neuste, den arabischen Profeten. –** *Ein andres Volk* **nicht eben die Mekkaner, die ja auch nicht glauben wollten, sondern wie S. 5,59. Ob auf Medina hingedeutet ist, oder ob er sich gar nach den Persern umsieht?**

91/91 Fürwahr, sie messen Gott nicht
Mit seinem rechten Maße, wenn sie sprechen:
Gott hat nichts offenbaret einem Menschen.
Sag' ihnen: Wer hat offenbart
Das Buch, das Mose brachte,
Zu Licht und Leitung für die Welt?
(Woraus ihr Blätter machet, die ihr vorbringt,
Und unterdrücket manches;
Wodurch euch ward bekannt, was ihr
Nicht kanntet und nicht eure Väter!)
Sag' ihnen: Gott! Dann laß sie nur in ihrer Thorheit schwätzen.

Vers 91 (90 ist als ganz zusammenhangstörend zu beseitigen) *einen Menschen*, **Mohammed. –** *Wer hat offenbart?* **Und wem hat er offenbart? Nicht auch einem Menschen, Mose?** *Die ihr vorbringt*; **darin liegt schon ein Vorwurf der Schriftverfälschung, als Einschiebung von Unächtem, mehr aber noch im folgenden:** *und unterdrücket manches*, **nämlich was in der Schrift befindlich gewesen, und auf Mohammed deutete.**

92/92 Dis aber ist das Buch, das
Wir offenbarten, das gesegnete,
Bekräftigend das ihm vorangegangne,
Damit du mahnen sollst die Mutterstadt und deren Umkreis.
Und die an jenes Leben glauben,
Die werden an das Buch auch glauben,
Und werden über ihr Gebet auch wachen.

Vers 92 *Dis* **der Koran – Die Mutterstadt Mekka.**

93/93 Doch wer ist frevelhafter als wer Lüg' auf Gott erdichtet,
Und sagt: Eröffnet ward mir!
Und nichts ward ihm eröffnet;
Und sagt: Ich will dergleichen offenbaren,
Als was Gott offenbaret hat!
O sähest du die Frevler in des Todes Grausen, wann die Engel
Ausstrecken ihre Hand: Gebt von euch eure Seelen!
Heut lohnt man euch mit Pein der Schmach
Dafür daß ihr spracht über Gott Unwahres,
Und gegen unsre Zeichen stolz wart.

94/94 Nun kamet ihr uns nackt,
Wie wir zuerst euch schufen,
Und ließt, womit wir euch bereichert, hinter euch;

Wir sehn bei euch nicht euere
Fürsprecher, die ihr wähntet
Daß unter euch sie seyen Gottgesellen;
Gebrochen ist nun zwischen euch,
Und weggeschwunden ist euch, was ihr wähntet.

95/95 Gott ist der Spalter
Des Saamenkorns und Fruchtkerns,
Zieht das Lebend'ge aus dem Todten,
Und zieht das Todt' aus dem Lebend'gen;
Der ist euch Gott; wie laßt ihr euch bethören!

96/96 Der Spalter er der Morgenröthe,
Und hat gemacht die Nacht zur Ruhe,
Und Sonn' und Mond zur Jahresrechnung;
Das ist die Ordnung des Allmächtigen, Allweisen.

97/97 Er ists der euch gesetzt hat die Gestirne,
Daß ihr davon geleitet sei't in Finsternissen
Des Landes und des Meeres.
Gemodelt haben wir die Zeichen
Für Leute, die verstehn.

98/98 Und Er, der euch hervorgebracht
Aus einer einzigen Seele,
Mit Aufenthalt und Aufbewahrung.
Gemodelt haben wir die Zeichen
Für Leute die da einsehn.

Vers 98 *Aufenthalt und Aufbewahrung* **in Vaterlende und Mutterschooß.**

99/99 Und Er, der sendete vom Himmel Wasser,
Mit welchem wir hervorgebracht
Das Wachsthum aller Dinge,
Und haben draus hervorgebracht das Grüne,
Aus dem hervor wir bringen Korn gereihet,
Und aus des Palmbaums Blütenbüscheln Datteltrauben dichte,
Und Gärten von Weinreben,
Oliven und Granaten,
Einander ähnlich und unähnlich.
Schaut ihre Frucht an, wann sie treibt und wann sie reift!
In diesem traun sind Zeichen
Für Leute die da glauben.

100/100 Und machten Gotte Nebengötter,
Die Dschinnen, die Er schuf!
Und dichteten ihm Söhn' an
Und Töchter, ohne Wissen.

Preis ihm! er ist erhaben
Ob allem was sie von ihm sagen.

101/101 Urheber Himmels und der Erde,
Wie sollt' er haben einen Sohn,
Und hat doch keine Ehgenossin,
Und hat geschaffen alles Ding,
Und alles Dinges ist er weise.

102/102 Das ist Gott euer Herr,
Kein Gott als Er, der Schöpfer aller Dinge; betet Ihn an!
Und Er ist aller Dinge Vogt.

103/103 Die Blicke nicht erreichen ihn,
Doch er erreicht die Blicke,
Er ist der feine, kundige.

104/104 Gekommen sind euch sichtliche Beweise
Von euerm Herren; wer nun sieht,
Der sieht für seine Seele,
Wer aber blind ist, ist es ihr,
Und ich bin über euch nicht Hüter.

105/105 So modeln wir die Zeichen, daß sie sagen müßen:
Du hast gelesen;
Und daß wir es erklären Leuten, die verstehn.

106/106 Folg' dem, was dir ist offenbart
Von deinem Herrn, kein Gott als Er!
Und weiche von den Gottgesellern!

108/108 Doch fluchet ihr nicht denen, die sie rufen neben Gott an,
Damit sie Gott nicht fluchen feindlich ohne Wissen!
So ließen wir gefallen jeder Völkerzunft
Ihr eignes Thun; alsdann zu ihrem Herrn ist ihre Rückkehr,
Dann wird er ihnen sagen was sie thaten.

111/111 Und wenn wir ihnen sendeten die Engel gleich,
Und ihnen redeten die Todten,
Und wir vor Augen ihnen Alles stellten,
Sie würden doch nicht glauben, wenn nicht Gott will,
Die meisten ihrer aber sind unwissend.

112/112 Und also gaben wir noch jedem
Profeten Feinde, Satane der Menschen und der Dschinnen,
Die da mittheilen einer
Dem andern Redeprunk, Bethörung.
Doch wenn dein Herr es wollte, thäten sie es nicht;
Darum laß sie und was sie dichten;

113/113 Und daß dazu sich neigen
Die Herzen derer die nicht glauben an das Jenseit,

Und daß sie haben Lust daran,
Und haben den Gewinn, den sie gewinnen!

116/116 Wenn aber du gehorchen wolltest
Den meisten auf der Erde,
Sie führten dich von Gottes Weg ab;
Sie folgen ihrem Wahn allein,
Und rathen nur aufs Ohngefähr.

117/117 Am besten aber kennt dein Herr,
Wer ab von seinem Weg irrt,
Und kennt die rechtgeleiteten.

118/118 Drum esset nur von dem, worüber Gottes Namen ist gesprochen,
Wenn ihr an seine Zeichen wirklich glaubet.

Vers 118 Übergang zu dem Gegenstand, der den Rest der Sure füllt, die heidnischen Verbote und Gebote, die der Koran aufhebt. Wir haben, um den Zusammenhang leichter hervortreten zu lassen, überflüssige Abschweifungen (zum Theil unstatthafte Einschaltungen) übergangen. Ja wir hätten an 121. unmittelbar 138. anknüpfen können; doch schien uns manches dazwischen liegende zu bedeutend.

121/121 Doch esset nicht von dem, worüber
Nicht ist gesprochen Gottes Name!
Denn das ist Treubruch; und fürwahr die Satane
Sie geben ihren Freunden ein,
Daß sie mit Worten euch bestreiten;
Doch wenn ihr ihnen folgetet,
So wärt ihr Götzendiener.

122/122 Ist wol, wer todt war und wir machten ihn lebendig,
Und gaben ihm ein Licht, darin zu wandeln vor den Menschen,
Ist er wie der im Finstern geht,
Und kommet nie heraus?
So wohlgefällt den Leugnern was sie thun!

123/123 So machten wir in jeder Stadt
Die Großen unter ihren Sündern,
Daß sie darin Anschläge machen, doch Anschläge machen sie
Nur gegen sich, und merken's nicht.

125/125 Wen aber Gott will leiten, dem
Erweitert er die Brust zum Islam;
Und wen er irrgehn lassen will,
Dem macht er eng die Brust und dumpf,
Als sollt' er auf zum Himmel klimmen;
So leget Gott den Graus auf solche die nicht glauben.

128/128 Doch Tags, wo er sie alle sammelt:
»Ihr Zunft der Dschinnen, ihr habt euch

Viel abgegeben mit den Menschen!«
Und ihre Freunde von den Menschen sprechen:
Herr, unser einer hat des anderen genossen,
Und nun erreichten wir das Ziel, das du uns hast gezielet.
Er spricht: Das Feuer eure Wohnung,
Darin auf ewig! außer was da Gott will;
Denn ja dein Herr ist weis' und kundig.

130/130 Ihr Zunft der Dschinnen und der Menschen!
Kamen euch Boten nicht von uns,
Die euch erzählten unsre Zeichen,
Und mahnten euch der Zukunft dieses eures Tags?
Sie sprechen: »Ja,
Wir zeugen gegen unsre eignen Seelen.«
Bethört hat sie das irdische Leben,
Sie zeugen gegen ihre eignen Seelen,
Daß sie Verleugner waren.

137/136 Sie aber macheten für Gott
Von dem was er gesät von Feldfrucht und Hausthieren, einen Antheil,
Sprechend: »Dis ist für Gott!« nach ihrem Wähnen;
»Dis aber ist für unsre Gottgesellen.«
Was nun für ihre Gottgesellen ist, gelanget nicht an Gott;
Doch was für Gott ist, das gelangt an ihre Gottgesellen;
Wie übel ist ihr Urtheil!

138/137 Desgleichen ließen vielen von den Gottgesellern
Die Tödtung ihrer Kinder ihre Gottgesellen wohlgefallen,
Um sie in Schuld zu stürzen und zu wirren ihren Gottesdienst.
Doch wenn Gott wollte, hätten sie es nicht gethan;
Darum laß sie und was sie dichten.

139/138 Und sprechen: »Diese Feldfrücht' und Hausthiere sind verboten;
Sie darf nur essen, wer wir wollen;«
Nach ihrem Wähnen; ferner Thiere,
Deren Rücken ist untersagt,
Und Thiere über die sie nicht den Namen Gottes sprechen;
Erdichtung gegen Gott! er wird es ihnen
Vergelten, was sie dichteten.

Vers 139 *Wer wir wollen* **Bevorzugte, oder bei besonderen Anlässen. –** *Deren Rücken ist untersagt* **sie dürfen, als Göttern heilig, nicht belastet oder geritten werden.**

140/139 Und sprechen: Was im Leibe dieser Thiere ist,
Gehöret eigen unsern Männern,

Und ist verboten unsern Weibern;
Doch wenn es todt zur Welt kommt, haben beide dran Gemeinschaft.
Vergelten wird Er ihnen ihre Rede,
Denn er ist weis' und kundig!

141/140 Verloren sind, die tödten ihre Kinder
In Thorheit ohne Wissen,
Und die verbieten das, womit sie Gott versorgt,
Dichtend auf Gott, sie irren
Und sind nicht rechtgeleitet.

142/141 Er ist es der hervorgebracht hat Gärten
Gezäunt' und ungezäunte,
Und Palm' und Saat verschiedentlich von Speise,
Oliven und Granaten, ähnlich und unähnlich:
Esset von ihren Früchten, wann sie fruchten,
Und gebt die Schuldigkeit davon am Tag der Ernte,
Und übernehmt euch nicht! Er liebt
Nicht die sich Übernehmenden.

143/142 Und von den Thieren die zum Tragen, die zum Schlachten:
Esset von dem womit euch Gott versorgt hat,
Und folget nicht den Schritten Satans,
Denn er ist euer offner Feind.

144/143 »Vier Paare von Hausthieren, ein Paar Schaaf' und ein Paar Ziegen.«
Frage sie doch: Hat er die Männlein
Verboten oder Weiblein, oder
Was in dem Leib der Weiblein ist?
Sagt mir es an mit Wissenschaft, wenn ihr die Wahrheit redet!

145/144 »Und auch ein Paar Kamel' und ein Paar Rinder,«
Frage sie nur: Hat er die Männlein
Verboten oder die Weiblein, oder
Was in dem Leib der Weiblein ist?
Wart ihr zugegen, als euch Gott dis anbefahl?
Doch wer ist frevelhafter, als
Wer Lügen dichtet gegen Gott, um irrzuführen
Die Menschen ohne Wissenschaft?
Denn ja Gott leitet nicht das Volk der Frevler.

Vers 144. 145 Die Bestreitung ist uns unverständlich, doch das schadet nicht, noch hindert ihre Bündigkeit zu erkennen.

146/145 Sag' ihnen: Nicht find' ich in dem,
Was mir ist offenbart, verboten etwas

Dem essenden, daß er es esse, außer
Gestorbnes, oder Blut vergossnes, oder Fleisch des Schweines;
Denn das ist Greul; und endlich Lästerliches,
Das anderm Gott als Gott geweiht wird.
Doch wer dazu gezwungen wird
Ohn' eigne Lust noch Übertretung;
Nun, gnädig ist dein Herr und gernverzeihend.

147/146 Den Juden aber haben wir verboten, was da Klauen hat,
Und von dem Rind und Schmalvieh ihnen
Verboten alles Fett, das ausgenommen
Das an dem Rücken sitzt und im Geweide,
Und was an einem Knochen haftet.
Mit diesem haben wir sie nur
Gestraft für ihren Frevel, denn wir sind gerecht.

Vers 147 3. Mos. 7,23 ff.

148/147 Doch zeihen sie dich Lüge, so sag': Euer Herr hat weites
Erbarmen, aber seine Kraft
Wird abgetrieben nicht dem Volk der Schuldigen.

149/148 Wol werden sagen, die Gott andres beigesellten:
»So Gott es wollte, nichts gesellten wir ihm bei,
Nicht wir noch unsre Väter, und verböten nichts.«
So leugneten auch die vor ihnen
Bis daß sie schmeckten unsre Kraft.
Sag ihnen: Habet ihr ein Wissen,
So bringt es uns herbei! ihr folget nur dem Wahn,
Und rathet nur aufs Ohngefähr.

150/149 Sag' ihnen: Gottes ist die bündige Bestreitung;
Und wenn er wollte, leitet' er euch alle.

151/150 Sag' ihnen: »Her mit euren Zeugen,
Die zeugen daß Gott hat verboten dieses!«
Und zeugen sie, so zeuge du mit ihnen nicht,
Und folge nicht den Lüsten derer,
Die Lüge strafen unsre Zeichen,
Und die nicht glauben an das Jenseit,
Und ihrem Herrn gleichstellen andres.

Vers 149–151 Kann ausfallen.

152/151 Sag' ihnen: Kommt! ich will euch lesen,
Was euch verboten euer Herr hat:
Nicht ihm beizugesellen etwas,

Doch an den Eltern schön zu handeln,
Und nicht zu tödten eure Kinder
Aus Armuth; wir versorgen euch und sie auch;
Und nicht zu nahn der Unzucht,
Der offnen oder der verborgnen;
Zu tödten auch kein Menschenleben,
Das Gott verpönt hat, außer nach dem Rechte.
Dis hat euch anbefohlen euer Herr, ob ihr verstehn wollt!

153/152 Und rühret Waisengut an
Nicht anders als zum Schönsten,
Bis sie zu ihren Jahren kommen;
Und haltet auch Maß und Gewicht recht!
Wir legen keiner Seel' auf mehr als sie vermag.
Und wenn ihr sprechet, seid gerecht,
Beträfs auch einen Blutsfreund,
Und Gottes Bündnis haltet!
Dis hat er anbefohlen euch, ob ihr euch wollt besinnen!

154/153 Dis ist mein Weg der grade,
Dem folgt! und folget nicht den Pfaden,
Daß sie euch führen ab von seinem Pfade!
Dis hat er anbefohlen euch, ob ihr Gott fürchten wollet

156/155 Dis ist das Buch, das wir herabgesendet, das gesegnete;
Folgt ihm und fürchtet Gott, ob ihr Erbarmen findet!

157/156 Daß ihr nicht sagt: Herabgesandt ward
Das Buch nur auf die zwei Parteien vor uns,
Und seiner Lesung sind wir achtlos blieben;

158/157 Oder auch sagt: Wär' uns herabgesandt das Buch,
Wir wollten seyn rechtfertiger als jene!
Denn nun gekommen ist euch deutlicher Beweis
Von eurem Herrn, und Leitung und Barmherzigkeit.
Doch wer ist frevelhafter als wer Lügen straft die Zeichen Gottes,
Und weichet ab von ihnen? Lohnen wollen wir es denen,
Die weichen ab von unsern Zeichen,
Mit schlimmer Strafe daß sie abgewichen.

159/158 Worauf noch warten sie? Daß ihnen Engel kommen?
Oder kommen dein Herr selbst, oder komme
Eins von den Zeichen deines Herrn?
Des Tags, wo kommt eins von den Zeichen deines Herrn,
Wird nützen keiner Seel' ihr Glaube,
Die nicht geglaubt vor diesem, oder

Gewirkt in ihrem Glauben Gutes.
Sag' ihnen: Wartet nur! Denn wir auch warten.

160/159 Die da gespaltet ihren Gottesdienst und Sekten wurden,
Mit ihnen hast du nichts zu schaffen;
Ihr Ding ist Gott' anheim gestellt,
Dann wird er ihnen sagen, was sie thaten.

161/160 Wer Schönes bringt, dem soll Zehnfaches werden;
Wer aber Übles bringt, dem wird
Vergolten nur mit Gleichem,
Und Unrecht thut man ihnen nicht.

162/161 Sprich also: Mich geleitet hat
Mein Herr zum graden Pfade,
Im steten Gottesdienst, in der Zunft Abrahams, rechtgläubig,
Der nicht war von den Gottgesellern.

163/162 Sprich: Mein Gebet und meine Weihen,
Mein Leben und mein Sterben sind
Gottes, des Herrn der Welten,
Der keinen Gottgesellen hat;
Dazu bin ich befehliget
Und bin der erste von den Gottergebnen.

Vers 163 ***Gottergebnen*** **Muselmanen. Noch zwei Verse nach diesem haben wir weggelassen.**

Aus der 7n Sure
Die Scheidewand

Überschrift Die Scheidewand siehe V. 44.

33/35 Ihr Söhne Adams, kommen sollen Boten euch
Aus eurer Mitt', euch aufzuzählen meine Zeichen.
Wer fromm nun ist und recht thut,
Furcht ist nicht über ihnen,
Und sie sind unbekümmert.

34/36 Die aber Lüge zeihen unsre Zeichen,
Und stolz thun gegen sie, die sind Genossen
Des Feuers, drin sie ewig sind.

36/38 Er spricht: Geht ein hier zu den Herden
Die euch vorangegangen sind,
Der Dschinnen und der Menschen, in das Feuer!
Sooft hineingeht eine Herde, flucht sie ihrer Schwester;

Bis nacheinander sind hineingekommen alle;
Da spricht die letzte zu der ersten:
Herr! diese haben uns verführt;
Gib ihnen Pein zwiefach vom Feuer!
Er spricht: Jedweder hat es zwiefach,
Ihr wisset es nur nicht.

37/39 Da spricht die erste zu der letzten:
So habt ihr vor uns keinen Vorzug;
Schmeckt nur die Pein für das was ihr gewirket!

38/40 Ja, die da Lüge zeihen unsre Zeichen,
Und stolz thun gegen sie, wir öffnen ihnen nicht
Des Himmels Pforten, und sie gehn nicht in den Garten,
Bis das Kamel durchs Nadelöhr geht;
So lohnen wir's den Schuldigen.

39/41 Sie haben von der Höll' ein Lager unter sich,
Und über ihnen Hüllen;
So lohnen wir's den Sündern.

40/42 Die aber glaubten und das Gute thaten –
Wir legen keiner Seel' auf über ihr Vermögen –
Dieselbigen sind die Genossen
Des Gartens, drin sie ewig sind.

41/43 Wir nahmen auch heraus was da
In ihrer Brust war von Unlautrem;
Die Ströme fließen unter ihnen, und sie sprechen:
Gelobt sei Gott, der uns geleitet
Zu diesem! nimmer hätten wir
Geleit gefunden, hätt' uns nicht geleitet Gott;
Gekommen sind die Boten unsres Herren mit der Wahrheit.
Und ihnen zugerufen wird: Dis ist der Garten,
Den man euch erben ließ um das was ihr gewirket.

42/44 Da riefen die Genossen
Des Gartens den' Genossen zu
Des Feuers: Funden haben wir,
Was uns verheißen unser Herr, als Wahrheit;
Habt ihr gefunden auch, was euch
Verheißen euer Herr, als Wahrheit?
Sie sprachen: Ja! da rief ein Herold zwischen ihnen:
Fluch Gottes ob den Sündern!

44/46 Und zwischen beiden ist ein Vorhang,
Und auf der *Scheide*wand stehn Männer,
Die unter *scheiden* jeden an den Mienen;

Und rufen den' Genossen zu des Gartens:
Friede mit euch! – Sie selber gehn
Hinein nicht, doch sie wünschen's.

45/47 Doch wenn sich wenden ihre Blicke
Nach den' Genossen hin des Feuers,
Sprechen sie: Unser Herr! o mach'
Uns nicht vom Volk der' Sünder!

46/48 Die Scheidewandsgenossen rufen Männern zu,
Die sie dort unterscheiden an den Mienen:
So hat euch nichts geholfen euer Sammeln,
Und daß ihr stolz gewesen!

47/49 Sind jene die, von denen ihr einst schworet,
Empfangen werde Gott sie nicht mit solcher Huld?:
Geht ein zum Garten! keine Furcht sei über euch,
Ihr sollt euch nicht bekümmern!

48/50 Da riefen die Genossen
Des Feuers den' Genossen zu des Gartens:
Laßt uns zufließen von dem Wasser oder dem,
Womit euch Gott versorget hat!
Sie sprachen: Beides hat Gott untersagt den Leugnern;

49/51 Die machten ihren Gottesdienst zu Spiel und Spott,
Und sie bethörete das irdische Leben;
Heut nun vergessen wir sie, alswie sie vergaßen
Die Zukunft dieses ihres Tags,
Und weil sie durften unsre Zeichen leugnen.

57/59 Wir sendeten den Noah vormals an sein Volk,
Der sprach: Mein Volk! o betet Gott an!
Es ist kein Gott euch außer ihm;
Ja fürcht' ich über euch die Strafe großen Tages.

58/60 Doch die Vornehmen seines Volkes sprachen:
Wir sehen dich in offenbarer Irre.

Vers 58 *Die Vornehmen* **wie jetzt die Vornehmen in Mekka. Alle solche Anführungen voriger Sendungen sind in ihren einzelsten Zügen vorbildlich für die jetzige Sendung gemeint.**

59/61 Er sprach: Mein Volk! kein Irrthum ist an mir, ich bin
Ein Bote von dem Herrn der Welten.

60/62 Ich bring' euch die Botschaften meines Herren,
Und rath' euch Gutes, und ich weiß
Von Gott, was ihr nicht wisset.

61/63 Verwundert's euch, daß eine Mahnung
Euch kommt von eurem Herrn durch einen Mann aus euch?

Daß er euch warn', und daß ihr Gott mögt fürchten,
Ob ihr vielleicht Erbarmung findet!

62/64 Sie aber straften Lügen ihn,
Da retteten wir ihn und die mit ihm im Schiff,
Und ließen die ertrinken,
Die unsre Zeichen Lügen straften,
Es waren blinde Leute.

63/65 An Ad dann ihren Bruder Hud,
Der sprach: Mein Volk! o betet Gott an!
Es ist kein Gott euch außer ihm;
O wollt ihr ihn nicht fürchten?

Vers 63 *An Ad dann* **nämlich: sendeten wir; zu wiederholen aus V. 57.**

64/66 Doch die Vornehmen sprachen, die Ungläubigen von seinem Volke:
Wir sehen dich in Thorheit,
Und halten dich für einen Lügner.

65/67 Er sprach: Mein Volk! nicht Thorheit ist an mir, ich bin
Ein Bote von dem Herrn der Welten.

66/68 Ich bring' euch die Botschaften meines Herrn,
Und bin euch ein Berather treu.

67/69 Verwundert's euch, daß eine Mahnung
Euch kommt von eurem Herrn durch einen Mann aus euch?
Daß er euch warn' und ihr bedenket:
Wie Er euch zu Nachfolgern machte
Nach Noahs Volk, und euch zulegte Größe.
Bedenkt denn die Wohlthaten Gottes,
Daß es euch möge wohl gehn!

68/70 Sie sprachen: Kommst du uns, daß wir
Anbeten sollen Gott allein,
Und lassen, was anbeteten unsre Väter?
So bring uns doch was du uns drohst,
Wenn du die Wahrheit redest!

69/71 Er sprach: Gefallen ist auf euch
Von eurem Herren Greul und Zorn.
Wollt ihr mit mir um Namen streiten,
Die ihr benamet habt und eure Väter,
Darüber Gott gesandt hat keine Vollmacht?
So wartet! ich wart' auch mit euch.

70/72 Da retteten wir ihn und die mit ihm durch unsre
Barmherzigkeit, und rotteten den Stumpf aus
Derer, die Lügen straften unsre Zeichen, und nicht glaubten.

71/73 Und an Themud auch ihren Bruder Salih,
Der sprach: Mein Volk! o betet Gott an!
Es ist kein Gott euch außer ihm.
Gekommen ist euch ein Beweis von eurem Herrn,
Hier die Kamelkuh Gottes, euch ein Zeichen.
Nun laßt sie essen auf der Erde Gottes,
Und rühret sie nicht an mit Bösem,
Daß euch erfasse Strafe peinlich!

72/74 Bedenkt, wie Er euch zu Nachfolgern machte
Nach Ad, und gab euch gute Statt im Lande,
Von dem ihr nehmt die Ebenen zu Schlössern,
Und haut die Berge aus zu Häusern;
Bedenkt denn die Wohlthaten Gottes,
Und tobt nicht schädigend im Lande!

73/71 Da sprachen die Vornehmen, die die stolzen waren, seines Volkes,
Zu denen, die die schwächern waren,
Zu denen unter ihnen die da glaubten:
Wißt ihr, daß Salih ist ein Abgesandter
Von seinem Herrn? Sie sprachen: Wir
Glauben an seine Sendung.

74/76 Da sprachen, die die Stolzen waren:
Wir leugnen das, woran ihr glaubet.

75/77 Und lähmten die Kamelkuh,
Und übertraten ihres Herrn Befehl, und sprachen:
O Salih! bring uns doch, was du uns drohest,
Wenn du einer der Gesandten!

76/78 Da faßte sie die Schütterung, sie lagen morgens
In ihrer Wohnung hingestreckt.

77/79 Er aber wandte sich von ihnen
Und sprach: Mein Volk! ich brachte euch
Die Botschaft meines Herrn und rieth' euch Gutes,
Ihr aber liebt nicht guten Rath.

78/80 Auch Loth, da er zu seinem Volk sprach:
O wollt ihr Schande treiben,
Worin euch keiner gieng voran von allen in der Welt?

79/81 Ihr geht die Männer mit Begier an,
Und geht vorbei die Weiber, ja
Ihr seid ein Volk ausschweifend.

Vers 79 Ob auch dieses eine besondere Anwendung auf die Mekkaner findet?

80/82 Nichts aber war die Antwort seines Volkes,
Als daß sie sprachen: Treibt sie aus
Von eurer Stadt! denn es sind Leute,
Die rein seyn wollen.

81/83 Wir aber retteten ihn und die Seinen,
Bis auf sein Weib, die kam mit um.

82/84 Und einen Regen regneten wir über sie;
Schau, wie der Ausgang war der Schuld'gen!

83/85 An Midian aber ihren Bruder
Schoaib, der sprach: Mein Volk, o betet Gott an!
Es ist kein Gott euch außer ihm;
Gekommen ist euch ein Beweis von euerm Herrn.
So haltet Maß nun und Gewicht recht,
Und schmälert nicht den' Menschen ihre Habe;
Und schädiget im Lande nicht,
Nachdem es heil geworden.
Das ist euch besser, wenn ihr glaubt.

Vers 83 *So haltet Maß nun und Gewicht recht* **Die Anwendung auf das handeltreibende Mekka liegt nahe. Noch deutlicher spielt 84 und die folgenden auf die gegenwärtigen Zustände Mekkas an.**

84/86 Und lagert nicht an jedem Wege, drohend
Und drängend ab vom Pfade Gottes den, der glaubt,
Und wünschend ihn zu krümmen.
Bedenkt, wie ihr wart wenig, und er mehrte euch;
Und schauet, wie der Ausgang war der Frevler!

85/87 Wenn aber ist ein Theil von euch, der glaubt an das
Womit ich bin gesendet, und ein andrer Theil, der nicht glaubt;
So wartet denn, bis Gott wird richten zwischen uns;
Er ist der allerbeste Richter.

86/88 Doch die Vornehmen sprachen, die
Die Stolzen waren seines Volkes:
Wir werden dich vertreiben, o Schoaib, und die da glauben
Mit dir, aus unsrer Stadt,
Ihr kehret denn zurück in unsre Glaubensinnung!
Er sprach: Auch wenn wir es nicht wollen?

87/89 Wir würden Lug auf Gott erdichten,
Wenn wir zurück in eure Innung kehrten,
Nachdem uns Gott daraus gerettet;
Uns kommts nicht zu in sie zurückzukehren,

Wenn es nicht Gott will unser Herr;
Umfassend all ist unser Herr an Weisheit.
Auf Gott vertraun wir: Unser Herr!
Entscheide zwischen uns und unsrem Volke nach der Wahrheit!
Du bist der beste der' Entscheider.

88/90 Da sprachen die Vornehmen, die Ungläubigen, von seinem Volke:
Wenn ihr folgt dem Schoaib, so werdet ihr verlieren.

89/91 Da faßte sie die Schütterung, sie lagen morgens
In ihrer Wohnung hingestreckt.

90/92 Die Lügen straften den Schoaib, alsob sie nie gehaust darin,
Die Lügen straften den Schoaib, die hatten's da verloren.

91/93 Er aber wandte sich von ihnen
Und sprach: Mein Volk! ich brachte euch
Botschaften meines Herrn und rieth euch Gutes;
Was sollt' ich trauern um ein Volk Verleugner?

92/94 Wir sendeten in keine Stadt
Profeten, ohne daß wir faßten
Ihr Volk mit Noth und Drangsal,
Ob sie demüthig würden.

93/95 Dann brachten wir anstatt des Bösen
Das Gute, bis genug sie hatten
Und sprachen: Unsre Väter hat betroffen Leid und Freude!
Da faßten wir sie plötzlich, und sie merktens nicht.

94/96 Wenn die Bewohner dieser Städte glaubeten
Und wären fromm, wir würden aufthun ihnen
Segnungen von dem Himmel und der Erde.
Allein sie leugneten, und wir erfaßten sie
Um das was sie gewirket.

95/97 Sind die Bewohner dieser Städte denn so sicher,
Daß ihnen nicht komm' unsre Macht
Bei Nacht, indem sie schlafen?

96/98 Sind die Bewohner dieser Städte auch so sicher,
Daß ihnen nicht komm' unsre Macht
Des Morgens, weil sie spielen?

97/99 Sind sie so sicher vor dem Anschlag Gottes?
Vor Gottes Anschlag sind nur sicher die Verlornen.

99/101 Dis sind die Städte, deren Kunden
Wir dir erzählen; ihnen kamen ihre Boten
Mit deutlichen Beweisen;

Wie aber sollten sie an das nun glauben,
Was sie erst Lügen straften? also
Versiegelt Gott die Herzen der Verleugner.

100/102 Wir fanden bei den meisten
Derselben keine Treu, wir fanden
Die allermeisten abgefallen.

101/103 Dann sandten wir nach ihnen Mose
Mit unsern Zeichen
An Farao und seine großen:
Sie frevelten daran, und schau
Wie da der Ausgang war der' Frevler!

Vers 101 *Mose* **Hierdurch sind also die vorerwähnten Völker Ad, Themud und Midian in die Urzeiten nächst an die große Flut hinauf gerückt.**

124/127 Die Großen sprachen da vom Volke Faraos:
Willst du den Mose und die Seinen lassen gehn,
Daß sie im Lande Unfug treiben,
Und daß er dich verlaß' und deine Götter?
Er sprach: Wir wollen tödten ihre Söhne,
Und ihre Weiber leben lassen;
Wir sind wol über sie gewaltig.

125/128 Sprach Mose zu den Seinen: Ruft um Hülf' an Gott,
Und duldet! Denn die Erd' ist Gottes,
Er läßt sie erben wen er will von seinen Knechten,
Der Ausgang aber ist der Frommen.

126/129 Sie sprachen: Eh du kamest, wurden wir gedrückt,
Und werden's da du kamest.
Er sprach: Vielleicht wird euer Herr noch
Vertilgen euern Feind, und euch Nachfolg' im Lande geben,
Aufdaß er sehe wie ihr thut.

127/130 Da faßten wir das Haus von Farao
Mit bösen Jahren und Fruchtmangel,
Aufdaß sie sich besännen.

128/131 Wenn ihnen nun das Gute kam, so sprachen sie:
Dis haben wir! Doch wenn sie traf ein Böses,
So nannten sie's verhängt von Mose und den Seinen.
Ist ihr Verhängnis nicht bei Gott?
Doch ihre meisten wissen's nicht.

129/132 Und sprachen: Was du uns auch bringst für Zeichen,
Damit uns zu bezaubern,
Wir glauben doch dir nicht.

130/133 Da sendeten wir über sie Sündfluten,
Heuschrecken, Läuse, Frösche, Blut
Als unterschiedliche Zeichen,
Sie aber waren stolz und blieben Sünder.

131/134 Und als nun über sie der Graus kam, sprachen sie:
O Mose, bitt' uns deinen Herrn
Bei dem was er dir zugesagt;
Und wendest von uns den Graus ab,
So wollen wir dir glauben und entlassen
Mit dir die Söhne Israels.
Und als den Graus wir ihnen abgewendet
Auf eine Frist, die sie einhalten sollten,
Siehe, da traten sie zurück.

132/136 Da rächten wir an ihnen uns,
Ertränkten sie im See, dieweil
Sie Lügen straften unsre Zeichen,
Und waren deren unachtsam.

133/137 Und erben ließen wir das Volk der Schwachen
Des Landes Auf- und Untergänge,
Das wir gesegnet haben,
Und deines Herren schönstes Wort
Gieng in Erfüllung an den Söhnen Israels,
Weil sie geduldet hatten, und wir trümmerten,
Was Farao erbauet und sein Volk, und was sie thürmten.

134/138 Und führten übers Meer die Söhne Israels;
Da kamen sie zu einem Volk,
Das mit Verehrung stand vor Bildern,
Und sprachen: Mose, mach' uns einen Gott, wie die hier Götter haben!
Er sprach: Ihr seid ein Thorenvolk.

135/139 Hier diese, auszurotten ist das was sie treiben,
Und nichtig, was sie thun.

136/140 Sprach: Soll ich außer Gott euch suchen einen Gott?
Und Er hat euch gewürdigt ob den Welten!

137/141 Wie wir euch retteten vom Hause Faraos,
Die euch bedrückten schwer mit Strafe,
Umbringend eure Söhn' und leben lassend eure Weiber,
Das war von eurem Herrn euch Prüfung groß.

138/142 Da legten wir dem Mose dreißig Nächt' auf,
Zu denen wir noch setzten zehn,
Und voll war seines Herrn Frist vierzig Nächte.
Doch Mose sprach zu seinem Bruder Aaron: Sei

Mein Stellvertreter bei dem Volk, und mach' es gut,
Und folge nicht dem Weg der Übelthäter.

139/143 Als Mose nun zu seiner Frist kam,
Und mit ihm redete sein Herr,
Sprach er: Mein Herr, laß mich dich sehn und schauen.
Er sprach: Du siehest nimmer mich;
Doch schau zum Berg hin! steht er fest an seinem Ort,
Alsdann sollst du mich sehn. Als nun
Sich zeigete sein Herr dem Berge,
Macht' er ihn trümmern, und zu Boden stürzte Mose.

140/– Und als er sich erholet, sprach er:
Lobpreis dir! reuig wend' ich mich
Zu dir, und bin der erste von den Gläubigen.

141/144 Er sprach: O Mose, dich erkor ich ob den Menschen
Zu meiner Botschaft und zu meinen Worten;
So nimm was ich dir geb', und sei du dankbar.

142/145 Da schrieben wir ihm auf den Tafeln
Von Jeglichem Ermahnung, und Erörterung
Für Jegliches: Nimm sie mit Kraft,
Und heiß dein Volk sie schönstens halten!
Doch zeigen will ich euch, wo die Abtrünnigen wohnen.

Vers 142 Die letzte Zeile halte ich für eine Andeutung des Inhalts von 149, und das dazwischen Liegende für unecht, oder doch unnütz. Vielleicht sollte für: zeigen will ich euch, stehn: will ich dir.

146/148 Und Mosis Volk, in seinem Abseyn nahmen sie
Aus ihrem Schmuck ein Kalb von Leib, das brüllte.
O sehn sie nicht? es redet nicht mit ihnen,
Und zeiget ihnen nicht den Weg!

Vers 146 (Etwas das wie) ***ein Kalb von Leib*** **(war) aus ihrem (zusammen getragenen und eingeschmelzten) Schmuck.**

147/– Sie aber nahmen es und waren Sünder.

149/150 Und als zu seinem Volk zurück kam Mose zornig und betrübt,
Sprach er: O schlimm was ihr an meiner Stelle
Gethan habt hinter meinem Rücken!
Beschleunigt ihr so Gottes Rath?
Und warf die Tafeln hin, und nahm
Beim Kopfe seinen Bruder,
Ihn an sich zerrend. Dieser sprach: Sohn meiner Mutter!
Es hat das Volk mich übermannt,
Fast hätt' es mich getödtet.
Mach' an mir nicht die Feinde schadenfreudig,
Und setze mich nicht unter's Volk der Sünder!

150/151 Er sprach: O Herr, vergib mir
Und meinem Bruder! führ' uns ein in deine
Barmherzigkeit! Denn du bist der barmherzigste Erbarmer.

151/152 Doch die das Kalb annahmen, treffen wird sie Zorn
Von ihrem Herrn und Schmach in diesem Leben;
Denn also lohnen wir's den Dichtern.

152/153 Die aber Böses thaten, dann nach diesem sich bekehrten,
Und glaubten; nun, dein Herr nach diesem
Ist huldreich und barmherzig.

153/154 Und als von Mose nun der Zorn fiel,
Nahm er die Tafeln auf, in deren Abschrift
War Leitung und Barmherzigkeit
Für die so fürchten ihren Herrn.

154/155 Und Mose wählete aus seinem Volke siebzig Männer
Zu unsrer Tagfrist. Als sie nun erfassete die Schütterung,
Sprach er: O Herr, wenn du es wolltest,
Du konntest längst sie tödten
Und mich; willst du uns tödten denn
Um jenes was von uns die Thoren thaten?
Es ist von dir nur eine Prüfung,
Womit du irrest wen du willst,
Und leitest wen du willst, du unser Schutzherr,
Verzeih uns und erbarm dich unser!
Du bist der beste der Verzeihnden.

155/156 Und schreib uns an für dieses Leben Schönes,
Und für das andre! wir bekehren uns zu dir.
Er sprach: Mit meiner Strafe treff' ich wen ich will, und meine
Barmherzigkeit ist allumfassend;
Und sie anschreiben werd' ich denen
Die fromm sind und Almosen geben,
Und die an unsre Zeichen glauben,

156/157 Die folgen dem Gesandten, dem Profeten,
Dem aus dem Volke, den sie finden
Bei sich beschrieben im Gesetz
Und in dem Evangelium,
Der ihnen heißen wird das Rechte,
Und wehren das Unrechte,
Verstatten ihnen wird das Gute,
Und verpönen für sie das Böse,
Von ihnen nehmen ihre Bürde und das Joch,
Das lag auf ihnen. Die an ihn nun glauben,
Und helfen ihm und stehn ihm bei, und folgen

Dem Lichte, das mit ihm herabkam,
Dieselben sind die Glücklichen.

157/158 Sag ihnen: O ihr Menschen, ich
Bin der Gesandte Gottes an euch alle.

158/– Sein ist das Reich des Himmels und der Erde,
Kein Gott als Er, er machet leben
Und sterben. Glaubt darum an Gott und seinen
Gesandten, den Profeten, den vom Volke,
Der selber glaubt an Gott und seine Worte;
Demselben folgt, daß ihr geleitet seiet!

159/159 Von Mosis Volk ist eine Zunft,
Die leiten in der Wahrheit,
Und richten sich nach ihr.

Vers 159 ***eine Zunft*** **Nur Eine von den folgenden zwölfen.**

160/160 Wir aber theilten sie in zwölf Stammzünfte, und eröffneten
Dem Mose, als um Wasser ihn sein Volk bat:
Schlage mit deinem Stab den Felsen!
Da quollen draus zwölf Quellen,
Und alle Leute wußten ihren Trinkort.
Wir ließen über sie auch schatten
Die Wolk' , und sendeten auf sie
Herab das Manna und die Wachteln:
Eßt von dem Guten des womit wir euch versorgt!
Nicht Unrecht aber thaten uns sie,
Sie thaten nur sich selber Unrecht;

161/161 Als ward gesagt zu ihnen: Wohnt in dieser Stadt,
Und esset aus ihr wo ihr wollt, nur saget:
Versöhnung! und geht ein durchs Tor fußfällig;
So wollen wir verzeihn euch eure Sünden,
Und mehren die Schönhandelnden.

162/162 Die Sünder unter ihnen aber setzten
Ein andres Wort an dessen Stelle, das gesagt war ihnen;
Da sendeten auf sie wir einen Graus vom Himmel,
Um daß wie sie gesündigt.

163/163 Befrage sie auch um die Stadt, am Meer gelegen,
Da sie am Sabat frevelten, da ihnen kamen
Die Fisch' an ihrem Sabat angeschwommen,
Und kamen nicht wann sie nicht Sabat hielten.
Denn so versucheten wir sie,
Wie sie bundbrüchig waren.

164/164 Als eine Zunft von ihnen sprach:
Was mahnet ihr ein Volk, das Gott
Verderben oder strafen will mit starker Strafe?
Sie sprachen: Zur Entschuldigung bei euerm Herrn,
Und ob sie nicht Gott fürchten wollen!

165/165 Doch als sie des vergaßen, wes gemahnt sie waren,
Erretteten wir jene die abwehreten vom Bösen,
Und faßten jene die gefrevelt
Mit schlimmer Strafe, weil sie bundesbrüchig waren.

166/166 Und als sie übertraten das, wovon sie waren abgemahnt,
Da sprachen wir zu ihnen: Werdet Affen, menschenscheue!

–/167 Wie ihnen da verkündigte
Dein Herr, erwecken werd' er über sie bis zum Gerichtstag
Dränger,
Zu drängen sie mit schwerer Strafe!
Denn ja, dein Herr ist schnell zur Rache,
Und ja, er ist huldreich barmherzig.

167/168 Und wir zerstreuten sie auf Erden zunftweis,
Wo nun von ihnen sind rechtschaffne,
Und sind von ihnen andre auch;
Und prüften sie mit Gutem und mit Bösem,
Ob sie umkehren möchten!

168/169 Nach ihnen aber wuchs ein Nachwuchs,
Die erbten zwar die Schrift, doch nehmen
Zugleich das Gut der Zeitlichkeit.
Sie sprechen zwar: Uns sei verziehen!
Kommt aber ihnen wieder Weltgut,
So nehmen sie es wieder.
O sind sie nicht verpflichtet worden auf die Schrift,
Nichts anders gegen Gott zu sprechen
Als Wahrheit, und sie haben auch
Gelesen was darin steht!
Die Wohnung jener Welt ist besser
Für solche die Gott fürchten! o versteht ihr nicht?

169/170 Die aber welche halten
Die Schrift, und das Gebet bestellen;
Nun, nicht verloren lassen wir
Den Lohn gehn der Gerechten.

170/171 Auch wie wir da den Berg ob ihnen schwangen,
Alsob er sei ein Sonnenschirm,

Und sie vermeinten, auf sie würd' er fallen!
»Nehmt was wir gaben euch mit Kraft,
Und denket seines Inhalts,
Ob ihr Gott fürchten möget!«

171/172 Auch wie dein Herr nahm von den Söhnen Adams,
Aus ihren Rücken ihre
Nachkommenschaft, und machte sie zu Zeugen
Über sie selber: »Bin ich euer Herr nicht?«
Sie sprachen: Ja! – »Nun nehmen wir zu Zeugen euch,
Daß ihr nicht sagt am Tag der Auferstehung:
Wir waren dessen ungewahr!

172/173 Oder sagt: Unsre Väter waren Götzendiener
Vor dem, und wir sind ihre
Nachkommenschaft; willst du uns denn verderben
Um das was die Verfälscher thaten?« –

173/174 Und also modeln wir die Zeichen,
Ob sie umkehren möchten!

174/175 Trag ihnen auch die Kunde vor
Von jenem, dem wir gaben unsre Zeichen,
Er aber streifte sich los davon,
Und nach sich zog ihn Satan,
Er war von den Verführten.

175/176 Wenn wir's gewollt, wir hätten ihn erhöht damit;
Er aber haftet' an der Erde,
Und folgte seiner Lust.
Sein Gleichnis ist des Hundes Gleichnis:
Gehst du auf ihn zu, klaffet er,
Und lässest du ihn, klaffet er.
Das ist das Gleichnis solcher Leute,
Die leugnen unsre Zeichen;
Erzähle die Geschichte nur,
Ob sie sich noch bedenken!

176/177 Ein schlimmes Gleichnis sind die Leute,
Die leugnen unsre Zeichen,
Und Unrecht thun sie selber sich.

177/178 Wen leitet Gott, der ist geleitet;
Wen aber er läßt irre gehn,
Dieselbigen sind die Verlust'gen.

178/179 Wir haben schon gesäet für Gehenna
Der Dschinnen viel und Menschen,
Die haben Herzen, und verstehn damit nicht,

Haben Augen und sehn damit nicht,
Ohren und hören damit nicht;
Sie sind alswie das Vieh, ja sind noch irrer,
Sie sind es die nicht merken wollen.

179/180 Doch Gottes sind die schönsten Namen;
Ruft ihn damit, und lasset jene,
Die da misbrauchen seine Namen;
Gelohnt wird ihnen werden, was sie thaten.

Vers 179 ***Misbrauchen*** **indem sie dieselben den Gottgesellen, Nebengöttern, beilegen.**

191/191 Gesellen sie Gott solche bei,
Die nichts erschaffen, sondern sind erschaffen?
Und die nicht können ihnen beistehn;
Sie stehn sich selber ja nicht bei!

192/193 Wenn ihr sie anruft zum Geleite,
So folgen sie euch nicht;
Gleich ist es euch, ob ihr sie anruft oder schweigt.

193/194 Ja, die ihr anruft neben Gott,
Sind Knechte wie ihr selber;
Ruft sie doch, daß sie euch antworten,
Wenn ihr die Wahrheit redet!

194/195 Haben sie Füß' und gehn damit?
Oder Händ' und treffen damit?
Oder Augen und sehn damit?
Oder Ohren und hören damit?
Sag' ihnen: Ruft doch eure Gottgesellen!
Greifet mich an, und wartet nicht!

195/196 Mein Schutzherr der ist Gott, der offenbart die Schrift,
Er nimmt in Schutz die Guten.

196/197 Doch die ihr anruft neben ihm,
Die mögen nicht euch beistehn,
Sie stehn sich selber ja nicht bei.

197/198 Und rufet ihr sie zum Geleit an,
Sie hören nicht; du siehest wie
Sie dich anblicken und nicht sehn.

198/199 Hab Nachsicht, heische Fügliches,
Und geh weg von den Thoren!

199/200 Doch wenn dich reizt vom Satan eine Reizung,
So geh um Zuflucht Gott an!
Er ist der hört und weiß.

200/201 Denn die Gott fürchten, wenn sie angreift
Ein Rudel von Satanen,
Erinnert werden alsbald, und schauen.

201/202 Doch ihre Brüder führen sie tief in die Irre,
Daß sie zurück nicht können.

204/205 Gedenke deines Herrn in deiner Seele
Demüthig und in Furcht, und ohne lautes Wort,
Am Morgen und am Abende,
Und sei nicht ungewahrsam.

205/206 Auch die bei deinem Herren droben
Sind nicht zu stolz um ihm zu dienen,
Lobpreisen ihn und fallen vor ihm nieder.

8e Sure
Die Beute

Überschrift und Vers 1 *Die Beute* gemacht in der Schlacht von Beder, von der zu 3,119 die Rede war. Über die Theilung der Beute war Streit unter den Gläubigen entstanden, der hier beigelegt wird. Die Sure ist, wenn nicht unmittelbar, doch nicht lange nach jener Schlacht zu setzen, und bezieht sich ganz auf die damalige Lage der Dinge. Es ist überall in ihr wie zu Wissenden von Bekanntem geredet, was sie schwer, doch eben dadurch auch anziehend macht. Die im Eingang nur mit einem Machtspruch abgewiesene Frage wird in V. 42 wieder aufgenommen. Die Beute, um die ihr streitet, gehört keinem von euch mehr als dem andern, sie gehört Gott und dem Gesandten zur ferneren Bestreitung des Kriegsaufwandes. Ihr aber sollt gehorchen, einig seyn und kämpfen, und die rechte Beute, den besten Lohn dafür in jenem Leben erwarten.

1/1 Sie werden dich befragen um die Beute.
Sag' ihnen nur: Die Beut' ist Gottes
Und des Gesandten. Also fürchtet Gott, vertragt euch unter euch,
Gehorchet Gott und dem Gesandten, wenn ihr Gläubige seyn wollt!

2/2 Die Gläubigen sind, denen, wann
Gedacht wird Gottes, ihre Herzen zittern,
Und wann man ihnen vorträgt seine Zeichen,
Vermehrt es ihren Glauben und auf ihren Herrn vertraun sie;

3/3 Die recht bestellen das Gebet, und
Von dem, womit wir sie versorgt, ausspenden;

4/4 Die sind die Gläubigen in Wahrheit, und für sie sind Stufen
Bei ihrem Herrn, Barmherzigkeit und würdige Versorgung.

5/5 Wie dich dein Herr aus deinem Hause führte nach der Wahrheit,
Und von den Gläubigen war ein Theil verdrossen!

Vers 5 *Nach der Wahrheit* **um die Wahrheit seiner Rathschlüsse und seiner Verheißungen durch den Sieg, zu dem er dich aus Medina führte, zu bewähren. Oder: nach seiner rechten und festen Entscheidung, wie 9,48.**

6/6 Sie wollten mit dir streiten um die Wahrheit,
Nachdem sie klar erschienen,
Als würden sie geführt dem Tod entgegen sehend.

7/7 Wie Gott euch da verhieß die eine von den beiden Truppen,
Daß sie euch werden sollte!
Da wünschtet ihr, daß euch die minder kriegerische würde;
Da wünschte Gott, die Wahrheit zu bewähren
Mit seinen Worten und zu rotten aus den Stumpf der' Leugner;

Vers 7 Die beiden Truppen bei Beder waren die koreischitischen Stämme Air und Nafir, der von Air aber der minder kriegerische. Gott, d.i. sein Profet verhieß zwar den' Gläubigen, um sie zu ermuthigen, sie sollten nur einen Stamm auf dem Kampfplatz finden, und sie wünschten, es möchte der minder kriegerische seyn. Gott aber hatte sie nur geprüft, er wollte in Wahrheit, daß die Leugner miteinander ausgerottet würden, daher fanden sich dort die beiden Truppen vereinigt.

8/8 Die Wahrheit zu bewähren und das Eitle zu vereiteln,
Verdröss' es auch die Sünder.

9/9 Wie ihr da rieft um Beistand euern Herrn,
Und er antwortet' euch: Ich werd' euch unterstützen
Mit tausend Engeln die sich drängen.

Vers 9 *tausend* **S. 3,120. 121 waren es drei- oder fünftausend.**

10/10 Das machte Gott euch nur zur Freudenbotschaft,
Und daß beruhigt würden eure Herzen;
Denn alle Hülf' ist nur von Gott,
Und Gott ist stark und weise.

Vers 10 Derselbe Vers 3,122 mit geringer Veränderung.

11/11 Wie er auf euch da Schlaf ließ fallen
Mit einer Friedensruh von sich,
Und sendet' über euch vom Himmel Wasser,
Daß er euch reinige damit,
Und nehme von euch Satans Greuel,
Und daß er eure Herzen stärke
Und festige eure Tritte.

Vers 11 Durch Gott ermuthigt und beruhigt, stärkt die Gläubigen ein friedlicher Schlaf in der Nacht vor dem Kampftage. Ein Regen nicht weniger erquickt sie, und gibt ihnen die Mittel, sich für das feierliche Gebet mit Abwaschung gehörig zu reinigen.

12/12 Wie da dein Herr eröffnete den Engeln:
Ich bin mit euch! so stärket die so glauben!
Und werfen will ich in die Herzen derer, die da leugnen, Schreck;
So hauet auf die Nacken,
Und haut von ihnen jeden Finger!

Vers 12 Jetzt am Kampftage werden die Engel wirklich von Gott aufgeboten, die er am Tage vorher den Gläubigen verheißen hatte.

13/13 Dis, weil sie trotzten Gott und seinem Abgesandten;
Denn wer trotzt Gott und seinem Abgesandten,
Ja, Gott ist stark von Rache.

14/14 Nun dis, verkostet es! und ferner
Wartet der' Leugner Feuerpein.

15/15 Ihr Gläubigen, wann ihr begegnet
Den Leugnern in Schlachtordnung nun,
Kehrt ihnen nicht die Rücken zu!

Vers 15 Gleichsam Hineinversetzung in die Schlacht, Wiederholung damaliger Anreden an die Gläubigen, aber zugleich zur Richtschnur für die Zukunft, welche doppelte Seite die ganze Sure hat. Vielleicht auch ein versteckter Verweis für manche, die sich bei Beder nicht zum besten gehalten.

16/16 Wer dieses Tages kehrt den Rücken,
Es sei denn daß zum Kampf er ausbeug' oder
Zu seiner Schaar zurück sich ziehe,
Der geht mit Zorn von Gott davon,
Und seine Herberg' ist Gehenna,
Schlimm ist die Einkehr dort.

Vers 16 Es sei denn daß er den Rücken nicht zur Flucht wende, sondern weil ein irgend wohin gezielter Angriff im Kampfgemenge diese Wendung fordere, oder auch er, als Einzelkämpfer vorgesprungen, sich nur wieder zu seiner Schaar zurück ziehe.

17/17 Doch ihr nicht habet sie getödtet,
Sondern getödtet hat sie Gott;
Und du nicht schossest als du schossest,
Sondern Gott hat geschossen;
Nur daß die Gläubigen er prüfen möchte
Mit einer schönen Prüfung, denn Gott hört und weiß.

Rühmet euch auch eurer Thaten und des Sieges nicht! Ihr Gläubigen, und du selbst, o Profet!

18/18 Dis euch! und so entkräftet Gott
Den Anschlag der' Verleugner.

Vers 18 ***Dis euch*** **ihr Feinde.**

19/19 Sucht ihr Entscheidung? schon gekommen ist Entscheidung.
Steht ihr nun ab, so ists euch besser;
Doch kommt ihr wieder, kommen wir auch wieder;
Und nichts hilft euer Anhang euch, und wär' er groß,
Denn Gott ist mit den Gläubigen.

20/20 Ihr die da glaubt, gehorchet Gott
Und seinem Abgesandten,
Und kehrt euch nicht ihm ab, indem ihr höret.

21/21 Seid nicht wie die da sprachen:
Wir hören! Doch sie hörten nicht.

Vers 20. 21 Die Rede wendet sich gegen diejenigen, die, vom Profeten aufgeboten, nicht mit zur Schlacht auszogen.

22/22 Die schlimmsten Thiere sind vor Gott
Die tauben, stummen,
Die nicht verstehn.

23/23 Und wüßt' an ihnen Gott ein Gutes,
So würd' er machen daß sie hörten;
Doch macht' er daß sie hörten auch,
Doch kehrten sie sich weigernd ab.

24/24 Ihr die da glaubt, steht Rede Gott und dem Gesandten,
Wenn er euch ruft zu dem was euch gibt Leben,
Und wißt daß Gott ist zwischen einem Mann und seinem Herzen,
Und daß zu ihm ihr werdet seyn versammelt.

25/25 Und hütet euch vor Meuterei,
Die nicht nur trifft diejenigen
Von euch die freveln insbesondre;
Und wißt daß Gott ist stark von Rache!

Vers 25 *Meuterei* **deren Folge, die göttliche Strafe und der Schaden in der Gemeinde, nicht blos die Meuter, sondern die ganze Gemeinde trifft. Meuterei meint Uneinigkeit und Ungehorsam überhaupt, insbesondere die bei der Beutetheilung bewiesenen.**

26/26 Gedenket, wie ihr waret wenige, schwache in dem Lande,
In Furcht daß euch wegraffeten die Menschen,
Er aber gab euch eine Zuflucht,
Und stärkte euch mit seinem Beistand,
Versorgte euch mit Gutem, ob ihr dankbar wäret!

27/27 Ihr die da glaubet, seid nicht untreu
Gott und dem Abgesandten, untreu euern
Verpflichtungen, da ihr es wisset!

28/28 Und wißt, daß eure Güter, eure Kinder nur
Eine Versuchung sind, Gott aber,
Bei ihm ist großer Lohn.

Vers 28 Laßt euch nicht durch die Anhänglichkeit an eure Güter und Kinder von eurer Verpflichtung gegen Gott, von der Theilnahme am heiligen Krieg, der uneigennützigen Aufopferung von Gut und Leben, abhalten.

29/29 Ihr die da glaubet, wenn ihr fürchtet Gott, wird er
Euch setzen gute Ordnung,
Und von euch nehmen euer Böses,
Und euch verzeihn, denn Gott ist Herr der Gnaden groß.

30/30 Wie gegen dich da listeten die Leugner,
Daß sie dich griffen oder schlügen oder
Vertrieben! und sie listen, und Gott listet,
Gott aber ist der beste Lister.

Vers 30 Wie 26 Erinnerung an die vorigen Bedrängnisse in Mekka vor der Auswanderung.

31/31 Wenn ihnen wurden vorgetragen unsre Zeichen, sprachen sie:
Wir haben's schon gehört! und wenn wir wollten,
Wir könnten Gleiches sagen,
Es sind altvätrische Geschichten.

32/32 Wie sie da sprachen: Herr Gott, wenn dis Wahrheit ist
Von dir, so regn' auf uns vom Himmel Steine,
Oder laß uns Strafe peinvoll treffen!

Vers 32 *Dis* **das im Koran vorgetragene.**

33/33 Doch strafen wollte Gott sie nicht, da du noch warst unter ihnen,
Und strafen wollte Gott sie nicht, da sie sich noch bekehren konnten.

34/34 Doch warum sollte nun sie Gott nicht strafen,
Da weg sie drängen vom geweihten Bethaus,
Und sind doch dessen rechte Herrn nicht; dessen rechte Herrn
Sind nur die Gottesfürchtigen,
Doch sie sind meist unwissend.

Vers 34 *Wegdrängen vom geweihten Bethaus* **dir und den' Gläubigen den Zugang zur Kaba sperren wollen.**

35/35 Und ihr Gebet beim heiligen Hause
War Pfeifen nur und Händeklatschen.
So schmecket nun die Strafe, weil ihr leugnet!

Vers 35 *Pfeifen und Händeklatschen* **um die Gläubigen zu stören und zu verhöhnen.**

36/36 Ja, die da leugnen, wenden ihr Vermögen auf,
Um wegzudrängen von dem Wege Gottes,
Aufwenden sie's, und es wird sie gereuen,
Und werden dann doch unterliegen;

37/- Und die da leugnen, werden
Versammelt seyn zur Hölle;

38/37 Daß sondre Gott das Schlechte von dem Guten,
Und leg' ein Schlechtes auf das andre,
Und schicht' es all zusammen,
Und werf' es in die Hölle;
Diselbigen sind die Verlierer.

39/38 Sag' ihnen die da leugnen: Wenn sie abstehn,
Wird ihnen Gott verzeihen was geschehn ist;
Doch wenn sie's wieder thun, nun
Ergangen ist die Satzung an den Vorigen!

Vers 39 *Ergangen ist die Satzung* **des göttlichen Strafgerichtes** *an den vorigen* **Völkern, die eben so frevelten, und wird eben so an ihnen ergehn.**

40/39 Und so bekämpfet sie so lange,
Bis keine Meuterei mehr sei,
Und ganz der Gottesdienst sei Gottes!
Doch stehn sie ab, nun, Gott ist ihres Thuns ansichtig.

Vers 40 *Meuterei* **oder Ärgernis wie 2,214 und 189.**

41/40 Doch thun sie Widerstand, so wisset,
Daß Gott ist euer Schutzherr;
O schöner Schutzherr, schöner Beistand!

42/41 Und wisset auch, was ihr erbeutet,
Der fünfte Theil davon gehöret Gott und dem Gesandten
Und den' Verwandten, und den' Waisen,
Den' Armen und dem Sohn des Weges;
Dafern ihr wirklich glaubt an Gott
Und das was wir herabgesendet
Auf unsern Knecht am Tage der Entscheidung,
Am Tag wo sich die beiden Heere trafen;
Und Gott ist alles Dings gewaltig.

Vers 42 Hier nun, wie Eingangs gesagt, wird die Frage über die Kriegsbeute wieder aufgenommen. Ein Fünftel davon gehört vorweg Gott und dem Gesandten, der es zur Unterstützung seiner bedürftigen Verwandten und anderer Bedürftigen verwendet. – Der *Sohn des Weges* **der Reisende, Fremde oder Heimatlose. –** *Was wir herabgesendet* **unsere göttliche Hilfe, die Engel, oder auch, nach der sonstigen Bedeutung des Herabsendens, was wir ihm damals offenbarten von unserem Willen in Hinsicht der Kriegsordnung und der Beutevertheilung. Über die Almosenordnung vgl. 9,60.**

43/42 Als ihr da wart am Ufer disseits,
Und sie am Ufer jenseits,
Unterhalb euch die Reiterei;
Wenn ihr euch hättet da entschließen sollen,
Ihr wäret uneins im Entschluß gewesen;
Gott that's um zu vollbringen, was da sollte seyn;

Vers 43 In eurer damaligen Stellung, der euch wohlbekannten. Das räthselhaft angedeutete mag dasselbe, oder ähnliches, wie V. 7 gewesen seyn.

44/– Daß wer umkäm' umkäme bündig,
Und wer am Leben blieb' am Leben bliebe bündig;
Und Gott ist der da hört und weiß.

45/43 Wie Gott dir da im Traume
Sie sehen ließ als wenig;
Und hätt' er dir sie lassen sehn als viele,
So wäret ihr verzaget und zerfallen unter euch im Rathe;
Doch Gott behütete, denn Er
Kennt den Gehalt der Busen.

Vers 45 Erklärt das, und erklärt sich durch das zu V. 7 gesagte. Der Profet, in der Nacht vor dem Kampfe, wo Gott den' Gläubigen den erquickenden Schlaf und Regen sendet (V. 11), sieht im Traume das feindliche Heer, und Gott läßt es ihm klein erscheinen, d.i. er träumt, es sei von den beiden zu erwartenden Truppen nur der eine da.

46/44 Und wie er euch, als ihr sie trafet, auch sie ließ
Mit euern Augen sehn als wenig,
Und machte wenig sie in euern Augen,
Damit vollbrächte Gott das Ding das sollte seyn,
Und ja zu Gott sind heimgebracht die Dinge!

47/45 Ihr die da glaubet, wenn ihr treffet eine Schaar,
So haltet Stand und denket Gottes häufig,
Aufdaß ihr glücklich seiet!

Vers 47 Anrede wie V. 15.

48/46 Gehorchet Gott und seinem Abgesandten,
Und werdet uneins nicht, daß ihr erschlaffet
Und euch entgehe euer Muth! nein, haltet aus
Geduldig! denn Gott ist mit den Geduldigen.

49/47 Seid nicht wie die aus ihrem Wohnort zogen
Voll Übermuthes und zur Schau den Menschen,
Um wegzudrängen euch vom Wege Gottes;
Doch Gott umfasset was sie thun.

Vers 49 Seid nicht wie die Feinde.

50/48 Wie da der Satan ihnen schön ließ dünken ihre Werke,
Und sprach: Heut ist euch niemand überlegen von den Menschen,
Und ich bin euer Nachbar.
Doch als die beiden Heer' einander sahen,
Trat er auf seine Fersen hinter sich und sprach: Ich sage
Von euch mich los, ich seh' was ihr nicht sehet,
Ich fürchte Gott, und Gott ist stark von Rache.

Vers 50 *Ich sehe, was ihr nicht sehet* **den euch verborgenen Plan Gottes, oder auch die Engel von V. 9.**

51/49 Wie da die Heuchler sprachen,
Und die, in deren Herzen Siechthum ist: »Betrogen
Hat diese da ihr Glauben!«
Doch wer auf Gott vertraut, Gott ist
Allmächtig und allweise.

Vers 51 *Die Heuchler* **die unaufrichtigen Freunde, die den Profeten und seine Getreuen im Stiche ließen V. 20.**

52/50 O sähst du, wann die Seelen derer,
Die leugnen, nehmen hin die Todesengel,
Ihr Angesicht und ihre Rücken schlagend:
Nun schmeckt die Feuerpein!

Vers 52 Das Ende der übermüthigen Feinde von V. 50.

53/51 Dis dafür, was vorwirkten eure Hände,
Weil Gott nicht Unrecht thut den Knechten.

54/52 Nach Art des Hauses Farao und derer all vor ihnen,
Die auch verleugnet Gottes Zeichen,
Da griff sie Gott in ihren Sünden,
Denn Gott ist mächtig, stark von Rache.

55/53 Dis, weil Gott nie verändert seine Gnade, die
Er gnadet über einem Volke, bis sie selber
Verändern was in ihren Seelen ist, und weil
Gott ist ein Hörer und ein Kenner.

56/54 Nach Art des Hauses Farao und derer all vor ihnen,
Die Lüge straften auch die Zeichen ihres Herrn.
In ihren Sünden ließen wir sie sterben,
Und ließen das Haus Farao ertrinken,
Und alle waren Frevler.

Vers 55 Wenn Gott seine Gnade einem Volk entzieht, wie jetzt den Mekkanern und andern Feinden der' Gläubigen, so liegt der Grund davon immer in der Verschuldung des Volkes, das sich durch Veränderung seiner Gesinnungen jener Gnade un-

würdig gemacht hat. Die Rede wendet sich nun mit verzehrendem Feuer gegen alle Feinde insgemein, deren Bundbrüchigkeit 58, Verrath 60 und Falschheit 63.

57/55 Die schlimmsten Thiere, traun, vor Gott
Sind, die da leugnen und nicht glauben.

58/56 Mit denen einen Bund du schließest,
Sie aber brechen ihren Bund
Ein jedes mal, und scheun sich nicht.

59/57 Wo du sie nun im Kriege triffst,
Zersprenge ihre letzten,
Ob sie bedenken mögen!

60/58 Und aber, fürchtest du von einem Volk Verrath,
So schleudre grade gegen sie!
Denn ja Gott liebt nicht die Verräther.

61/59 Und denke nicht, daß die da leugnen, irgend einen Vorsprung haben;
Sie werden nichts verhindern.

62/60 So rüstet gegen sie, was ihr vermögt, an Kraft und Reitermacht,
Schreckt damit Gottes Feind' und eure Feinde,
Und andere daneben, die ihr selbst nicht kennt,
Gott aber kennt sie. Und was ihr aufwendet
Für Gottes Weg, wird euch ersetzt,
Ihr werdet nicht verkürzt seyn.

63/61 Wenn sie zum Frieden neigen, neig' auch du dazu,
Und trau auf Gott, denn Er ist Hörer, Wisser.

64/62 Und wollen sie dich hintergehn, nun, dein Verlaß
Ist Gott, Er ists der dich gestärkt mit seinem Beistand
Und mit den Gläubigen, und hat in Eintracht
Verbündet ihre Herzen; hättest du auch alles
Aufwenden mögen was auf Erden, nimmer doch verbündet
Hättest du ihre Herzen, sondern Gott hat sie verbündet,
Denn Er ist mächtig und allweise.

65/64 Du, o Profete, dein Verlaß
Ist Gott, und wer dir folget von den Gläubigen.

Vers 64 Dankbarer Rückblick auf die frühere gedrückte Lage, wie V. 26, hier besonders hervorgehoben die Gnade Gottes, die darin [sich] gezeigt, daß aus dem zerstreuten uneinigen Haufen der Flüchtlinge eine starke und einträchtige Volksgemeinde geworden.

66/65 Du, o Profet, reiz' an die Gläubigen zum Kampf!
Wenns von euch zwanzig sind standhafte in Geduld,
Werden sie siegen ob zwei hundert;

Und sind es von euch hundert, werden
Sie siegen über tausend
Von denen die da leugnen,
Weil sie ein Volk sind unverständig.

67/66 So hats euch Gott erleichtert, weil er kennet eure Schwäche;
Und ists von euch ein Hundert, standhaft in Geduld,
Werden sie siegen ob zwei hundert;
Und ists von euch ein tausend, werden
Sie siegen ob zwei tausenden
Nach Gottes Rathschluß, denn Gott ist
Mit den standhaften in Geduld.

Vers 67 ***Eure Schwäche*** **an Anzahl, oder auch an Muth, die solcher göttlicher Huldversicherungen noch gar wohl bedarf. Vgl. V. 9. 10. Über die wechselnden Zahlen vergleiche die 3000 oder 5000 Engel S. 3,120 u. 121.**

68/67 Keinem Profeten steht es zu,
Gefangene zu haben,
Und dick zu thun auf Erden.
Ihr wollt das Gut der Zeitlichkeit,
Gott aber will das Ewige,
Und Gott ist hoch und weise.

Vers 68 Die Rede geht auf den ersten Gegenstand, die Kriegsbeute, zurück. Der Profet verwahrt sich gegen Vorwurf oder Verdacht, als wolle er selbst sich mit Gefangenen bereichern, deren Lösegeld doch eben so wie die übrigen Gegenstände der Beute von ihm zum gemeinen Besten zu verwenden, wie zu V. 42 gesagt ist. – ***Um dick zu thun auf Erden*** **dadurch daß wir dieses ganz wörtlich übersetzten, und dabei einer Partikel eine andere eben so grammatisch richtige Beziehung im Satz gaben, haben wir etwas ganz anderes herausgebracht als z. B.** ***Wahl*** **nach den gewöhnlichen Auslegern: »Noch ist keinem Profeten erlaubt worden, Gefangene in Besitz zu nehmen, als bis er unter den Ungläubigen auf dem Wahlplatze eine große Niederlage angerichtet hatte.« Was eine höchst krasse Abgeschmacktheit ist, auch aller Verbindung mit dem nächstfolgenden ermangelt. (Freilich sind gegen die hier der Partikel** ***hatta*** **gegebene Wendung Beispiele wie S. 9,116).**

69/68 Wär' nicht von Gott zuvor ergangen eine Schrift,
Getroffen hätt' euch über das,
Was ihr ergriffet, große Strafe

Vers 69 Wäre nicht von Gott Gnade euch schriftlich zugesichert in seiner Schrift, dem Koran, so würde euch große Strafe getroffen haben über eure Gier und Habsucht bei der Beutetheilung.

70/69 Genießet nun was ihr gewannt erlaubterweise Gutes,
Und fürchtet Gott! denn Gott ist gnädig und barmherzig.

Vers 70 So genießet nun den euch zugefallenen rechtmäßigen Beuteantheil, in der Furcht Gottes, dankbar für seine Nachsicht.

71/70 Du, o Profete, sprich zu den Gefangnen die in eurer Hand sind:
Wenn Gott erkennt in euern Herzen Gutes,
So wird er geben Bessres euch als was euch ist genommen,
Und wird euch gnädig seyn; denn Gott ist gnädig und barmherzig.

Vers 71 Sehr natürlich schließt sich an die Vertheilung der Beute und der Gefangenen, diese Vorschrift über die Behandlung der Gefangenen selbst an. Wenn sie auch nicht ausgelöst werden u zum verlorenen Besitz daheim zurückgebracht werden sollten (was doch nicht ausgeschlossen ist), sondern in der Gefangenschaft als Sklaven bleiben müßten, so kann doch Gott ihnen alles Verlorene reichlich ersetzen, wenn sie treu sind, und vielleicht auch den Glauben annehmen.

72/71 Doch wenn sie wollen dich betrügen,
Nun, sie betrogen Gott zuvor auch,
Der drum sie gab in eure Macht,
Und Gott ist weise kundig.

Vers 72 Die treulosen aber sind fest zu halten, daß sie nicht entwischen.

73/72 Fürwahr, die da annahmen
Den Glauben und auswanderten und stritten
Mit ihrem Gut und ihrem Blut für Gottes Weg;
Und die da Zuflucht gaben
Und Beistand; diese sind einander schutzverwandt.
Die aber, die annahmen zwar den Glauben,
Doch nicht auswanderten, mit ihnen habet
Ihr keine Schutzverwandtschaft, bis auch sie auswandern.
Doch rufen sie euch an um Beistand für den Glauben,
So steht euch zu der Beistand, außer gegen
Ein Volk, mit welchem ihr Vertrag habt;
Und Gott ist dessen, was ihr thut, ansichtig.

Vers 73 Wer soll an der Beute, und überhaupt an den Vortheilen der Gläubigen Antheil haben? Die mit dem Profeten gleich Anfangs ausgewanderten, und die bei denen sie in Medina Aufnahme und Unterstützung gefunden; nicht diejenigen, die seither in Mekka oder sonst den Glauben angenommen oder es gethan zu haben vorgeben, aber nicht ausgewandert sind, sich nicht zu thätiger Hülfe mit dem Profeten vereinigt haben.

74/73 Die Leugner aber lasset unter
Einander Schutzverwandte seyn!
Wenn ihrs nicht thut, so wird auf Erden Aergernis und großer Schaden.

75/74 Die aber, die da nahmen an
Den Glauben und auswanderten und stritten
Für Gottes Weg, und die da Zuflucht gaben

Und Beistand, diese sind die Gläubigen in Wahrheit;
Für sie ist Huld von Gott und gnädige Versorgung.

Vers 74 Achtet aber die Gesetze des Völkerrechtes unter euren Feinden; verleitet sie nicht zu Treulosigkeit gegen ihre Schutzverwandten und dergl. So wie schon 73 am Ende sagt: Auch den Gläubigen sollt ihr nicht gegen solche Ungläubige beistehn, mit welchen ihr Friedensverträge geschlossen habt.

76/75 Die auch, die später nahmen an
Den Glauben und auswanderten,
Und stritten dann mit euch, auch diese sind von euch;
Die Blutsverwandten aber sind einander
Die nächsten Schutzverwandten, nach der Schrift von Gott,
Und Gott ist jedes Dings mitwissend.

Die 9. Sure
Die Bekehrung

Überschrift Die *Bekehrung*, nach V. 105; doch auch schon V. 4 ist von der Bekehrung die Rede, und noch öfter gegen das Ende der Sure. Nach anderen heißt die Sure der *Freibrief*, nach dem ersten Worte derselben. – Diese Sure soll im neunten Jahr der Flucht durch Ali, den Mohammed von Medina nach Mekka sandte, um in der bevorstehenden Wallfahrtszeit die Festgebräuche anzuordnen, daselbst bei der Kaba feierlich vorgetragen worden seyn. Aber schwerlich eignete sich die ganze Sure dazu, die in ihren meisten Einzelheiten sich auf kleine innere Verhältnisse von Medina, oder auch auf besondere Kriegsvorfälle der nächst verflossenen Zeit bezieht; dagegen das Allgemeingültige, was bei einer solchen Gelegenheit den aus allen Gegenden versammelten Pilgern, Bekehrten, und Unbekehrten, schicklich verkündigt werden mochte, in wenigen die ganze Sure hindurch verstreuten Versen enthalten ist. Gleichwol ist kein Grund vorhanden, die innere Ganzheit der Sure in der Gestalt, wie wir sie vor uns haben, zu bezweifeln, und unsere Übersetzung selbst soll die Stetigkeit des Gedankengangs nachzuweisen suchen, wobei sie sich nur die Freiheit nimmt, manche Auswüchse wegzuschneiden und manches verschobene einzurenken. – Die Sure ist ohne Zweifel die letzte der Zeit nach unter denjenigen größeren, deren Zeit überhaupt bestimmt werden kann, oder die sich auf eine bestimmte Zeit beziehen. Nur die zweite Sure, nach dem was wir zu ihr bemerkt haben, könnte ganz oder theilweise noch später fallen, vom Ende des neunten Jahres bis zum elften, dem Todesjahre Mohammeds.

1/1 Ein Freibrief Gottes und des Abgesandten
An die, mit denen ihr Vertrag
Gemacht habt, von den Götzendienern:

Vers 1 *Freibrief* Im Jahre vor der Abfassung dieser Sure, im achten seiner Flucht, hatte Mohammed endlich Mekka erobert, und das heilige Haus, die Kaba, von den Greueln des Heidenthums gesäubert. Nun konnten freilich die Mekkaner nicht mehr ihn und seine Gläubigen vom Besuch des gemeinsamen Volksheiligthums

ausschließen, worüber er an so vielen Stellen früher verfaßter Suren klagt, gleichwol aber wurde dasselbe noch von Ungläubigen so gut als Gläubigen besucht. Unmittelbar von der Eroberung war er zu anderen schweren Kämpfen aufgebrochen, und nun erst, nachdem er siegreich und mit weithin befestigter Herrschaft nach Medina zurückgekehrt war, ließ er durch Ali diesen *Freibrief* verkündigen, d.i. die letzte Frist für die Unglaubigen, nach deren Ablauf sie vom Besuch der Kaba ganz ausgeschlossen seyn sollten.

2/2 Nun reiset nur im Land vier Monde!
Doch wisset, daß ihr Gott nicht hemmen werdet,
Und daß Gott macht zu Schanden die Verleugner.

Vers 2 *Vier Monate* die vier heiligen Monate der altarabischen Stammverfassung, in welchen alle Fehden eingestellt wurden, und man also unangefochten im Lande reisen, Handel treiben und die Heiligthümer besuchen konnte. Die vier Monate sind die drei letzten jedes Mondjahrs und der erste des folgenden. Die den' Ungläubigen gegebene letzte Frist ist hier als vier Monate bezeichnet, weiterhin als ein Jahr, was in der Sache eins ist, weil vom Jahr eben nur die vier Friedensmonate in Anschlag kommen.

3/3 Verkündung Gottes und des Abgesandten an die Menschen
Am Tag der großen Wallfahrt:
Daß Gott sich lossagt von den Götzendienern, und sein Abgesandter;
Wenn ihr euch nun bekehrt, das ist euch besser;
Doch, wendet ihr euch ab, so wisset,
Daß ihr nicht hemmen werdet Gott!
Und du verkünde denen, die da leugnen, Strafe peinvoll.
4/4 Die ausgenommen nur, mit denen ihr Vertrag
Gemacht habt, von den Götzendienern,
Und die daran nichts brechen,
Und gegen euch nicht helfen irgendeinem;
Denselben sollt ihr halten ihren
Vertrag auf ihre Frist; denn Gott liebt, die ihn fürchten.

Vers 4 Nicht allen Götzendienern und Ungläubigen ist die Jahresfrist bewilligt; im allgemeinen vielmehr hat sich Gott von ihnen losgesagt, und sie für Feinde erklärt; nur einigen ist noch diese letzte Frist gesetzt, nach deren Ablauf auch sie der Theilnahme an den Volksheiligthümern verlustig gehn, und als Feinde behandelt werden sollen.

5/5 Wann dann verlaufen sind die heiligen Monate,
So schlagt die Götzendiener,
Wo ihr sie trefft, und fanget sie,
Schließt sie ein und belagert sie
Mit jedem Hinterhalt! Nur wenn sie sich bekehren,
Und das Gebet bestellen und die Sühnungsteuer geben,
So lasset ihnen freien Weg!
Denn Gott ist gnädig und verzeihend.

6/6 Doch sucht ein einzelner Götzendiener Schutz bei dir,
So gib ihm Schutz und Aufenthalt,
Damit er höre Gottes Wort.
Dann laß ihn wieder hingehn, wo er sicher ist;
Denn es sind unverständige Leute.

Vers 6 Kein öffentlicher Volksverkehr soll mehr mit den Götzendienern seyn; für die einzelnen aber gilt diese Ausnahme: ein Gläubiger darf einen Ungläubigen aufnehmen, und diese Gelegenheit benutzen, ihn im Glauben zu unterrichten. Ist er aber dafür unempfänglich, so lass' er ihn ohne weiteren Zwang, als einen Unverständigen, sicher in seine Heimat zurückkehren.

7/7 Wie aber sollten Götzendiener haben
Vertrag mit Gott und seinem Abgesandten?
(Die ausgenommen nur, mit denen
Ihr habt Vertrag gemacht beim heiligen Bethaus;
Was diese halten, haltet ihnen!
Denn Gott liebt, die ihn fürchten.)

8/8 Wie sollten sie? da, wenn sie eure Meister sind,
Sie gegen euch nicht achten Bund und Treue.
Gefällig sind sie euch mit ihrem Munde,
Doch ihre Herzen weigern sich,
Und ihre meisten sind bundbrüchig.

9/9 Sie gaben Gottes Zeichen hin für schlechten Preis,
Und drängten ab von seinem Wege,
Ja schlimm ist was sie thaten.

13/13 O wollt ihr nicht bekämpfen Leute,
Die ihre Eide brachen,
Und strebten zu vertreiben den Gesandten,
Und die euch griffen an zuerst?
Wollt ihr sie etwa fürchten? Gott
Ist würdiger daß ihr ihn fürchtet,
Dafern ihr Gläubige seid!

Vers 13 Gegen diejenigen unter den Gläubigen, deren viele seyn mochten, die da meinten, man müsse noch immer die Ungläubigen schonen, was der Profet nun nicht mehr für nöthig und recht erachtete.

14/14 Bekämpfet sie! Gott wird sie strafen
Durch eure Händ' und sie zu Schanden machen,
Euch beistehn gegen sie und heilen
Den Busen seiner Gläubigen.

Vers 14 *Heilen* von Furcht, oder von Unzufriedenheit über noch nicht völligen Sieg.

17/17 Die Götzendiener sollen nicht
Besuchen die Bethäuser Gottes,
Als Zeugen ihrer eigenen Verleugnung;
Derselben Werke sind verfallen,
Im Feuer sind sie ewig.

18/18 Besuchen soll nur die Bethäuser Gottes,
Wer glaubt an Gott und jüngsten Tag,
Bestellet das Gebet und gibt die Sühnungsteuer,
Und fürchtet nichts wan Gott; dieselben
Mögen wol seyn Geleitete.

19/19 Wollt ihr die Tränkung der' Wallfahrer
Und die Besuchung des geweihten Hauses
Gleichhalten dem, der glaubt an Gott und jüngsten Tag,
Und kämpft für Gottes Weg? sie sind nicht gleich vor Gott;
Gott leitet nicht die Sünder.

Vers 19 Die Ungläubigen werden dadurch nicht den' Gläubigen gleich, daß sie in heidnischem Sinne die heiligen Wallfahrtsgebräuche verrichten, aus dem heiligen Brunnen *Semsem* Trank schöpfen u.s.w.

23/23 Ihr die da glaubet, nehmt nicht eure Väter, eure Brüder,
Zu Freunden, wenn sie die Verleugnung lieben über'm Glauben!
Wer sie zu Freunden nimmt von euch,
Dieselbigen sind Sünder.

Vers 23 Saget euch selbst von euren nächsten Anverwandten los, die ungläubig unter den Ungläubigen zurückgeblieben sind. Vgl. V. 13.

24/24 Sag' ihnen nur: Wenn eure Väter,
Und eure Kinder, eure Brüder,
Und eure Fraun und euer Stamm,
Und euer Gut das ihr erwarbet,
Und euer Handel, des Verfall ihr fürchtet,
Und Wohnungen die euch gefallen,
Euch lieber sind als Gott und sein Gesandter,
Und als der Kampf für Gottes Weg;
So wartet denn, bis Gott euch kommt mit seinem
Gerichte! denn Gott leitet nicht Abtrünnige.

Vers 24 *Euer Handel, des Verfall ihr fürchtet* bei Aufhebung des Verkehrs mit den Ungläubigen, wenn diese nicht mehr Mekka besuchen und (bei der mit der Wallfahrt verbundenen Messe) mit euch handeln dürfen.

25/25 Schon hat euch beigestanden Gott an vielen Orten,
Und auch am Tage von *Honein*,

Als ihr mit Wohlgefallen saht auf eure Menge,
Die aber half euch nichts, und enge
Ward euch der Raum, so weit er war,
Da wandtet ihr den Rücken.

Vers 25 Im Thale *Honein* **war es zur Schlacht gekommen zwischen Mohammed und einigen noch ungehorsamen heidnischen Stämmen, gegen welche er unmittelbar nach der Einnahme von Mekka (s. zu V. 1) mit großer Macht aufgebrochen war. Gleichwol waren die Gläubigen anfangs im Nachtheil gegen den schwächern Feind, was hier ihrem unfrommen Vertrauen auf ihre Menge zugeschrieben wird.**

26/26 Dann aber sendete Gott seine *Gottesruh*
Auf seinen Abgesandten und die Gläubigen,
Und sendete hernieder Heere,
Ihr saht sie nicht, und züchtigte die Leugner;
Dis ist der Lohn der Leugnenden.

Vers 26 *Gottesruh* **vgl. 2,249. Mohammed hielt ruhig Stand auf seinem weißen Maulthiere, bis der Sieg sich ihm zuwendete. –** *Heere, ihr saht sie nicht* **Engel, wie auch in der Schlacht von** *Beder*. **S. 8,9.**

28/28 Ihr die da glaubt! die Götzendiener sind ein Schmutz,
Und sollen nicht dem heiligen Bethaus nahen
Nach diesem ihrem Jahre!
Und wenn ihr Mangel fürchtet,
Bereichern wird euch Gott aus seiner Gnadenfülle, wenn er will,
Denn Gott ist weis' und kundig.

Vers 28 *Nach diesem ihren Jahre* **s. zu V. 2. –** *Mangel* **s. zu V. 24.**

29/29 Bekämpfet, die nicht glauben
An Gott und jüngsten Tag, und die nicht heiligen
Was Gott geheiligt hat und sein Gesandter,
Und dienen nicht den Gottesdienst der Wahrheit,
Die unter denen, die das Buch empfiengen;
Bis sie das Handgeld geben und erniedrigt sind!

Vers 29 An die Götzendiener werden diejenigen, *die das Buch empfiengen*, **die Juden und Christen, angereihet. –** *Bekämpfet sie* **solange, bis sie entweder den Glauben annehmen, oder das** *Handgeld*, **die Kopfsteuer, geben.**

30/30 Die Juden sprechen: *Esra*
Ist Gottes Sohn; die Nazarener sprechen: Der Messias
Ist Gottes Sohn! dis ihre Rede
Mit ihren Mündern, gleich der Rede
Derjenigen, die vordem Leugner waren;
Schlage sie Gott! wie thören sie!

Vers 30 Ob arabische Juden wirklich den hochgehaltenen Wiederhersteller *Esra* bis zu solchem Range erhoben, oder welches Misverständnis oder Entstellung dabei obwalte, muß hier unentschieden bleiben.

31/31 Sie nahmen ihre Schriftgelehrten und Mönche
Zu Herren neben Gott an,
Und den Messias, Sohn Maria's;
Und ihnen ist doch nichts befohlen
Als anzubeten Einen Gott,
Kein Gott als Er! Preis ihm, ob allem,
Was sie abgöttisch ihm gesellen!

Vers 31 Mohammeds Ansicht von den christlichen Heiligen.

32/32 Sie möchten löschen Gottes Licht
Mit ihren Mündern, aber Gott will andres nicht,
Als daß er mache voll sein Licht,
Verdröss' es auch die Leugner.

33/33 Er ists der sandte seinen
Abgesandten mit der Leitung
Und mit dem wahren Gottesdienst,
Ihn wider jeden Gottesdienst zu fördern,
Verdröss' es auch die Leugner.

34/34 Ihr, die da glaubet! viele von den Schriftgelehrten
Und Mönchen essen das Gut der Menschen sündlich,
Und drängen ab vom Wege Gottes;
Die speichern Gold und Silber, und es nicht aufwenden
Für Gottes Weg, verkünde du denselben Strafe peinvoll,

35/35 Tags wo es wird geglühet werden
Im Feuer der Gehenna,
Sodann damit gebrandmarkt ihre Stirnen,
Ihre Seiten und Rücken:
Dis was ihr euch gespeichert habet!
Nun schmecket, was ihr speichertet!

36/36 Die Zahl der Monate von Gott
Sind zwölf im Buche Gottes, als
Er Himmel schuf und Erde;
Davon sind heilig viere;
Dis ist der feste Gottesdienst.
Versündiget euch nicht an ihnen!
Aber bekämpft die Götzendiener insgemein,
So wie sie euch bekämpfen insgemein, und wisset:
Gott ist mit denen die ihn fürchten.

37/37 Traun, die Verlegung ist ein Zuwachs an Verleugnung,
Wodurch verführet werden die Verleugner,
Die einen Mond in einem Jahr
Entweihn und weihn im andern,
Um einzuhalten so die Zahl
Von dem was Gott geweihet hat, indem sie doch
Entweihn was Gott geweihet hat.
Ihr böses Werk dünkt ihnen schön,
Gott aber leitet nicht die Leugner.

Vers 36, Vers 37 Nach der Abschweifung auf Juden und Christen, knüpft sich der Faden wieder an V. 28 an. Vgl. V. 2. – *Versündiget euch nicht an ihnen* **entheiligt sie nicht durch Kriegführen untereinander. Aber gegen die Ungläubigen kämpfet** *insgemein***, das ganze Jahr hindurch, nämlich nach Ablauf der ihnen gelassenen Frist dieses Jahres. Eine Versündigung aber an den heiligen Monaten ist auch die im folgenden genannte** *Verlegung* **eines heiligen Monates auf einen andern, damit nicht vier ununterbrochene Friedensmonate seyen und es doch vier bleiben; ein alter Brauch oder Misbrauch der heidnischen Araber, wenn ihnen der Friede zu lang ward.**

38/38 Ihr die da glaubt, was habet ihr? wenn euch gesagt wird: Rücket aus
Für Gottes Weg! was lahmet ihr zu Boden?
Liebt ihr dis Erdenleben über jenes?
Doch ist der Nießbrauch dieses Lebens
Vor jenem nur gering.

Vers 38 Von hier an eine der feurigen Kampfreden des Profeten an seine ihm noch immer nicht kriegerisch genug gesinnten Gläubigen, vgl. V. 13. Aber nicht so ganz allgemein wie dort ist hier die Rede, vielmehr auf das besonderste nächste gerichtet. Denn im neunten Jahre, noch vor der Erlassung dieses Freibriefes, rüstete Mohammed gegen die Griechen an der oberen Grenze Arabiens, einen weithin gehenden, mühvoll und gefährlich scheinenden Feldzug, zu welchem die Gläubigen wenig Lust und Eifer bezeigen mochten.

39/39 Wenn ihr nicht ausrückt, wird Er euch
Strafen mit Strafe peinvoll,
Und wird an eure Stelle setzen
Ein andres Volk. Ihr werdet Ihm nicht schaden,
Denn Gott ist jedes Dings gewaltig.

Vers 39 Aehnliche Drohungen

40/40 Wenn ihr ihm bei nicht steht, so hat doch Gott ihm beigestanden,
Da zu entweichen zwangen ihn die Leugner
Als einen von den zweien, die da waren in der Höle,
Da sprach er zum Genossen: Kümmre
Dich nicht! Gott ist mit uns. Da sandte

Gott auf ihn seine Gottesruh,
Und stärkte ihn mit Heeren,
Ihr saht sie nicht, und machte
Den Plan der Leugner niedriger,
Und Gottes Plan war höher,
Und Gott ist mächtig und allweise.

Vers 40 *Ihm* **dem Gesandten. Aehnliche Erinnerung an Gottes Beistand S. 8,26 und 30; hier an die Flucht aus Mekka, von der des Gesandten Erfolge und die Jahre des Islams sich rechnen. Er hatte schon lange bei den Medinern für sich und seine Anhängern eine Zuflucht vorbereitet, dahin ließ er alle die Seinigen vorausgehn; und er selbst in Mekka, seinen Verfolgern gegenüber, hielt aus bis auf den letzten Mann. Dann entwich er endlich als** *einer von den zweien*, **d.i. selbander mit** *Abu beker*, **und barg sich mit diesem in einer** *Höle* **(davon heißt** *Abu beker* **der** *Genosse der Höle*), **welche die wundererfindende Sage nicht unterlassen hat zu verherrlichen. Es habe nämlich, als die beiden sich drin verborgen, eine Spinne ihr Netz über den Eingang gezogen, oder auch eine Taube davor genistet, von welchen Zeichen getäuscht die Verfolger jene Höle, welche sie zu durchsuchen gekommen waren, für lange nicht betreten hielten und vorübergiengen. Statt dieser späteren Ausschmückungen erwähnt hier der Profet nur die** *Gottesruhe* **von V. 26 und die ebendaselbst damit verbundenen himmlischen** *Heere*.

41/41 So rücket aus, leicht oder schwergewaffnet!
Und kämpft mit eurem Gut und Blut
Für Gottes Weg! das ist euch besser, wenn ihr's wisset.

42/42 Wenn es ein naher Vortheil wär' und eine kurze Reise,
So würden sie dir folgen;
Doch weit kommt ihnen vor die Mühsal,
Und schwören werden sie bei Gott! wenn wir vermöchten,
Zögen wir aus mit euch. Sie selbst
Verderben ihre Seelen,
Und Gott weiß daß sie lügen.

Vers 42 Nicht ein naher, leichte Beute versprechender Streifzug gegen umwohnende schwache Stämme, sondern gegen die mächtigen Heere der Griechen an die äußersten Grenzen des Landes (V. 38).

43/43 Verzeih dir's Gott! was gabst du Urlaub ihnen,
Bevor du unterschiedest die wahr redenden
Und kennetest die Lügner.

Vers 43 *Urlaub* **Erlaubnis zurückzubleiben vom gefahrvollen und beschwerlichen Feldzuge. Der Profet macht es sich zum Vorwurfe, diesen Urlaub zu schnell und gutwillig an manche ertheilt zu haben, ohne zu prüfen, ob sie triftige Gründe der Entschuldigung oder nur leere Ausflüchte vorzubringen hatten.**

44/44 Um Urlaub werden dich nicht bitten, die da glauben
An Gott und an den jüngsten Tag, um nicht zu streiten

Mit ihrem Gut und ihrem Blut,
Und Gott kennt, die ihn fürchten.

45/45 Um Urlaub werden dich nur bitten, die nicht glauben
An Gott und an den jüngsten Tag,
Die zweifelmüthiges Herzen sind,
Und hin und her in ihrem Zweifel schwanken.

46/46 Wenn sie ausziehen hätten wollen,
So hätten sie dazu gerüstet Wegerüstung.
Doch Gott verdroß es ausziehn sie zu lassen,
Drum stockt' er sie, und ihnen ward gesagt: Sitzt mit den Sitzern!

Vers 46 Ihr Vorgeben, daß sie wirklich haben mitziehen wollen, aber nun durch irgendetwas verhindert seyen, ist falsch, denn sie haben gar keine Anstalt dazu gemacht.

47/47 Zogen sie aus mit euch, sie wären
Ein Zuwachs nur an Last euch,
Und hätten unter euch gestöret,
Euch anzustiften Meuterei;
Gefehlt nicht hätten ihnen Hörer unter euch,
Gott aber kennt die Sünder.

Vers 47 Es ist aber doch besser, daß sie nicht mitzogen.

48/48 Sie stifteten schon Meuterei vor diesem an,
Und wirrten dir die Sachen,
Bis die Entscheidung kam der Wahrheit,
Und Gottes Rathschluß siegte, ob sies gleich verdroß.

Vers 48 Sie suchten den ganzen Feldzug zu hintertreiben.

49/49 Von ihnen mancher spricht: »Gib Urlaub mir, und führe
Mich nicht in die Versuchung!« Oh, in die Versuchung
Sind sie gefallen, und Gehenna
Umfaßt wol die Verleugner.

Vers 49 ***In die Versuchung*** **in die Anfechtung und Noth.**

50/50 Trifft Gutes dich, so ärgert sies,
Doch wenn dich trifft ein Unfall,
So sprechen sie: Wir haben unsern Rath zuvor genommen!
Und wenden sich und freuen sich.

51/51 Sag' ihnen: Nichts kann uns betreffen,
Als was uns Gott geschrieben hat,
Er unser Schutzherr, und auf Gott
Sollen vertraun die Gläubigen.

52/52 Sag' ihnen: Was erwartet ihr
An uns, als eins der beiden Schönsten?
Doch wir erwarten das an euch,
Daß Gott mit einer Straf' euch treffe
Von seiner Seit' oder mit unsern Händen.
So wartet nur, wir wollen mit euch warten!

Vers 52 **Eins der beiden Schönsten schönen Sieg oder schönen Tod und himmlischen Lohn.**

53/53 Sag' ihnen: Wendet auf gern oder ungern,
Es wird von euch nicht angenommen,
Dieweil ihr Leute seid abtrünnig.

Vers 53 *Wendet auf* **wenn ihr auch Aufwand für den Krieg machen, zu den Kriegskosten beisteuern wolltet, wir nehmen von euch nichts an, weil ihr euch zweideutig gezeigt habt. Man muß denken, daß Mohammed hier hauptsächlich umwohnende arabische Stämme im Auge hat, die es nie recht ernstlich mit seiner Sache meinten; die denn auch V. 91–98 wirklich genannt werden. Doch stecken unter den hier gemeinten auch die Heuchlerischen und Eigennützigen in Medina selbst, wie V. 58 zeigt.**

55/55 Laß dich nur auch nicht blenden ihre Güter, ihre Söhne!
Nur strafen will sie Gott damit in diesem Leben,
Daß sie aushauchen ihre Seelen
Als trotzige Verleugner.

56/56 Sie schwören wol bei Gott, daß sie mit euch sind;
Doch sie sind nicht mit euch, sie sind zwiespaltige Leute.

57/57 Fänden sie einen Schlupf nur oder Hölen oder Eingang,
Sie wendeten dahin sich, scheu ausreißend.

58/58 Von ihnen auch verleumdet mancher
Dich über die Almosen.
Wenn sie davon bekommen, so sind sie zufrieden,
Und wenn sie nichts bekommen, so sind sie erboßt.

Vers 58 Von den Almosen, wozu ein Theil der Kriegsbeute verwendet wurde (S. 8,1 und 42), möchten sie gern mehr erhalten, als ihnen zukommt, und ohne es dann für *Gottes Weg* **aufzuwenden. Sie beschuldigen den Profeten um der Verkürzung darin.**

59/59 Wären sie doch mit dem zufrieden,
Was ihnen Gott gibt und sein Abgesandter,
Und sagten: Unsre Gnüg' ist Gott! Gott wird uns geben
Von seiner Gnadenfüll', und sein Gesandter;
Unser Verlangen steht zu Gott.

60/60 Almosen sind nur für die Armen
Und Dürftigen und die Almosenpfleger,

Und für die Neubekehrten, dann für Loskauf der Gefangnen,
Und Schuldenbelastete, für Gottes Weg und für den Sohn des Weges,
Nach Ordnung Gottes, und Gott ist allwissend und allweise.

Vers 60 *Für die Almosenpfleger* **zu deren Besoldung. –** *Für Gottes Weg* **um Unvermögende zum Krieg auszurüsten.**

61/61 Von ihnen auch sind, die da kränken den Profeten
Und sagen: Er ist Ohr. Sag' ihnen:
Ein Ohr des Guten ist er euch;
Er glaubt an Gott und glaubt den' Gläubigen.

Vers 61 *Er ist Ohr* **er leihet sein Ohr Einflüsterungen, er läßt sich einreden von den einen zum Nachtheil der andern, etwa in Bezug auf die Almosenvertheilung.**

62/– Und Huld ist er für die da glauben unter euch;
Die aber kränken den Gesandten Gottes,
Für die ist Strafe peinvoll.

63/62 Sie schwören euch bei Gott, gefällig euch zu seyn;
Gott aber und sein Abgesandter
Hat mehr Recht, daß sie ihm gefällig seyen, wenn sie glaubten.

64/63 Wissen sie nicht? wer trotzet Gott
Und seinem Abgesandten,
Dem ist die Glut Gehennas, ewig ist er drin,
Das ist die Schmach die große.

65/64 Die Leugner scheuen, daß eröffnet gegen sie
Werd' eine Sure, die da ansag' ihnen,
Was sie in ihren Herzen haben.
Sag' ihnen: Spottet nur! Gott bringt zum Vorschein, was ihr scheuet.

66/65 Wenn du sie fragest, sagen sie:
Wir schwätzten nur und scherzten.
Sag': Über Gott und seine Zeichen
Und seinen Abgesandten wollt ihr spotten?

Vers 65, Vers 66 Sie fürchten, ohne daran zu glauben, ja darüber spottend, fürchten sie doch Gottes Offenbarung an den Profeten über ihre falschen Gesinnungen. Wie sonst in Mekka die Ungläubigen den Profeten ausforderten, eine neue Sure zu bringen, um ihr zu trotzen, fast eben so spotten jetzt die falschen Gläubigen, und wollen, wenn man sie darüber zu Rede setzt, es als einen bloßen Scherz entschuldigen.

67/66 Entschuldiget euch nicht! Ihr seid Verleugner,
Nach Gläub'gen die ihr wäret.
Wenn wir verzeihen einigen
Von euch, so strafen wir die andern,
Denn sie sind Schuldige.

68/67 Die Heuchler und die Heuchlerinnen
Halten sich zu einander,
Gebietend Unfug, haltend ab vom Billigen,
Verschließend ihre Hände;
Sie haben Gott vergessen, Er hat sie vergessen;
Denn ja die Heuchler das sind die Abtrünnigen.

Vers 68 *Verschließend ihre Hände* **kargend gegen die Dürftigen, und gegen Gottes Sache.**

69/68 Den Heuchlern und den Heuchlerinnen
Hat Gott verheißen, wie den Leugnern,
Die Glut Gehennas, ewig sind sie drinnen;
Diese ist ihre Gnüge, Gott hat ihnen
Geflucht und ihre Straf' ist dauernd;

70/69 Gleich denen, die vor euch gewesen,
Stärker an Kraft als ihr, und reicher
An Gütern und an Kindern.
Da genossen sie ihren Theil,
Und ihr genosset euren Theil,
Wie die vor euch genossen ihren Theil, und schwätztet
Wie alle die da schwätzten;
Derselben Werke sind verfallen
In dieser Welt und in der andern,
Dieselbigen sind die Verlust'gen.

71/70 Kam ihnen nicht die Kunde derer
Vor ihnen zu? des Volks von Noah,
Von Ad und von Thamud, des Volks von Abraham,
Von den Genossen Midians und den umgestürzten Städten!
Zu denen ihre Boten kamen
Mit bündigen Beweisen;
Und Gott that ihnen Unrecht nicht,
Sie thaten selbst sich Unrecht.

Vers 71 Alle diese hier nur angedeuteten Strafexempel der Vorzeit sind anderwerts, in der Zeit nach früheren, mekkanischen Suren, vielfach ausgeführt. *Des Volks von Abraham* **des götzendienerischen Geschlechtes, von dem er sich lossagte, nachdem er sie umsonst zu bekehren gesucht hatte. – Die** *umgestürzten Städte* **Sodom und Gomorra. –** *Ihre Boten* **die von Gott an sie gesendeten Boten mit dem angedrohten Strafgerichte, das sie für ihre eigene Schuld traf.**

72/71 Die Gläubigen aber und die Gläubiginnen
Halten als Schutzfreund' aneinander,
Gebietend Billiges und wehrend ab von Unfug,
Bestellend das Gebet und gebend
Die Sühnungsteuer, und gehorchend

Gott und dem Abgesandten;
Derselben wird sich Gott erbarmen,
Denn Gott ist stark und weise.

Vers 72 Gegensatz zu 68.

73/72 Den' Gläubigen und Gläubiginnen
Hat Gott verheißen Gärten, unter denen hin
Die Ströme fließen, ewig sind sie drinnen,
Und gute Wohnungen in Gärten Edens, und ein Wohlgefallen
Von Gott ist höher noch, das ist
Die Seligkeit die große.

Vers 73 Gegensatz zu 69.

74/73 Du, o Profet, bekämpfe die Verleugner und die Leugner,
Und sei streng gegen sie! Ihr Herbergort ist die Gehenna,
Schlimm ist dahin die Einkehr.

75/74 Sie schwören wol bei Gott, sie haben nichts geredet;
Allein geredet haben sie das Wort der Leugnung,
Und sind Verleugner nach Ergebnen, die sie waren;
Und suchten, was sie nicht erreichten.
Was aber hatten sie zu rächen,
Als daß sie Gott hat reich gemacht, und sein Gesandter,
Von seiner Gnadenfülle?
Nun wenn sie sich bekehren, ist es besser ihnen,
Doch wenn sie ab sich wenden,
So straft sie Gott mit Strafe peinlich
In dieser Welt und in der andern,
Und ihnen bleibt auf Erden kein Beschützer und kein Helfer.

Vers 75 Vgl. 66 u 67. – *Ergebne* **Moslim's. –** *Suchten was sie nicht erreichten* **Meuterei zu stiften V. 48. Vielleicht auch, wie die Ausleger meinen, den Profeten umzubringen.** *Was aber hatten sie zu rächen?* **So vergalten sie mit Bösem nur das Gute, das ihnen Gott erzeigt, der sie zu Ehren und Reichthümern gebracht. –** *Und sein Gesandter* **klingt hier und überall Gotte nach, ohne bestimmten Einfluß in der Satzfügung, sodaß das folgende »von seiner Gnadenfülle« billig nur auf Gott geht; doch bekommt der Gesandte allerdings durch seine Nähe einen Abstrahl des göttlichen Glanzes. Vgl. V. 63.**

76/75 Von ihnen mancher sagte Gott' zu:
Wenn er uns gibt von seiner Gnadenfülle,
So wollen wir Almosen spenden,
Und wollen von den Guten seyn.

77/76 Und als er ihnen gab von seiner Gnadenfüll,
Da geizten sie damit, und wandten
Sich weigernd ab.

78/77 Da gab er ihnen zum Gefolge
Den Heuchelmuth in ihren Herzen bis zum Tage,
Wo sie ihn finden werden,
Weil sie Gott' vorenthielten was sie zugesagt ihm,
Und weil sie Lügner waren.

Vers 78 *Ihn finden werden* **als strengen Richter. Aber das** *ihn* **könnte statt auf Gott auch auf den Heuchelmuth bezogen werden, den sie im Gerichte gegen sich als Zeugen finden werden, oder dessen Strafe sie finden werden.**

79/78 Wissen sie nicht daß Gott weiß ihre Heimlichkeit und ihr Gespräch,
Und Gott ist Wisser des Verborgnen!

80/79 Die da verleumden die freiwillig
Allmosen gebenden der' Gläubigen,
Und solche die zu geben nur ihr schwer erspartes haben;
Die spotten über sie, Gott spottet über sie,
Und ihrer harret Strafe peinvoll.

81/80 Bitt' um Vergebung oder bitte nicht für sie;
Wenn du für sie auch siebzig male bittest,
Nie doch wird ihnen Gott vergeben,
Weil sie verleugnet haben Gott
Und seinen Abgesandten,
Gott aber leitet nicht Abtrünnige.

82/81 Es freun sich die Zurückebleiber ihres Sitzens hinterm Rücken
Des Abgesandten Gottes, es verdrießet sie zu kämpfen
Mit ihrem Gut und Blut für Gottes Weg, und sprechen:
Rückt nicht aus in der Hitze!
Sag' ihnen nur: Die Glut Gehennas
Ist heißer noch! wenn sie's verstehn.

Vers 82 Wir kommen zum Hauptgegenstande zurück, zum Kriegszug gegen die Griechen nach Tabuk, der durch wasserlose Gegenden in der heißesten Jahrszeit unternommen wurde.

83/82 Lachen sie nur ein weniges, und weinen vieles
Zum Lohne des was sie gewirkt!

84/83 Und bringt dich Gott zu einigen von ihnen wieder,
Und bitten sie um Urlaub dann mit auszuziehn;
So sag': Ihr sollt mit mir nie ausziehn jemals,
Und nie mit mir den Feind bekämpfen!
Denn es gefiel euch still zu sitzen
Das erstemal; so sitzt nun mit den Hintenbleibern!

Vers 84 *Zu einigen von ihnen* **warum nicht einfach** *zu ihnen***? Vielleicht in Bezug auf den folgenden Vers.**

85/84 Und beten sollst du über keinen
Von ihnen, der gestorben, jemals,
Noch stehn an seinem Grabe! Denn verleugnet haben
Sie Gott und seinen Abgesandten,
Und starben als Abtrünnige.

92/91 Den' Schwachen nur und Kranken
Und denen, die nichts haben aufzuwenden,
Ist es kein Vorwurf, wenn sie nur wohlmeinend
Berathen Gott und seinen Abgesandten;
Kein Weg ist gegen Wohlgesinnte,
Und Gott ist nachsichtsvoll barmherzig.

Vers 92 *Ist es kein Vorwur* **nicht mit zu ziehn. –** *Kein Weg* **des Angriffs, der Klage hier des Tadels.**

93/92 Noch gegen solche die dich baten,
Sie mitzunehmen, und du sprachst: Ich habe
Die Mittel nicht euch mitzunehmen;
Da giengen sie und ihre Augen flossen
Von Thränen aus Betrübnis,
Daß sie nichts hatten aufzuwenden.

Vers 93 *Sie mitzunehmen* **sie auf deine Kosten, oder aus der Gotteskriegskasse zum Feldzug auszurüsten, weil sie selbst die Mittel dazu nicht hatten.**

94/93 Der Weg ist gegen jene nur,
Die dich um Urlaub bitten, da sie reich sind,
Und lieber wollen seyn von den Rückbleibern.
Gott hat versiegelt ihre Herzen,
So daß sie nichts verstehn.

95/94 Wenn ihr zurückkommt, werden sie sich gegen euch entschuldigen;
Doch sag': Entschuldigt euch nur nicht! Wir glauben
Euch nicht; schon that uns Gott zu wissen eure Kunden.

Vers 95 Über die einzelnen übergangenen Verse scheint keine besondere Anmerkung nöthig nach der Eingangs zu dieser Sure darüber gemachten allgemeinen; hier aber ist zu bemerken, daß vom Ende dieses Verses ein Stück weggeblieben, das sichtlich nicht dazu paßt, und aus V. 106, wo es wörtlich wiederkehrt, sich hierher verirrt hat. Allerdings fehlt nun im Text, nach Hinwegnahme des Anhängsels, ein reimendes Schlußglied, dessen Mangel aber in der die Reime entbehrenden Übersetzung nicht bemerkt wird.

97/96 Sie werden euch beschwören, wieder
Mit Huld sie anzunehmen.
Doch wenn ihr auch mit Huld sie annehmt, nimmt doch Gott
Mit Huld nicht an Abtrünnige.

91/90 Auch von den Feldarabern sind
Gekommen die Entschuldiger,
Daß Urlaub ihnen würde;
Und sitzen sind geblieben, die
Belogen Gott und seinen Abgesandten;
Doch treffen wird die Leugner unter ihnen Strafe peinvoll.

Vers 91 *Die Feldaraber* **s. zu V. 53.**

96/95 Sie werden, wenn ihr wiederkehrt zu ihnen, euch beschwören,
Bei Seite sie zu lassen.
Laßt sie bei Seite! denn sie sind ein Greuel,
Ihr Einkehrort Gehenna
Zum Lohne des was sie gewirkt.

Vers 96 *Wenn ihr wiederkehrt zu ihnen* **auf dem Rückwege euren Zug durch ihr Gebiet nehmen wollt.**

98/97 Die Feldaraber sind die stärksten
An Leugnung und an Heuchelei, und würdig
Am wenigsten zu wissen
Die Ordnung dessen was Gott hat eröffnet seinem Abgesandten;
Doch Gott ist weise und allwissend.

99/98 Und mancher von den Feldarabern
Hält, was er soll beisteuern, für Schuldforderung,
Und lauert auf den Wandel eures Glückes;
Doch über ihnen ist des Unglücks Wandel,
Und Gott ist hörend, wissend.

Vers 99 *Für lästige Schuldforderung* **der er sich nur gezwungen fügt.**

100/99 Zwar mancher von den Feldarabern
Glaubt auch an Gott und jüngsten Tag,
Und hält, was er beisteuern soll, für Näherung
Zu Gott und Segnungen des Abgesandten.
O ists nicht ihnen eine Näh'rung?
Einführen wird sie Gott in seine
Barmherzigkeit, denn Gott ist huldreich und barmherzig.

101/100 Doch die Vortreter sind die ersten
Der Ausgewanderten und die Gehilfen,
Und die in Frömmigkeit nachfolgen ihnen;
Gott hat an ihnen Wohlgefallen,
Und Wohlgefallen haben sie an Gott;
Bereitet hat er ihnen Gärten,

Darunter hin die Ströme fließen,
Darin sie ewig sind, das ist die Seligkeit die große.

Vers 101 Aber, obgleich auch unter den umwohnenden Arabern es viele treu meinen, Hauptstütze der Sache Gottes bleiben immer *die ersten Ausgewanderten* **von Mekka und die ersten** *Gehilfen* **von Medina, die** *Muhagirun* **und** *Ansar*.

102/101 Von denen aber rings um euch, den Feldarabern,
Gibts Heuchler, und von den Bewohnern
Der Stadt auch, die verstockt in Heuchelei sind;
Du kennst sie nicht, wir aber kennen sie, und werden
Sie strafen zweimal; dann erst werden
Sie zugebracht der großen Strafe.

Vers 102 *Der Stadt* **Medina.** – *Sie strafen zweimal* **im Leben durch Unglück, und im Tode durch die Todesengel (vgl. 8,52) vor der** *großen Strafe* **jenseits.**

103/102 Und andere, die ihre Schuld bekennen,
Die gutes Werk und andres Böses mischten;
Zu ihnen mag vielleicht noch Gott sich kehren,
Denn Gott ist nachsieht voll erbarmend.

104/103 Von ihren Gütern nimm Almosen,
Mit welchen du sie reinigest und sühnest,
Und bete über sie! denn dein Gebet ist Ruhe ihnen,
Und Gott ist Hörer, Wisser.

105/104 O wissen sie es nicht, daß Gott
Nimmt die Bekehrung an von seinen Knechten, und
Empfanget die Almosen,
Und Gott ist der sich zukehrt voll Erbarmen.

106/105 Sag' ihnen: Wirkt! und Gott wird sehen euer Werk,
Und sein Gesandter und die Gläubigen,
Dann werdet ihr zurückgebracht
Zum Wisser des Verborgnen und des Sichtbarn,
Da wird er euch ansagen, was ihr wirktet.

Vers 106 Die Worte: *Und Gott wird* **bis zu Ende des Verses, sind es, die wir oben V. 95 verworfen haben.**

107/106 Und andere die sind gefristet
Auf ein Verhängnis Gottes,
Sei's daß er sie wird strafen, sei's
Daß er sich ihnen zu wird kehren;
Denn Gott ist weis' und kundig.

108/107 Die aber sich ein Bethaus wählten
Zum Schaden und zur Leugnung,
Und Spaltung unter den Gläubigen,

Zum Hinterhalt für jeden, der zuvor schon
Befehdet Gott und seinen Abgesandten;
Und schwören jetzt: wir wollten nichts wan Gutes;
Gott aber zeuget, daß sie lügen –

Vers 108 Die schlimmste Meuterei kommt zuletzt, ein eigenmächtig in böser Absicht, zur Spaltung im Glauben, und zum Trotz und Hinterhalt, angelegtes Bethaus. Es soll nach den Auslegern und Geschichtschreibern in jener Gegend gewesen seyn, nach welcher eben der Kriegszug geht, und nicht ohne Einverständnis mit den Griechen.

109/108 Nie sollst du jemals stehn darin! –
Ein Bethaus, das gegründet ist
Auf Gottesfurcht von Anbeginn,
Ist werther daß darin du stehest,
Worin sind Männer, die da lieben rein zu seyn,
Gott aber liebt die Reinen.

110/109 Ist wol, wer seinen Bau gegründet
Auf Gottes Furcht und Wohlgefallen, besser,
Oder wer gegründet seinen Bau
An einem Abhang sinkenden Gerölles,
Und er sinkt ein damit zum Feur der Hölle?
Gott aber leitet nicht die Frevler.

111/110 Nicht rasten wird der Bau, den sie gebaut, zu stiften Zweifelsinn
In ihren Herzen, bis zerbrochen
Sind ihre Herzen; aber Gott ist weis' und kundig.

Vers 111 Mohammed säumte nicht, den Bau des Aergernisses aus dem Wege räumen zu lassen.

112/111 Gott hat erkaufet von den Gläubigen
Ihr Leben und ihr Gut dafür,
Daß ihnen sei der Garten, weil sie kämpfen
Im Wege Gottes, tödtend und getödtet;
Nach der Verheißung, die er fest auf sich nahm
In Thora Evangelium und Koran;
Und wer hält treuer sein Versprechen
Als Gott? O freut euch eures Handels,
Den ihr mit ihm gehandelt habet!
Das ist die große Rettung.

Vers 112 *In Thora* **dem mosaischen Gesetze,** *Evangelium und Koran* **nach Mohammeds Grundvorstellung von der innernen Einheit dieser dreie, wovon das Weitere in S. 2.**

113/112 Die sich bekehrenden, die Gottverehrenden,
Die preisenden, wallfahrenden,
Die sich verbeugenden und niederfallenden,
Die Billiges gebietenden, abmahnenden von Unfug,
Und die bewahrenden die Ordnung Gottes –
Gib Freudenbotschaft allen Gläub'gen!

114/113 Nicht steht es dem Profeten zu, noch denen die da glauben,
Fürbitten einzulegen für die Götzendiener,
Und wären sie die nächsten Anverwandten,
Nachdem sie wissen klar, daß jene
Sind Genossen der Flammenwelt.

Vers 114 Die Rede wendet sich zurück nach dem Hauptgegenstande der Sure, der völligen Aufhebung aller Gemeinschaft zwischen Gläubigen und Ungläubigen, nach verstrichener letzter Frist.

115/114 Auch Abrahams Fürbitte war
Für seinem Vater nur nach einem
Versprechen, das er ihm versprochen hatte;
Doch als ihm klar geworden, daß
Er Gottes Feind sei, sagt' er los von ihm sich;
Und Abraham war mild und liebreich.

Vers 115 Ebenso vollkommen sollen sich die Gläubigen von den Leugnern lossagen, wie Abraham einst von den Seinigen und seinem eignen Vater. Zwar versprach er diesem, Gott für ihn zu bitten, und er hielt es, aber gleichwol sagte er sich los von ihm. Vgl. S. 14,42. S. 19,48. 49 und an mehrern Stellen.

116/115 Und Gott wird niemals irr gehn lassen
Diejenigen, die er einmal geleitet,
Bevor er klar sie wissen läßt,
Wovor sie sich zu hüten haben;
Denn Gott ist jedes Dings bewußt.

Vers 116 Wenn ihr gleichwol von der Strenge des Glaubens abweicht, so ist Gott unschuldig daran, denn er hat euch seinen Willen klar und deutlich wissen lassen.

117/116 Ja, Gottes ist das Reich des Himmels und der Erde,
Der leben macht und sterben,
Und außer Gott ist euch kein Schutzfreund und kein Helfer.

118/117 Gott hat sich gnädig zugekehret dem Profeten,
Den Ausgewanderten und Helfern,
Die in der Stunde der Noth ihm folgten,
Nachdem beinah die Herzen einiger gewankt,
Er aber kehrete darauf sich ihnen zu,
Denn er ist ihnen freundlich und barmherzig.

Vers 118 Letzter Rückblick auf die durch Gottes Gnade überstandene Noth und Gefahr des Feldzugs. *Die in der Stunde der Noth ihm folgten*, **in irgendeiner nicht näher zu bestimmenden Lage während des Hin- und Zurückzugs, wo auch die treuesten Anhänger, die Muhagirun und Ansar, wanken mochten.**

119/118 Und kehrte sich den dreien zu, die hinten blieben,
Bis ihnen enge ward der Raum, so weit er war,
Und enge wurden ihre Herzen;
Da merkten sie, daß keine Zuflucht
Vor Gott sei als zu ihm;
Da kehrte er sich ihnen zu, damit sie sich bekehreten;
Denn Gott ist der barmherzig zugekehrte.

Vers 119 *Den dreien* **die gleichfalls nicht näher zu bestimmen sind, die im Drange der Noth und in einer Anwandlung von Kleinmuth zurückblieben.**

120/119 Ihr die da glaubt, o fürchtet Gott,
Und seid von den Wahrhaftigen!

Vers 120 *Von den Wahrhaftigen* **ihr Gotte gegebenes Wort Haltenden und durch Ausdauer im Glauben und im Kampfe bewährenden.**

121/120 Nicht kommt es den Bewohnern dieser Stadt zu,
Noch denen ringsum von den Feldarabern,
Zurückzubleiben vom Gesandten Gottes
Noch ihre Willen abzulenken
Von seinem Willen; weil sie ja
Kein Dürsten trifft und kein Ermüden,
Kein Hungern auf dem Wege Gottes,
Und weil sie treten keinen Tritt,
Der da erzürnt die Leugner,
Und leiden nie ein Leid von einem Feinde,
Es sei denn dafür ihnen angeschrieben ein verdienstlich Werk;
Denn Gott läßt nicht verloren gehn
Den Lohn Schönhandelnder.

Vers 121 Am allerwenigsten haben die Bewohner Medina's und die nächsten Umwohner, Ursache sich über die ihnen mit dem Glauben aufgelegten Kriegsbeschwerden zu beklagen, und sich ihnen und dem Gehorsam des Profeten zu entziehen. Denn sie leiden und thun nicht das geringste für Gottes Sache, was ihnen nicht angerechnet würde, nach dem Handel von V. 112.

122/121 Auch keine Spende spenden sie groß oder klein,
Kein Thal durchziehen sie, es sei denn ihnen angeschrieben,
Daß ihnen lohne Gott aufs schönste, was sie thaten.

Vers 122 *Spende* **Kriegsaufwand.**

123/122 Es brauchten auch die Gläubigen
Nicht auszurücken insgemein;
Wenn nur von jedem Trupp von ihnen
Ausrückt' ein Theil, daß sie belehret würden
Im Gottesdienst, und mahneten
Ihr Volk, wenn sie zu ihm zurückgekehrt,
Daß es sich wahren möchte!

Vers 123 Gott fordert auch gar nicht, daß ein ganzes Volk auf einmal Kriegsdienste thue; nur einen Theil ihrer Männer sollen sie senden, und diese sollen dann, vom Feldzuge zurückgekehrt, die daheim gebliebenen in den Vorschriften des Glaubens unterrichten, die sie selbst im Felde bei dem Profeten und den ersten Gläubigen gelernt haben. Die Kriegsschule zugleich eine Glaubensschule.

124/123 Ihr die da glaubt, bekämpft die euch benachbarten
Von den Verleugnern, und sie mögen an euch finden Strenge!
Und wißt: Gott ist mit denen die ihn fürchten.

Vers 124 Jeder Volkstamm aber, der den Glauben annimmt, soll besonders gegen seine noch ungläubigen Nachbarn den Glauben verfechten und verbreiten.

125/124 Wenn aber offenbart wird eine Sure, sprechen manche:
Wen nun von euch hat sie bestärkt im Glauben?
Doch die da glauben, die hat sie bestärkt im Glauben,
Und diese freuen sich darüber.

Vers 125 Nun wird den Arabern im weiteren Kreise derselbe Vorwurf gemacht, wie oben V. 65 im engeren, daß sie mit den Eröffnungen des Korans unzufrieden seyen. So schwer gieng ihnen der neue Gehorsam ein.

126/125 Doch die, in deren Herzen Siechthum ist, hat sie
Bestärkt mit Sünd' in ihren Sünden,
Sie sterben als Verleugner.

127/126 O sehn sie nicht, daß jedes Jahr
Geprüft sie werden einmal oder zweie?
Dennoch bekehren wollen sie
Sich nicht, noch sich bedenken.

Vers 127 *Jedes Jahr geprüft* **eben mit einer neuen Sure, mit einer neuen Eröffnung des göttlichen Gesetzes. Prüfung durch Unglücksfälle, Hungersnoth und dergl., woran die Ausleger denken, sind, wenn auch nicht ganz auszuschließen, doch nicht zur Hauptsache zu machen, wie der Fortgang im folgenden Vers zeigt.**

128/127 Ja, wenn da offenbart wird eine Sure,
Blickt einer an den andern: Sieht uns Jemand?
Dann wenden sie geschwind um; Gott
Hat umgewendet ihre Herzen,
Denn sie sind unverständige Leute.

Vers 128 So mochte es bei öffentlichen Versammlungen geschehen, wo der Profet eine Sure vortrug oder vortragen ließ, daß diejenigen, die nur ungern gehorchten, sich, wenn es unbemerkt geschehen konnte, zu entfernen suchten, um nichts von den neuen lästigen Verordnungen zu hören.

129/128 Gekommen ist euch ein Gesandter
Aus eurer Mitte, schwer gedrückt von eurem Freveln,
Nach euch begierig, für die Gläub'gen milde, voll Erbarmung.

Vers 129 Doch der Profet ist ja, als ein Gottgesandter aus eurer eignen Mitte, dergleichen ihr erwartetet und wünschtet, nur zu eurem Heile gekommen, am meisten selbst leidend von eurem Frevel gegen Gott, den er sich zu Herzen nimmt und ihn zu verantworten hat, deshalb begierig, euch zu gewinnen, und sofern ihr den Glauben annehmt, geneigt euch liebreich zu behandeln.

130/129 Doch wenn sie ab sich wenden, sprich: Mein Halt ist Gott!
Kein Gott als Er! auf ihn vertrau' ich,
Er ist der Herr des großen Throns.

Vers 130 Auch diese letzte Streitrede für seinen Glauben schließt Mohammed, wie die meisten seiner frühern, mit der halben herben Entsagung, die immer zugleich halbe Drohung ist (vgl. V. 39), so wenig hielt er auch jetzt noch, nach allen glänzenden Erfolgen, seine Sache für ganz durchgesetzt.

Aus der zehnten Sure
[Jonas]

13/12 Wenn nun den Menschen trifft ein Leid,
So rufet er uns an,
Auf seiner Seite liegend, oder sitzend, oder stehend.
Doch nehmen wir ihm ab sein Leid,
So geht er hin, als hätt' er nie
Uns angerufen um ein Leid das ihn betraf.

— — —

16/15 Wenn man nun ihnen vorträgt unsre Zeichen deutlich,
So sagen, die nicht hoffen unsre Zukunft:
Bring' einen andern Koran, oder ändre diesen!
Sag' ihnen: Mir nicht steht es zu,
Aus eignem Antrieb ihn zu ändern;
Ich folge dem nur was mir wird eröffnet.
Ich fürchte, wär' ich ungehorsam meinem Herrn,
Die Strafe großen Tages.

17/16 Sag' ihnen: Wollt' es Gott, so hätt' ich
Ihn nie euch vorgetragen,

Und euch damit nicht unterrichtet.
Verweilt' ich unter euch zuvor doch
Ein Lebenlang, bedenkt ihr nicht?

— — —

22/21 Wenn wir die Menschen kosten lassen eine Huld
Nach einem Schaden der sie traf,
Gleich treiben sie List gegen unsre Zeichen.
Sprich: Gott ist schneller noch an List;
Ja, unsre Boten schreiben, was ihr listet.

23/22 Er ist es, der euch reisen läßt zu Land und Meer,
Daß, wenn ihr nun seid auf dem Schiffe,
Und es mit ihnen schwimmt mit gutem Winde,
Und sie darob sich freun, kommt ihm
Ein Sturmwind, und kommt ihnen
Die Flut von jeder Seit', und sie
Vermeinen um sie sei's gethan,
Da rufen sie nun Gott, ihm weihend frommen Dienst:
O wenn du uns von diesem rettest,
Werden wir dankbar bleiben.

24/23 Und wann wir sie gerettet, siehe
So streben sie auf Erden widerrechtlich.
Ihr o ihr Menschen, eur Bestreb
Ist gegen eure eignen Seelen,
Zum Nießbrauch dieses Erdenlebens,
Alsdann zu uns ist eure Rückkehr,
Dann werden wir euch sagen was ihr thatet.

25/24 Das Gleichnis dieses Erdenlebens
Ist Wasser, das wir senden von dem Himmel,
Mit dem sich mischen die Gewächse
Des Bodens, alles was da essen
Die Menschen und die Thiere,
Bis wann die Erde ihre Zier nun angelegt
Und sich geschmückt hat, und es meinen ihre
Bewohner, daß sie dessen walten,
Da kommt denn unser Rathschluß ihr, Nachts oder Tags,
Da machen wir's zu Stoppeln,
Als sei es gestern nicht gediehn.
So modeln wir die Zeichen für Nachdenkende.

26/25 Doch Gott beruft zum Haus des Friedens,
Und leitet wen er will zum graden Pfade.

27/26 Die Schönes thaten, ihnen dis Schönstes,
Und mehr als sie verdienet!

Nicht sehret ihre Angesichte Schwärz' und Schmach;
Die Genossen des Gartens sie,
Darin sie ewig sind.

28/27 Die aber Böses wirketen,
Vergolten sei's mit gleichem Bösen,
Und sie versehret Schmach,
Für sie ist gegen Gott kein Schirmer,
Und ihre Angesichte sind
Als wie bedeckt mit Stücken Nacht, mondloser;
Die Genossen des Feuers diese,
Darin sie ewig sind.

29/28 Am Tag wo wir sie alle sammeln,
Da sagen wir den Götzendienern:
An euren Ort fort, ihr und eure Götzen!
Dann trennen wir sie voneinander,
Und ihre Götzen sagen: Uns nicht dientet ihr.

30/29 Gott gnügt als Zeuge zwischen uns und zwischen euch:
Wir achteten eures Dienstes nicht.

31/30 Daselbst erfährt nun jede Seele,
Was sie voraus anlegte;
Sie sind zurückgegeben
Gott ihrem wahren Oberherrn,
Und ihnen schwand hinweg was sie gedichtet.

— — —

43/42 Von ihnen ist wol mancher der dir zuhört;
Doch kannst du hören machen Taube,
Auch wenn sie nichts verstehn?

44/43 Von ihnen ist auch mancher der dich ansieht;
Doch kannst du leiten Blinde, auch wenn sie nicht sehn?

— — —

48/47 Für jedes Volk ein Bote!
Und wann ihr Bote ihnen kam,
So ist ihr Recht geschehen ihnen,
Und sie sind nicht bekränket.

49/48 Sie aber sagen: Wann kommt dieser Drohverheiß,
Wenn ihr doch Wahrheit redet?

50/49 Sag' ihnen: Selbst vermag ich ja
Mir nicht zu schaden noch zu nutzen,
Als nur wie Gott will. Jedem Volke steht ein Ziel;

Und wann sein Ziel kommt, werden sie um keine Stunde
Rückbleiben noch voreilen.

51/50 Sag ihnen: Ha, wie meinet ihr,
Wenn euch nun seine Strafe kam,
Nachtwährend oder über Tags,
Wie wird dann seyn, was ungeduldig
Davon herbei die Sünder riefen!

52/51 Wie, dann wann's eintraf, glaubet ihr?
Ja jetzt! doch ungeduldig rieft ihrs erst herbei.

53/52 Dann wird gesprochen zu den Frevlern:
Kostet die Pein der Ewigkeit!
Wird euch vergolten andres als was ihr gewirkt?

54/53 Sie aber fragen dich, ob wahr sei dieses?
Sag: Ja bei meinem Herrn! 's ist wahr,
Und ihr nicht werdets hindern.

— — —

58/57 Ihr, o ihr Menschen, schon kam euch Ermahnung
Von eurem Herrn, und Heilung
Für das im Busen, Leitung und Barmherzigkeit den Gläubigen.

59/60 Sag: An der Gnadenfülle Gottes und an seiner
Barmherzigkeit an dieser sollen sie sich freun,
Besser ist das als was sie häufen.

— — —

62/61 In keiner Lage magst du seyn,
Noch irgend was vom Koran lesen;
Noch mögt ihr wirken irgendwas von Werken,
Daß wir ob euch nicht wären Zeugen,
Wenn ihr euch drin ergehet;
Und nicht entrückt ist deinem Herrn
Das Gewicht eines Stäubchens
Auf der Erd' oder in dem Himmel,
Noch kleineres als das, noch größers:
Geschrieben stehts in einem Buche deutlich.

63/62 O ja, die Schutzverwandten Gottes,
Furcht ist nicht über ihnen, und sie trauern nicht;

64/63 Die glaubten und Gott fürchteten;

65/64 Ihnen ein Freudengruß im Leben
In diesem und im andern,
Kein Wandel ist an Gottes Reden,
Das ist das Heil das große.

66/65 Drum kränke dich nicht ihre Rede!
Die Macht ist Gottes ganz allein,
Er ist der Hörende, Wissende.

— — —

82/82 Und Gott bewährt die Wahrheit
Mit seinen Worten, wenn es auch
Ungerne sehn die Schuldigen.

— — —

99/99 Und wollte es dein Herr, so glaubten
Auf Erden alle insgesammt;
Willst du die Menschen zwingen denn zum Glauben?

— — —

104/104 Sprich: O ihr Menschen, wenn ihr seid
Im Zweifel über meinen Gottesdienst!
Nicht jene bet' ich an, die ihr
Anbetet außer Gott,
Sondern ich bete Gott an, der euch zu sich nimmt,
Und dis ist mir geboten, daß
Ich sei der Gläubigen einer.

105/105 Und dieses: Richte du dein Antlitz
Zum Gottesdienst andächtig,
Und sei nicht von den Götzendienern.

106/106 Und rufe nicht an außer Gott,
Was dir nicht nützt und dir nicht schadet;
Denn thust du das, so bist du von den Sündern.

107/107 Und wenn dich anrührt Gott mit einem Schaden,
So ist kein Wender ihm als Er,
Und wenn er zudenkt dir ein Gut,
So ist kein Hindrer seiner Gnade;
Er trifft damit wen Er nur will von seinen Knechten,
Und Er ist der Huldreiche, der Erbarmer.

108/108 Sprich: O ihr Menschen: Euch nunmehr
Gekommen ist die Wahrheit
Von euerm Herrn; und wer sich lässet leiten,
Der ist geleitet sich zum Heil,
Und wer da irrt, der irret sich zum Schaden,
Doch ich bin über euch kein Vogt.

109/109 Du folg' ihm was dir offenbart wird,
Und harre aus, bis Gott wird richten,
Er ist der beste Richter.

Aus der elften Sure
[Hud]

5/5 O ja, sie falten ihre Busen,
Vor ihm sich zu verbergen.
O ja, wenn sie sich decken wollen

6/– Mit ihren Kleidern, doch er kennt
Was sie verheimlichen und was sie zeigen.

7/– Er ist der Kenner des Gehalts der Busen.

— — —

11/8 Und wenn wir ihnen nun verschoben
Die Straf auf kurzgezählte Frist,
So sprechen sie: Was hält ihn auf?
Ja, wann sie ihnen kommt,
Wird sie nicht abgewendet ihnen,
Und auf sie fiel, worüber sie gespottet.

12/9 Wenn aber wir nun kosten ließen
Den Menschen eine Huld von uns,
Und dann sie ihm entzogen,
Da ist er ein Verzagender Verleugner.

13/10 Wenn aber wir ihn kosten ließen
Ein Gut nach einem Übel,
Das ihn betroffen hat, so spricht er:
Gegangen ist das Unheil von mir;
Dann ist er übermüthig stolz.

14/11 Die aber die da in Geduld
Ausharren und das Gute thun,
Denselben wird Barmherzigkeit und großer Lohn.

15/12 Du aber unterdrückst vielleicht
Etwas das dir wird offenbart,
Und deine Brust beengt es, daß sie sagen:
Ja wenn auf ihn herabgesendet würd' ein Schatz,
Oder mit ihm ein Engel käme!
Du bist allein ein Mahner,
Und Gott ist aller Dinge Vogt.

16/13 Wie oder sagen sie: Er hats gedichtet!
Sprich: Bringet doch zehn Suren, solche,
Gedichtete, und ruft dazu an
Wen ihr nur könnet, außer Gott,
Wenn ihr die Wahrheit redet!

Vers 16 ***zehn Suren*** **vielleicht ist diese deswegen die elfte.**

17/14 Und wenn sie euch nicht Antwort geben,
So wisst, daß es herabgesandt ist
Mit Wissenschaft von Gott, und daß
Kein Gott ist außer Er!
Nehmt ihr wol an den Islam?

18/15 Wer da begehret diese Welt
Und ihre Pracht, vergelten werden
Wir ihnen ihre Werke drin,
Sie sollen nicht darin verkürzt seyn.

19/16 Dieselben sind es, denen nichts
Bleibt in der andern als die Glut;
Verloren ist darin, was sie gewirket,
Und eitel, was sie thaten.

— — —

38/36 Eröffnet ward dem Noah: Glauben wird von deinem Volke
Sonst Niemand, als wer schon geglaubt; bekümmre du
Dich über das nicht was sie thun!

39/37 Und bau das Schiff vor unsern Augen,
Nach unserer Eröffnung,
Und rede mir nicht um die Frevler!
Sie sind bereits ertränket.

40/38 Da baute er das Schiff nun, und so oft vor ihm
Vorübergieng ein Trupp von seinem Volke,
Lachten sie über ihn; er sprach:
Wenn über uns ihr lachet, werden
Wir lachen über euch, als wie ihr lachet,
Dann werdet ihrs erfahren.

41/39 Wem kommt die Strafe, den macht sie zu Schanden,
Und bei ihm einkehrt Strafe bleibend.

42/40 Bis daß nun unser Rathschluß kam,
Und sprudelte der Feuerherd;
Wir sprachen: Nimm darein
Von allen Gattungen ein Paar,
Dazu dein Hausgesinde, außer, über wen der Spruch ergieng,
Und alle die da glauben! Doch
Es glaubten mit ihm wenige nur.

43/41 Er sprach: Steigt ein! in Gottes Namen geh's und steh's!
Mein Herr ist huldreich und barmherzig.

44/42 Es aber schwamm mit ihnen
Auf Wogen gleich den Bergen;

Und zurief Noah seinem Sohn,
Der war an freiem Orte:
Mein Sohn, steig' ein mit uns, und sei nicht von den Leugnern!

45/43 Er sprach: Ich flüchte mich zu einem Berge, der
Mich schützen wird vorm Wasser.
Er sprach: Kein Schützer heut vom Rathschluß Gottes,
Als wessen nur er sich erbarmt.
Da scheidete die Woge zwischen beiden, und
Er war von den Ertränkten. –

46/44 Gesprochen ward: O Erde, schluck dein Wasser ein,
Und, Himmel, schleuß dich zu! Da war
Versiegt das Wasser, und vollbracht der Rathschluß;
Es aber schwebte auf dem Gudi.
Gesprochen war: Weg mit dem Volk der Sünder!

47/45 Doch Noah rief zu seinem Herrn,
Und sprach: O Herr! Mein Sohn, er war doch von den Meinen,
Und dein Verheiß ist Wahrheit, und
Du bist der richtigste der Richter.

48/46 Er sprach: O Noah, nein, er war nicht von den Deinen;
Sein Werk, es war kein gutes.
Drum bitte du mich nichts, um was du
Kein Wissen hast! ich mahne dich
Ab daß du seiest von den Thoren.

49/47 Er sprach: Mein Herr, du mögest mich behüten,
Daß ich dich etwas bitt', um was ich
Kein Wissen hab'; und wenn du nicht
Vergibst mir und erbarmst dich mein,
So werd' ich seyn von den Verlust'gen.

50/48 Gesprochen ward: O Noah, steig hernieder
Mit Friedensgruß von uns und Segen über dir
Und über Volksgeschlechter
Von denen die da mit dir sind,
Und Volksgeschlechter, denen wir
Nutznießung geben werden, dann
Wird sie von uns betreffen Strafe peinlich.

51/49 Dis von den Kunden des Geheimen,
Die wir dir offenbaren,
Du wußtest sie zuvor nicht, du nicht noch dein Volk.
Harr in Geduld nun, denn der Ausgang
Ist derer die Gott fürchten.

— — —

105/103 Der Tag ist dieses der Versammlung
Der Menschen, dieses ist der Tag der Anwartschaft.

106/104 Und wir verzögern ihn nur auf gezählte Frist.

107/105 Tags wo er kommt, wird keine Seele reden außer
Auf seinen Urlaub; denn von ihnen
Sind Selige und Unselige.

108/106 Die nun unselig sind, die sind im Feuer,
Drin ihr Geächz ist und Gestöhn,

109/107 Auf ewig drin, solange währen
Die Himmel und die Erde,
Außer was da dein Herr will, denn
Dein Herr mag thun, was ihm gefällt.

110/108 Die aber selig sind, die sind im Garten,
Auf ewig drin, solange währen
Die Himmel und die Erde,
Außer was da dein Herr will,
Ununterbrochenes Geschenk.

Die 12. Sure
Josef

1/1 Dis sind die Zeichen
Des offenkundigen Buches.

2/2 Wir ließen's nieder als arabischen Koran,
Ob ihrs verstehen möchtet.

3/3 Wir wollen dir erzählen
Die schönste der Geschichten,
Indem wir dir eröffnen diesen Koran,
Wennauch zuvor du nicht darauf geachtet.

4/4 Wie Josef sprach zu seinem Vater: O mein Vater,
Ich sah im Traum elf Sterne,
Und Sonn' und Mond sah ich vor mir sich neigen.

5/5 Er sprach: Mein Sohn, erzähle dein
Gesicht nicht deinen Brüdern!
Sie möchten eine List dir listen:
Denn Satan ist den Menschen
Ein offenbarer Feind.

6/6 Doch also wird dein Herr dich wählen,
Und wird dich lehren Kundendeutung,

Und wird vollenden seine Gnad' an dir
Und am Geschlechte Jakobs, wie er sie zuvor
Vollendet hat an deinen Vätern, Abraham
Und Isak; denn dein Herr ist weis' und kundig.

7/7 An Josef wol und seinen Brüdern
Sind Zeichen für die Forschenden.

8/8 Wie sie da sprachen: Josef und sein Bruder
Ist lieber unserm Vater
Als wir, doch wir sind eine Schaar;
Ja unser Vater ist im offnen Irrthum.

9/9 Tödtet den Josef oder werfet ihn wohin!
So wird euch frei der Zutritt eures Vaters,
Und ihr seid nach ihm wackre Leute.

10/10 Da sprach ein sprechender von ihnen: Tödtet nicht
Den Josef, werft ihn in des Brunnens Tiefe!
Aufnehm' ihn da ein Reisender, wenn ihr es wollt.

11/11 Sie sprachen: Vater! warum trauest
Du uns nicht über Josef,
Da wir bedacht sind auf sein Bestes?

12/12 Laß ihn mit uns gehn morgen, daß
Er sich ergötz' und spiele;
Wir werden ihn behüten.

13/13 Er sprach: Betrüben wird michs, daß ihr geht mit ihm,
Ich fürchte daß ihn frißt der Wolf,
Und ihr auf ihn nicht achtet.

14/14 Sie sprachen: Frisset ihn der Wolf,
und wir sind eine Schaar; wir würden traun zu Schanden.

15/15 Als sie mit ihm nun giengen, und sie wurden eins,
Daß sie ihn thäten in des Brunnens Tiefe,
Eröffneten wir ihm: Einst wirst
Du ihnen sagen dis ihr Ding,
Wo sie es nicht gewahren.

16/16 Zu ihrem Vater kamen sie am Abend weinend.

17/17 Sprachen: O Vater, sieh, wir liefen
Einander vor, und ließen Josef
Zurück bei unsern Sachen, da
Fraß ihn der Wolf, du glaubst uns nicht,
Wenn wir auch Wahrheit reden.

18/18 Da brachten sie an seinem Hemde falsches Blut.
Er sprach: Nein! eure Seele rieth euch einen Handel.

Nun frommt Geduld, und Gott um Beistand
Ruf ich bei dem an was ihr sagt. –

19/19 Da kam ein Zug von Reisenden,
Die sandten ihren Wassersucher,
Der ließ den Eimer in den Brunn, und rief: Glück auf! ein Knabe.
Sie bargen ihn als Waare, doch
Gott wußte was sie thaten.

20/20 Und sie verkauften ihn um einen schlechten Preis,
Wen'ge gezählte Pfennige,
Und waren leicht zufrieden. –

21/21 Da sprach der ihn gekaufet, von Aegypten,
Zu seinem Weib: Laß ehrenvoll ihn wohnen!
Vielleicht mag er uns nützen, oder
Wir nehmen ihn zum Sohne. –
So gaben wir dem Josef eine Stätt' im Land,
Und daß wir auch ihn lehrten Kundendeutung.
Gott aber siegt in seinem Rath,
Allein die meisten Menschen sind unwissend.

22/22 Als er nun kam zu seinen Jahren, gaben wir
Ihm Wissenschaft und Weisheit;
Und also lohnen wir's den Frommen.

23/23 Da gieng ihn die, in deren Haus
Er war, um seine Lieb' an,
Verschloß die Thür und rief: Geh her!
Er sprach: Bewahr' mich Gott! mein Herr,
Der schön gemacht hat meine Wohnung –
Unselig sind die Sünder!

24/24 Sie strebte gegen ihn, er strebte gegen sie,
Wo er gesehn nicht hätte
Die Mahnung seines Herrn; – so,
Aufdaß wir ab ihm wendeten
Das Übel und das Laster,
Denn er war einer unsrer treuen Knechte.

25/25 Da liefen sie einander vor zur Thür, und sie
Zerriß sein Hemd von hinten,
Und fanden ihren Ehherrn an der Thür, sie rief:
Was sei der Lohn für einen, der
An dein Gesind begehrt hat Übles,
Als in den Kerker komm' er, oder Strafpein!

26/26 Er sprach: Sie gieng mich an um meine Liebe. –
Da zeugt' ein Zeugender von ihrem Hausgesind:
Dafern sein Hemd zerrissen ist von vorne,
So sprach sie wahr, und er ist von den Lügnern;

27/27 Doch wenn sein Hemd zerrissen ist von hinten,
So log sie und er ist der Wahrheit redet.

28/28 Als er nun sah sein Hemde, das
Zerrissen war von hinten, sprach er:
Das ist nun eure Weiberlist,
Die Weiberlist ist groß.

29/29 Josef! geh über dieses weg!
Doch du, Weib, sühne deine Schuld!
Denn du bist von den Sündern.

30/30 Da sprachen in der Stadt die Frauen:
Das Weib des Edlen geht um Lieb' an ihren Knaben;
Er hat ihr Herz mit Lust verwundet,
Wir sehen sie in offner Irre.

31/31 Als sie nun hörte deren Spott,
Da sandte sie nach ihnen, und bereitete
Denselbigen ein Gastmal,
Und gab jedweder in die Hand ein Messer.
Dann rief sie: Tritt heraus zu ihnen!
Und als sie ihn erblickten, dünkt' er ihnen groß,
Und schnitten sich in ihre Hände, sprachen:
Behüte Gott! das ist kein Mensch,
Das ist ein werther Engel nur.

32/32 Sie sprach: Der ist es euch, um den ihr schaltet mich.
Ich gieng ihn an um seine Lieb', er sträubte sich;
Doch, thut er nicht, was ich ihn heiße,
So soll er in den Kerker kommen,
Und soll erniedrigt werden.

33/33 Er sprach: O Herr, der Kerker
Ist lieber mir als das wozu sie mich berufen;
Doch wendest du von mir nicht ihre List ab,
So werd' ich thören gegen sie,
Und seyn der Thoren einer.

34/34 Da gab Erhörung ihm sein Herr,
Und wandte von ihm ihre List ab;
Er ist der Hörer und der Wisser.

35/35 Nun kam es ihnen in den Sinn,
Nachdem sie schon gesehn die Zeichen,
Daß sie ihn thäten in den Kerker eine Zeit.

36/36 Doch mit ihm in den Kerker kamen
Zwei Jünglinge; der eine sprach:
Ich sahe mich im Traume pressen Wein.
Der andre sprach: Ich sah mich tragen
Auf meinem Haupte Brot, von dem die Vögel fraßen.
Sag uns die Deutung dessen, denn
Wir sehn, du bist ein Frommer.

37/37 Er sprach: Es wird nicht kommen Speise
Zu eurer Nahrung, daß ich nicht
Euch sagete die Deutung, eh sie komme.
Dis ist von dem was mich gelehrt mein Herr, denn ich
Verließ die Weise eines Volkes, die nicht glauben
An Gott, und jenes Leben leugnen,

Vers 37 Die Ausleger scheinen alle den Satz so verstanden zu haben, daß er mit besonderem zierlichem Umschweif nur dis sage: Noch vor dem Essen will ich euch eure Träume deuten. Aber er kann ja auch meinen: Ich weiß, durch die Gnade meines Gottes, euch alles zu sagen, auch welche Speise man euch geben wird.

38/38 Und folgete der Weise meiner Väter, Abrahams und Isaks
Und Jakobs; uns nicht kam es zu, Abgötterei zu treiben;
Das ist von Gottes Gnad' an uns und allen Menschen,
Allein die meisten Menschen sind undankbar.

39/39 O meine Mitgefangenen!
Sind Herren wol, zwiespaltige, besser
Als Gott der Eine der Allmächt'ge?

40/40 Ihr betet außer ihm nichts an wan Namen,
Die ihr benannt habt, ihr und eure Väter;
Gott sandte dazu keine Vollmacht,
Denn das Gericht ist Gottes nur;
Er hat geboten, Nichts sollt ihr
Anbeten als nur ihn; das ist
Der Gottesdienst der stäte,
Allein die meisten Menschen sind unwissend.

41/41 O meine Mitgefangenen!
Der eine nun von euch
Wird tränken seinen Herrn mit Wein;
Der andre aber wird gekreuzigt,
Da fressen die Vögel von seinem Haupt.
Entschieden ist die Sach' um die ihr mich befragt.

42/42 Und sprach zu jenem, den er meinte
Daß er gerettet würde seyn von beiden:
Gedenke mein bei deinem Herrn!

Doch ihn vergessen machte Satan
Die Erinnerung seines Herrn;
So weilte jener nun im Kerker etliche Jahre.

Vers 42 *Die Erinnerung seines Herrn* **den König an Josef zu erinnern. Oder auch: Gottes Gedächtnis oder Mahnung, die Pflicht der Dankbarkeit u.s.w. zu vergessen.**

43/43 Der König aber sprach: Ich sah
Im Traume sieben Kühe fett, es fraßen
Sie sieben magre,
Desgleichen sieben Aehren grün, und andre dürr.
Ihr, mein Gefolge, legt mir meinen Traum aus,
Wenn ihr könnt Träume deuten.

44/44 Sie sprachen: Es ist Traumverwirrung,
Und wir sind nicht der Traumauslegung kundig.

45/45 Da sprach, der da gerettet ward von jenen beiden,
Indem er sich erinnerte nach langer Frist:
Ich will euch dessen Deutung bringen, sendet mich! –

46/46 »O Josef, du wahrhaftiger!
Deute mir sieben Kühe fett, es fraßen
Sie sieben magre;
Desgleichen sieben Aehren grün und andre dürr;
Daß ich zurückgehn möge zu den Menschen,
Und sie es mögen wissen.«

47/47 Er sprach: Ihr werdet säen sieben Jahr' in einem Striche;
Und was ihr erntet, laßt in seinen Aehren,
Bis auf ein wenigs dessen so ihr esset.

48/48 Dann werden nachher kommen sieben strenge,
Die werden das verzehren, was ihr ihnen vorbereitet,
Bis auf ein wenigs dessen so ihr sparet.

49/49 Dann wird ein Jahr nach diesem kommen,
Wo's regnen wird den Menschen, und sie pressen Wein. –

50/50 Der König sprach: Holt ihn mir her! –
Und als der Bote kam zu jenem, sprach er:
Geh erst zu deinem Herrn zurück, und frag' ihn:
Was meineten die Frauen, die sich schnitten in die Hände?
Mein Herr ist ihrer List wol kundig. –

51/51 Der König sprach: Was thatet ihr,
Als ihr den Josef gienget an um Liebe?
Sie sprachen: Gott behüte! wir
Wissen an ihm nichts Böses.
Da sprach das Weib des Edlen: Jetzt kommt an den Tag
Die Wahrheit. Ich gieng ihn um seine Lieb' an,
Und er ist Wahrheit redend;

52/52 Auf daß er wisse, daß ich ihn mit Heimlichkeit nicht täusche,
Und daß Gott nicht gelingen läßt
Die List der Täuschenden.

Vers 52 Der Er kann ganz gut Josef seyn; er soll ihr Bekenntnis erfahren. Die Ausleger verstehen aber zum Theil unter dem Er den König, von dem die Sprechende in der dritten statt der zweiten Person spreche; andere gar halten dis für eine abgebrochene Zwischenrede Josefs im Kerker.

53/53 Auch will ich rein nicht machen meine Seele; denn
Die Seel' ist eine Treiberinn zum Bösen,
Wofern sich nicht erbarmt mein Herr,
Denn ja mein Herr ist gnädig und barmherzig.

54/54 Der König sprach: Holt ihn mir her!
Ich will für mich ihn nehmen. –
Als er mit ihm geredet, sprach er:
Du bist von heut an mein Bestallter und Betrauter.

55/55 Er sprach: Nun setze du mich über
Des Landes Vorrathskammern!
Ich bin ein kundiger Hüter.

56/56 Und also schufen wir dem Josef feste Statt im Lande,
Darin zu wohnen wo er wollte;
Wir wenden unsre Huld zu, wem wir wollen,
Und lassen nicht verloren gehn
Den Lohn Schönhandelnder.

57/57 Allein der Lohn in jener Welt ist besser noch
Für jene, die da glauben und Gott fürchten. –

58/58 Die Brüder Josefs kamen nun
Und traten ein vor ihm,
Er kannte sie, sie aber kannten ihn nicht.

59/59 Und als er sie entließ, versorgt
Mit jeglicher Versorgung, sprach er:
Bringt euern einen Bruder mir von eurem Vater! Seht ihr nicht?
Ich gebe volles Maß, und bin der beste der Bewirther.

60/60 Doch bringt ihr ihn mir nicht, so wird
Bei mir kein Maß euch fürder und kein Zutritt.

61/61 Sie sprachen: Seinen Vater wollen
Wir um ihn angehn, also thun wir.

62/62 Er aber sprach zu seinen Leuten: Legt ihr Geld
In ihre Bündel wieder, ob sie's merken,
Wann sie nach Haus gekommen sind,
Ob sie uns wiederkehren!

63/63 Und als sie nun zurückgekehrt
Zu ihrem Vater, sprachen sie: O Vater!
Man weigert uns das Maß dort, aber laß mit uns
Ziehn unsern Bruder! und uns wird gemessen;
Wir aber wollen ihn behüten.

64/64 Er sprach: Kann ich ihn sicherer
Euch anvertraun, als wie ich euch
Zuvor hab' anvertrauet seinen Bruder?
Gott ist der beste Hüter, er
Ist der barmherzigste Erbarmer.

65/65 Als sie nun ihr Gepäck geöffnet, fanden sie
Ihr Geld zurückgegeben ihnen;
Sie sprachen: Vater; was wollen wir mehr?
Dis unser Geld ist uns zurückgegeben!
Wir wollen unser Haus versorgen
Und unsern Bruder auch behüten,
Und wollen uns noch eine
Kamellast messen lassen;
Denn dieses ist geringes Maß.

66/66 Er sprach: Ich lass' ihn nimmer ziehn
Mit euch, bevor ihr mir Versichrung macht von Gott,
Daß ihr ihn mir zurücke bringet,
Man halt' euch selber denn zurück.
Und als sie ihm gegeben ihre
Versichrung, sprach er: Gott ist unsrer Rede Bürge.

67/67 Und sprach zu ihnen: Meine Söhne, ziehet nicht
Zu Einem Thor ein, sondern zieht
Ein zu verschiednen Thoren!
Doch gegen Gott helf' ich euch nichts;
Der Rathschluß ist bei Gott allein;
Auf ihn vertrau' ich, auf ihn sollen
Vertrauen die Vertrauenden.

68/68 Als sie nun eingezogen, wo
Ihr Vater ihnen es geheißen,
Half's ihnen gegen Gott doch nichts;
Nur ein Verlangen in der Seele Jakobs war befriedigt.
Denn er war weise, weil wir unterwiesen ihn,
Allein die meisten Menschen sind unweise.

69/69 Als sie nun eingetreten waren
Zu Josef, nahm er zu sich seinen Bruder,
Sprach: Sieh, ich bin dein Bruder!
Laß dich nicht kränken, was sie thaten.

70/70 Als er sie nun entließ, versorgt
Mit jeglicher Versorgung,
That er den Becher in den Bündel seines Bruders,
Und ließ ausrufen einen Rufer:
He, Reisende! ihr habt gestohlen.

71/71 Sie fragten, sich zu jenen wendend:
Was ist es das ihr misset?

72/72 Sie sprachen: Das Gefäß des Königs missen wir:
Wers bringet, dem wird eine
Kamellast, dessen bin ich Bürge.

73/73 Sie sprachen: O bei Gott! ihr wisset
Wir kamen nicht, zu schädigen im Lande,
Und sind auch keine Diebe.

74/74 Sie sprachen: Und was soll dafür der Lohn seyn, wenn ihr lüget?

75/75 Sie sprachen: Dieses soll der Lohn dafür seyn:
In wes Gepäck es wird gefunden,
Der selber soll der Lohn dafür seyn;
So lohnen wir den Frevlern.

76/76 Da fieng er an bei ihren Bündeln,
Vorm Bündel seines Bruders,
Dann zog ers aus dem Bündel seines Bruders.
So machten wir die List für Josef;
Nicht durft' er nehmen seinen Bruder
Nach dem Gesetz des Königs, hätt' es
Nicht also Gott gewollet.
Wir höh'n um Stufen, wen wir wollen,
Und über jeden Wissensreichen
Ist ein Allwissender.

77/77 Sie sprachen: Wenn er stahl, gestohlen
Hat auch von ihm ein Bruder einst.
Darüber schwieg in seiner Seele Josef
Und sagte ihnen nichts darüber;
Er sprach: Ihr seid an übler Statt,
Gott aber weiß am besten, was ihr saget.

78/78 Sie sprachen: O Hochedler!
Sein Vater ist ein alter Greise.
Nimm einen doch von uns, statt seiner! denn wir sehn,
Du bist ein Billighandelnder.

79/79 Er sprach: O Gott verhüte, daß wir nehmen einen,
Als den, bei dem wir unsre Sache fanden;
Da würden wir sehr Unrecht thun.

80/80 Als sie an ihm verzweifelten,
Hielten sie heimlich Zwiesprach;
Da sprach ihr Aeltster: Wißt ihr nicht,
Daß euer Vater über euch
Versichrung hat von Gott genommen?
Und auch zuvor, was ihr gethan an Josef?
Drum räum' ich nimmermehr das Land,
Bevor es mir erlaubt mein Vater, oder Gott
Mir's richtet, denn er ist der beste Richter.

81/81 Kehrt heim zu eurem Vater! sagt: o Vater,
Es hat dein Sohn gestohlen;
Wir zeugen nichts dan was wir wissen,
Nicht über das Verborgne sind wir Hüter.

82/82 Frage die Stadt, in der wir waren,
Und auch den Reisetrupp mit dem wir zogen!
Wir reden nur die Wahrheit.

83/83 Er sprach: Nein, eure Seel' hat euch
Gerathen einen Handel.
Nun frommt Geduld; vielleicht bringt Gott mir alle wieder,
Denn er ist weis' und kundig.

84/84 Von ihnen wandt' er sich und sprach:
O Kummer über Josef!
Weiß wurden seine Augen vor Betrübnis,
Und seine Kehle schnürte Weh.

Vers 84 ***Weiß*** **der weiße oder graue Star.**

85/85 Sie sprachen: Lässest du, um Gott!
Nicht ab, zu denken Josefs,
Bis du dich aufzehrst oder umkommst?

86/86 Er sprach: Ich klage meinen Jammer
Und Gram nur Gott, und weiß von Gott, was ihr nicht wisset.

87/87 O, meine Söhne geht und forschet
Nach Josef und seinem Bruder!
Verzweifelt nicht am Hauch des Geistes Gottes!
Denn es verzweifelt an dem Hauch des Geistes Gottes
Allein das Volk der Leugner. –

88/88 Als sie nun traten ein zu ihm,
Sprachen sie: O Hochedler!
Uns und die unsern traf die Noth;
Wir kommen mit geringem Gelde,
So mach' uns voll das Maß und gib Almosen uns!
Denn Gott lohnt's den Almosengebern.

89/89 Er sprach: Wisst ihr, was ihr gethan
An Josef und an seinem Bruder
Einst als ihr thöricht waret?

90/90 Sie sprachen: Oh, bist du wol selber Josef?
Er sprach: Ich bins, und der mein Bruder.
Gegnadet hat Gott über uns,
Denn wer Gott fürchtet und Geduld hat, Gott läßt nie
Verloren gehn den Lohn der Frommen.

91/91 Sie sprachen: O bei Gott, Es hat
Dich Gott gewürdigt über uns,
Wir aber waren Sünder.

92/92 Er sprach: Kein Vorwurf treff' euch heute!
Verzeihen wird euch Gott, denn er
Ist der erbarmendste Erbarmer.

Vers 92 Das Ausrufzeichen kann auch vor statt nach heute gesetzt werden.

93/93 Geht hin mit diesem meinem Hemd, und werfet
Es übers Antlitz meines Vaters,
So wird er sehend werden;
Dann kommt zu mir mit eurem ganzen Hause!

94/94 Als auf nun brach der Reisezug,
Da sprach ihr Vater: Ich empfinde
Den Duft von Josef, haltet doch
Mich nur nicht für blödsinnig!

95/95 Sie sprachen: O um Gott, du bist
In deinem alten Irrwahn.

96/96 Doch als nun der Glücksbote kam,
Da warf ers auf sein Antlitz, und ward sehend.

Vers 96 *Der Glücksbote* **das Hemde, oder der es bringt.**

97/– Sprach: Sagt' ich es euch nicht, ich weiß
Von Gott, was ihr nicht wisset?

98/97 Sie sprachen: Vater, o erbitte
Für uns Verzeihung unsrer Schuld!
Wir sind gewesen Sünder.

99/98 Er sprach: Für euch erbitten will ich meinen Herrn,
Denn er ist der barmherzige Verzeiher. –

100/99 Als sie nun traten ein zu Josef,
Da nahm er zu sich seine Eltern,
Und sprach: Ihr alle, ziehet in
Aegypten ein, so Gott will, sicher!

101/100 Er aber setzte seine Eltern auf den Thron,
Doch jene sanken hin vor ihm fußfällig.
Er sprach: Mein Vater! dieses ist
Die Deutung meines Traums vor dem;
Er hat ihn wahr gemacht mein Herr,
Und schön an mir gethan, da er
Mich führte aus dem Kerker,
Und brachte euch hieher vom Lande,
Nachdem der Satan angestiftet
Unfrieden zwischen mir und meinen Brüdern.
Fürwahr, mein Herr weiß fein zu machen, was er will,
Er ist der Kundige der Allweise.

102/101 O Herr, du gabst mir viel der Herrschaft,
Und lehrtest mich viel Kundendeutung,
Erschaffer Himmels und der Erde,
Du bist mein Schutzfreund hier und drüben,
Nimm mich im Tod hin als *Ergebnen*,
Und zähle mich den Guten bei! –

103/102 Dis von den Kunden des Geheimen,
Was wir dir offenbareten.
Du warest selber nicht bei ihnen,
Als sie eins wurden ihres Raths und listeten;

–/103 Die meisten Menschen aber werden,
Ob du es auch begehretest, nicht glauben.

104/104 Du aber forderst keinen Lohn dafür von ihnen,
Es ist nur eine Mahnung an die Welten.

105/105 Und wieviel Zeichen an dem Himmel und auf Erden!
Sie gehn daran vorbei und wenden
Davon sich ab.

106/106 Und ihre meisten glauben nicht
An Gott, ohn' auch Abgötterei zu treiben.

107/107 Sind sie so sicher, daß nicht ihnen
Komm' ein Gericht von Gottes Strafen, oder komme
Die *Stunde* unversehens, und sie merkens nicht!

108/108 Sag' ihnen: Dieses ist mein Weg:
Zu Gott beruf' ich euch auf sichtlichen Gewähr,
Ich und wer da mir folgt, gepriesen
Sei Gott! ich bin nicht von den Götzendienern.

109/109 Auch sandten wir vor dir nur Menschen, denen
Wir offenbareten, vom Volk der Städte.
Sind sie denn nie gereist auf Erden, um zu sehn,

Wie da das Ende derer war vor ihnen?
Die Wohnung aber jener Welt ist besser
Für die Gott fürchten; wißt ihr nicht?

110/110 Doch wann die Boten schon verzagten,
Und sahn daß man sie Lügen zieh,
Kam ihnen unser Beistand, daß wir retteten
Wen wir da wollten, und gewendet
Ward unsre Kraft nicht ab dem Volk dem Schuldigen.

111/111 Ein Warnungsbeispiel ist in ihren
Geschichten für die Sinnbegabten;
Nicht eine Sag' ist es erdichtet,
Nein, zur Beglaubigung des Vor'gen,
Und zur Erörterung von Allem,
Zur Leitung und Barmherzigkeit
Für solche die da glauben.

Die dreizehnte Sure Überschrieben Der Donner

Im Namen [Gottes des allbarmherzigen Erbarmers.]

1/1 Dis sind die Zeichen
Des Buches, und was dir herab
Gesendet ward von deinem Herrn,
Das ist die Wahrheit, aber
Die meisten Menschen glauben nicht.

2/2 Gott der erhöhet hat
Den Himmel ohne Säulen die ihr sehet,
Dann saß er auf dem Thron,
Zum Dienst genöthigt hat er Sonn' und Mond,
Jedes läuft zum benannten Ziel;
Er lenkt den Gang der Dinge,
Die Zeichen modelt er,
Ob etwa ihr von der Begegnung
Eures Herrn euch überzeugt!

3/3 Er ist es, der gebreitet hat
Die Erde, und auf ihr gemacht Bergvesten
Und Ströme, und von allen Früchten
Hat er auf ihr gemachet Doppelpaare.

Er läßt die Nacht den Tag verhüllen.
In diesem traun sind Zeichen für Nachdenkende.

4/4 Und auf der Erde sind Grundstücke nachbarlich,
Und Gärten von Weintraub', und Saat,
Und Palmen doppelschaftige,
Und einfachschaftige,
Getränket werden sie mit Einem Wasser,
Wir aber ziehn die eine vor der andern
Zur Nahrung; traun in diesem
Sind Zeichen für Verständige.

5/5 Und nimmt dichs Wunder, ja ein Wunder
Ist ihre Rede:
Wie? wenn wir Staub geworden sind,
Wie? sollen wir zu neuer Schöpfung kommen?

6/– Dieselben sind es die verleugnen ihren Herrn,
Dieselben, Joche sind auf ihren Nacken,
Dieselbigen sind die Genossen
Der Glut, in der sie ewig sind.

7/6 Sie wollen sich beschleunigen
Das Übel vor dem Guten,
Und schon ergangen sind vor ihnen die Exempel;
Jedoch dein Herr ist gnadenvoll
Den Menschen bei all ihrer Sünde,
Jedoch dein Herr ist stark auch von Vergeltung.

8/7 Es sprechen, die da leugnen:
O wär' auf ihn herabgesandt
Von seinem Herrn ein Wunderzeichen!
Doch du bist nur ein Mahner,
Und jedem Volke wird ein Führer.

9/8 Gott kennt, was jedes Weib trägt,
Und was versiegt im Mutterschooß und was erschwillt,
Und alles steht bei ihm in Maaß.

10/9 Der Kenner des Geheimen und des Sichtbarn,
Der Große, der Erhabne.

11/10 Gleich ist es, wer von euch die Rede dämpfet,
Und wer sie lautbar machet,
Und wer sich bergen will in Nacht
Und wer am Tage wandelt,

12/11 Er hat Begleiter vor
Und hinter sich, die ihn behüten
Auf Gottes Geheiß; denn Gott verwandelt

Nicht was an Menschen ist, bis sie
Verwandeln was an ihnen ist.
Wenn aber Gott zudenkt den Menschen Böses,
Ist kein Abwender ihm, und nicht
Bleibt ihnen außer ihm ein Hort.

13/12 Er ist es, der euch sehen läßt
Den Blitz zu Furcht und Hoffnung,
Und der aufsteigen läßt die schweren Wolken.

14/13 Der Donner preist zu seinem Lobe,
Und die Engel in seiner Furcht,
Und er sendet die Schläge,
Mit denen trifft er wen er will.
Sie aber streiten über Gott,
Doch ist er stark von Machten.

15/14 Sein ist der Anruf der Gebühr,
Doch die sie außer ihm anrufen,
Die geben ihnen keine Antwort;
Sondern, wie wer die beiden Hände
Ausstrecket nach dem Wasser, daß es
Zu seinem Munde komme, doch
Es kommt nicht zu ihm; und so ist der Anruf
Der Gottesleugner nur im Irren.

16/15 Gott aber beten an, die sind
Im Himmel und auf Erden,
Freiwillig und gezwungen,
Und ihre Schatten früh und abends.

17/16 Sprich: Wer ist Herr des Himmels und der Erde?
Sprich: Gott! Sprich: Nahmet ihr
Doch außer ihm an Horte,
Die nicht im Stande sind sich selber
Zu nutzen noch zu schaden?
Sprich: Ist wol gleich der Blinde und der Sehende?
Oder sind gleich
Die Finsternisse und das Licht?
Oder gaben sie Gott Gehilfen,
Die schaffen wie er schaffet,
Und gleich an ihnen ist das Schaffen?
Sprich: Gott ist der Erschaffer jedes Dinges,
Er ist der Eine der Gewalt'ge.

18/17 Er hat gesandt vom Himmel Wasser,
Da flossen Bäch' in ihrem Maaß,
Und sich ergoß der Strom im vollen Schaume.

Aber von dem was sie im Feuer schmelzen,
Schmuck zu gewinnen oder Geräth und Waare,
Kommt gleicher Schaum, so schmiedet Gott
Die Wahrheit und das Nichtige;
Allein der Schaum nun, er vergehet haltlos,
Was aber nutzt den Menschen,
Das bleibt auf Erden;
So schmiedet Gott die Gleichnisse.

–/18 Für die Gehör da gaben ihrem Herren, bleibt
Das Schönste; doch die nicht Gehör ihm gaben,
Wär' ihr auch alles was auf Erden,
Und noch soviel dabei, sie würden
Sich gern damit loskaufen.
Dieselben sind es, ihnen bleibt
Das Schlimme von der Rechnung,
Ihr Einkehrort Gehenna,
Und übel ist das Bett.

19/19 Ist wol, wer weiß daß dieses dir
Von deinem Herrn gesendete die Wahrheit ist,
Gleich jenem der da blind ist?
Bedenken mögen's nur die Sinnbegabten,

20/20 Die das Versprechen Gottes halten
Noch die Zusage brechen;

21/21 Und die da fügen, was Gott hat
Geboten daß gefügt seyn soll,
Und fürchten ihren Herrn, und scheuen
Das Schlimme von der Rechnung;

22/22 Und die ausharrten in Geduld,
Suchend das Antlitz ihres Herrn,
Und recht bestellten das Gebet,
Auch spendeten von dem,
Womit wir sie versorget haben,
Geheim und öffentlich,
Und wehren mit dem Guten ab das Böse,
Die sind es, denen wird der Lohn des Hauses.

23/23 Die Gärten Edens, wo sie eingehn,
Sie und wer Gutes that von ihren Vätern,
Von ihren Fraun und ihren Kindern,
Und auch die Engel gehen ein zu ihnen
Durch jedes Thor:

24/24 Fried' über euch um daß ihr ausgeharret,
Schön ist der Lohn des Hauses.

25/25 Die aber brechen Gottes Bund,
Nachdem er war gefestigt,
Und das zertrennen, was Gott hat
Geboten daß gefügt seyn soll,
Und schädigen auf der Erde;
Die sind es, ihnen ist der Fluch,
Ihnen das Weh des Hauses.

26/26 Gott dehnet aus die Nahrung, wem
Er will, und misset sie.
Sie aber waren überfroh
Des Lebens dieser Welt;
Allein das Leben dieser Welt
Ist gegen jenes nur ein Nießbrauch.

27/27 Es sprechen, die da leugnen:
»O wär' auf ihn herabgesandt
Von seinem Herrn ein Wunderzeichen!«
Sprich: Gott läßt irren, wen er will,
Und führt zu ihm, wer sich bekehrt.

28/28 Diejenigen die da glauben,
Und deren Herzen ruhen aus im Angedenken Gottes, –
O ja im Angedenken Gottes ruhen aus
Die Herzen

–/29 derer, die da glauben
Und die das Gute wirketen,
Heil ihnen und ein schöner Ort zur Einkehr!

29/30 So haben wir gesandt dich unter einen Stamm,
Dem viel Volkstämme schon vorangegangen,
Aufdaß du lesest ihnen,
Was wir dir offenbaret haben;
Doch sie verleugnen nun den Allerbarmer.
Du sprich: Er ist mein Herr,
Kein Gott ist außer ihm,
Auf ihn vertrau' ich und zu ihm ist meine Hinkehr.

30/31 »Ja wär' es nur ein solcher Koran,
Von dem in Gang gesetzt die Berge würden,
Oder die Erde gespaltet,
Oder die Todten reden gemacht.«
Nein! Gottes ist die Herrschaft all.
Wie? wollen, die da glauben,
Aufhören wol, zu zweifeln,
Daß, wenn Gott wollt', er könnte führen
Zum Glauben alle Menschen?

Vers 30 ausgelassene Negation, *'a-fa-lam yay'as* **wollen sie wol aufhören zu verzweifeln = wollen sie nicht aufhören etc.**

31/- Und unaufhörlich wird bei denen, die da leugnen,
Anpochen wegen ihrer Werk' ein Strafgericht,
Oder sich niederlassen nah bei ihrem Haus,
Bis die Verheißung Gottes kommt,
Denn Gott versäumt nicht den Verheiß.

32/32 Und auch gespottet ward schon über Boten
Vor dir, und ich gab Frist den Leugnern,
Dann faßt' ich sie, und wie war mein Vergelten!

33/33 Wie? Er der vorsteht jeder Seele
Von wegen des, was sie verwirkt –
Und Gott, ihm gaben sie Gehilfen?
Sprich: Nennet ihre Namen nur!
Könnt ihr ihm sagen etwas, das er wüßte nicht
Im Erdgrund, oder außenher im Worte?
Doch wohlgefällig dünkt den Leugnern ihre List,
Und von dem Weg sind sie verstoßen;
Und wen Gott irren läßt, dem wird kein Führer.

34/34 Für sie ist Pein in dieser Welt,
Unseliger aber ist die Pein der andern,
Und gegen Gott beschirmt sie nichts.

35/35 Das Bild des Gartens, dessen sind
Verheißen die Gottesfürchtigen,
Darunterhin die Ströme fließen,
Beständig seine Frucht ist und sein Schatten,
Das ist der Lohn für die Gott fürchten,
Der Lohn der Leugner ist die Glut.

36/36 Das Volk auch, dem wir einst die Schrift gegeben,
Sie freun sich dessen, was dir offenbart wird;
Doch einige von den Rotten leugnen einen Theil.
Sprich nur: Mir ist geboten, daß ich diene Gott,
Und nichts abgöttisch ihm geselle;
Ihn ruf ich an, und zu ihm ist mein Hingang.

37/37 Und so gesendet haben wir
Dis als arabische Weisheit.
Doch wenn du folgtest ihren Lüsten,
Nachdem dir kam die Wissenschaft;
Dir bliebe gegen Gott
Kein Schützer und kein Schirmer.

38/38 Wir haben schon gesendet Abgesandte
Vor dir, und ihnen auch
Gegeben Fraun und Kinder.

Und keinem Abgesandten steht
Es zu, daß er ein Zeichen bringe,
Als mit Zulassung Gottes nur;
Für jede Frist ein eignes Buch.

39/39 Gott löschet aus, wie Er will, und bestätigt,
Und bei ihm ist der Mutterstock des Buches.

40/40 Sei's nun, daß wir dich selber noch
Sehn lassen, was wir ihnen dreuen,
Oder dich vorher zu uns nehmen;
Dir liegt nur ob die Meldung,
Und uns die Rechenschaft.

41/41 O sahen sie nicht schon, wie wir
Der Erde kommen, sie zu trümmern
Von ihren Enden her?
Gott richtet, und es ist
Kein Hindrer seinem Richtspruch,
Und Er ist schnell zur Rechenschaft.

42/42 Gelistet haben auch schon die vor ihnen,
Doch Gottes ist die List gesammt;
Er kennt, was jede Seele wirkt;
Und kennen werden die Verleugner,
Wem ist der Lohn des Hauses.

43/43 Allein es sprechen, die da leugnen:
Du bist kein Abgesandter.
Sprich: Gott genügt zum Zeugen zwischen mir und euch,
Er bei dem ist die Wissenschaft des Buches.

Die vierzehnte Sure
Überschrieben
Abraham

Im Namen [Gottes des allbarmherzigen Erbarmers.]

1/1 Das Buch, das wir herniederließen
Zu dir, aufdaß du führetest
Die Menschen aus der Finsternis zum Lichte,
Auf die Erlaubnis ihres Herrn,
Zum Pfade des Allmächtigen Hochgelobten,

2/2 Gottes, in dessen Macht ist, was
Im Himmel ist und was auf Erden;
Und weh den Leugnern vor der starken Pein!

3/3 Die da das Leben dieser Welt
Lieb haben über jenes,
Und drängen ab vom Wege Gottes
Und wünschen ihn zu krümmen;
Dieselben sind in weiter Irre.

4/4 Und niemals sendeten wir einen Boten,
Als in der Sprache seines Volkes,
Damit er rede deutlich ihnen.
Doch Gott läßt irren, wen er will,
Und leitet, wen er will;
Denn er ist der Allmächtige Allweise.

5/5 Gesendet haben wir einst Mosen
Mit unsren Zeichen: Führe du dein Volk aus
Der Finsternis zum Licht, und mahne
Sie an die Tage Gottes!
In diesem traun sind Zeichen
Für jeden dankbaren Dulder.

6/6 Und wie da Mose sprach zu seinem Volke:
Gedenkt der Wohlthat Gottes
An euch, als er euch rettete
Von dem Gesinde Faraos,
Die auf euch legten schwere Pein
Und schlachteten eure Söhne
Und schändeten eure Weiber;
Darin von eurem Herrn war
Euch eine große Prüfung.

7/7 Und wie nun kundthat euer Herr:
Dafern ihr dankbar seid, werd' ich euch mehren;
Doch wenn ihr leugnet undankbar,
Wird meine Strafe schwer seyn.

8/8 Und Mose sprach: Ob ihr verleugnet,
Und wer auf Erden ist gesammt,
Nun, Gott ist unbedürftig, hochgepriesen.

9/9 O kam euch keine Kunde derer,
Die vor euch waren, Noe's Volk,
Und von Ad und Thamud?

10/- Und die nach ihnen waren,
Die Niemand kennt wan Gott;

Zu ihnen kamen ihre Boten
Mit offnen Kunden, doch sie stießen
Die Hände ihnen in den Mund,
Und sprachen: Wir verwerfen das,
Womit ihr seid gesendet;
Wir zweifeln über das, wozu ihr uns beruft, bedenklich.

11/10 Da sprachen ihre Boten:
Ist denn an Gott ein Zweifel,
Dem Schöpfer Himmels und der Erde,
Der euch berufet, daß er euch
Vergebe viel von euren Sünden,
Und geb' euch Aufschub auf bestimmte Frist?

12/- Sie sprachen: Ihr seid Menschen nur
Gleich uns, und wollet uns verdrängen
Von dem, was unsre Väter ehrten;
So bringt uns klare Vollmacht!

13/11 Da sprachen ihnen ihre Boten:
Ja wir sind Menschen nur gleich euch;
Gott aber gnadet über wen
Er will von seinen Knechten.
Nicht kommt es uns zu, euch zu bringen Vollmacht,

14/- Es sei denn auf Erlaubnis Gottes; und auf Gott
Sollen vertraun die Gläubigen.

15/12 Nicht kommt es uns zu, daß wir nicht
Vertraun auf Gott, der schon uns hat
Geführet unsre Wege;
Wir wollen uns gedulden
Bei dem was ihr uns kränktet;
Und ja auf Gott so sollen
Vertrauen die Vertrauenden.

16/13 Da sprachen, die da leugneten,
Zu ihren Boten: Treiben wollen
Wir euch aus unserm Lande;
Oder fürwahr ihr müßt zurück
Kehren in unsre Weise.
Da that denselbigen kund ihr Herr:
Vertilgen wollen wir die Sünder.

17/14 Und wollen euch bewohnen lassen
Das Land nach ihnen. Solches dem,
Der fürchtet meine Stätte,
Und fürchtet mein Verheiß.

18/15 Aufschluß begehrten sie, und leer aus
Gieng jeder widerspenstige Trotzer.

19/16 Hinter ihm ist Gehenna;
Mit faulem Wasser tränkt man ihn.

20/17 Er würgts hinab und mags
Nicht leicht hinunterschlingen;
Und ihm kommt Tod von jeder Seite,
Er aber ist nicht todt,
Und hinter ihm ist harte Pein.

21/18 Das Gleichnis derer die ihren Herrn
Verleugnen: Ihre Werke sind
Wie Asch', in welche fährt der Wind
An einem stürmischen Tage.
Sie haben nichts von dem was sie gewirket;
Das ist die weite Irre.

22/19 O siehst du nicht, daß Gott erschuf
Den Himmel und die Erd' in Wahrheit?
Wenn Er will, nimmt er euch hinweg,
Und bringet neue Schöpfung;

23/20 Und solches ist für Gott nichts Großes.

24/21 Da zogen sie auf vor Gott gesammt, da sprachen
Die Schwachen zu den andern die sich groß gedünkt:
Wir waren eur Gefolge nur;
O wollt ihr nicht abhalten uns
Von Gottes Strafen etwas?

25/- Sie sprachen: Hätt' uns Gott geleitet,
So hätten wir geleitet euch.
Gleich ists für uns ob wir geduldig
Sind oder ungeduldig,
Für uns ist kein Entrinn.

26/22 Und Satan sprach, als nun entschieden war die Sache:
Ja, Gott hat euch verheißen
Verheißungen der Wahrheit,
Doch ich hab' euch verheißen und hab' euch geteuscht.
Doch über euch hatt' ich nicht Macht;

27/- Als nur daß ich euch rief, und ihr gabt Antwort mir.
So scheltet mich nicht, scheltet nur
Euch selber! Ich bin euch kein Helfer,
Und ihr seid keine Helfer mir.
Ich glaubt' es selbst nicht, als ihr mich

Vergöttertet vor diesem;
Fürwahr der Sünder wartet Strafe peinlich.

28/23 Doch eingeführt sind, die da glaubten,
Und die das Gute thaten, dort in Gärten,
Worunter hin die Ströme fließen,
Darin sie ewig sind,
Auf die Erlaubnis ihres Herrn,
Ihr Gruß darin ist Friede.

29/24 O siehst du nicht, wie Gott geprägt ein Gleichnis?
Ein gutes Wort gleich einem guten Baume,
Fest stehet seine Wurzel, und
Sein Laubwuchs ist im Himmel.

30/25 Er bringet seine Frucht beständig
Auf seines Herrn Geheiß.
Gott aber prägt die Gleichnisse
Dene Menschen, ob sie es bedenken wollen.

31/26 Das Gleichnis aber bösen Wortes
Ist als ein böser Baum,
Der weggehaun wird oben von der Erde,
Es ist für ihn kein Halt.

32/27 Gott festigt, die da glauben, mit dem festen Wort
Im Leben dieser Welt und in der andern,
Und Gott läßt irre gehn die Sünder,
Und Gott thut was er will.

33/28 O siehst du nicht an jene, die
Vertauschten Gottes Güte für Ableugnung,
Und leiteten die ihrigen
Zur Wohnung des Verderbens!

34/29 Gehenna, die sie heizen,
Schlimm ist der Aufenthalt.

35/30 Und macheten Gott Ebenbilder,
Zu führen irr von seinem Wege,
Sprich: O genießt nur eine Weile,
Denn eure Heimkehr ist zur Glut.

36/31 Sprich auch zu meinen Knechten, die da glauben,
Daß sie bestellen das Gebet, und spenden auch
Von dem womit wir sie versorgten,
Geheim und öffentlich, bevor
Der Tag kommt, da kein Kauf und kein Verkehr ist.

37/32 Gott, der da schuf die Himmel und die Erde,
Und sendete vom Himmel Wasser,

Mit dem er bracht' hervor von Früchten Nahrung euch,
Und machte dienstbar euch die Schiffe,
Zu schwimmen in dem Meer auf sein Gebot,
Und machte dienstbar euch die Flüsse,

–/33 Und macht' euch dienstbar Sonn' und Mond,
Die beiden ruhelosen,
Und macht' euch dienstbar Nacht und Tag,

–/34 Und gab euch alles was ihr ihn gebeten;
Und wenn ihr zählt die Güte Gottes,
Nicht rechnen könnt ihr sie; fürwahr
Der Mensch ist ruchlos und undankbar.

38/35 Und als wie da sprach Abraham:
O Herr, mach dis Gefilde friedlich,
Und ferne mich und meine Söhne
Vom Dienst der Götzenbilder.

39/36 Herr, denn sie haben viel verführt der Menschen.
Doch wer mir folgt, der ist von mir;
Und wer mir trotzt, nun du
Bist gnädig und barmherzig.

40/37 O unser Herr, ich ließ hier wohnen
Die meines Stamms in einem Thale,
Das saatlos ist, bei deinem Hause,
Dem heiligen, o unser Herr,
Aufdaß sie das Gebet bestellen;
So mache nun, daß Herzen
Der Menschen sich zu ihnen neigen,
Und nähre sie mit Früchten,
Ob sie es etwa danken.

41/38 O unser Herr, du kennst, was wir
Verbergen, und was offenbaren;
Und nicht verborgen ist vor Gott
Auf Erden etwas noch im Himmel.

–/39 Gelobt sei Gott, der mir gegeben
In meinem Alter Ismael und Isaak;
Ja Gott ist Hörer des Gebets.

42/40 Herr, mach mich zum Besteller des
Gebets, und andre meines Stammes,
O unser Herr, und nimm mein Flehn an!

–/41 Vergib in Gnaden mir und meinen
Eltern, und allen Gläubigen
Am Tag der Rechnungslage. –

43/42 Doch halte du nur Gott nicht für unachtsam
Des was da thun die Sünder.
Nur Aufschub gibt er ihnen bis zum Tage,
Wo in die Höh die Augen schauen.

44/43 Hintaumeln sie geducktes Haupts,
Ihr Blick kehrt nicht zurück zu ihnen,
Und hohl sind ihre Herzen.

–/44 O mahne du die Menschen
Des Tags, da ihnen kommt die Pein.

45/– Da sprechen, die da sündigten:
O unser Herr, gib Aufschub uns
Zu einer nahen Frist.

46/45 Wir wollen hören deinen Ruf
Und folgen deinen Boten.
Ei, habt ihr nicht vordem geschworen
Euch sei kein Untergang?

47/46 Und habt gewohnt in Wohnungen,
Derer die dich versündigten,
Und habt gesehn, wie wir an ihnen thaten,
Und prägten euch die Gleichnisse.
Sie aber listeten ihre List,
Und nun ist ihre List bei Gott,
Ihre List vermochte nicht soviel
Daß davon Berge wankten.

48/47 Du aber denke nicht daß Gott
Versäume sein Verheiß an seine Boten!
Denn Gott ist mächtig und ein Rächer.

49/48 Am Tage wo gewandelt wird
Die Erd' in andre Erde, und der Himmel,
Und wo sie ziehen auf vor Gott,
Dem Einen, dem Gewaltigen.

50/49 Alsdann wirst du die Schuldigen sehn
Gejochet in die Bande;

51/50 Ihr Leibgewand von flüssigem Pech,
Und ihr Gesicht deckt Feuer;

–/51 Daß Gott vergelte jeder Seele,
Was sie gewirkt;
Denn Gott ist schnell zur Rechenschaft.

52/52 Dis eine Meldung an die Menschen,
Und daß sie seien gemahnt daran,
Und daß sie wissen: ja es ist
Ein einziger Gott,
Und es bedenken alle Sinnbegabten.

Die Fünfzehnte Sure
Überschrieben
Elhigru

Im Namen [Gottes des allbarmherzigen Erbarmers.]

1/1 Dis sind die Zeichen
Des Buchs und klaren Korans.

2/2 Wol würden die Ungläubigen wünschen,
Daß sie Muslime wären.

3/3 Laß sie nur, daß sie essen und genießen,
Und sie die Hoffnung halte hin!
Einst werden sie's erfahren.

4/4 Nie vertilgten wir eine Stadt,
Der es nicht war geschrieben.

Vers 4 Doppelsinnig.

5/5 Kein Volk rennt seinem Ziele vor,
Und keines bleibt zurück.

6/6 Sie aber sprachen: Du, auf den
Herabkam diese Kunde,
Du bist ein Rasender.

7/7 Ja brächtest du doch die Engel uns,
Wenn du die Wahrheit sprächest!

8/8 Wir senden nicht die Engel nieder
Alsnur wo's gilt;
Dann lassen sie nicht auf sich warten.

9/9 Gesendet haben wir die Kunde
Und werden sie behüten.

10/10 Und vor dir haben wir gesandt
An frühere Völkerstämme,

11/11 Und nie kam ihnen ein Gesandter,
Ob dem sie nicht gespottet.

12/12 So führen wir auch dieses ein
In die Herzen der Schuldigen.

13/13 Sie glauben nicht daran, doch schon
Sind hingegangen frühere Geschlechter.

14/14 Ja thäten wir auch ihnen auf
Ein Thor vom Himmel, daß hinauf sie stiegen;

15/15 Sie würden sagen: Nur berauscht
Sind unsre Augen, ja
Wir sind verblendete Leute.

16/16 Am Himmel aber haben wir
Gemacht der Sterne Burgen,
Und sie geschmückt für die Beschauer,

17/17 Und haben sie verwahrt vor jedem
Gesteinigten Satane.

18/18 Wer aber stiehlt ein erlauschtes Wort,
Den verfolgt die helle Flamme.

19/19 Und die Erde haben wir gebreitet,
Darauf geworfen Bergesvesten,
Und haben auf ihr sprossen lassen
Von allem wohlgemessnen.

20/20 Wir schufen auf ihr, wovon ihr lebt,
Und was ihr nicht habt zu versorgen.

21/21 Nichts ist, wovon bei uns nicht sind
Die Vorrathskammern, und wir sendens
Herab nur in gewissem Maaß.

22/22 Wir schicken Winde als Befruchter,
Und senden von dem Himmel Wasser,
Wir tränken euch damit, ihr seid
Nicht des Vorraths Beschließer.

23/23 Ja wir beleben und wir tödten,
Und wir auch sind die Erben.

24/24 Wir kennen die Voreilenden
Von euch und kennen die Dahintenbleiber.

25/25 Fürwahr, dein Herr wird sie versammeln,
Denn er ist weis' und kundig.

26/26 Den Menschen aber schufen wir
Aus einer Masse von geformtem Lehmen.

27/27 Die Dschinnen aber schufen wir
Zuvor aus Feuer-Gluthauch.

28/28 Als nun dein Herr sprach zu den Engeln:
Ich will erschaffen einen Menschen
Aus einer Masse von geformtem Lehmen;

29/29 Wann ich ihn nun gebildet habe
Und eingehauchet ihm von meinem Geiste,
So fallet vor ihm hin anbetend!

30/30 Da beteten nun an die Engel allgesamt;

31/31 Nur Iblis nicht, der weigert' es
Zu seyn mit den Anbetern.

32/32 Er sprach: Iblis, was hast du, daß du
Nicht bist mit den Anbetern?

33/33 Er sprach: Anbeten will ich nicht
Den Menschen, den du schufest
Aus einer Masse von geformtem Lehmen.

34/34 Er sprach: So geh hinaus von hier!
Gesteinigt sollst du werden;

35/35 Und auf dir liegt der Fluch bis zum Gerichtstag.

36/36 Er sprach: Mein Herr, so warte mein
Zum Tag der Auferweckung.

37/37 Er sprach: Du sollst von denen seyn,
Auf die da wird gewartet

38/38 Zum Tage der gewissen Zeit.

39/39 Er sprach: Herr, weil du mich getäuscht hast,
So will ich ihnen spiegeln vor auf Erden,
Und will sie täuschen insgesammt,

40/40 Nur nicht von ihnen deine treuen Knechte.

41/41 Er sprach: Das ist ein Weg zu mir ein rechter;

42/42 Denn über meine Knechte hast du nicht Gewalt,
Nur wer dir folgt von den Getäuschten.

43/43 Und ja die Höll' ist ihnen
Verheißen insgesammt;

44/44 Die sieben Thor' hat, jedem Thor ist
Von ihnen zugetheilt ein Trupp.

45/45 Aber die Gottesfürchtigen
In Gärten und an Quellen:

46/46 »Geht ein in Frieden hier sorglos geborgen!«

47/47 Und weggenommen haben wir,
Was war in ihrer Brust Unlautres;
Als Brüder, auf den Thronen
Einander zugekehrt.

48/48 Nie rührt sie drin Ermüdung an,
Und nie sind sie daraus vertrieben.

49/49 Verkünde meinen Knechten, daß
Ich bin der Gnädige, der Erbarmer,

50/50 Doch meine Strafe
Das ist die Strafe peinvoll.

51/51 Und künd' auch ihnen von den Gästen Abrahams;

52/52 Als sie zu ihm eintraten
Und sprachen: Friede!
Er sprach: Wir sind vor euch erschrocken.

53/53 Sie sprachen: Erschrick nicht, wir verheißen
Dir einen klugen Knaben.

54/54 Er sprach: Verheißt ihr mir, da mich
Doch hat gefaßt das Alter?
Womit verheißt ihr mir es denn?

55/55 Sie sprachen: Wir verheißen dirs mit Wahrheit,
Und sei du kein Verzagender.

56/56 Er sprach: Und wer verzagt wol an
Der Gnade seines Herrn? nur die Verirrten.

57/57 Er sprach: Doch was ist euer
Gewerb, ihr Abgesandten

58/58 Sie sprachen: Wir sind abgesandt
Zu einem Volk von Schuldigen;

59/59 Nur Loth's Gesind,
Dieselben retten wir gesammt;

60/60 Sein Weib nur, ihr verhängten wirs,
Sie ist von den Rückbleibern.

61/61 Und als zum Hausgesinde Loths
Nun kamen die Gesandten;

62/62 Sprach er: Ihr seid mir unbekannte Leute.

63/63 Sie sprachen: Doch wir bringen dir
Das woran jene zweifeln.

64/64 Wir bringen dir Gewisheit,
Und Wahrheit reden wir.

65/65 So brich mit deinen Leuten auf
In einer Stunde von der Nacht;

Zeuch hinter ihrem Rücken her,
Und keiner kehre von euch sich um;
Eilt, wo man hin euch weiset! –

66/66 So sagten wir ihm diesen Rath,
Daß Stumpf und Stiel von jenen
Soll ausgerottet seyn am Morgen.

67/67 Da kam das Volk der Stadt lustjauchzend.

68/68 Und Loth sprach: Dis sind meine Gäste;
O kränkt mich nicht!

69/69 Fürchtet Gott, und beschämt mich nicht!

70/70 Sie sprachen: Haben wir dir nicht
Verboten fremde Leute?

71/71 Er sprach: Hier meine Töchter,
Nehmt, wenn ihr wollt! –

72/72 Bei deinem Leben! Wahrlich, sie
In ihrem Rausche taumelten.

73/73 Da fassete sie der Schlag bei Sonnenaufgang,

74/74 Da machten wir das Oberste
Zum Untersten, und regneten
Auf sie gebrannte Steine.

75/75 In diesem traun sind Zeichen
Für die bemerkenden:

76/76 Fürwahr der Ort liegt auf betretnen Wegen;

77/77 Hierin ist traun ein Zeichen für die Gläubigen.

78/78 Auch die von Aika waren Sünder;

79/79 Wir aber nahmen Rach' an ihnen.
Traun, diese beiden sind ein deutlich Beispiel.

80/80 Auch die von Higr straften Lügen
Die Abgesandten.

81/81 Wir brachten ihnen unsre Zeichen,
Sie wendeten davon sich ab,

82/82 Und hieben aus den Bergen Häuser sorglos.

83/83 Da faßte sie der Schlag am Morgen,

84/84 Und nichts half ihnen, was sie wirkten.

85/85 Wir haben nicht erschaffen
Den Himmel und die Erd' und was
Darin ist, ohne festen Plan;
Und ja fürwahr, die Stunde kommt;
Kehr du die gute Kehre!

86/86 Warlich, dein Herr, er ist
Der Schöpfer, der Allweise.

87/87 Schon haben wir gegeben dir die Sieben
Des Eingangs, und den großen Koran.

88/88 Nicht dehne deine Augen aus
Auf das was zum Genuß wir gaben Einigen,
Noch betrübe dich über sie,
Doch neige deinen Fittig zu den Gläubigen,

89/89 Und sprich: Ich bin der offenkundige Mahner.

90/90 Schon thaten wir den Ausspruch über
Die Spaltenden,

91/91 Die aus dem Koran machten Stückwerk.

92/92 Bei deinem Herrn, wir werden sie
Befragen insgesammt

93/93 Um das was sie gethan.

94/94 Mach laut, was dir geheißen ist,
Und kehr dich ab den Götzendienern!

95/95 Wir stehn dir gut vor den Verspottern,

96/96 Die machen neben Gott noch einen andern Gott;
Einst werden sie's erfahren.

97/97 Wir wissen auch, daß dir
Eng ist die Brust um was sie reden.

98/98 Doch du lobpreise deinen Herrn,
Und sei von den Anbetern.

99/99 Und diene deinem Herrn, bis dir
Wird kommen die Gewisheit.

Sechzehnte Sura
Überschrieben
Die Bienen

Im Namen [Gottes des allbarmherzigen Erbarmers.]

1/1 Die Fügung Gottes kommt, beschleunigt sie nur nicht!
Preis ihm! er ist erhaben
Ob jeglicher Abgötterei.

2/2 Er sendet nieder Engel mit dem Geiste,
Nach seiner Fügung,

Auf wen er will von seinen Knechten: Prediget!
Kein Gott als Ich! o fürchtet mich!

3/3 Er schuf den Himmel und die Erde
Nach festem Plan, er ist erhaben
Ob jeglicher Abgötterei.

4/4 Er schuf den Menschen
Aus einem Tröpfchen, sieh und nun
Ist er ein offner Widersacher.

5/5 Und die Hausthiere schuf er euch,
An denen ihr habt Wärmendes
Und Nutzungen, und eßt von ihnen.

6/6 Und habt an ihnen eine Schau,
Wann ihr sie eintreibt und wann austreibt wieder.

7/7 Und sie auch tragen eur Gepäck
In Gegenden, wohin ihr sonst
Nicht kämet sonder eigne Mühsal;
Ja, euer Herr ist huldreich und barmherzig.

8/8 Und auch das Roß, das Maulthier und den Esel,
Daß ihr sie reitet, und zum Gepräng;
Und Er schafft auch was ihr nicht kennet.

9/9 Und Gottes ist die Richte
Des Wegs, von ihm schweift einer ab,
Doch wollte Gott, so leitet' er euch alle.

10/10 Er ist es, der gesandt vom Himmel Wasser,
Von dem ihr Trinken habet,
Von ihm Gebüsch auch, unter dem ihr weidet.

11/11 Er läßt davon euch sprossen Saat,
Olive, Palm' und Trauben,
Und von jedweder Baumfrucht;
In diesem ist ein Zeichen
Für Leute die da denken nach.

12/12 Und euch zu Dienst hat er gezwungen Nacht und Tag
Und Sonn' und Mond, und die Gestirne
Sind dienstbar auch auf sein Gebot;
In diesem traun sind Zeichen
Für alle die verständig sind.

13/13 Und was er hat für euch verstreut
Auf Erden bunt von Arten;
In diesem ist ein Zeichen
Für sich besinnende.

14/14 Und Er ist der euch dienstbar machte
Das Meer, damit daraus
Ihr esset frisches Fleisch,
Und ziehet draus hervor Schmuck, den ihr anlegt;
Auch siehst du dort die Schiffe schweben;
Aufdaß ihr suchet seiner Gnaden Fülle,
Und ob ihr dankbar wäret.

15/15 Und auf die Erde warf er Bergesvesten,
Daß sie mit euch nicht wank', und Ströme,
Und Wege, ob ihr möget seyn geleitet.

16/16 Wegzeichen auch; und nach Gestirnen
Sind Wanderer geleitet.

17/17 Ist wer da schafft, wie wer nicht schaffet?
Wollt ihr euch nicht besinnen?

18/18 Und wenn ihr zählt die Güte Gottes,
Ihr könnt sie nicht berechnen;
Ja, Gott ist gnädig und barmherzig.

19/19 Gott aber kennt, was ihr verheimlicht,
Und was ihr offenbaret.

20/20 Doch die man anruft außer Gott,
Sie schaffen nichts, sie sind geschaffen;

21/21 Sind todte, nicht lebendige,
Und merken's nicht,

22/– Wann man sie wird erwecken.

23/22 Euer Gott ist ein einziger Gott;
Die aber nicht ans Ende glauben,
Derselben Herz ist leugnerisch,
Und selbst sind sie hochfärtig.

24/23 Kein Anstoß ist, Gott kennt was sie verheimlichen,
Und was sie offenbaren.

25/– Er liebt nicht die hochfärtigen.

26/24 Wenn man sie fragt: Was hat denn
Gesandt für Kunden euer Herr?
Sagen sie: Possen der Alten.

27/25 Aufdaß sie tragen ihre Ladung ganz
Am Tag der Auferstehung,
Und einen Theil der Ladung derer,
Die sie irrführen ohne Wissen;
O schlimm sind sie beladen.

28/26 Gelistet haben andre schon vor ihnen;
Gott aber kam an ihren Bau
Von den Grundlagen her, da stürzte
Auf sie das Dach von oben,
Und ihnen kam die Strafe,
Von wannen sie's nicht nahmen wahr.

29/27 Alsdann am Tag der Auferstehung
Wird sie zu Schanden machen Gott
Und sprechen: Wo sind meine
Hülfsgötter, über die ihr Zwiespalt hattet?
Da sprachen, die empfangen haben Wissenschaft:
Ja Schande heut und Weh ob den Ungläubigen.

30/28 Die hin die Todesengel nahmen
Mit schuldbeladnen Seelen,
Ergeben wollen sie sich nun:
Wir thaten ja kein Böses!
Ja! Gott ist kundig dessen was ihr thatet.

31/29 Geht ein denn in die Pforten
Gehennas, ewig seid ihr drin,
Wol übel ist die Stätte der Hochmüthigen.

32/30 Doch sagt man denen die da fürchten:
Was hat denn euer Herr gesendet?
So sagen sie: Nur Gutes!
Für die, so schön gehandelt
In dieser Welt, ist Schönes,
Die Wohnstatt in der andern doch ist besser,
O wonnige Statt der Gottesfürcht'gen!

33/31 Die Gärten Edens, wo sie eingehn,
Darunter hin die Ströme fließen,
Sie haben drinnen was sie wünschen;
So lohnet Gott die Gottesfürcht'gen.

34/32 Die hin die Todesengel nahmen, wohlgemuth,
Sprechend: Fried' über euch!
Geht ein zum Garten,
Um das was ihr gewirket habt.

35/33 Doch was erwarten die, als daß
Ihnen kommen die Todesengel,
Und komme deines Herrn Gericht?
So machtens die vor ihnen auch.
Und nicht that ihnen Unrecht Gott,
Sie selber thaten ihren Seelen Unrecht.

36/34 Da traf sie alles Böse des,
Was sie gethan, und auf sie fiel,
Was sie verspottet hatten.

37/35 Nun sprechen die Abgöttischen:
So Gott es wollte, hätten wir
Nichts angebetet außer ihm,
Nicht wir, noch unsre Väter,
Und hätten nichts geweihet außer ihm.
So machtens die vor ihnen auch;
Was aber liegt den Boten ob,
Als nur die klare Meldung?

38/36 Wir sandten jedem Volk schon einen Boten:
Dient Gott und laßt das Irrsal.
Von ihnen manchen hat nun Gott geleitet,
Und über manchem war verhängt die Irre.
Doch reiset nur durchs Land, und sehet,
Wie war das Ende der Verleugner!

39/37 Bist du begierig sie zu leiten?
Gott leitet nicht, wen er läßt irrgehn,
Und für sie ist kein Helfer.

40/38 Geschworen haben sie bei Gott
Mit ihren stärksten Eiden:
Erwecken wird nicht Gott, wer stirbt.
Ja! ein Verheiß von ihm ists fest;
Allein die meisten von den Menschen wissens nicht.

41/39 Damit er ihnen ansag' einst,
Worüber sie uneinig waren;
Damit die Leugner auch erfahren,
Daß sie gewesen Lügner.

42/40 Nur unser Wort zu einem Ding,
Sobald wirs haben wollen,
Ist, daß wir zu ihm sagen: Werde! und es wird.

43/41 Doch die auswanderten um Gott,
Nachdem sie Unrecht litten,
Wir siedeln ihnen in der Welt ein Schönes;
Der Lohn der andern aber
Ist größer, wenn sie's wüßten.

44/42 Die in Geduld ausharrten und
Auf ihren Herrn vertrauen.

45/43 Wir haben auch vor dir gesandt nur Männer,
Denen wir offenbarten,
(Fragt nur das Volk der Schrift, wenn ihrs nicht wisset!)

46/44 Mit Schrifturkunden und Abschnitten,
Und schickten dir die Mahnung zu,
Damit du kündigtest den Menschen,
Was ihnen zugesandt ist,
Ob sies vielleicht bedenken wollen.

47/45 Sind denn so sicher, die da listen,
Vorm Unheil, daß
Gott lasse klaffen unter ihnen
Den Boden, oder ihnen komme
Das Strafgericht, vonwannen sie's nicht merken!

48/46 Oder es sie ergreif' in ihren
Umtrieben, und sie werden nichts entkräften!

49/47 Oder er sie ergreife nur zur Schreckung!
Denn euer Herr ist gnädig huldreich.

50/48 O sahen sie nicht an, was alles
Hat Gott geschaffen irgend,
Es wenden sich davon die Schatten rechts und links,
Anbetend Gott fußfällig, sich erniedernd.

51/49 Und Gott fußfällig betet an,
Was da im Himmel ist, und was
Auf Erden von Geschöpfen,
Die Engel auch, und sind nicht stolz.

52/50 Sie fürchten ihren Herrn von oben,
Und thun, was sie geheißen sind.

53/51 Und Gott sprach: Nehmet nicht an Götter zwei!
Es ist nur Gott ein Einziger,
Ich, und mich sollt ihr scheun.

54/52 Und sein ist, was im Himmel und was auf Erden ist;
Sein ist der Dienst beständig;
Was außer Gott denn wollt ihr fürchten?

55/53 Und was an euch von Wohlthat ist, das ist von Gott;
Dann, wenn euch rührt ein Weh an,
So schreiet ihr zu ihm.

56/54 Dann, wenn er nimmt das Weh von euch,
Gleich wird von euch ein Haufen
Beigeben eurem Herrn Beigötter;

57/55 Daß sie undankbar leugnen, was wir ihnen gaben.
Nun so genießt! einst werdet ihrs erfahren.

58/56 Und geben dem, was sie nicht kennen, Antheil
Von dem, womit wir sie versorgten.

Bei Gott! man wird euch fragen
Um das was ihr erlogt.

59/57 Und geben Gotte Töchter, (Preis ihm!)
Sie aber haben was sie wünschen.

Vers 59 *Töchter* **die Engel, weiblich. –** *was sie wünschen* **nämlich: Söhne.**

60/58 Wird ihrer einem angesagt ein Mädchen,
So wird sein Antlitz dunkel,
Und Ärger würget ihn.

Vers 60 *ein Mädchen* **die Geburt eines Mädchens.**

61/59 Er birgt sich vor den Leuten ob
Der Schmach des Angesagten;
Wird ers behalten mit Verachtung?
Oder verscharrt er es im Staub?
Wie übel ist ihr Urtheil!

62/60 Für jene, die nicht glauben
Ans Ende, ist das üble Gleichnis,
Doch für Gott ist das hohe Gleichnis,
Und Er ist der Allmächtige, der Allweise.

63/61 Doch wollte fassen Gott die Menschen
An ihrer Schuld, so ließ' er übrig
Auf Erden kein Geschöpf.
Doch Aufschub gibt er ihnen auf bestimmte Frist,
Und ist gekommen ihre Frist,
So verzögern sie keine Stunde,
Und eilen keine vor.

64/62 Sie aber geben Gott, was sie verschmähen,
Und ihre Zungen reden Lüge,
Daß ihnen werden wird das Schönste.
Kein Anstoß! ihnen wird das Feuer,
Sie sind vor allen verstoßen.

65/63 Bei Gott! wir sandten an die Stämme schon vor dir;
Doch Satan schmückte ihnen ihre Werke;
So ist er ihr Genoß' nun heut',
Und ihre Straf' ist peinvoll.

66/64 Wir aber gaben dir das Buch nur,
Damit du ihnen deutetest
Dasjenige worüber sie noch streiten,
So wie zu Leitung auch und Gnade
Für alle, die da glauben.

67/65 Gott hat gesandt vom Himmel Wasser,
Und hat damit belebt die Erde,
Nachdem sie todt war; traun, hierin ist
Ein Zeichen für die Hörenden.

68/66 Und an dem Hausthier habet ihr ein Beispiel.
Wir geben euch zu trinken
Von dem was es in seinem Bauch
Hat zwischen Blut und Unrath,
Milch, lautre, leichteingehende den Trinkern.

69/67 Und von der Frucht der Palme,
Und von den Trauben nehmet ihr
Ein Rauschgetränk und Nahrung schön.
Darin ist traun ein Zeichen
Für solche die verständig sind.

70/68 Und offenbaret hat dein Herr der Biene:
Nimm in Bergklüften deine Wohnung,
In Bäumen, und in dem was Menschen aufbaun.

71/69 Dann iß von allen Früchten,
Und geh die Wege deines Herrn in Demuth.
Aus ihrem Innern kommt ein Saft
Von mannigfacher Farbe,
In ihm ist Heilung für die Menschen.
Darin ist traun ein Zeichen
Für solche, die da denken nach.

72/70 Und Gott hat euch geschaffen,
Dann nimmt er euch zu sich,
Doch von euch mancher wird gebracht
Zurück zum Niedersten des Lebens,
Sodaß er nichts mehr weiß, nachdem er wußte.
Doch Gott ist weise und mächtig.

73/71 Und Gott hat ausgezeichnet
Von euch den einen vor dem andern
Im Unterhalt; doch die da ausgezeichnet sind,
Sie geben ihren Unterhalt
Nicht hin an die, so unter ihrer Hand stehn,
Sodaß sie darin würden gleich.
Wollt ihr die Wohlthat Gottes wol bestreiten?

74/72 Gott hat gemacht für euch auch von euch selber Frauen,
Und hat gemacht für euch von euren Frauen Söhn' und Enkel,
Und euch versorgt mit allem Guten.
Wie? wollen sie ans Eitle glauben
Und Gottes Wohlthat leugnen?

75/73 Und beten neben Gott an, was
Nicht ist im Stand sie zu versorgen
Vom Himmel und von Erden irgend,
Und nichts vermögen sie.

76/74 Drum präget doch für Gott kein Gleichnis!
Denn Gott weiß, und ihr wisset nicht.

77/75 Geprägt hat Gott ein Gleichnis, einen dienstbarn Knecht,
Der Macht hat über Nichts, und einen,
Den wir versorgt von uns aus haben
Mit schönem Lebensunterhalt,
Er aber spendet davon heimlich
Und öffentlich. Sind gleich wol beide?
Bewahre Gott! allein die meisten
Von ihnen sind unwissend.

78/76 Und auch geprägt hat Gott ein Gleichnis,
Zwei Männer, ihrer einer stumm,
Der Macht hat über nichts, und er
Ist eine Last für seinen Pfleger;
Wohin er ihn mag schicken,
Er bringt nichts Gutes. Ist wol gleich
Der, und dagegen wer gebeut, was Recht ist,
Und wandelt auf geradem Pfad?

79/77 Doch Gottes ist die Heimlichkeit
Des Himmels und der Erde,
Und das Gebot der letzten Stunde ist
Nur wie ein Blink des Auges oder schneller;
Denn Gott ist jedes Dings gewaltig.

80/78 Und Gott hat euch hervorgebracht
Aus eurer Mütter Leibern,
Und hat gemacht euch das Gehör,
Die Augen und die Herzen,
Ob ihr seid etwa dankbar.

81/79 O sahen sie nicht an die Vögel,
Die dienstbaren im Luftraum?
Nichts hält sie als nur Gott.
In diesem traun sind Zeichen
Für solche die da glauben.

82/80 Und Gott hat euch gemacht aus euren Zelten Wohnung,
Und hat gemacht euch aus Thierhäuten Zelte,
Die ihr bewegt am Tag des Aufbruchs
Und an dem Tag der Niederlassung;

Dazu aus ihren Wollen, Vließen, Haaren
Geräth und Nutz auf eine Zeit.

83/81 Und Gott hat euch gemacht aus dem,
Was er erschuf, Beschattung,
Und hat gemacht euch aus den Bergen Schlupfe,
Und hat gemacht euch Leibgewänder,
Abwehrend euch die Hitze,
Und Leibgewänder, euch im Kampf
Abwehrend eur Versehr. So
Vollendet er an euch die Wohlthat,
Ob ihr ergeben seyn wollt!

84/82 Doch wenn sie ab sich wenden, nun,
Dir liegt nur ob die klare Meldung.

85/83 Gottes Wohlthat erkennen sie,
Dann leugnen sie dieselbe,
Und ihre meisten sind ungläubig.

86/84 Doch Tags, wo wir erwecken werden
Aus jedem Volkstamm einen Zeugen,
Dann wird kein Urlaub denen die nicht glaubten.
Und nicht entschuldigt werden sie.

87/85 Doch wenn nun sehn, die da gesündigt,
Die Pein, und nichts erleichtert sie,
Und sie sind ungefristet –

88/86 Doch wenn nun sehn
Die Götzendiener ihre Götzen, sprechen sie:
Herr, das sind unsre Götzen,
Die wir anriefen außer dir.
Doch diese werfen ihnen
Das Wort zu: Ihr seid Lügner.

89/87 Da werfen sie auf Gott des Tages ihr Vertraun,
Und ihnen schwand, was sie erdichtet hatten.

90/88 Die da verleugneten und stießen
Vom Pfade Gottes, ihnen mehrten
Wir eine Pein ob ihrer Pein
Um das was sie gefrevelt.

91/89 Und Tags wo wir erwecken werden
Aus jedem Volkstamm einen Zeugen über sie
Aus ihnen selber, und da bringen
Wir dich als Zeugen über diese,
Und haben dir verliehn das Buch zur Deutung

Für alles, und zur Leitung und Barmherzigkeit
Und Freudenbotschaft für die Moslems.

92/90 Denn Gott gebietet Fug und Recht
Und Wohlthun den Verwandten,
Und er verbietet Unglimpf, Unbill, Frevel.
Er mahnet euch, ob ihr bedenken wollet.

93/91 O haltet Gottes Bund, wann ihr euch habt verbunden,
Und trennt nicht auf den Eidschwur,
Nachdem er ward gefestigt,
Und Gott habt ihr gemacht ob euch zum Bürgen.
Ja Gott weiß was ihr thut.

94/92 Und seid nicht wie ein Weib, die auftrennt ihr Gespinst,
Nachdem es stark war, fetzenweise,
Indem ihr brauchet eure Eide
Zu Wirren unter euch,
Daß ein Geschlecht sei größer als das andre.
Doch Gott versucht euch nur damit,
Und sagen wird ers euch am Tag der Auferstehung,
Worüber ihr gestritten habt.

95/93 Und hätte Gott gewollt, so hätt' er euch gemacht
Zu einem einzigen Geschlecht;
Doch er läßt irrgehn, wen er will,
Und leitet wen er will;
Und fragen wird man euch um was ihr thatet.

96/94 So brauchet eure Eide nicht
Zu Wirren unter euch, daß gleite
Ein Fuß, nachdem er fest stand, und ihr schmecket
Das Weh davon, daß ihr verstießet
Von Gottes Pfad, und groß ist eure Strafe.

97/95 Erkaufet nicht um Gottes Bund
Gut von geringem Werth!
Denn das bei Gott ist besser
Für euch, wenn ihr es wüßtet.

98/96 Denn das bei euch zergeht,
Und das bei Gott ist bleibend,
Erstatten wird er denen, die
Geduldig harren, ihren Lohn,
Vom schönsten dessen was sie thaten.

99/97 Wer Gutes that, Mann oder Weib,
Und gläubig ist, den werden wir

Beleben zu wonnigem Leben,
Und ihnen erstatten ihren Lohn,
Vom schönsten dessen was sie thaten.

100/98 Wenn du den Koran liesest nun,
So bitte Gott um Zuflucht vorm
Gesteinigten Satane.

101/99 Denn er hat keine Vollmacht über
Die glauben und auf ihren Herrn vertrauen.

102/100 Nur über die ist seine Vollmacht,
Die ihn zum Freunde wählen,
Und treiben mit ihm Götzendienst.

103/101 Wenn an die Stelle eines Zeichens
Wir nun ein andres setzen (doch
Gott weiß am besten was er offenbaret),
So sprechen sie: Du hast es nur erdichtet.
Nein! ihre meisten wissen nichts.

104/102 Sprich: Offenbaret hats der Geist der Heiligkeit
Von deinem Herrn, mit Absicht
Die zu befestigen, die da glauben,
Zu Leitung auch
Und Freudenkunde den Ergebnen.

Vers 104 *mit Absicht* **Diese Übersetzung von** *bi-l-ḥaqqi* **ist anderswo auch anzuwenden. –** *Ergebnen* **Moslim's.**

105/103 Wir wissen wohl auch, daß sie sagen:
Es lehret ihn ein Mensch.
Die Zunge dessen, den sie meinen,
Ist eine fremde, aber dis
Ist rein arabische Zunge.

106/104 Fürwahr, die, so nicht glauben an die Zeichen Gottes,
Dieselben leitet Gott nicht,
Und ihrer wartet scharfe Pein.

107/105 Nur Lug erdichten jene, die
Nicht glauben an die Zeichen Gottes,
Dieselben sind die Lügner.

108/106 Wer leugnet Gott, nachdem er glaubte,
Außer wer da gezwungen ward,
Indeß sein Herz beruhete im Glauben, –
Doch wer aus freier Brust verleugnet,
Ob denen ist ein Zorn von Gott,
Und ihrer wartet große Pein.

109/107 Dis, weil sie haben lieb das Leben
Hienieden vor dem andern,
Und weil Gott leitet nicht das Volk der Leugner.

110/108 Sie sind es, denen Gott hat
Versiegelt ihre Herzen,
Und ihr Gehör und ihre Augen,
Und sie sind ungewahrsam:

–/109 Kein Zweifel, in der andern Welt
Sind diese die Verlustigen.

111/110 Aber dein Herr ist jenen, die
Auswanderten, nachdem geprüft sie wurden,
Dann stritten und ausharreten, –
Fürwahr dein Herr nach diesem
Ist huldreich und barmherzig.

112/111 Am Tag wo jede Seele kommt,
Und für sich selber kämpfet,
Und jede wird belohnt für ihre Werke,
Da werden sie nicht seyn verkürzt.

113/112 Gott aber hat geprägt ein Gleichnis: eine Stadt,
Die sorglos war in Ruh,
Ihr Unterhalt kam reichlich ihr von jedem Ort,
Doch undankbar verleugnete
Sie die Wohlthaten Gottes,
Da ließ sie Gott verkosten das
Gewand des Hungers und der Furcht,
Um ihrer Werke willen.

114/113 Und schon gekommen war ein Bote ihnen
Aus ihnen selber, den sie Lügen straften;
Da fassete die Strafe sie,
Indem sie Sünder waren.

115/114 Ihr aber, eßt von dem, womit euch Gott versorgt,
Erlaubtes, Liebliches, und dankt
Für Gottes Huld, wenn ihr seid dessen Diener.

116/115 Verboten hat er euch nur das Gestorbne,
Das Blut, das Fleisch der Sau, und was
Geopfert einem außer Gott ward.
Doch wer gezwungen wird, und es
Nicht will und es nicht widerholt, –
Nun Gott ist gnädig gernverzeihend.

117/116 Und redet nicht von dem,
Was eure Zungen nennen, Lug:
»Dis ist erlaubt, und dis verboten«,

Daß ihr auf Gott erdichtet Lug;
Denn die auf Gott erdichten Lug,
Dieselben sind nicht glücklich:

118/117 Ein kurzer Nießbrauch, und darauf
Wird ihnen Strafe peinlich.

119/118 Auch denen, die sich Juden nennen,
Verboten wir, was wir zuvor dir sagten.
Nicht Unrecht thun wir ihnen, sondern
Sie thun sich selber Unrecht.

120/119 Aber dein Herr ist jenen, die
Sündigten in Unwissenheit,
Sodann bekehrten sich hernach und besserten –,
Fürwahr dein Herr nach diesem
Ist gnädig, gernverzeihend.

121/120 Traun, Abraham war ein Geschlecht,
Gott unterwürfig und andächtig,
Und war nicht von den Götzendienern;

122/121 Dankbar für Gottes Gnaden, der ihn wählte,
Und leitet' ihn zum Wege dem geraden.

123/122 Wir gaben ihm in dieser Welt ein Schönes,
Und in der andern ist er von den Frommen.

124/123 Dann offenbareten wir dir:
Folge der Innung Abrahams, andächtig,
Der nicht war von den Götzendienern.

Vers 124 *Innung milla* **Innung, immer, oder doch öfter.**

125/124 Der Sabbat ist für jene nur
Gemacht, die drüber streiten;
Und ja dein Herr wird richten zwischen ihnen
Am Tag der Urständ' über das,
Worüber sie nun streiten.

126/125 Berufe du zum Weg des Herrn
Mit Weisheit und mit Predigt schön!
Bekämpfe sie nur mit dem Bessern!
Dein Herr ja kennt am besten, wer
Verirrt von seinem Wege,
Und kennt am besten auch die rechtgeleiteten.

127/126 Wenn aber ihr euch rächet,
So rächet euch mit gleichem wie
Man sich an euch gerächet.

Wenn aber ihr geduldig euch
Enthaltet, besser ist das den Geduldgen.

128/127 Gedulde dich, und dein Gedulden
Ist nur in Gott, betrübe dich nicht über sie,
Und sei beengt nicht über was sie listen.
Gott ist mit denen, die ihn fürchten,
Und die da thun das Gute.

Aus Sure 17
Überschrieben
Er reiste in der Nacht

1/1 Preis ihm, der reiste
Mit seinem Diener in der Nacht
Vom Betehaus dem geweihten
Bis zu dem Betehaus der Grenze,
Das ringsum wir gesegnet haben;
Daß wir ihm zeigten einiges unsrer Wunder.
Ja, Gott ist der da hört und sieht.

2/2 Wir aber gaben Mosen
Das Buch, das wir zur Leitung machten
Den Söhnen Israels, hierin:
Nicht nehmet außer mir an einen Beistand;

3/3 Als Saame derer, die wir trugen
Mit Noa durch die Fluten; denn
Er war ein Diener dankbar.

4/4 Doch dann bestimmten wir den Söhnen Israels
In unserm Buche: Zweimal sollt
Ihr freveln auf der Erd' und euch
Erhöhn zu großer Höhe.

5/5 Und als nun die Verheißung kam
Des ersten Mals von beiden,
Da erweckten wir gegen sie
Ein Heer von unsern Knechten,
Begabt mit starker Streitkraft;
Die drangen ein in Landes Mitten,
Und die Verheißung war geschehn.

6/6 Dann wandten wir euch wieder zu
Die Obhand über jene,

Und breiteten euch aus
An Gütern und an Söhnen,
Und machten größer euch an Volkszahl.

7/7 Wenn ihr nun Gutes thut, so tut ihrs euren Seelen,
Wenn aber Böses, ihnen auch.
Doch als nun die Verheißung kam des letzten,
Daß sie verhöhnten eure Angesehnen
Und drangen ein ins Heiligthum,
Wie sie darin das erste Mal gedrungen,
Zerstörend, was sie nur betraten, mit Zerstörung;

8/8 Vielleicht wird euer Herr sich euer nun erbarmen,
Doch thut ihrs wieder, so thun wirs auch wieder,
Und machen die Gehenna
Den Leugnern zum Umfang.

9/9 Wahrhaftig dieser Koran leitet
Zum Glücke von Bestand, und Freude
Verkündet er den Gläubigen,

10/- Die da das Gute thun: Daß ihnen
Bevorsteht großer Lohn,

11/10 Und daß, die da nicht glauben an das Ende,
Bereitet haben wir ihnen Strafe peinlich.

12/11 Ruft doch der Mensch das Böse,
Als riefe er das Gute, ja
Der Mensch ist höchst eilfertig.

13/12 Wir machten Nacht und Tag euch zu zwei Zeichen.
Wir löschen aus das Zeichen nun
Der Nacht, und machen dann das Zeichen
Des Tages sichtbar, daß ihr suchet
Güter von eurem Herren,
Und daß ihr kennt die Zahl der Jahre
Und Zeitrechnung, und Alles haben
Wir gesondert mit Sonderung.

14/13 Und jedem Menschen haben wir
Geheftet sein Geschick an seinen Nacken,
Und ziehn hervor für ihn am Tag der Urständ'
Ein Buch, er findets aufgeschlagen:

15/14 Da lis dein Buch! Es genüget deine Seele
Heut gegen dich zur Klägerinn.

16/15 Wer richtig geht, geht richtig seiner Seele nur,
Und wer da irret, irrt nur ihr zum Schaden.
Nicht ladet eine schuldbeladne

Die Ladung auf von einer andern;
Und niemals straften wir, bevor
Wir senden einen Boten.

17/16 Doch wann wir dachten zu verderben eine Stadt,
Hießen wir's ihren Reichen, und sie frevelten
In ihr, da traf die Stadt der Spruch,
Wir trümmerten sie in Trümmer.

18/17 Wieviel verdarben wir der Volksgeschlechter
Nach Noa! und es gnügt dein Herr
Den Sünden seiner Knechte
Zum Forscher und zum Schauer.

19/18 Wer hier dis Flüchtige begehrt,
Wir geben auf der Flucht ihm
Daran soviel wir wollen, wem wir mögen,
Dann machten wir für ihn die Hölle, die er heizt,
Gescholten und verstoßen.

20/19 Doch wer das Andre dort begehrt,
Und fleißt darauf sich rechten Fleißes,
Und ist dabei ein Gläubiger;
Nun solche sind es, deren Fleiß bedankt wird.

21/20 Wir spenden alles, dis und jenes,
Von dem Geschenke deines Herrn,
Und nie ist deines Herrn Geschenk versperrt.

22/21 Sieh, wie wir Vorzug gaben einem
Von ihnen vor dem andern hier;
In jenem Leben aber sind
Die Stufen größer, größer noch der Vorzug.

23/22 O mache neben Gott nicht einen andern Gott,
Sonst sitzest du gescholten und verlassen.

24/23 Verordnet hat dein Herr, daß ihr
Nicht sollt anbeten alsnur ihn,
Und an den Eltern schön zu handeln,
Ob nun gelangen mag bei dir
Zum Alter eins von ihnen oder beide.
Und sage nicht zu ihnen Pfui,
Schilt sie nicht, sondern sprich
Zu ihnen Worte freundlich.

25/24 Und ihnen senke du den Fittig
Der Demuth aus liebreichem Sinn,
Und sprich: Mein Herr, sei liebreich ihnen,
Alswie sie mich erzogen haben kleinauf.

26/25 Es kennt am besten euer Herr
Das was in euch ist, wenn ihr fromm seid;

27/– Und Er ist den Bekehrten gnädig.

28/26 Auch dem Verwandten gib sein Recht, und
Dem Armen und dem Sohn des Weges,
Doch auch verschwende nicht verschwenderisch.

29/27 Denn die Verschwender sind die Brüder
Der Satane, und Satan war
An seinem Herrn undankbar.

30/28 Doch wenn du ihnen weigerst, weil du selber
Suchst Huld vom Herrn, auf die du wartest,
Sag ihnen doch ein lindes Wort.

31/29 Laß weder deinen Arm gefesselt
An deiner Schulter haften,
Noch dehn' ihn aus mit aller Dehnung;
Sonst sitzest du getadelt und geblößet.

32/30 Gott dehnt die Nahrung wem er will und misset sie,
Und Er ist seiner Knechte kundiger Schauer.

33/31 Auch tödtet eure Kinder nicht
Aus Sorge vor Verarmung;
Wir werden sie ernähren und euch selber;
Traun ihre Tödtung ist ein großer Frevel.

34/32 Und nahet nicht der Unzucht; sie
Ist eine Schmach und übler Weg.

35/33 Auch tödtet nicht ein Leben, welches Gott verpönt,
Es sei denn nach dem Rechte.
Doch wer getödtet wird mit Unrecht, dessen
Vertreter geben wir Gewalt,
Doch überschreit' er nicht die Grenz' im Todtschlag,
Und Beistand soll er haben.

36/34 Auch rühret Waisengut nicht an
Außer zu seinem Besten,
Bis er zu seinen Jahren komme.
Und haltet das Versprechen,
Denn das Versprechen wird gefordert.

37/35 Und haltet treues Maß auch, wo ihr messet,
Und wägt mit rechter Wage,
Das ist euch besser, eine schönre Weise.

38/36 Auch zeihe nicht, um was du hast kein Wissen;
Denn Ohr und Aug' und Herz, von allen diesen
Wird Rechenschaft gefordert.

39/37 Und schreite nicht auf Erden übermüthig,
Denn spalten wirst du nicht die Erde,
Noch reichen an die Berg' an Länge.

40/38 All dieses, derlei Laster ist
Bei deinem Herrn unangenehm.

41/39 Dis ist von dem, was offenbart
Dir hat dein Herr von Weisheit;
Und mache neben Gott nicht einen andern Gott,
Daß du geworfen werdest in die Hölle,
Verachtet und verstoßen.

42/40 Hätt' euch begnadigt euer Herr mit Söhnen,
Und hätte selber an den Engeln Töchter?
Ihr redet traun ein großes Wort!

43/41 Einräumten wir nun ihnen diesen Koran,
Damit sie sich bedenken möchten,
Doch mehrts nur ihre Störrigkeit.

Vers 43 *einräumen ṣarrafnā*? **Wol elliptisch = V. 91.**

44/42 Sprich also: Wären neben ihm
Götter, wie sie behaupten;
Sie hätten wol versucht dem Herrn
Des Thrones beizukommen.

Vers 44 *Sprich also* **öfter zu setzen.**

45/43 Preis ihm, er ist erhaben
Ob allem was sie sagen, hoch erhaben.

46/44 Es preisen ihn die sieben Himmel und die Erde,
Und was darin ist; und nichts ist,
Es preise denn sein Lob, doch sie
Verstehn nicht ihren Lobpreis:
Ja, er ist mild und huldreich.

47/45 Wenn aber du den Koran liesest, machen
Wir zwischen dir und denen, die nicht glauben
Ans andre Leben, einen dichten Vorhang.

48/46 Und machen über ihre Herzen Decken,
Daß sie ihn nicht verstehen, und in ihre Ohren Härte.

49/– Und wenn du nennest deinen Herrn im Koran
Den Einen, wenden sie sich um
Nach ihren Rücken, störrig.

50/47 Wir wissen es am besten, wem
Gehör sie geben, wenn Gehör

Sie geben dir, und wenn sie heimlich sich besprechen,
Wenn da die Sünder sagen:
Ihr folgt nur einem Mann, der ist bezaubert.

51/48 Sieh, wie sie schmiedeten auf dich die Gleichnisse!
So irren sie, und können nicht zum Wege.

52/49 Und sprechen: Wie denn? wann wir sind
Geworden Staub und Knochen,
Sollen wir denn erwecket seyn
Zu einem neuen Gebilde?

53/50 Sprich: Werdet Stein nur oder Stahl

–/51 Oder Gebilde härter noch
In euren Busen! Doch sie werden sprechen:
Wer soll uns wiederbringen? sprich:
Er der euch hat hervorgebracht das erste Mal.
Sie werden schütteln gegen dich die Köpfe,
Und sprechen: Wann wird dieses seyn?
Sprich: Möglich ist es bald,

54/52 Des Tages, wo er rufet euch,
Und Antwort gebet ihr mit seinem Lobe,
Und meint, geruhet hättet ihr
Nur eine kleine Weile.

55/53 Sag meinen Dienern:
Sie sollen nur das Beste reden.
Denn Satan will sie reizen gegeneinander,
Denn Satan ist dem Menschen
Ein offenbarer Feind.

Vers 55 Knüpft sich an V. 50.

56/54 Eur Herr kennt euch am besten; wenn er will, verzeiht er euch;
Und wenn er will, bestraft er euch.
Wir aber haben dich gesandt nicht über sie zum Hüter.

57/55 Dein Herr ja kennt am besten, was
Im Himmel und auf Erden lebet,
Und wir erhöhten einen der
Profeten über den andern,
Dem David gaben wir den Psalter.

58/56 Sprich: Rufet an diejenigen,
Die ihr behauptet neben ihm!
Sie können nicht entrücken
Das Weh von euch, noch ändern.

59/57 Diejenigen, die ihr rufet an,
Sie suchen selbst bei ihrem Herrn den Zutritt,
Wer näher sei in Gunst,
Und wünschen seine Huld,
Und fürchten seine Strafe;
Die Strafe deines Herrn ist traun zu scheuen.

60/58 Und keine Stadt ist, die wir nicht
Verderben werden vor dem Tag
Der Auferstehung, oder sie
Strafen mit schwerer Strafe;
Das ist im Buch geschrieben.

61/59 Nichts aber hält uns ab zu senden Boten
Mit Wunderzeichen, alsnur, daß
Sie Lügen zieh die Welt vor diesem.
So brachten zu Themud wir die Kamelkuh augensichtlich.
Sie aber frevelten an ihr;
Wir senden traun die Zeichen nur zum Schrecken.

Vers 61 ***Boten*** **einen Boten (Muhammed).**

62/60 Da sagten wir dir auch: dein Herr umzingelt
Die Menschen, und wir machten das
Gesicht, das wir dich ließen sehn,
Nur zur Versuchung für die Menschen,
Und zu dem Baum des Fluchs im Koran;
Wir schrecken sie, das aber mehrt
Und macht nur größer ihren Ungehorsam.

Vers 63–74 Für Einschiebsel zu erklären.

75/73 Vermöchten sie's, sie möchten dich verführen
Ab dem was wir dir offenbarten,
Daß du auf uns erdichten sollest andres,
Dann nähmen sie dich wol zum Freunde.

76/74 Und hätten wir dich nicht befestigt,
Du hättest fast zu ihnen dich
Geneigt ein Weniges.

77/75 Dann hätten wir dich kosten lassen
Gedoppeltes vom Leben und Gedoppeltes vom Tode,
Da fändest gegen uns du keinen Helfer.

78/76 Und wenn sie möchten, würden sie
Dich drängen aus dem Lande,
Daß sie dich draus vertrieben;
Dann würden sie doch hinter dir
Auch nur verbleiben kurze Frist:

79/77 Nach Ordnung derer, die wir sendeten vor dir
Als unsere Gesandten;
Und niemals wirst du finden
An unsrer Ordnung eine Änderung.

80/78 Bestelle das Gebet beim Neigen
Der Sonne bis zum Graun der Nacht,
Und lis den Koran um das Frühroth;
Denn Koranlesung ums Frühroth hat Segen.

81/79 Auch von der Nacht wach' einen Theil
Dir zum Verdienst freiwillig;
Vielleicht erweckt dich einst dein Herr
In ehrenvollem Stande.

82/80 Und sprich: Herr, laß mich ausgehn
Den Ausgang der Gerechtigkeit, und eingehn
Den Eingang der Gerechtigkeit;
Und setze mir von dir her Hülfsgewalten.

83/81 Sprich auch: Gekommen ist die Wahrheit,
Zergangen ist der Irrthum;
Denn aller Irrthum ist zergänglich.

84/82 Hernieder senden wir vom Koran
Was Heilung ist und Gnade für die Gläubigen,
Den Sündern aber mehrt es nur den Schaden.

85/83 Wann wir erweisen Huld dem Menschen, wendet er
Sich ab und weichet seitwerts;
Doch rührt das Übel ihn, wird er kleinmüthig.

86/84 Sprich: Jeder thu' nach seiner Weise!
Doch euer Herr weiß, wer den bessern Weg geht.

87/85 Sie fragen auch dich um den Geist;
So sprich: Der Geist
Kommt auf Befehl von meinem Herrn;
Euch aber ward vom Wissen nur ein Wenig.

88/86 Und wenn wir wollten, nähmen wir
Hinweg, was wir dir offenbarten;
Dann fändest du für dich hierin
Gegen uns keinen Anwalt;

89/87 Als Gnade nur von deinem Herrn;
Denn seine Huld ist an dir groß.

90/88 Sprich so: Wenn sich vereinigten
Die Menschen und die Genien,
Zu bringen etwas gleiches diesem Koran;

Nicht brächten sie ein gleiches ihm,
Wär' ihrer auch ein Theil des andern Beistand.

91/89 Wir haben ausgelegt den Menschen
In diesem Koran alle Art von Gleichnis;
Die meisten doch der Menschen wollten
Nicht andres wan Verleugnung.

92/90 Und sprachen: Nimmer werden wir dir glauben,
Bisdaß du lässest sprudeln
Uns aus dem Boden einen Quell;

93/91 Oder bis dir ein Garten wird
Von Palmen und von Reben,
Und lässest rings um ihn
Sprudelnde Ströme sprudeln.

94/92 Oder fallen lässest du vom Himmel,
Wie du gesagt, auf uns ein Stück,
Oder kommst mit Gott und mit den Engeln schaarweis;

95/93 Oder dir wird ein Haus von Goldprunk,
Oder du steigest auf zum Himmel;
Und nimmer glauben wir auch deinem Aufstieg,
Bis du herniederbringest uns
Ein Buch, das selbst wir lesen.
Sprich du: Preis meinem Herrn! was bin
Ich andres wan ein Sterblicher, ein Bote?

96/94 Doch nichts hielt ab die Menschen, daß sie glaubeten,
Da ihnen kam die Leitung,
Wan daß sie sprachen: Hat gesandt
Gott einen sterblichen Boten?

97/95 Sprich: Wenn auf Erden Engel wären,
Die friedlich wandelten,
So hätten ihnen wir gesandt
Vom Himmel einen Engel Boten.

98/96 Sprich: Gott genügt zum Zeugen zwischen mir und euch;
Denn Er ist seiner Knechte kundiger Schauer.

99/97 Wen Gott geleitet, der ist der Geleitete,
Doch die er lässet irre gehn, du findest nie
Für sie Vertreter außer ihm;
Und sie versammeln werden wir
Am Tag der Auferstehung
Auf ihren Angesichtern,
Blind, stumm und taub;

Ihr Einkehrort Gehenna,
So oft sie lischet, mehren
Wir ihnen neuen Brand.

100/98 Dis ihr Vergelt dafür, daß sie
Geleugnet unsre Zeichen und gesprochen:
Wie? wann wir sind geworden Staub und Knochen,
Wie? sollen wir denn seyn erweckt
Zu einer neuen Schöpfung?

101/99 O sehn sie nicht, daß Gott, der schuf
Den Himmel und die Erde,
Im Stand ist auch zu schaffen ihresgleichen?
Und ihnen setzt' er eine Frist,
An der nicht ist zu zweifeln;
Die Sünder aber wollen
Nicht andres wan Verleugnung.

102/100 Sprich: Wenn ihr waltetet des Schatzes
Der Gnade meines Herrn, ihr würdet sparen,
Aus Furcht was auszugeben; denn der Mensch ist karg.

103/101 Wir haben einst gegeben Mosen
Neun offenbare Zeichen,
Frag nur die Söhne Israels,
Als er zu ihnen kam, und Farao sprach zu ihm:
Ich halte dich, o Mose, für bezaubert.

104/102 Er aber sprach: Du weißt daß Niemand
Dis hat gesendet als der Herr
Des Himmels und der Erde augensichtlich;
Ich halte dich, o Farao, für verloren.

105/103 Da wollte er sie drängen aus dem Lande,
Doch wir ertränkten ihn, und wer mit ihm war insgesammt.

106/104 Und sprachen nachher zu den Söhnen Israels:
Bewohnet nun das Land, doch wenn
Nun die Verheißung kommt des letzten,
Lassen wir kommen euch bunt durcheinander.

Vers 106 *die Verheißung ... des letzten* **wol wie V. 7.**

–/105 In Wahrheit offenbaren wir,
In Wahrheit wird es offenbar,
Wir senden dich als Heilverkündiger und Warner,

107/106 Und einen Koran, den wir abgetheilet,
Daß du den Menschen lesest ihn in Pausen,
Den offenbarten wir als Offenbarung.

108/107 Sprich: Glaubt daran oder glaubet nicht!
Doch denen ward die Wissenschaft von ehmals,
Sie, wenn sie lesen hören, fallen
Auf ihr Gesicht anbetend hin,

–/108 Und sprechen: Preis sei unserm Herrn!
Erfüllt ist die Verheißung unsres Herren.

109/109 Und fallen hin auf ihr Gesicht, mit Weinen,
Und ihre Demuth wächst davon.

110/110 Sprich: Ruft Gott oder rufet Allerbarmer;
Wie immer ihr ihn rufen möget,
Sein sind die schönsten Namen.
Doch sei nicht laut mit deinem
Gebet, noch leise auch mit ihm,
Suche dazwischen einen Weg.

Vers 110 ***ar-Raḥmān*** **[der Allerbarmer] als Gottes Eigenname in Sure 19 besonders in dem Bruchstück v. 76 an bis zu Ende (V. 98), worin ein neuer Reim eintritt. Darin** ***ar-Raḥmān*** **V. 76. 81. 88. 90. 91. 93 (zweimal). 94. 96. Dazwischen nur zweimal** ***Allāh*****, was eingeschoben oder vertauscht seyn könnte. Vorher in der Sure steht** ***ar-Raḥmān*** **V. 18. 27. 45. 59. 62. 70,** ***Allāh*****aber Vers 31 (V. 35-41, die sichtlich eingeschoben sind, steht es zweimal). 49. 50. 59.**

111/111 Und sprich: Gelobt sei Gott, der nicht
Empfahn hat einen Sohn, und ihm
Ward kein Theilnehmer in der Herrschaft,
Noch ein Gehilfe wegen Ohnmacht;
Erheb ihn mit Erhebung!

18^E^ Sure
Die Grotte

1/1 Gelobt sei Gott, der niederließ auf seinen Knecht
Das Buch, und machte dran nichts Krummes,

2/2 Als stete Norm, zu predigen
Gewaltiges Gericht von unsrer Seite,
Und Heil zu kündigen
Den Gläubigen, die Gutes thun,
Daß ihrer wartet schöner Lohn,

–/3 Dabei sie bleiben ewig,

3/4 Und predigend zu warnen die
Da sagen: Gott hat einen Sohn.

4/5 Sie haben davon keine Kunde,
Nicht sie noch ihre Väter;
Groß ist das Wort, das geht aus ihrem Munde!
Sie reden nichts wan Lug.

5/6 Du aber quälst vielleicht dich ihretwegen,
Wenn sie nicht glauben diesem Wort, bekümmert.

6/7 Wir machten, was auf Erden ist, zum Schmuck ihr,
Die Menschen zu versuchen, wer
Der Bessre sei von Werken.

7/8 Und machen werden wir, was auf ihr ist, zu dürrem Staube.

8/9 Bedenkst du wol, daß die Genossen
Der Grott' und des Rakim von unsern Zeichen
Ein wunderbares waren?

Vers 8 Die Siebenschläfer, die wiedererweckten, sind ein Vorbild des Gerichtstags, auf den V. 7 anspielt.

9/10 Da flüchteten die Jünglinge zur Grotte
Und sprachen: Unser Herr! gib uns
Von deiner Seit' Erbarmung,
Gewähre uns in unsrem Rathe Richtigkeit!

10/11 Und wir betäubeten sie in der Grotte
Von Jahren eine Zahl.

11/12 Dann weckten wir sie, um zu wissen, welcher Theil
Von ihnen richtiger berechne
Die Frist von ihrem Weilen.

12/13 Wir wollen dir erzählen ihre Kunde nach der Wahrheit:
Sie waren Jünglinge, die glaubten
An ihren Herrn, und wir vermehrten sie an Leitung;

13/14 Und festigeten ihre Herzen, als sie standen
Und sprachen: unser Herr ist
Der Herr des Himmels und der Erde;
Wir rufen nimmer einen Gott an außer ihm,
Da sprächen wir ja Falsches.

14/15 Dis unser Volk nahm neben ihm an Götter;
O zeigten sie darüber klare Vollmacht doch;
Doch wer ist sündiger, als wer
Auf Gott erdichtet Lüge?

15/16 Wenn ihr euch nun von ihnen trennt und dem was sie
Anbeten außer Gott, so flüchtet
Zur Grotte! euer Herr wird euch
Entfalten einiges von seiner Gnade,
Und euch in eurem Rath gewähren Vorschub.

16/17 Nun sähest du die Sonne, wenn sie aufgeht,
Sich wenden ab von ihrer Grotte rechterhand,
Und wenn sie untergeht, von ihnen
Sie kehren ab zur linken;
Und sie sind drin im Raume.
Dis von den Zeichen deines Herrn;
Wen leitet Gott, der ist geleitet,
Doch wen er lässet irren, nimmer findest du
Ihm einen Freund und Führer.

Vers 16 *von ihrer Grotte* **Die Grotte (ihr Eingang) ist gegen Norden.**

17/18 Du sähest sie für wach an, doch sie schlafen;
Wir aber wenden sie zur rechten und zur linken.
Ihr Hündlein liegt gestreckt auf seinen Pfoten an der Schwelle.
Erblicketest du sie, du kehrtest
Von ihnen ab zur Flucht dich
Und würdest über sie voll Schrecken.

18/19 Und so erweckten wir sie dann,
Daß sie einander frageten;
Sprach einer der da sprach von ihnen:
Wielang habt ihr geweilet?
Sie sprachen: Einen Tag wol haben wir geweilt,
Oder einen Theil des Tages.
Sie sprachen: Euer Herr weiß besser,
Wielang ihr habt geweilet.
Nun aber sendet euer einen
Mit dieser euern Münze
Zur Stadt, dort schau' er, wer daselbst hat reinste Speis',
Und bring' euch Unterhalt davon;
Doch mach' er's fein, daß euch gewahre keiner.

19/20 Denn wenn sie euer habhaft würden,
So würden sie euch steinigen,
Oder zurück zu ihrer Sekt' euch bringen;
Das wär' euch ewig nimmer gut.

20/21 So aber ließen wir sie nun entdecken,
Aufdaß erkenneten die Menschen,
Daß die Verheißung Gottes wahr,
Und an der Stunde ist kein Zweifel.
Da wurden sie in ihrem Rath
Uneinig unter sich und sprachen:
Baut über sie ein Gebäude!
Ihr Herr weiß, wies mit ihnen ist.

Da sprachen, die in ihrem Rathe siegten:
Wir wollen machen über sie ein Bethaus.

21/22 Sie werden sagen: Drei, ihr vierter war ihr Hund;
Und werden sagen: Fünf, ihr sechster war ihr Hund;
Nur rathend aufs Verborgne;
Und werden sagen: Sieben, ihr achter war ihr Hund.
Sag du: Mein Herr weiß ihre Zahl recht,
Es wissen sie nur wenige.

22/23 Streit' anders nicht darüber, als
Mit gültiger Bestreitung,
Und frage drüber von denselben keinen.

23/24 Sag auch von keinem Ding: Ich will es morgen thun,
Als nur, wenns Gottes Will' ist.
Und denke deines Herrn, wann du vergaßest,
Und sprich: Wohl kann mein Herr mich leiten
Zu Näherem an Richtigkeit.

24/25 Nun denn, sie weileten in ihrer Grotte
Drei Hundert Jahr, darüber neun.

25/26 Sag: Gott weiß recht, wielang sie weilten;
Sein ist die Heimlichkeit des Himmels und der Erde;
Wie schauet er und hört! sie haben
Nicht außer ihm Vertreter,
Und Antheil seines Rathes gibt er keinem.

26/27 Trag vor, was dir ist offenbart
Vom Buche deines Herrn, nicht
Vertauschend seine Worte!
Du findest außer ihm nie eine Zuflucht.

27/28 Gedulde dich mit denen, die
Anrufen ihren Herrn.
Am Morgen und am Abend,
Suchend allein sein Angesicht;
Dein Auge weiche nicht von ihnen, daß du suchest
Den Schmuck des Lebens dieser Welt;
Und nicht gehorch' ihm, dessen Herz wir
Unachtsam machten unserer Erinnerung,
Und der da folget seiner Lust,
In seinem Rath ist er verlassen.

28/29 Sprich also: Dis die Wahrheit
Von euerm Herrn! wer will, der glaube!
Und wer da will, der leugne! doch wir haben
Bereitet für die Sündigen

Ein Feur, es überspannt sie dessen Decke.
Wenn sie nach Wasser rufen, bringt
Man ihnen Wasser gleich dem Gußerz,
Das senget die Gesichter;
O schlimmer Trank und üble Rast!

29/30 Doch die da glaubten und das Gute thaten,
Wir lassen nicht verloren gehn
Den Lohn des der da Gutes wirkte.

30/31 Dieselben sind in Gärten Edens,
Darunter hin die Ströme fließen,
Geschmückt darin mit Spangen
Von Gold, bekleidet mit Gewändern grünen,
Von Sundus und von Atlas,
Gelagert drin auf Thronen;
O guter Lohn und schöne Rast!

31/32 Präg' ihnen auch ein Gleichnis,
Zwei Männer, deren einem wir zwei Gärten machten
Von Reben, und sie faßten ein mit Palmen,
Und machten zwischen die zwei Gärten Saatfeld,

–/33 Die beiden Gärten gaben ihre Früchte
Und unterschlugen nichts davon.

32/– Wir ließen sprudeln zwischen ihnen Ströme,

–/34 Und ihm ward ein Ertrag, da sprach er
Zu seinem Nachbar, ihn bestreitend:
Ich bin reicher an Gut als du
Und herrlicher von Stamm.

33/35 Und gieng in seine Gärten,
Indem er sich versündigte,
Und sprach: Ich denke nicht daß diese
Zu Grunde gehn in Ewigkeit.

34/36 Noch denk' ich daß die letzte Stunde
Bevorsteht, aber wenn ich werde heimgebracht
Zu meinem Herrn, so werd' ich finden
Noch bessern Aufenthalt.

35/37 Da sprach zu ihm sein Nachbar, ihn bestreitend:
Verleugnest du undankbar den, der dich erschuf
Aus Staub, sodann aus einem Tröpfchen,
Sodann dich bildete zum Mann?

36/38 Doch Er, Gott, ist mein Herr, und nicht
Gesell' ich meinem Herrn abgöttisch irgend wen.

37/39 O hättest du doch nur, als du
In deinen Garten tratest,
Gesagt: Wie Gott will! keine Macht ist als in Gott!
Wenn du doch mich ansiehest für geringer
Als dich an Gut und Kind.

38/40 Allein vielleicht gibt mir mein Herr ein bessres
Als deinen Garten hier, und sendet
Auf ihn ein Strafgericht vom Himmel,
Daß er ist Morgens Oedung kahl,

39/41 Oder morgens sein Wasser einsiegt,
So daß dus nimmer finden kannst.

40/42 Da kam ihm rings um sein Ertrag,
Und morgens rang er seine Hände
Ob dem was er darauf verwandt;
Verfallen war der Garten mit seinen Lauben.
Er sprach: O hätt' ich
Nicht meinem Herren wen gesellt.

41/43 Da blieb ihm nun kein Anhang,
Die ihm beiständen gegen Gott,
Und nicht konnt' er bestehn.

42/44 Die Schutzherrschaft ist dort bei Gott, dem wahren,
Er ist der beste zur Belohnung,
Der beste zum Vergelt.

43/45 Präg' ihnen auch das Gleichnis
Des Lebens dieser Welt, gleich Wasser,
Das wir vom Himmel sendeten,
Da mischte sich mit ihm das Grün der Erde,
Doch eines Morgens war es Spreu,
Die streueten die Winde;
Und Gott hat jedes Dings Gewalt.

44/46 Güter und Kinder sind ein Schmuck
Des Lebens dieser Welt,
Allein das Bleibende, das Gute, besser ists
Bei deinem Herrn zum Lohne
Und besser zum Erwerb.

45/47 Am Tage wo wir machen gehn die Berge,
Und du die Erde siehst vortreten,
Wo wir versammeln alle,
Und ihrer keinen übergehn.

46/48 Sie werden vorgeführt dem Herrn in Reihe:
Nun seid ihr uns gekommen,

Alswie wir euch erschufen
Das erstemal; ihr sagtet doch,
Wir hätten nie euch eine Frist gesetzt.

47/49 Und vorgelegt ist nun das Buch,
Da siehest du die Schuldigen erbangend
Vor dem was darin steht. Sie sprechen:
Weh uns! was ists mit diesem Buche?
Es übergeht nichts Kleines und nichts Großes,
Es rechn' es denn. Sie finden nun
Das was sie thaten, gegenwärtig,
Und keinem Unrecht thut dein Herr. –

48/50 Wie da wir zu den Engeln sprachen: Fallet nieder
Vor Adam! und sie fielen nieder;
Nur Iblis, der war von den Dschinnen,
Der fiel von seines Herrn Gebot ab.
Wollt ihr nun ihn und seinen Abstamm
Annehmen zu Genossen außer mir, da sie euch feind sind?
O schlimmer Eintausch für die Sünder!

49/51 Ich nahm euch nicht zu Zeugen bei
Der Schöpfung Himmels und der Erde,
Noch bei der Schöpfung euer selbst;
Und hätt' ich die Verführer wol zum Beistand nehmen sollen?

50/52 Des Tages wo wir sprechen werden:
Ruft unsre Nebengötter, die ihr glaubtet!
Da rufen sie dieselben, doch
Sie geben keine Antwort ihnen;
Wir machten zwischen ihnen eine grause Kluft.

51/53 Nun sehn die Schuldigen das Feuer,
Und merken daß sie fallen drein,
Und finden davon keinen Abwand.

— — —

59/60 Als wie da Mose sprach zu seinem Knaben:
Ich ruh nicht bis ich komme zum Verein der beiden Wasser,
Und sollt' ich gehn ein Menschenalter.

Vers 59 *Verein der beiden Wasser* **der unsichtbare unterirdische Verband von süßem und bitterm Wasser. Dahin ist Mose gewiesen, dort werde er einen Profeten finden. Er kommt hin ohne den Ort zu erkennen.**

60/61 Als sie nun waren zum Verein der beiden hingekommen,
Vergaßen sie dort ihren Fisch,
Der nahm ins Wasser seinen Weg in Eile.

61/62 Und als sie weiter drauf gegangen,
Sprach er zu seinem Knaben: Gib uns unsre Kost!
Wir sind von dieser unsrer Reis' ermüdet.

62/63 Sprach dieser: Denke nur! als wir
Dort rasteten am Felsen, da vergaß ich
Den Fisch, und mich vergessen machte
Der Satan nur, daß ich daran nicht dachte.
Und er nahm seinen Weg ins Wasser wunderbar.

63/64 Sprach Mose: Das ist, was wir wünschten! –
Da giengen sie zurück auf ihren Spuren Schritt vor Schritt.

Vers 63 *Das ist, was wir wünschten* **Der zur Reisezehrung mitgenommene (gedörrte) Fisch, war, da der Knabe ihn unachtsam hingelegt, ins Wasser gesprungen. Das war aber dem Mose verheißen als ein Zeichen des erreichten Zieles.**

64/65 Und fanden einen Knecht von unsern Knechten,
Dem wir geschenket Huld von uns
Und hatten ihn gelehrt von unsrer Seite Weisheit.

65/66 Zu ihm sprach Mose: Darf ich mit dir gehn,
Aufdaß von dem, was du gelernt,
Du lehrest mich Rechtfertigkeit?

66/67 Er sprach: Du wirst dich nicht bei mir gedulden können!

67/68 Wie solltest du dich wol gedulden
Bei etwas das du nicht begreifest?

68/69 Er sprach: Du sollst mich schon, wills Gott, geduldig finden,
Nicht brechen werd' ich dein Gebot.

69/70 Er sprach: So folge mir, und frag mich über nichts,
Bis ich davon dir Kunde sage.

70/71 Da giengen sie, bis sie nun fuhren
Im Schiffe, da zerbrach es jener.
Sprach Mose: Hast du's wol zerbrochen,
Um seine Leute zu ertränken?
Du thatest etwas Seltsames.

Vers 70 *da zerbrach es jener* **Der Knecht Gottes macht das Schiff schadhaft, nachdem sie darin eine Überfahrt gemacht hatten.**

71/72 Er sprach: Hab' ich dirs nicht gesagt,
Du wirst dich nicht bei mir gedulden können?

72/73 Er sprach: Nimm mich nicht her darum
Was ich vergaß, und leg in meinen
Umständen mir nichts Hartes auf!

73/74 Da giengen sie nun weiter, bis
Sie fanden einen Jüngling, den erschlug er;

Sprach Mose: Wie? erschlugst du einen
Unschuldigen, ohne Rach' um Totschlag?
Du thatest etwas Arges.

74/75 Er sprach: Hab' ich dirs nicht gesagt,
Du wirst bei mir dich nicht gedulden können!

75/76 Sprach Mose: Frag' ich dich um etwas
Nach diesem noch, so bleib nicht mein Gefährte!
Dazu hast du von mir Befugnis.

76/77 Da giengen sie nun weiter, bis sie kamen
Zu den Bewohnern einer Stadt,
Und giengen die Bewohner an um Speisung,
Die weigerten's sie zu bewirthen.
Drauf fanden dort die beiden eine Mauer,
Die wollt' einstürzen, diese stützte jener.
Sprach Mose: Wolltest du, du könntest
Dafür wol kriegen einen Lohn!

77/78 Er sprach: Dis ist die Scheidung zwischen mir und dir.
Nun sag' ich dir die Deutung dessen,
Wobei du dich nicht hast gedulden können:

78/79 Das Schiff zuerst gehöret armen Leuten,
Die ihr Gewerb im Wasser haben,
Und schadhaft wollt' ichs machen,
Weil hinter ihnen her ein Fürst war,
Der jedes Schiff nahm mit Gewalt.

79/80 Der Jüngling aber, seine Eltern
Sind Gläubige, wir aber sorgten,
Verleiten möcht' er sie zu Abfall und Verleugnung,

80/81 Und wünschten, daß für ihn ihr Herr
Geb' ihnen einen bessern
An Reinigkeit und näheren an Liebe.

81/82 Die Mauer endlich, die gehört
Zwei Waisenkindern in der Stadt,
Und drunter liegt ein Schatz für sie,
Ihr Vater war ein frommer Mann, drum wollte
Dein Herr, daß sie zu ihrem Alter kämen,
Und ihren Schatz hervor dann nähmen;
Aus Huld von deinem Herrn, mitnichten
Aus eigner Willkür that ich es.
Dis ist die Deutung dessen,
Wobei du dich nicht hast gedulden können.

82/83 Sie fragen dich auch um Dhulkarnain;
Sag: Euch berichten will ich dessen Kunde.

Vers 82 ***Dhulkarnain*** **Die Anfügung der zweiten Mythe an die erste ist vielleicht dadurch vermittelt, daß Dhulkarnain an den Quell des Lebens kommt, der eben der Verein der beiden Wasser ist.**

83/84 Wir setzten ihn auf Erden ein,
Und gaben ihm zu allem Weg;
Da schlug er einen Weg ein;

84/85 Bis daß er kam zum Untergang der Sonne,
Und untergehen fand er sie in einer schlammigen Quelle,
Und fand daselbst ein Volk.

85/86 Wir sprachen: Dhulkarnain, magst du sie strafen nun,
Magst sie behandeln freundlich.

86/87 Er sprach: Wer sündigt, den werd' ich bestrafen;
Dann kehret er zu seinem Herrn,
Der wird bestrafen ihn mit arger Strafe.

87/88 Wer aber glaubt und Gutes thut,
Für den ist schönste Lohnung,
Wir werden ihm gebieten Güt'ges.

88/89 Drauf schlug er einen andern Weg ein,

89/90 Bis er zum Aufgang kam der Sonne,
Und aufgehn fand er sie ob einem Volke,
Dem gegen sie wir keinen Schirm gegeben.

90/91 Soweit, und wir erkannten ihn
Und wußten was in ihm war.

Vers 90 Hier ist eine ähnliche Ausfüllung, wie V. 85–87 zu denken.

91/92 Drauf schlug er einen andern Weg ein;

92/93 Bis daß er hinkam zwischen zwei Bergriegel,
Dahinter er ein Volk fand,
Die kaum verstunden Rede.

93/94 Die sprachen: O Dhulkarnain!
Jagug und Magug schädigen auf der Erde;
Sollen wir dir nun Schatzung geben,
Aufdaß du machest zwischen uns und ihnen einen Riegel?

94/95 Er sprach: Worin mein Herr mich eingesetzt hat, das ist besser.
Doch helfet mir mit Kraft, so mach' ich zwischen euch
Und ihnen eine Sperre.

95/96 Bringt Eisenbarren mir! Und als
Er aufgeschichtet zwischen den zwei Halden,

Sprach er: Nun blast! und als er es gebracht in Glut,
Sprach er: Nun gebet her, daß ich
Darüber gieße Schmelzerz.

96/97 Nun konnten sie's nicht übersteigen,
Und konnten's nicht durchgraben.

97/98 Er sprach: Dis ist Barmherzigkeit von meinem Herrn.

98/– Wann aber die Verheißung meines Herrn kommt,
Macht ers zu Malm, und die Verheißung meines Herrn ist wahrhaft.

99/99 Desselben Tages lassen wir
Den einen stürmend wogen auf den andern;
Geblasen wird in die Drommete,
Und wir versammeln sie zur Sammlung.

100/100 Und stellen dar die Höll' alsdann
Den Leugnern zur Darstellung;

101/101 Die über ihren Augen hatten Decken
Vor unsrer Mahnung, und nicht konnten hören.

102/102 Was dachten die Ungläubigen,
Zu nehmen meine Knechte neben mir zu Helfern?
Bereitet haben wir die Hölle
Den Leugnenden zur Einkehr.

103/103 Sprich also: Sollen wir euch sagen,
Wer die verlustigsten wol sind an Werken!

104/104 Die deren Streben irre gieng auf dieser Welt,
Und meinten daß sie schön es machten!

105/105 Die sind es die verleugneten
Die Zeichen ihres Herrn und sein Erscheinen;
Drum sind verfallen ihre Werke,
Wir richten ihnen nicht am Tag der Urständ' eine Waage.

106/106 Dis ihr Vergelt, die Hölle, weil sie leugneten
Und nahmen meine Zeichen
Und meine Boten zum Gelächter.

107/107 Die aber glaubten und das Gute thaten,
Für sie sind Paradiesesgärten Einkehr,

108/108 Darin sie ewig sind, sie suchen
Von dannen nicht Veränderung.

109/109 Sag: Wenn das Meer wär Tinte für
Die Worte meines Herrn, es gienge
Das Meer aus, ehr ausgiengen
Die Worte meines Herrn, und nähmen
Wir noch ein zweites Meer zu Hilfe.

110/110 Sag: Ich bin nur ein Mensch wie ihr,
Mir aber ist eröffnet: Euer Gott ist nur ein einziger Gott.
Wer nun hofft seines Herrn Erscheinen,
Der wirke gutes Werk, und nicht gesell' er
Dem Dienste seines Herrn abgöttisch einen bei!

19ᴱ Sure
Maria

1/2 Gedächtnis der Erbarmung deines Herrn
An seinem Knecht Zakaria.

2/3 Anrief er seinen Herrn mit heimlichem Rufe,

3/4 Sprach: O mein Herr, schwach ist geworden mein Gebein,
Und angeglommen ist mein Haupt von Greisheit.

4/- Doch beim Gebet zu dir, Herr, war ich nie unglücklich.

5/5 Nun aber fürcht' ich die Beerber nach mir, denn
Mein Weib ist unfruchtbar, drum gib
Von dir mir einen Stellvertreter,

6/6 Der sei mein Erb' und Erb' im Hause Jakobs;
Und mach ihn, Herr, dir angenehm! –

7/7 O Zakaria, wir verkünden
Dir einen Knaben Namens Jahja;

8/- Des Namensgleichen wir zuvor nie schufen.

9/8 Er sprach: Mein Herr, wie soll mir werden
Ein Knabe, da unfruchtbar ist mein Weib, und schon
Gelangt' ich zu des Alters Ohnmacht?

10/9 Er sprach: So hat dein Herr gesprochen:
Das ist für mich ein Leichtes;
Ich habe ja dich auch zuvor
Geschaffen, da du Nichts warst.

11/10 Er sprach: Mein Herr, gib mir ein Zeichen!
Er sprach: Mein Zeichen sei, daß du die Menschen
Nicht redest an drei ganzer Nächte.

12/11 Da gieng er vor sein Volk her aus dem Heiligthum,
Und deutet' ihnen: Preiset früh und Abends! –

13/12 O Jahja, nimm das Buch mit Kraft! –
Und Weisheit gaben wir ihm jung,

14/13 Mildherzigkeit von uns und Reine;
Und er war gottesfürchtig

–/14 Und liebreich gegen seine Eltern,
Und war kein trotziger Gewaltmann.

15/15 Fried' über ihm Tags da er ward,
Tags da er stirbt, und Tags da er
Wird auferweckt zum Leben!

16/16 Denk' auch im Buch Marias, da
Sie weggieng von den Ihrigen
An einen Ort in Osten,

17/17 Und hielt vor ihnen sich verborgen;
Da sendeten zu ihr wir unsern Geist, und er
Erschien ihr als vollkommner Mann.

18/18 Sie sprach: Ich flüchte mich vor dir zum Allerbarmer,
Wenn du bist gottesfürchtig.

19/19 Er sprach: Ich bin ein Bote deines Herrn nur,
Daß ich dir schenke einen reinen Knaben.

20/20 Sie sprach: Wie soll mir werden
Ein Knabe? da mich hat berührt
Kein Mann, und ich bin keine Sünderin.

21/21 Er sprach: So hat dein Herr gesprochen:
Das ist für mich ein Leichtes,
Und daß wir machen ihn zum Zeichen
Den' Menschen, zur Barmherzigkeit,
Schon ist es fest beschlossen.

22/22 Und sie empfieng ihn, und sie gieng
Mit ihm zu fernem Orte.

23/23 Da kamen ihr die Wehn am Schaft der Palme;
Sie rief: O wär' ich eh' gestorben,
Vergangen und vergessen.

24/24 Da riefs ihr zu von unten her:
Betrüb' dich nicht! Gemacht hat unter dir dein Herr ein Bächlein.

25/25 Auch rüttle gegen dich den Schaft der Palme!
So läßt sie auf dich fallen reife Dattel.

26/26 Iß, trink und mach dein Auge frisch!
Doch wenn du siehest nun der Menschen einen,

27/– So sag: Gelobt hab' ich dem Allerbarmer
Ein Fasten, darum red' ich heut' mit keinem. –

28/27 Sie kam mit ihm zu ihrem Volk, ihn tragend.
Sie sprachen: O Maria,
Du fandest Wundermähre.

29/28 O Schwester Aarons, war dein Vater doch kein Wicht,
Und deine Mutter keine Sünderin.

30/29 Sie deutete auf ihn. Sie sprachen: Sollen wir
Mit diesem reden, der ein Kind ist in den Windeln?

31/30 Da sprach er: Ich bin Gottes Knecht,
Der mir das Buch gab und mich machte zum Profeten.

32/31 Und machte mich zu einem
Gesegneten, wo ich mag seyn,
Und wies mich zu Gebet an und Almosen, weil ich lebe,

33/32 Und zu Liebreichheit an der [Mutter],
Und machte mich zu keinem unglückseligen Gewaltmann.

Vers 33 Rückert: den Eltern; nach dem arab. Text korrigiert (H.B.).

34/33 Fried' über mir Tags da ich ward,
Tags da ich sterb' und Tags da ich werd' auferweckt zum Leben!

35/34 Derselb' ist Jesus, Sohn Marias, nach dem Wort
Der Wahrheit, über den sie zweifeln.

Vers 35–41 Eine Glosse, in anderm Reime, die aber gleichwol ursprünglich seyn mag. Doch ist gegen die Echtheit in Anschlag zu bringen 1.) daß in dieser Partie Gott nur Gott, Allah, heißt, nicht der Allerbarmer, wie fast durchgehends im Übrigen dieser Sure; aber eben dieses kann auch im Wesen der Glosse und ihrem weniger poetischen Tone liegen. 2.) daß der eigentliche Inhalt dieser Glosse, die Bestreitung der Gottheit Jesus, am Ende der Sure von V. 91 an wiederkehrt.

36/35 Nicht kommt es Gott zu, anzunehmen einen Sohn;
Preis ihm! wenn er beschließt ein Ding,
Sagt er zu ihm nur: Sei! so ist es.

37/36 Gott ist mein Herr und euer Herr, ihn betet an!
Das ist der Weg der grade.

38/39 Die Sekten aber wurden uneins unter sich;
Weh aber denen die da leugnen,
Weh vor der Anwartschaft des großen Tages!

39/38 Wie werden sie hören und sehn am Tag,
An dem sie zu uns kommen!
Allein die Sünder heute sind in offenbarer Irre.

40/39 Verwarne sie vorm Tage des Verlustes, wo
Der Handel ist entschieden!
Sie aber sind des achtlos, und sie glauben nicht.

41/40 Da erben wir die Erd' und was darauf ist,
Und zu uns sind sie heimgebracht.

42/41 Gedenk' im Buch auch Abrahams;
Denn er war ein wahrhaftiger und Profete.

43/42 Wie er zu seinem Vater sprach:
Mein Vater, warum dienest du
Dem, was nicht höret und nicht sieht,
Und dir nicht nützet etwas?

44/43 Mein Vater, ja, mir kam von Wissen,
Was dir nicht kam, so folge mir,
Ich führe dich den rechten Pfad.

45/44 Mein Vater, diene nicht dem Satan!
Denn Satan war dem Allerbarmer ungehorsam.

46/45 Mein Vater, ja ich fürchte daß dich treffe Pein
Vom Allerbarmer, und du werdest
Dem Satan ein Genosse.

47/48 Er sprach: entstrebst du meinen Göttern,
O Abraham? wenn du nicht abstehst,
Werd' ich dich steinigen; du sollst mich meiden eine Zeitfrist.

48/47 Da sprach er: Friede sei mit dir!
Ich will für dich um Gnade
Anflehen meinen Herrn, denn er ist hold mir.

49/48 Und will von euch mich scheiden
Und dem was ihr ruft außer Gott an;
Ich aber rufe meinen Herrn an,
Beim Anruf meines Herren werd' ich wol nicht seyn unselig.

50/49 Und als er nun sich schied von ihnen
Und was sie beteten außer Gott an,
Da gaben wir ihm Isaak und den Jakob,
Und machten beide zu Profeten.

51/50 Und gaben ihnen unsere Barmherzigkeit,
Und schufen ihnen hohe Wahrheitszunge.

52/51 Gedenk im Buch auch Mosis! denn er war getreu,
War ein Gesandter und Profet.

53/52 Wir riefen von des Berges rechter Seiten ihn,
Und näherten ihn uns zur Unterredung.

54/53 Und gaben ihm aus unserer Barmherzigkeit
Auch seinen Bruder Aaron als Profeten.

55/54 Gedenk im Buch auch Ismaels!
Der wahrhaft war im Worte,
Und war Gesandter und Profet.

56/55 Und hielt die Seinen zu Gebet und Almos' an,
Und war bei seinem Herrn beliebt.

57/56 Gedenk im Buch des Idris auch!
Er war wahrhaftig und Profet,

58/57 Und wir erhöhten ihn zu hohem Orte.

59/58 Die sind es, über welche Gott
Gegnadet hat, Profeten
Vom Abstamm Adams und von denen,
Die wir mit Noah führten,
Und von dem Abstamm Abrahams und Ismaels,
Die wir geleitet und erwählt;
Wann ihnen wurden vorgetragen
Des Allerbarmers Zeichen, sanken
Sie hin fußfällig, weinend.

60/59 Nach ihnen aber blieb ein Nachblieb,
Die da wegwarfen das Gebet,
Und folgten ihren Lüsten,
Einst werden sie den Schaden finden.

61/60 Nur wer da sich bekehrt' und glaubt' und Gutes that,
Dieselben werden eingehn in den Garten,
Und nicht gekränkt in etwas,

62/61 Die Gärten Edens, die verheißen
Der Allerbarmer seinen Dienern im Geheim,
Erfüllt wird sein Verheißen.

63/62 Sie hören drin nicht lose Rede, sondern Friede!
Und ihnen ist ihr Unterhalt darinnen früh und Abends.

64/63 Das ist der Garten, den wir erben lassen
Von unsern Knechten welcher fromm ist.

65/64 Wir aber steigen nur herab auf unsers Herrn Gebot,
Sein ist was vor und hinter uns
Und zwischen diesen beiden, und dein Herr ist nicht vergeßlich.

66/65 Der Herr des Himmels und der Erden
Und was da zwischen beiden ist;
Ihm diene du und halt in seinem Dienst aus!
Kennst du wol seines Namens gleichen?

67/66 Doch spricht der Mensch: Wie, wann ich starb,
Werd' ich hervorgebracht seyn lebend?

68/67 Gedenkt der Mensch nicht, daß wir ihn erschufen
Vor diesem, da er Nichts war?

69/68 Und ja bei deinem Herrn! versammeln wollen wir
Sie und die Satane, und dann sie bringen
Zum Rand der Höll' auf Knieen liegend.

70/69 Dann nehmen wir heraus von jeder Sekte, wer
Am heftigsten dem Allerbarmer trotzte.

71/70 Dann werden wir die kennen, die
Am würdigsten sind drin zu glühn.

72/71 Und keiner ist von euch, der nicht hinunter fährt,
Fest ist für deinen Herrn der Rathschluß.

73/72 Dann aber retten wir die Frommen,
Und lassen die Sünder drin auf Knieen liegend. –

74/73 Doch wenn man ihnen vorträgt unsre Zeichen deutlich,
So sprechen die da leugnen,
Zu denen die da glauben: Welche
Der zwei Partein ist besser wol
Von Stand und herrlicher von Anhang?

75/74 Allein, wieviel vertilgten wir vor ihnen schon
Volkstämme, herrlicher an Füll' und Ansehn!

76/75 Sag also: Wer im Irren ist,
Mag ihm der Allerbarmer doch ein volles Maß zumessen!

77/– Bis daß, wann sie nun schaun was ihnen ist gedroht,
Sei's hier die Strafe, sei es dort die Stunde,
Da werden sie erkennen, wer der schlechtere
An Stand, der schwächre war an Heer!

78/76 Doch die Geleiteten mehrt Gott an Leitung.

79/– Das Dauernde, das Gute doch ist besser
Bei deinem Herrn an Lohn, und besser an Erstattung.

80/77 O siehst du den, der leugnet unsre Zeichen,
Und spricht: Bekommen werd' ich Gut und Kinder wol!

81/78 Hat er geschauet ins Geheimnis, oder hat
Er wol das Wort darauf vom Allerbarmer?

82/79 Nein! schreiben wollen wir das was er redet,
Und ihm zumessen von der Straf' ein volles Maß.

83/80 Wir wollen ihn beerben, was er redet,
Und zu uns kommen soll er einzeln.

84/81 Sie aber nahmen neben Gott an Götter,
Die ihnen seyen Helfer.

85/82 Nein! leugnen werden diese den empfangnen Dienst,
Und werden ihnen Widersacher.

86/83 O siehst du nicht, wir sendeten die Satane
Den Leugnern zu, mit Reizung sie zu reizen!

87/84 Drum rufe du nicht über sie Beschleunigung!
Wir zählen ihnen ihre Zahl.

88/85 Tags wir die Frommen werden schaaren
Zum Allerbarmer zugweis,

89/86 Und treiben Sünder zur Gehenna truppweis.

90/87 Nicht werden sie vermögen Fürsprach', außer wer
Vom Allerbarmer drauf das Wort hat.

91/88 Doch sagen sie: Der Allerbarmer
Hat einen Sohn! o ungeheure Mähre,

92/90 Davon die Himmel springen möchten
Und sich spalten die Erde,
Und die Berg' einstürzen trümmernd;

93/91 Daß sie dem Allerbarmer geben einen Sohn!

–/92 Nicht kommt es zu dem Allerbarmer
Zu haben einen Sohn;

94/93 Denn Niemand ist im Himmel und auf Erden,
Er komme denn dem Allerbarmer als ein Knecht;

–/94 Gerechnet hat er sie und sie gezählet nach der Zahl;

95/95 Und jeder kommet ihm am Tag der Urständ' einzeln.

96/96 Nun, die da glaubten und das Gute thaten,
Die läßt der Allerbarmer Lieb' empfangen.

97/97 Wir aber machten leicht für deine Zung' ihn,
Daß du mit ihm Lust kündigest den Frommen
Und warnest alle Zänker.

Vers 97 *ihn* **den Koran.**

98/98 Wieviel vertilgten wir vor ihnen Stämme schon!
Merkst du von ihrer einem etwas,
Oder hörst von ihnen einen Laut?

20ᴱ Sure
[Taha]

1/2 Wir sendeten den Koran dir
Nicht zu, um dich zu quälen,

2/3 Sondern zur Mahnung Gottesfürcht'ger;

3/4 Sendung von dem der schuf die Erd' und Himmelshöhe:

4/5 Der Allerbarmer saß zu Thron.

5/6 Sein ist was da im Himmel und auf Erden,
Und zwischen beiden, und was unterm Staube.

6/7 Magst du das Wort laut machen, doch
Er weiß auch das Geheimnis und enthüllt es.

7/8 Gott, kein Gott ist als Er,
Sein sind die schönsten Namen.

8/9 Kam wol zu dir die Kunde Mosis?

9/10 Als er ein Feuer sah, und sprach zu seinen Leuten:
Bleibt hier, ich seh' ein Feuer.

10/– Vielleicht daß ich von ihm euch bringe einen Brand,
Oder daß ich finde bei dem Feuer Leitung.

11/11 Als er nun hinkam, ward gerufen: Mose!

12/12 Ich bins, dein Herr; zieh deine Schuh aus,
Du wandelst in dem heiligen Thale.

13/13 Ich habe dich erwählt, so höre
Was dir wird offenbaret.

14/14 Ich, ich bin Gott, kein Gott als ich, so diene mir,
Und halte das Gebet mir zum Gedächtnis.

15/15 Fürwahr die Stunde kommt,
Bald werd' ich sie enthüllen,

16/– Aufdaß belohnt sei jede Seele
Für das was sie gewirket.

17/16 Laß dich von dem, der nicht daran glaubt
Und seiner Lust folgt, nicht davon
Abbringen, daß du fallest.

18/17 Doch was ist das in deiner Rechten, Mose?

19/18 Er sprach: Mein Stab, ich stütz' auf ihn mich,
Und schlage Laub damit für meine Herd' ab,
Und er thut mir noch andre Dienste.

20/21 Er sprach: Wirf ihn, o Mose!

21/20 Da warf er ihn, und sieh er ward
Zu einer Schlange, laufend.

22/21 Er sprach: Ergreif sie, fürchte nicht! Ich bringe sie
Zurück zu ihrer ersten Weise.

23/22 Und schmiege deine Hand an deine Schulter!
Hervorgehn wird sie weiß ohn' Übel,
Das ist ein zweites Zeichen,

24/23 Daß wir von unsern Zeichen
Dich lassen sehen einige der grösten.

25/24 Geh hin zu Farao, denn er frevelt!

26/25 Er sprach: Herr, mach mir meine Brust weit,

27/26 Und mein Geschäft leicht,

28/27 Und löse mir den Knoten meiner Zunge,

29/28 Daß sie verstehen meine Rede!

30/29 Gib auch mir zum Gehilfen einen meines Volks,

31/30 Den Aaron, meinen Bruder!

32/31 Mit diesem gürte meine Kraft,

33/32 Und mach ihn theilhaft meines Dings,

34/33 Daß wir dich preisen häufig und

–/34 Gedenken deiner häufig,

35/35 Dieweil du nach uns schauetest.

36/36 Er sprach: Gewähret bist du deiner Bitt', o Mose.

37/37 Dir auch gegnadet haben wir ein andermal,

38/38 Als wir eröffnet deiner Mutter, was wir ihr eröffneten:

39/39 Leg in den Kasten ihn, und wirf ihn in den Strom!
Ihn werfen wird der Strom ans Ufer,
Aufnehmen wird mein Feind ihn und der seinige. –
Auf dich hab' ich geworfen meine Lieb',

40/– Und daß du würdest
Gebildet unter meinen Augen.

41/40 Als deine Schwester wandelte
Und sprach: Soll ich euch weisen
Zu einem der in Pfleg' ihn nehme?
So brachten wir zurück zu deiner Mutter dich,
Daß kühl ihr Auge würd' und sie sich nicht betrübte.
Da schlugst du einen Mann todt und wir retteten
Dich aus der Noth, und prüften dich mit Prüfung.

42/– Und daher weiltest du im Volke Midians;
Nun kommst du her zur Frist, o Mose.

43/41 Und dich hab' ich mir selber zugerichtet.

44/42 So geh du und dein Bruder nun mit meinen Zeichen,
Und seid nicht laß in meiner Mahnung!

45/43 Geht hin zu Farao, denn er frevelt!

46/44 Und redet zu ihm linde Rede,
Vielleicht besinnet er sich oder fürchtet.

47/45 Sie sprachen: Unser Herr, wir sorgen, er vergreift
Sich an uns, oder frevelt.

48/46 Er sprach: Sorgt nicht! ich bin mit euch,
Ich hör' und sehe.

49/47 Da kamen sie zu ihm und sprachen:
Wir sind Gesandte deines Herrn; so sende
Mit uns die Söhne Israels,
Und peinige sie nicht! Wir kommen
Mit einem Zeichen dir von deinem Herren,
Und Friede dem, der folgt der Leitung.

50/48 Uns ist eröffnet, daß die Pein
Für den ist, der verläugnend ab sich wendet.

51/49 Er sprach: Und wer ist euer Herr, o Mose?

52/50 Er sprach: Derselb' ist unser Herr,
Der jedem Ding gab sein Gebild' und Leitung.

53/51 Er sprach: Was ists dann mit den vorigen Geschlechtern?

54/52 Er sprach: Das Wissen dessen steht
Bei meinem Herrn in einem Buch;
Es irrt mein Herr nicht noch vergisset.

55/53 Der euch die Erde schuf zur Wiege,
Und bahnt' euch auf ihr Pfade,
Und sendete vom Himmel Wasser,
Draus ließen wir hervorgehn Gattungen von Pflanzen vielfach.

56/54 Esset, und weidet euer Vieh!
In diesem traun sind Zeichen für Verständige.

57/55 Aus ihr erschuf ich euch, und lass'
In sie euch eingehn wieder,
Und lass' aus ihr hervorgehn euch ein andermal. –

58/56 So ließen wir ihn sehn all unsre Zeichen,
Doch leugnet' er und weigerte.

59/57 Sprach: Kamest du, uns zu vertreiben
Aus unserm Land mit deinem Zauber, Mose?

60/58 Dir kommen wollen wir mit gleichem Zauber.
So setze zwischen uns und dir fest eine Frist,
Die weder wir verfehlen
Noch du, auf gleiche Weise.

61/59 Er sprach: Die Frist sei euch der Festtag,
Und daß die Menschen sich versammeln in der Frühe.

62/60 Da wendete sich Farao,
Sammelte seinen Anschlag, und dann kam er.

63/61 Doch Mose sprach zu ihnen: Weh euch!
Ersinnt auf Gott nicht Lüge,

64/– Daß er mit Pein euch tilge; manchem
Mislang es schon, der Lüg' ersann.

65/62 Sie nun bestritten ihren Handel unter sich,
Und hielten ihr Gespräch geheim;

66/63 Sie sprachen: Diese beiden hier
Sind Zauberer, die wollen euch
Aus eurem Land vertreiben
Mit ihrer Zauberkunst und euer höchstes Ansehn rauben.

67/64 So sammelt euren Anschlag, und dann kommt in Reihen!
Beglückt ist heut, wer sieget.

68/65 Sie sprachen: Mose, willst du werfen, oder werfen wir zuerst?

69/66 Er sprach: Werft nur! und sieh da, ihre Strick' und ihre Stäbe
Erschienen ihm durch ihre Zauberkunst alsob sie liefen;

70/67 Und Furcht empfand in seiner Seele Mose.

71/68 Wir sprachen: Fürchte nicht! du bist der Sieger.

72/69 Wirf, was in deiner Rechten ist!
Verschlingen wird es, was sie gaukeln.
Sie gaukeln Zauberlist nur, doch unglücklich ist
Der Zaubrer, wo er seyn mag.

73/70 Da warfen sich die Zaubrer hin fußfällig,
Riefen: Wir glauben an den Herrn
Von Aaron und von Mose.

Vers 73 Vgl. 26,49 ff.

74/71 Sprach Farao: Wie, glaubt ihr ihm,
Bevor ichs euch erlaubet?
Er ist wol euer Aeltester,
Der euch gelehrt die Zauberei.
Euch stümmeln will ich Hand und Fuß querüber,
Und kreuzigen euch an Palmenschäften,
Und merken sollt ihr, wer von uns
Gewaltiger straft und dauernder.

75/72 Sie sprachen: Nimmer achten wir dich höher,
Als was uns kam von deutlichen Beweisen
Und dem der uns erschaffen hat.

Gebeut nur, was du willst gebieten! du gebeutst
Nur über dieses irdische Leben;

–/73 Wir aber glauben an unsern Herrn,
Daß er vergeb' uns unsre Sünden
Und Zauberei, wozu du uns gezwungen hast;
Besser ist Gott und dauernder.

76/74 Denn wer zu seinem Herrn kommt schuldig,
Für solchen ist Gehenna,
Er stirbt nicht drin und lebt nicht.

77/75 Doch wer zu ihm kommt gläubig,
Und hat gethan das Gute,
Für solche sind die höchsten Stufen,

78/76 Die Gärten Edens, drunter hin
Die Ströme fließen, ewig sind sie drinnen;
Das ist der Lohn für den der rein war. –

79/77 Darauf eröffneten wir Mosen: Reise Nachts
Mit unsern Knechten, und schlag ihnen einen Pfad
Durchs Meer im Trocknen.

80/– Fürchte nicht
Einholung, sei nicht bange!

81/78 Da ließ sie Farao verfolgen durch sein Heer;
Da deckte sie vom Wasser, was sie deckte.

–/79 Geirrt hat Farao sein Volk, und nicht geleitet.

82/80 O Söhne Israels, wir haben
Euch nun befreit von eurem Feind,
Und euch beschieden an des Berges rechte Seite;
Und haben euch herabgesandt
Das Manna und die Wachteln:

83/81 Eßt von dem Guten des womit wir euch versorgt,
Und frevelt nicht daran, daß falle
Auf euch mein Zorn! auf wen mein Zorn fällt, stirbet.

84/82 Doch ich bin ein Verzeiher dem,
Der glaubet und das Gute thut
Und gehet in der Leitung.

85/83 Was aber eilst du so von deinem Volk, o Mose?

86/84 Er sprach: Sie gehn auf meiner Spur,
Ich aber eilte vor zu dir,
Mein Herr, daß du mir gnadest.

87/85 Er sprach: Wir haben hinter dir
Dein Volk versuchen lassen,
Verführt hat es der Samiri.

Vers 87 *Samiri* **Zurücktragung des Namens von Samaria, wo der hier geübte Stierdienst späte öffentliche Geltung erhielt.**

88/86 Da kehrte Mose zornig und betrübt zu seinem Volke.

89/– Sprach: o mein Volk, verhieß euch Gott nicht schöne
Verheißung? war zulang euch die Verheißung?
Wie oder wolltet ihr, daß auf euch fall' ein Zorn von eurem Herrn,
Daß meinen Bund ihr brachet?

90/87 Sie sprachen: Nicht gebrochen haben
Wir deinen Bund aus unsrer Macht;
Man hieß uns tragen Lasten von dem Schmuck des Volks,
Die warfen wir hinein, so goß es Samiri,

–/88 Und brachte ihnen draus hervor
Ein Kalb von Leib, das brüllte;
Sie sprachen: das ist euer Gott
Und Mosis Gott, den er vergaß. –

91/89 O sehn sie nicht, daß es nicht Antwort ihnen gibt,
Und ihnen weder schaden kann noch nützen?

92/90 Auch Aaron sprach zuvor zu ihnen: O mein Volk,
Man prüft euch nur damit;
Euer Gott ist der Allerbarmer;
O folgt mir und gehorchet meiner Rede!

93/91 Sie sprachen: Nimmer lassen wir
Von diesem ab, bis uns zurückkehrt Mose.

94/92 Der sprach: Aaron! was hielt dich ab,
Als du sie sahest irren, daß

–/93 Du mir nicht folgtest? warst du ungehorsam meinem Worte?

95/94 Er sprach: Sohn meiner Mutter, zause
Nicht meinen Bart und nicht mein Haupt!
Ich fürchtete, du möchtest sagen:
Du hast die Söhne Israels in Spaltung
Gesetzt, und nicht mein Wort bewahrt.

Vers 95 *In Spaltung gesetzt* **Deutlicher wäre: verlassen, oder in ihrer Spaltung verlassen.**

96/95 Dann sprach er: Doch, was ists mit dir, o Samiri?

–/96 Er sprach: Ich sah, was sie nicht sahen,
Und eine Handvoll nahm ich von der Spur des Boten,
Das streut' ich, also rieth mirs meine Seele.

97/97 Er sprach: Drum geh nun! Dein sei dis im Leben,
Daß du sollst sagen: Rühr nicht an!
Und dir ist eine Frist gesetzt,
Die wird man nimmer dich verfehlen lassen.
Doch sieh nun deinen Gott an,
Vor welchem du solange standest!
Wir brennen ihn zusammen, dann
Verspreun wir ihn ins Wasser mit Verspreuung.

98/98 Doch euer Gott ist Gott nur, außer dem kein Gott als Er ist,
Der alles weit umfaßt mit Wissen. –

99/99 Also erzählen wir dir von den Kunden
Des was zuvor ergangen, und wir ließen
Von unsrer Seite dir zukommen Mahnung.

100/100 Wer sich dagegen sträubt, der trägt
Am Tag der Urständ' eine Bürde,

101/101 Mit der sie ewig gehn; o schlimm ist
Am Tag der Urständ' ihre Last.

102/102 Tags wo geblasen wird in die Drommete,
Und auferstehen lassen wir
Die Schuldigen selben Tages blind,

103/103 Unter einander murmelnd: ihr
Verweiletet zehn Tage nur.

104/104 Wir aber wissen besser was sie sagen.
Da sagt ihr Angesehenster:
Ihr weiltet einen Tag nur.

105/105 Allein man fragt dich nach den Bergen.
Sag: Sie verspreuen wird mein Herr da mit Verspreuung,

106/106 Und sie lassen als Steppe flach,

–/107 Darauf du siehst nicht Schiefes noch Erhöhtes.

107/108 Desselben Tages folgen alle
Dem Rufer ohne Schiefe,
Und stille sind die Stimmen vor dem Allerbarmer,
Du hörst nur ein Gesumse.

108/109 Desselben Tags nützt nicht die Fürsprach', außer
Wem es erlaubt der Allerbarmer
Und annimmt seine Rede.

109/110 Er weiß was vor ist und was hinter ihnen,
Und sie umfassens nicht mit Wissen.

110/111 Es senken sich die Angesichter
Vorm Ewigen, Lebendigen;
Verloren hat, wer Unrecht trägt.

111/112 Wer aber Gutes that und glaubte,
Fürchtet nicht Unrecht noch Verkürzung. –

112/113 Und also haben wir ihn nieder
Gesendet als arabischen Koran,
Und drin gemodelt manche Drohverheißung, ob
Sie fürchten wollen, oder ihnen
Es wecke ein Gedächtnis.

113/114 Erhöht sei Gott, der König, der wahrhaftige!
Doch du beeile nicht den Koran, eh dir wird
Beschieden seine Offenbarung;
Und sprich: Herr, laß mich nehmen zu an Wissen.

114/115 Wir machten einen Bund mit Adam vormals:
Doch er vergaß, wir fanden nicht an ihm Bestand;

115/116 Als wir da sprachen zu den Engeln: Fallet nieder
Vor Adam! und sie fielen nieder
Nur Iblis nicht, der weigert' es.

–/117 Da sprachen wir: O Adam, siehe, dieser ist
Feind dir und deinem Weibe!
O daß er euch nicht treibe aus dem Garten,
Und du unselig werdest.

116/118 Du hast, daß du nicht hungerst drin noch nackt bist,

117/119 Und daß du auch nicht durstest drin
Noch leidest Sonnenglut.

118/120 Da flüsterte ihm zu der Satan, sprach: O Adam!
Soll ich dich weisen zu dem Baum
Der Ewigkeit und Herrschaft die nicht welket?

119/121 Da aßen sie davon und ihnen
Ward sichtbar ihre Blöße,
Und huben an zu flechten
Um sich vom Laub des Gartens.
So trotzte Adam seinem Herrn und ward verführt.

120/122 Dann nahm der Herr ihn wieder an,
Und kehrte sich zu ihm und führt' ihn.

121/123 Sprach: Steigt hinab vom Garten miteinander,
Eines von euch des andern Feind!
Doch wird euch kommen meine Leitung;

122/- Wer da nun folget meiner Leitung,
Der geht nicht irr und er wird nicht unselig.

123/124 Doch wer sich abkehrt meiner Mahnung,
Dem wird ein Leben knapp und eng.

124/- Und ihn versammeln werden wir
Am Tag der Auferstehung blind.

125/125 Er spricht: Mein Herr, warum versammelst du mich blind,
Da ich gewesen sehend?

126/126 Er spricht: So kamen einst dir unsre Zeichen,
Und du vergaßest sie, und so
Bist heute du vergessen.

128/128 Hat's ihnen nicht gedient zur Leitung,
Wieviel vor ihnen schon wir tilgten
Der Völkerstämm', in deren
Wohnplätzen sie nun wandern?
In diesem traun sind Zeichen für Verständige.

127/127 So lohnen wir, wer ausgeschritten
Und nicht geglaubt hat an die Zeichen seines Herrn;
Aber die Pein in jener Welt
Ist stärker und ist dauernder.

Vers 127 u. 128 versetzt, um leidliche Verbindung zu erhalten; doch vielleicht geflickte Lappen.

129/129 Und wäre nicht ergangner Spruch von deinem Herrn,
Schon hätt' es sie getroffen,
Doch eine Frist ist festbenannt.

130/130 Drum hör geduldig, was sie reden,
Und preise deines Herren Lob vorm Aufgang
Der Sonn' und ihrem Niedergang,
Und in Nachtstunden preise du,
Und an des Tages Grenzen, ob
Du seiest wohlgefällig.

131/131 Auch dehne deine Augen nicht
Auf das aus, was zur Nießung
Wir gaben manchen unter ihnen,
Lustblüte dieses Lebens,
Damit wir sie versucheten;
Doch die Versorgung deines Herrn
Ist besser und ist dauernder.

132/132 Und treib die Deinen zum Gebet,
Und selbst verharre du darin.

Wir zehren nicht von der Versorgung, sondern wir
Versorgen dich, der Ausgang aber,
Der gute ist der Gottesfurcht.

133/133 Sie sprechen: Brächt' er uns ein Zeichen
Von seinem Herrn! – Kam ihnen doch die klare
Auslegung des was in den alten Schriften steht!

134/134 Und hätten wir sie weggetilgt mit Strafe
Vorher, so hätten sie gesagt: Herr, hättest du
Uns doch gesendet einen Abgesandten,
Damit wir folgten deinen Zeichen,
Bevor wir seyn erniedrigt und beschämet!

135/135 Sag: Jeder lauert; lauert ihr nur!
Sehn werdet ihr, wer die Genossen
Des rechten Weges sind, und wer in Leitung wandelt.

21. Sura
Überschrift
Die Profeten

Im Namen [Gottes des allbarmherzigen Erbarmers.]

1/1 Es naht den' Menschen ihre Rechnungslage,
Doch sie sind sorglos abgewendet.

2/2 Nichts kommt von Mahnung ihres Herrn zu ihnen neu,
Das sie nicht hörten an mit Scherzen,

3/3 Fröhlichen Herzens, und es hielten
Da heimlich das Gespräch die Sünder:
Was ist er als ein Mensch nur euresgleichen?
Geht ihr dem Blendwerk nach mit sehenden Augen?

4/4 Er sprach: Mein Herr weiß, was gesprochen
Im Himmel wird und auf der Erde,
Er ist der Hörer und der Wisser.

5/5 Allein sie sprechen: Traumgewirr,
Er dichtet nur, er ist ein Dichter;
Er bring' uns doch ein Zeichen, gleich
Den vorigen Abgesandten. –

6/6 Es glaubte nicht vor ihnen irgend eine Stadt,
Die wir verdarben; sollten sie denn glauben?

7/7 Auch vor dir sandten wir nur Männer,
Denen wir offenbarten;
Fragt nur das Volk der Schrift, wenn ihrs nicht wisset.

8/8 Wir machten auch sie nicht zu Leibern
Die da nicht äßen Speise,
Und auch nicht ewig lebten sie.

9/9 Allein wir hielten ihnen die Verheißung,
Retteten sie und wen wir wollten,
Umkommen aber ließen wir die Frevler.

10/10 Längst sandten wir zu euch hernieder
Ein Buch drin eure Mahnung ist;
Werdet ihr nicht verstehen?

11/11 Wie manche Stadt zerbrachen wir, die sündig war,
Und brachten neues Volk an ihre Stelle.

12/12 Wenn sie nun merkten unsre Macht,
Sieh wie daraus sie springen!

13/13 O springt nicht! kommt zurück zu dem,
Worin ihr schwelgtet, und zu euren Wohnungen,
Daß man euch kann befragen!

14/14 Sie aber rufen: Weh uns! wir sind Sünder.

15/15 Und nicht aufhörte dis ihr Rufen,
Bisdaß wir hatten sie gemacht
Zu abgemähten, erloschnen.

16/16 Wir aber schufen nicht den Himmel und die Erde,
Und was darinnen ist, zum Spiel.

17/17 Wenn wir uns hätten machen wollen eine Lust,
Wir hätten sie bei uns gemacht,
Hätten wir thun es wollen.

18/18 Den Ernst der Wahrheit schleudern wir aufs Eitle,
Treffens ins Hirn, da schwindet's;
Euch aber Weh um was ihr sagt!

19/19 Doch sein ist, wer im Himmel und auf Erden ist;
Und die bei ihm sind nicht zu stolz für seinen Dienst,
Und sind nicht matt und träge,

20/20 Lobpreisen ihn bei Nacht und Tag, nie rastend.

21/21 Nehmet ihr Götter von der Erde,
Die euch erwecken sollen?

22/22 Wenn im Weltraume Götter wären außer Gott,
Wär' er zu Grund gegangen;

Lobpreis sei Gott, dem Herrn des Throns,
Gegen das was ihr saget!

23/23 Man fragt ihn nicht um was er thut,
Ihr seid es die man fraget.

24/24 Nahmen sie Götter außer Gott an?
Sag ihnen: Bringet euere Beweise!
Dis ist die Kunde derer,
Die mit mir sind, die Kunde derer,
Die vor mir waren; doch die meisten
Von ihnen kennen nicht die Wahrheit,
Und wenden sich mit Sträuben ab.

25/25 Wir sendeten vor dir auch keinen Boten,
Dem wir nicht offenbarten dis:
Kein Gott als Ich! so dienet mir!

26/26 Doch sprechen sie: Es hat genommen
Der Allerbarmer einen Sohn, –
Preis ihm! nein! nur geehrte Knechte,

27/27 Die ihm nicht vorgehn mit dem Wort,
Nach seinem Befehle thun sie.

28/28 Er weiß was zwischen ihren Händen,
Was hinter ihrem Rücken ist,
Und sie sind nicht Vertreter,

29/– Als dem nur, den mit Huld er annimmt;
Sie aber sind in seiner Furcht voll Bangen.

30/29 Doch wer von ihnen sagt: Ich bin ein Gott wie er,
Dem geben wir zum Lohne dis: Die Hölle;
Dis geben wir zu Lohn den Sündern.

31/30 O sehn nicht, die da leugnen, daß
Der Himmel und die Erde waren
Verschlossen, und wir thaten auf die beiden;
Und machten aus dem Wasser alles
Lebendige! und sie glauben nicht?

32/31 Und machten auf der Erde Vesten,
Daß sie nicht wankete mit ihnen,
Und machten auf ihr Pässe, Wege,
Ob ihr geleitet möchtet seyn.

33/32 Und macheten zum Dach den Himmel, wohlbehut;
Sie aber sträuben sich vor unsern Zeichen.

34/33 Und Er ist's der da hat geschaffen Nacht und Tag,
Und Sonn' und Mond, sie wandeln
Jedes im eignen Kreise.

35/34 Wir gaben keinem Sterblichen
Vor dir auch ewiges Leben;
Wenn du nun stirbst sind sie denn ewig?

36/35 Jedwede Seele schmeckt den Tod,
Wir aber prüfen euch mit Bösem
Und Gutem als Versuchung,
Dann seid ihr zu uns heimgebracht.

37/36 Doch wenn dich sehen, die da leugnen,
Haben sie dich nur zum Gespött:
»Ist dieser es, der Worte macht
Von euren Göttern?« Und das Wort
Des Allerbarmers leugnen sie.

38/37 Erschaffen ist der Mensch aus Eiligkeit;
Nun sehn will ich euch lassen meine Zeichen,
Daß ihr mich nicht beeiligen sollt!

39/38 Sie aber sprechen: Wann kommt die Verheißung,
Wenn ihr wollt Wahrheit reden?

40/39 O wüßten, die da leugnen, wie es seyn wird, wann
Sie nicht abwehren werden
Von ihrem Angesicht das Feur,
Und nicht von ihrem Rücken,
Und finden Hülfe nicht.

41/40 Nein, plötzlich kommt es ihnen unversehns und überfällt sie,
Sie können es zurück nicht treiben,
Und werden nicht gefristet.

42/41 Gespottet ward vor dir der Boten auch, da traf,
Die über sie da lachten, das
Worüber sie gespottet.

43/42 Sprich so: Wer wird euch schirmen
Bei Nacht und Tag vorm Allerbarmer?
Doch wenden sie der Mahnung ihres Herrn sich ab.

44/43 Sind ihnen Götter, die sie schützen gegen uns?
Nicht helfen können sie sich selber,
Und nicht von uns sind sie bewehrt.

45/44 Wir gaben einen Nießbrauch nur
Ihnen und ihren Vätern,
Bis lang ward über sie das Leben;
Doch, sehn sie nicht? wir kommen bei
Der Erde, sie zu trümmern,
Von ihren Enden her; sind sie dann Sieger?

46/45 Sprich so: Ich warne nur euch mit der Offenbarung;
Doch hören nicht die Tauben
Den Ruf, wenn man sie warnt.

47/46 Wenn aber sie berührt ein Hauch
Der Strafe ihres Herrn,
Werden sie rufen: Weh uns! wir sind Sünder.

48/47 Da stellen wir die Wage die gerechte
Zum Tag der Auferstehung,
Und keine Seele leidet Unrecht irgend;
Und wär' es das Gewicht von einem Senfkorn,
Wir bringen's, und es genügt an uns zu Rechnern.

49/48 Wir aber gaben Mosen
Und Aaron das Gesetz
Zu Mahnung und Erleuchtung für die Frommen,

50/49 Die fürchten ihren Herren im Verborgnen,
Und vor der Stunde bangen.

51/50 Doch dis hier ist die Segenskunde,
Die wir hernieder sendeten,
Wollet ihr sie verleugnen?

52/51 Wir gaben Abraham auch seine
Rechtfertigkeit vor diesem, und wir kannten ihn;

53/52 Als er zu seinem Vater sprach und seinem Volk:
Was sind die Bilder hier, die ihr verehret?

54/53 Sie sprachen: Wir haben unsre Väter
Gefunden ihnen dienend.

55/54 Er sprach: Ihr waret, ihr und eure Väter,
In offenbarem Irrthum.

56/55 Sie sprachen: Redest du zu uns
Im Ernste, oder scherzest?

57/56 Er sprach: Ja, euer Herr ist
Der Herr des Himmels und der Erde,
Der sie geschaffen hat, und ich
Bin dessen euch ein Zeuge.

58/57 Bei Gott, belisten will ich eure Götzen,
Wenn ihr den Rücken wendet.

59/58 Da schlug er sie zu Stücken,
Bis auf den grösten unter ihnen,
Daß sie an den sich halten möchten.

60/59 Sie sprachen: Wer that dis an unsern Göttern?
Er ist fürwahr ein Frevler.

61/60 Da sprachen einige: Wir hörten
Von ihnen reden einen Mann,
Der nennt sich Abraham.

62/61 Da sprachen jene: Bringt ihn her
Vor den Augen der Menschen,
Aufdaß sie Zeugen seyen.

63/62 Sie sprachen: Bist dus, der dis that
An unsern Göttern, Abraham?

64/63 Er sprach: Nein sondern dieser thats, ihr Gröster;
Befragt sie, wenn sie reden.

65/64 Da kehrten sie sich gegen sich,
Und sprachen: Ihr seid Sünder.

66/65 Dann stellten sie auf ihren Kopf sich wieder:
Du weißt es, diese reden nicht.

67/66 Er sprach: Und wollt ihr denn anbeten außer Gott,
Was euch nicht nützet etwas noch euch schadet?

–/67 Pfui euch und dem was ihr anbetet außer Gott!
O wollt ihr nicht verstehen?

68/68 Sie schrien: Verbrennt ihn und steht euern Göttern bei!
Warum wollt ihrs nicht thun?

69/69 Da sprachen wir: O Feuer,
Sei kühl und hold für Abraham!

70/70 Sie wollten spielen ihm den Streich,
Wir aber ließen sie verlieren.

71/71 Und retteten ihn selbst und Loth ins Land das wir
Gesegnet haben für die Welt.

72/72 Und gaben ihm Isaak und Jakob obendrein,
Und alle machten wir zu Frommen.

73/73 Und machten zu Vorgängern sie,
Die führeten nach unserem Gebote,
Und hießen ihnen, Gutes thun,
Gebet bestellen und Almosen geben,
Und unsre Diener waren sie.

Vers 73 *Vorgängern* **Imâme.**

74/74 Dem Loth dann gaben wir Verstand und Weisheit,
Und retteten ihn aus der Stadt, die Böses that,
Es waren Leute schlimm, abtrünnig.

75/75 Und nahmen ihn auf in unsre Liebe,
Denn er war von den Frommen.

76/76 Und Noa, da er rief zuvor,
Da gaben wir ihm Antwort,
Und retteten ihn und die Seinen
Aus großer Noth.

77/77 Und halfen ihm vor jenem Volk,
Das Lügen strafte unsre Zeichen,
Es waren Leute schlimm, und wir ertränkten alle.

78/78 Und David auch und Salomo,
Als sie das Urtheil sprachen über den Acker,
Als Nachts ihn abgefressen fremde Schaafe,
Wir waren ihres Urteilspruches Zeugen.

79/79 Wir gaben da die beßre Einsicht Salomo'n,
Doch beiden gaben wir Verstand und Weisheit,
Und dienstbar machten wir bei David
Die Berge zum Lobpreisen,
Die Vögel auch, das thaten wir.

80/80 Und lehrten ihn Verfertigung von Kleidung
Für euch, um euch zu schirmen
Vor eurer Kriegsgewalt;
O wollet ihr es danken?

81/81 Aber für Salomo den Wind im Sturme
Laufend auf sein Gebot zum Land,
Das wir gesegnet haben;
Und jedes Ding ist uns bewußt.

82/82 Und auch von den Satanen welche,
Die taucheten für ihn, und werkten
Ihm sonst noch Werke außer dem,
Wir aber waren ihre Hüter.

83/83 Auch Hiob, als er rief zu seinem Herren:
Mich hat berührt das Weh;
Doch du bist der erbarmendste Erbarmer.

84/84 Und wir erhörten ihn, und hoben
Was an ihm war von Weh,
Und gaben ihm die Seinen wieder,
Und noch einmal soviel dazu,
Als Huld von uns und Mahnung für die Diener.

85/85 Auch Ismael und Idris und Dhulkifl,
Sie alle waren von den Duldern.

86/86 Wir nahmen sie auf in unsre Liebe,
Denn sie waren von den Frommen.

87/87 Und den vom Fisch, als er floh zornig,
Und meinte daß wir nichts auf ihn vermöchten;
Dann rief er aus den Finsternissen:
Kein Gott als du! Preis dir! ich war ein Sünder.

88/88 Wir aber gaben Antwort ihm,
Und retteten ihn aus dem Leid,
So retten wir die Gläubigen.

89/89 Auch Zacharia, da er rief zu seinem Herrn:
Mein Herr, laß mich nicht einzeln!
Du bist der beste der' Beerber.

90/90 Doch wir erhörten ihn, und gaben ihm Johannes,
Und machten gut sein Weib ihm;
Sie waren schnell zum Gutes thun,
Anrufend uns in Lieb' und Furcht,
Und waren uns unterwürfig.

91/91 Auch sie, die ihre Sittsamkeit behütete,
Da hauchten wir in sie von unserm Geiste,
Und machten sie und ihren Sohn
Zum Zeichen für die Welten.

92/92 Ja diese eure Zunft ist eine einzige Zunft,
Und ich bin euer Herr, so dient mir!

93/93 Sie aber spalteten ihr Wesen unter sich;
Wol! alle kehren heim zu mir.

94/94 Wer nun das Gute thut und ist ein Gläubiger,
Kein Undank werde seinem Fleiß,
Wir haben's ihm geschrieben.

95/95 Bann aber über solche Stadt,
Die wir verderben! sie kehren niemals wieder;

96/96 Bis aufgethan wird Gog und Magog,
Und man von allen Höhen rennt;

97/97 Und nah kommt der Verheiß, der wahre;
Sieh da emporgerichtet sind
Die Blicke derer die nicht glaubten:
Weh uns! wir waren unbesorgt
Um dieses, ja wir waren Sünder.

98/98 Ja ihr und was ihr angebetet außer Gott
Seid Brennholz für Gehenna,
Ihr steigt in sie hinab.

99/99 Wenn diese wären Götter,
So stiegen sie nicht da hinab,
Und alle drin sind ewig.

100/100 Darin ist ihr Gezisch,
Sie aber hören nichts darin.

101/101 Doch die, für die ergieng von uns das Schönste,
Die sind von ihr gefernet.

102/102 Sie hören nicht ihr Knistern,
Und sind in dem, was ihre Seelen wünschten, ewig.

103/103 Sie ängstet nicht die gröste Furcht,
Und ihnen gehn entgegen
Die Engel: Dis ist euer Tag,
Der euch verheißen war.

104/104 Am Tag, wo wir zusammenfalten
Den Himmel, wie der Siegler
Zusammenfaltet den Brief;
Wie wir zuerst erschufen,
So bringen wirs zurück,
Nach übernommener Verheißung,
Wahrlich, wir werdens thun.

105/105 Und schon geschrieben haben wir
Im Psalter nach den andern Kunden:
Die Erde werden erben unsre Knechte, die gerechten.

106/106 Hierin fürwahr ist eine Meldung
Für alle Gottesdiener.

107/107 Und dich gesendet haben wir
Nur aus Erbarmung für die Welt.

108/108 Sprich: Offenbaret wird mir nur,
Daß euer Gott ein einziger Gott;
Wollt ihr euch Gott ergeben?

Vers 108 *Wollt ihr euch Gott ergeben* **Moslems werden.**

109/109 Und wenn sie ab sich wenden,
So sprich: Geladen hab' ich euch gleichmäßig;
Doch weiß ich nicht, ob nah, ob fern
Ist, was euch ist verheißen.

110/110 Er weiß das Laute von dem Wort,
Und weiß was ihr verschweiget.

111/111 Ich weiß nicht, ist vielleicht dis eine
Versuchung für euch und ein Nießbrauch
Auf eine Frist.

112/112 Er sprach: Herr, richte mit der Wahrheit!
Unser Herr ist der Allerbarmer,
Den wir um Hülfe rufen an
Gegen das was ihr saget.

Aus der 22N Sura
Überschrieben
Die Wallfahrt

25/25 Die da ungläubig sind und andre stoßen weg
Von Gottes Pfad und vom geweihten Bethaus,
Das wir gemacht für alle Menschen also
Daß gleich sei, wer dort selbst hat seinen Aufenthalt,
Und wer im offnen Lande wohnt;

26/– Wer aber dort begehn will einen Frevel,
Den lassen wir verkosten herbe Pein.

27/26 Als wir anwiesen Abrahame
Den Ort des Hauses: Hier geselle
Mir nicht abgöttisch etwas!
Und reinige mein Haus für die Umwandelnden
Und Stehenden und hingebeugten Beter.

28/27 Lad' ein die Menschen zu der Wallfahrt,
Daß sie dir kommen
Zu Fuße und auf jedem schlanken
Kamel aus jeder tiefen Bergschlucht,

29/28 Hier abzuwarten ihren Vortheil,
Und auszusprechen Gottes Namen,
An den bekannten Tagen, über alles
Was wir an Vieh zur Nutzung ihnen gaben:
Nun eßt davon und speiset auch
Den elenden, den Bettler.

Vers 29 *Vortheil* **Handelschaft?**

30/29 Dann zu verrichten ihre Weihen
Und abzutragen ihr Gelübde,
Und zu umgehn das alte Haus.

31/30 Dis, und wer ehrt die Festverbote Gottes,
Das ist ihm gut bei seinem Herrn.
Erlaubt ist alles Vieh euch, ausgenommen,
Was euch besonders ist gesagt.

Doch meidet allen Greul von Götzenbildern,
Und meidet Lügenrede!

32/31 Andächtige Gottes, nichts abgöttisch ihm gesellend.
Wer etwas Gott gesellet, ist als fiel' er von dem Himmel,
Als raubten ihn die Vögel oder
Führt' ihn der Wind in Oeden fort.

33/32 Dis, und wer ehrt die Festordnungen Gottes,
Das ist ein Theil der Frömmigkeit der Herzen.

34/33 Ihr habt an eurem Viehe Nutzung
Bis zu bestimmter Frist, dann geh es
Als Opfer zu dem alten Haus.

35/34 Wir haben jedem Volk gesetzet Bräuche,
Den Namen Gottes auszusprechen über das,
Was wir an Vieh zur Nahrung ihnen gaben.
Doch eur Gott ist ein einziger Gott, ergebt euch ihm!
Und du verkünde Heil den Unterwürf'gen!

36/35 Die, wann genannt wird Gottes Name,
So zittern ihre Herzen,
Und die ausharren in Geduld
In dem was sie betroffen hat,
Die das Gebet bestellen, und
Von dem, womit wir sie versorgt, ausspenden.

37/36 Die feisten setzten wir euch unter
Die Festordnungen Gottes,
Daran ist ein Ersprieß für euch.
So sprechet Gottes Namen über sie,
Indem sie stehn gereihet,
Und wenn sie seitwerts sinken hin,
So eßt davon, und speiset den bescheidnen
Und der euch nicht zu bitten wagt.
So machten wir sie dienstbar euch,
Aufdaß ihr dankbar wäret.

38/37 Zu Gott gelanget nicht ihr Fleisch und nicht ihr Blut,
Allein zu ihm gelangt die Frömmigkeit von euch.
So machten wir sie dienstbar euch,
Daß ihr erhöbet Gott für seine Leitung;
Und du verkünde Heil den Frommen! –

39/38 Ja Gott vertheidigt, die da glauben,
Ja Gott liebt keinen trügrischen Verleugner.

40/39 Erlaubnis haben, die sich wehren,
Weil sie gekränket wurden,
Und Gott ist ihnen beizustehn wol mächtig.

Vers 40 *die sich wehren* **Ich vermuthe** *yuqātilūna* **act. für** *yuqātalūna*.

41/40 Die man vertrieb aus ihrer Heimat
Mit keinem Recht, nur einzig weil
Sie sprechen: Unser Herr ist Gott.
Und wehrte Gott nicht ab die Menschen,
Die einen durch die andern,
Zerstöret wären Klöster längst und Kirchen,
Gebet und Betehäuser,
Darin genannt wird Gottes Name häufig.
Gott aber hilft dem, der ihm hilft,
Denn Gott ist stark und herrlich.

42/41 Ja Gott hilft denen, die, wo wir im Lande
Sie siedeln lassen, das Gebet bestellen,
Und geben die Almosensteuer,
Die fordern auf zum Fug,
Und halten ab von Unbill;
Und Gottes ist der Ausgang aller Dinge.

— — —

51/52 Nie sandten wir vor dir auch einen
Gesandten oder Profeten,
Dem nicht, indem er betete,
Der Satan einschob etwas ins Gebet.
Doch Gott streicht aus, was Satan einschiebt,
Sodann bestätiget Gott seine Zeichen,
Und Gott ist weis' und kundig;

52/53 Aufdaß er mache das, was einschiebt
Der Satan, zur Versuchung denen,
In deren Herzen Siechthum ist,
Und denen von verstockten Herzen,
Und ja die Sünder sind in weiter Spaltung;

53/54 Daß aber wissen, denen ward die Wissenschaft,
Daß es die Wahrheit ist von deinem Herrn,
Und glauben dran, und unterwürfig seyen
Ihm ihre Herzen, denn Gott leitet
Die glaubenden zum graden Pfade.

— — —

72/73 Ihr Menschen, euch gepräget ist ein Gleichnis,
Gebt ihm Gehör! Fürwahr, die ihr anrufet neben Gott,
Sie schaffen nimmer eine Fliege,
Und wenn sie alle sich dazu vereinten.
Doch raubt die Fliege ihnen etwas,
Nicht entreißen sie ihr es wieder.
Schwach ist der Bittende und der Gebetne.

73/74 Sie haben Gott gemessen nicht
Mit seinem rechten Maße,
Denn Gott ist stark und herrlich.

74/75 Gott wählet von den Engeln Boten,
Und von den Menschen auch, denn Gott ist
Ein Hörer und ein Seher.

75/76 Er weiß was zwischen ihren Händen
Und hinter ihrem Rücken ist,
Und ja zu Gott sind heimgebracht die Dinge.

Vers 76 Ein neues Bruchstück.

— — —

76/77 Ihr die da glaubet, beuget euch und fallet nieder
Und betet euern Herrn an,
Und thut dabei das Gute,
Aufdaß ihr glücklich seid.

77/78 Kämpfet in Gott den rechten Kampf!
Er hat euch angenommen,
Und nicht hat er gelegt auf euch
Im Gottesdienst ein Mühsal;
Zur Innung eures Vaters
Abrahams, der euch nannte die Ergebnen,

78/- Vor diesem; aber nun, daß der Gesandte sei
Ein Zeuge über euch, und ihr
Seid Zeugen über die Menschen!
So haltet das Gebet und gebt Almosensteuer,
Und bleibet fest in Gott! denn er ist euer Schutzherr;
O schöner Schutzherr, schöner Helfer!

Aus Sure 23
[Die Gläubigen]

52/50 Wir machten auch den Sohn Marias
Und seine Mutter zu 'nem Zeichen,
Und gaben ihnen eine Wohnung
An einem Hügel still und flutreich.

— — —

86/84 Sag ihnen: Wem gehört die Erd'
Und was darin ist, wenn ihrs wisset?

87/85 Sie werden sagen: Gott! Sag: Wollt ihrs nicht bedenken?

88/86 Sag: Wer ist der Herr der sieben Himmel,
Und Herr des großen Thrones?

89/87 Sie werden sagen: Gott. Sag: Wollet ihr nicht fürchten?

90/88 Sag: Wer ist es, in dessen Hand
Die Herrschaft jedes Dings ist?
Der da beschützt und nicht beschützt wird? wenn ihrs wisset?

91/89 Sie werden sagen: Gott! so sage:
Wie seid ihr denn verblendet!

92/90 Wir kamen ihnen mit der Wahrheit,
Sie aber reden Lüge.

93/91 Nicht hat Gott einen Sohn empfahn,
Noch irgend ist mit ihm ein Gott.
Sonst nähme jeder Gott, was er geschaffen,
Und es erhöbe sich einer über'n andern;
Lobpreis sei Gott ob allem was sie sagen.

94/92 Der Wisser des Verborgnen und des Sichtbarn,
Erhaben über dem, was sie ihm zugesellen.

95/93 Sag: Herr, willst du mich sehen lassen,
Was jenen angedrohet ist,

96/94 O Herr, so laß mich nicht seyn unter'm Volk der Sünder!

97/95 Wir sind, dich sehn zu lassen, was
Wir ihnen androhn, wol im Stande.

98/96 Wehre du mit dem Bessern ab das Böse;
Wir wissen, was sie sagen.

99/97 Und sprich: Herr, zu dir flücht' ich vor
Eingebungen der Satane.

100/98 Zu dir flücht' ich, o Herr,
Daß sie mich nicht umzingeln!

Die vierundzwanzigste Sura
Überschrieben
Das Licht

(Medinisch)

Überschrift *Das Licht* **v. V. 35. –** *Medinisch* **Zerlegt in einzelne Stücke, mit Auslassung einzelner Verse und Partien.**

1/1 Die Sura, die herab wir sandten
Und sie verordneten,
Darin herab wir sandten Zeichen deutlich,
Ob ihr bedenken wollet!

2/2 Die Hure und den Hurer, streichet jedem
Von beiden hundert Streiche,
Und über sie fass' euch kein Mitleid,
Im Dienste Gottes, wenn ihr glaubt
An Gott und an den letzten Tag.
Und ihrer Strafe wohne bei
Eine Anzahl von den Gläubigen.

3/3 Der Hurer soll heirathen eine Hure nur
Oder eine Götzendienerinn;
Die Hur' auch soll heirathen nur
Ein Hurer oder Götzendiener;
Verpönt ist das den Gläubigen.

4/4 Doch die beschmitzen züchtige Frauen
Und dann nicht kommen mit vier Zeugen,
So streichet ihnen achtzig Streiche,
Und nehmet nie mehr Zeugnis an von ihnen,
Dieselben sind Abtrünnige.

5/5 Die ausgenommen, die umkehren nach der Hand
Und bessern sich; denn Gott ist gnädig huldvoll.

6/6 Doch die beschmitzen ihre Frauen,
Und haben keine Zeugen als sich selber;
So sei des Einen Zeugnis gleich
Vier Zeugnissen mit Gottanrufung,
Daß er die Wahrheit redet;

7/7 Das fünfte Zeugnis aber dis,
Daß Gottes Fluch auf ihm sei,
Dafern er Lüge redet.

8/8 Dem Weibe wendet aber dis die Straf' ab,
Daß sie bezeuge vier

Bezeugungen mit Gottanrufung,
Daß er nur Lüge redet;

9/9 Das fünfte Zeugnis aber dis,
Daß Gottes Fluch auf ihr sei,
Wenn er die Wahrheit redet.

23/23 Fürwahr, die da beschmitzen Frauen züchtige,
Sorglose, gläub'ge, sind verflucht
In dieser Welt und in der andern,
Und groß ist ihre Strafe,

24/24 Am Tag wo zeugen gegen sie
Ihre Zungen und Hände
Und Füß' ob dem, was sie gethan;

25/25 Des Tags wird ihnen Gott vergelten ihren Dienst
Der Wahrheit, und sie werden es
Erfahren, daß Gott ist die lautre Wahrheit.

26/26 Unzüchtige Frauen für unzüchtige Männer,
Unzüchtige Männer für unzüchtige Frauen;
Doch gute Fraun für gute Männer,
Und gute Männer für die guten Frauen!
Dieselben sind unschuldig böser Reden,
Für sie ist Gottes Gnad' und ehrenvolle Nahrung.

11/11 Die da mit Lügen kommen,
Ein Trupp von euch; o haltet dis
Nicht für ein großes Übel;
Es ist für euch nur besser.
Denn jedem Mann von ihnen bleibt
Was er gewirkt von Sünde;
Und wer davon begieng das Schwerste,
Dem wird auch große Strafe.

12/12 Wenn aber ihr dergleichen höret,
O möchten gläubige Männer oder Frauen
Dann bei sich selbst das beste denken,
Und sagen: Das ist offenbare Lüge.

13/13 O möchten sie darüber doch
Vier Zeugen bringen, oder wenn
Sie keine Zeugen bringen,
So sind vor Gott sie Lügner.

14/14 Und wäre nicht die Gnade Gottes über euch
Und sein Erbarmen
Hienieden und in jener Welt,

Euch hätte längst betroffen
In dem, worin ihr euch ergießet, schwere Strafe,

–/15 Wenn ihr's mit euern Zungen aufnehmt,
Und sagt mit euern Mündern,
Wovon ihr doch kein Wissen habt,
Und haltets für gering, doch ists bei Gott ein Großes.

15/16 O möchtet ihr, wenn ihr es höret, sprechen:
Uns steht nicht zu davon zu reden,
Behüte! das ist arger Lug.

16/17 Gott mahnet euch, daß ihr nie wieder solches thut,
Wenn ihr wollt Gläubige heißen.

17/18 Gott offenbaret euch die Zeichen,
Und Gott ist weis' und kundig.

18/19 Die so da wünschen, daß auskomme Schmähliches
Über die so da glauben,
Derselben wartet Strafe peinvoll,

19/– In dieser Welt und in der andern;
Und Gott weiß, und ihr wisset nicht.

20/20 O wäre nicht die Gnade Gottes über euch,
Und sein Erbarmen, und daß Gott
Ist huldreich und barmherzig! –

21/21 Ihr die da glaubet, folget nicht
Den Schritten Satans! denn wer folgt
Den Schritten Satans, dieser führt
Zur Schmach an und zur Unbill;
Und wäre nicht die Gnade Gottes über euch
Und sein Erbarmen, rein wär auch von euch nicht einer.
Gott aber reinigt wen er will,
Und Gott ist hörend, wissend. –

27/27 Ihr, die da glaubet, tretet nicht
In andre Wohnungen als eure,
Bevor ihr angefragt habt und gegrüßet die Bewohner.
Das ist euch besser, wenn ihr es bedenket.

28/28 Doch wenn ihr Niemand findet an der Thüre,
So tretet nicht hinein, bevor mans euch erlaubt;
Und sagt man: Geht! so gehet fort.
Das ist untadliger für euch,
Und Gott ist eures Thuns Erkunder.

Vers 28 *So tretet nicht hinein* **Vermuthlich Frauengemächer.**

29/29 Doch ists euch keine Sünde, daß ihr tretet ein
In unbewohnte Räume,

Wenn ihr darin Geschäfte habt,
Und Gott weiß was ihr zeigt und was ihr berget.

30/30 Sage den Gläubigen, daß sie zügeln ihre Blicke
Und hüten ihre Sinnlichkeit.
Das ist untadliger für euch,
Denn Gott ist kundig eures Thuns.

31/31 Sag auch den gläubigen Frauen, daß sie zügeln ihre Blicke
Und hüten ihre Sinnlichkeit,
Nicht zeigen ihre Reize,
Als das was sichtbar ist davon,
Auch daß sie schlagen ihre Schleier
Um ihre Busenspalten,
Und zeigen ihre Reize keinem
Als ihren Männern oder Vätern,
Oder den Vätern ihrer Männer,
Oder den eignen Söhnen,
Oder den Söhnen ihrer Männer,
Oder den eignen Brüdern,
Oder den Söhnen ihrer Brüder,
Oder den Söhnen ihrer Schwestern,
Oder den eignen Mägden,
Und die da unter ihrer Hand stehn,
Oder ihrem Gefolge, nebst
Blödsinnigen von Männern, oder Kindern,
Die nicht gewahren Frauenblöße;
Auch daß sie nicht mit ihren Füßen schlagen,
Damit man merke, was sie halten
Versteckt von ihren Reizen.
Sondern bekehret euch zu Gott
Allesammt, o ihr Gläubigen,
Aufdaß ihr glücklich seid.

32/32 Verheirathet die Waisenkinder unter euch,
Die frommen auch von euren Knechten
Und euren Mägden! wenn sie arm sind,
Gott wird sie machen reich von seiner Gnade,
Und Gott ist weitumfassend, kundig.

33/33 Enthalten aber sollen die sich,
Die keine Heirat finden,
Bis Gott sie machet reich von seiner Gnade.
Doch die den Freibrief wünschen, derer,
Die unter eurer Hand stehn,
Schreibt denen ihren Brief, wenn ihr

An ihnen wisset Gutes,
Und gebet ihnen von den Gütern
Gottes, die er gegeben euch.
Auch zwingt nicht eure Mägdlein,
Die züchtig wollen seyn, zum Buhlgewerbe,
Euch zu erwerben zeitlich Weltgut.
Doch wer sie zwingt, nun Gott ist ihnen
Nach ihrem Zwang barmherzig und verzeihend.

34/34 (45/46) So haben wir herabgesendet Zeichen deutlich,
Und Gott führt wen er will zum graden Wege.

46/47 Sie sagen wol: Wir glauben
An Gott und den Gesandten, und gehorchen;
Dann wendet sich ein Theil von ihnen
Nach diesem ab, dieselben sind nicht Gläubige.

47/48 Und wenn man sie beruft zu Gott
Und seinem Abgesandten,
Damit er richte zwischen ihnen:
Sieh da ein Theil von ihnen die sind sträubig.

48/49 Wenn sie die Wahrheit hätten,
Sie kämen her gehorsam.

49/50 Ist wol in ihren Herzen Krankheit,
Oder sind sie im Zweifel?
Oder befürchten, daß sie werde
Verkürzen Gott und sein Gesandter?
Nein, sondern sie sind Sünder.

50/51 Allein das Wort der Gläubigen,
Wenn man sie ruft zu Gott und seinem Gesandten,
Damit er richte zwischen ihnen,
Ist, daß sie sagen:
Wir hören und gehorchen,
Dieselben sind die glücklichen.

51/52 Und wer gehorchet Gott und seinem Abgesandten,
Und fürchtet Gott und ehret ihn,
Dieselben sind die seligen.

52/53 Sie aber schwören dir bei Gott
Mit ihren stärksten Eiden:
Wenn's du beföhlest, würden sie ins Feld ziehn.
Sag ihnen: Schwöret nicht! Gehorsam
Ist angenehm. Ja Gott ist kundig eures Thuns.

53/54 Sprich nur: Gehorchet Gott! gehorchet dem Gesandten!
Und wenn sie ab sich wenden:

Auf ihm ist was ihm auferlegt ist,
Auf euch, was euch ist auferlegt.
Und folgt ihr ihm, so geht ihr recht,
Doch dem Gesandten steht nur zu die klare Meldung.

54/55 Gott hat verheißen denen die da glauben
Von euch und Gutes thun, die woll' er machen
Zu seinen Stellvertretern auf der Erde,
Wie er zu seinen Stellvertretern
Einst andere vor ihnen machte;
Befestigen auch woll' er ihren Gottesdienst,
Den er genehmigt ihnen, und eintauschen
Für sie auf ihre Aengste Ruh und Frieden.
Mir dienen werden sie und nichts
Abgöttisch beigesellen;
Doch wer verleugnet hinterher,
Das sind Abtrünnige.

55/56 Ihr nun, bestellet das Gebet,
Gebt die Almosensteuer, und
Gehorchet dem Gesandten,
Aufdaß ihr Gnade findet.

56/57 O denke nicht, daß die da leugnen
Etwas ausrichten auf der Erde,
Doch ihre Einkehr ist die Glut,
Schlimm ist dahin der Eingang.

62/62 Allein die Gläubigen, die da glauben
An Gott und seinen Gesandten,
Und die, wenn sie mit ihm berathen
Eine gemeine Sache,
Nicht weggehn, eh sie ihn um Urlaub bitten;
Ja die so dich um Urlaub bitten,
Die sind es die da glauben
An Gott und seinen Gesandten;
Und wenn sie dich um Urlaub bitten
Ob irgend eins Geschäftes,
So gib den Urlaub wem du willst von ihnen,
Und bitte Gott für sie um Nachsicht,
Denn Gott ist nachsichtsvoll erbarmend.

63/63 Setzt die Berufung des Gesandten
In eurer Mitte doch nicht eurer
Berufung untereinander gleich!
Gott kennet die da sich entziehn mit Ausflucht.
Und hüten jene sich, die sein Gebot verweigern,

Daß sie betreffe eine Prüfung,
Oder betreffe Strafe peinlich.

64/64 Ha ist nicht Gottes was da ist
Im Himmel und auf Erden!
Er weiß womit ihr umgeht, und am Tage,
Wo sie ihm sind zurückgebracht,
Da wird er ihnen sagen was sie thaten,
Denn Gott ist jedes Dings bewußt.

— — —

35/35 Gott ist das Licht des Himmels und der Erde,
Das Gleichnis seines Lichtes ist
Wie eine Nisch' in welcher eine Leuchte
Die Leuchte ist in einem Glas,
Das Glas ist wie ein funkelnder Stern
Die angezündet ist vom Segensbaume,
Dem Oelbaum nicht aus Osten noch aus Westen;
Das Oel fast selber leuchtet, wenns
Auch nicht berührt die Flamme;
Licht über Licht – Gott leitet
Zu seinem Lichte wen er will:
Gott aber prägt die Gleichnisse den Menschen,
Und Gott ist jedes Dings bewußt.

Vers 35 *nicht aus Osten noch aus Westen* **sondern vom Berg Sinai, in der Mitte?**

36/36 Das brennt in Häusern welche Gott
Befohlen aufzurichten
Und drin zu nennen seinen Namen,
Es preisen ihn darin am Morgen und am Abend

37/37 Männer, die nicht abzieht Handelschaft
Noch Einkauf vom Gedächtnis Gottes
Und von Bestellung des Gebets
Und von Almosengebung,
Die fürchten jenen Tag, wo sich
Wenden die Herzen und die Augen,

38/38 Daß ihnen Gott vergelte
Das Bessre, was sie thaten,
Und mehre sie mit seiner Fülle;
Denn Gott versorget, wen er nur
Will, über alle Rechnung.

Vers 38 *Füllefaḍl* **öfter zu setzen Gnadenfülle.**

39/39 Doch die Ungläubigen, ihre Werke
Sind wie ein Wasserschein in Wüsten,
Ihn hält der Durstige für Wasser,
Bis er hinkommt und findet nichts,
Er findet aber Gott daselbst,
Der seine Rechnung ihm gewährt,
Denn Gott ist schnell zur Rechnung.

40/40 Oder wie Finsternis im Meeresabgrund;
Es decket eine Woge ihn,
Darüber eine Wog' ist,
darüber ein Gewölk' ist,
Eine Finsternis über der andern;
Wenn er ausstrecket seine Hand, sieht er sie kaum,
Und wem da Gott nicht schaffet Licht,
Der hat kein Licht.

41/41 O siehst du nicht, daß Gott lobpreiset
Was ist im Himmel und auf Erden,
Und die Vögel in Reihen,
Jedweder kennet sein Gebet
Und seine Lobpreisformel,
Und Gott ist kundig was sie thun.

42/42 Und Gottes ist die Herrschaft
Des Himmels und der Erden,
Und zu Gott ist die Rückkehr.

43/43 O siehst du nicht daß Gott zusammentreibt Gewölke,
Dann verdichtet ers unter sich,
Dann macht er es zu Schichten;
Da siehest du die Flut hervor
Brechen aus seinen Spalten,
Und niedersendet er vom Himmel Berge,
In denen Hagel ist,
Mit diesem trifft er wen er will,
Und wendet ihn von wem er will ab,
Doch seines Blitzes Leuchtung nimmt
Beinah hinweg die Sehe.

44/44 Gott aber wendet Nacht und Tag um,
Hierin ist traun ein Beispiel für die Sehenden.

Vers 44 Dieses vielleicht erhabenste und am meisten symbolisch ausdeutbare Bruchstück des Korans scheint wenig zum übrigen Inhalt der ganz politischen und polizeilichen Sura zu passen. Auch herrscht darin ein abweichender seltenerer Reim. Doch ist zu bemerken, daß der Reim des ersten Verses noch der des vorigen Stückes und der gewöhnl[ichste] des ganzen Korans ist, des letzten Verses aber in

eben diesen Reim zurück oder doch ihm wieder nahe tritt. So daß dieses Stück denn doch vielleicht eine ursprüngliche (?) absichtliche Einfügung seyn könnte. Vergl. die 66. Sure, eben so weltlich, und in noch mehr besonderer Beziehung, worin ein ähnliches nur weniger ausgeführtes Bild vom Licht V. 8 unten übersetzt.

–/45 Und Gott schuf jedes Geschöpf aus Wasser,
Von ihnen eins nun geht auf seinem Bauche,
Von ihnen eins geht auf zwei Füßen,
Und eins von Ihnen geht auf vieren;
Gott schaffet was er will, ja Gott
Ist jedes Dings gewaltig.

Fünfundzwanzigste Sura
Überschrieben
Der Forkan

Überschrift *Der Forkan* **d.i. Koran, eigentlich Schiednis, Entscheid. Mit einigen Auslassungen (von angenommenen Einschiebseln).**

Im Namen [Gottes des allbarmherzigen Erbarmers.]

1/1 Gelobt sei, der herabgesandt den Forkan
Auf seinen Knecht, aufdaß er sei
Für die Welten ein Mahner.

5/4 Es sprechen aber, die da leugnen:
Das ist nur Trug, den er gedichtet,
Ihm halfen dazu Fremde.
So kommen sie mit Frevel und mit Lügen;

6/5 Und sprechen: Fabelwerk der Alten,
Er schreibt es nach, und vorgesagt
Wird es ihm früh und Abends.

7/6 Sprich: Er hat es herabgesandt,
Der das Geheimnis weiß im Himmel und auf Erden,
Er ist barmherzig und verzeihig.

8/7 Sie sprechen: Doch was ists mit diesem Gottgesandten?
Er isset Speis' und wandelt in den Gassen.
Ja wär' ihm nur herabgesandt ein Engel,
Der mit ihm wär' ein Mahner!

9/8 Oder war' ihm beschert ein Schatz,
Oder würd' ihm ein Wonnegarten,
Von dessen Frucht er äße.

Die Sünder sagen: Ei ihr folgt
Nur einem Manne, der berückt ist.

Vers 9 *berückt* **besser als bezaubert. Öfter zu setzen.**

10/9 Sieh wie auf dich sie prägen ihre Gleichnisreden!
So irren sie und können nicht zum Wege.

11/10 Gelobt sei, der dir, wenn er will, schafft Beßres
Als dieses alles, Gärten,
Darunter hin die Ströme fließen,
Und schafft dir drin Paläste.

12/11 Sie aber leugneten die Stunde;
Doch wir bereiten jedem, der
Die Stunde leugnet, Lohe.

13/12 Wenn diese sie ansieht von weitem,
Da hören sie von ihr ein Wüthen und Gezisch.

14/13 Und wenn sie sind geworfen drein in engen Raum gedränget,
Rufen sie dort den Untergang.

15/14 Ruft heut nicht einen Untergang!
Ruft viele Untergänge!

16/15 Sag ihnen: Ist dis besser oder
Der ewige Garten, dessen sind
Verheißen Gottesfürchtige,
Der ihnen Lohnung ist und Einkehr!

17/16 Sie haben darin, was sie wünschen, ewige;
Dein Herr nahm auf sich das Versprechen,
Das wird ihm abgefordert.

22/20 Wir aber sandten auch vor dir Gesandte niemals,
Daß sie nicht äßen Speis' und wandelten in den Gassen.
Wir machen einen unter euch
Dem andern zur Versuchung,
Ob ihr bestehet; und dein Herr ist schauend.

23/21 Doch sprechen jene, die nicht hoffen
Zu stehn vor unserm Antlitz:
Ja stiegen doch zu uns herab die Engel,
Oder wir sähen unsern Herrn! Hochfärtig
Sind sie in ihren Seelen,
Und freveln großen Frevel.

24/22 Am Tage wo sie werden sehn die Engel,
Kein Freudengruß wird da den Schuldigen,
Und rufen werden sie: O ein verhegter Hag!

29/27 Am Tage wo der Sünder wird
Annagen seine Hände,

Und rufen: Hätt' ich doch genommen
Mit dem Gesandten einen Weg!

30/28 Oh weh mir! hätt' ich doch genommen
Nicht den und den zum Freunde!

31/29 Er hat mich irrgeleitet ab der Mahnung,
Nachdem sie mir gekommen war,
Und Satan ist den Menschen ein Verführer.

32/30 Doch der Gesandte spricht: O Herr,
Mein Volk nimmt diesen Koran zum Gespötte.

33/31 Gott spricht: Wir gaben also jedem
Profeten einen Feind vom Volk der Schuldigen;
Doch dir genügt dein Herr zum Führer und zum Helfer.

34/32 Allein es sprechen, die da leugnen:
Wär' ihm nur zugesandt der Koran
Auf einmal als ein Ganzes! –
Wir aber sandten so ihn einzeln,
Damit zu kräftigen dein Herz,
Und ließen dir ihn singen sangweis.

35/33 Sie können keine Gleichnisrede
Vorbringen wider dich, daß wir
Nicht brächten Aufschluß und die schönste Deutung.

42/40 Sie kamen doch schon zu der Stadt,
Die eingeregnet ward mit bösem Regen:
Haben sie selbe nicht gesehn?
Die hofften auch nicht Auferweckung!

43/41 Allein, wenn sie dich sehen, nehmen
Sie dich nur zum Gelächter:
Ist dis, den Gott gesendet hat als Boten?

44/42 Möcht' ers, abirren macht' er uns von unsern Göttern,
Wenn wir nicht hielten Stand bei ihnen! –
Einst werden sie erfahren, wann sie sehn die Pein,
Wer irrer war des Weges.

45/43 Siehst du wol jenen, der zum Gott nimmt sein Gelüst?
Bist du ihm wol bestellt zum Anwalt?

46/44 Wie oder meinst du, daß die meisten
Von ihnen hören werden oder merken?
Sie sind nur wie das Vieh,
Ja sie sind irrer noch des Weges.

47/45 O siehst du nicht auf deinen Herrn,
Wie er dehnet den Schatten?
Wollt' ers, er macht' ihn stille stehn;

Nun aber machten wir die Sonne
Zur Weiserinn auf ihn.

48/46 Dann rafften wir ihn ein zu uns
Mit leichtem Raff.

49/47 Und Er ists der gemacht hat euch
Die Nacht zur Hülle und den Schlaf zur Ausruh',
Und hat gemacht den Tag zur Auferweckung.

50/48 Und Er ists, der die Winde sendet
Als Freudenkündiger her vor seiner Gnade,
Und niederschickten wir vom Himmel reine Flut,

51/49 Daß wir damit belebten todte Auen,
Und davon trinken ließen, was wir schufen,
Thiere und Menschen vielerlei.

52/50 Und theilten das Wasser unter ihnen aus,
Daß sie des Dankes dächten;
Doch weigerten die meisten Menschen
All andres außer Undank.

54/52 Doch du gehorch nicht den undankbaren Leugnern,
Bekämpfe sie für Ihn mit mächtigem Kampfe!

55/53 Und Er ists, der frei ließ die beiden Wasser,
Das eine süß und trinkbar,
Das andre herb und bitter,
Und machte zwischen beiden eine Scheidewand,
Und einen wohlverhegten Hag.

56/54 Und Er ists, der schuf aus dem Wasser Menschen,
Und machte sie verbunden durch
Verwandtschaft und Verschwägerung,
Und mächtig ist dein Herr.

57/55 Sie aber beten außer Gott an,
Was ihnen kann nicht nützen und nicht schaden:
Der undankbare Leugner
Ist gegen seinen Herrn ein Helfer.

58/56 Dich aber sendeten wir nur
Als Heilverkünder und Mahner.

59/57 Sprich: Nicht von euch begehr' ich dafür einen Lohn,
Als nur, wer will, daß er annehme
Zu seinem Herren einen Weg.

60/58 Und du vertrau auf den Lebendigen der nicht stirbt,
Und feiere seinen Lobpreis!
Er gnügt für jeden Fehltritt seiner Knechte zum Erkunder.

61/60 Doch wenn man sagt zu ihnen:
Fallt nieder vor dem Allerbarmer! sagen sie:
Was ist der Allerbarmer? sollen
Wir niederfallen dem was du uns heißest? –
Es mehrt nur ihre Störrigkeit.

64/63 Aber die Knechte des Allerbarmers,
Die auf der Erde gehn demüthig,
Und wenn mit ihnen die Thoren hadern,
Zu ihnen sagen: Friede;

65/64 Und die nachtwachen ihrem Herrn
Fußfällig oder stehend;

66/65 Und sprechen: Herr, entrück' uns
Der Pein Gehennas, ihre Pein ist endlos,

–/66 Sie ist ein schlimmer Aufenthalt und Standort;

67/67 Und die, wenn sie ausgeben, nicht
Vergeuden und nicht kargen,
Und halten Mitte zwischen beidem;

68/68 Und die nicht neben Gott anrufen andre Götter,
Und tödten nicht das Leben, welches Gott verpönt,
Als nur nach Recht, und huren nicht;
(Denn wer das thut, den trifft Verschuldung,

69/69 Verdoppelt wird ihm einst die Pein
Am Tag der Auferstehung,
Und er ist drinnen ewig, schmachvoll;

70/70 Ausgenommen, wer sich bekehrt
Und glaubt und wirket gutes Werk;
Für solche wird vertauschen Gott
Ihr Übles all mit Schönem,
Denn Gott ist gnädig und barmherzig);

Vers 70 Hierauf ausgelassen als über das Maß hinaustretend der an sich treffliche Vers:

**Wer sich bekehrt und Gutes thut,
Nur der bekehrt zu Gott sich recht.**

72/72 Und die da Zeugnis geben nicht der Lüge,
Und wo sie gehn vorüber losen Reden,
Vorüber gehn hochsinnig;

73/73 Und die, wo sie gemahnet werden
Der Zeichen ihres Herrn, darüber
Nicht niederstürzen taub und blind;

74/74 Und die da sprechen: Unser Herr,
Gib uns von unsern Frauen

Und unsern Sprösslingen einen Trost der Augen,
Und mach uns Gottesfürchtigen' zum Muster:

75/75 Dieselben werden dort belohnt sein mit der Lusthall'
Um was sie duldeten, und werden
Empfangen drin mit Gruß und Frieden,

76/76 Darin geewigt; herrlich ist der Aufenthalt und Standort.

77/77 Sprich: Euer Herr fragt nicht nach euch.
Ja, wärt ihr nicht berufen!
Ihr aber leugnetet, das wird euch einst anhaften.

Sechsundzwanzigste Sure
Überschrieben
Die Dichter

(Mekkanisch)

Im Namen Gottes, des barmherzigen Allerbarmers.

1/2 Dis sind die Zeichen
Des offenkundigen Buches.

2/3 Du grämest dich vielleicht darüber,
Daß sie nicht glauben?

3/4 Wenn uns beliebet, senden wir
Auf sie herab vom Himmel
Ein Zeichen, dem
Sich ihre Nacken werden beugen.

4/5 Doch kommet ihnen keine Kunde
Vom Allerbarmer, keine neue,
Davon sie nicht sich wenden ab.

5/6 Sie straften alles Lügen;
Doch kommen wird einst Botschaft ihnen
Von dem was sie verlachten.

6/7 Sahn sie nicht an die Erde,
Wieviel auf ihr wir sprossen ließen
Von edlen Kräutern aller Art?

7/8 In diesem ist ein Zeichen,
Allein die meisten sind ungläubig.

8/9 Doch er, dein Herr, ist der Allmächtige Allerbarmer.

9/10 Und als dein Herr rief Mosen:
Geh hin zum Volk der Übelthäter!

10/11 Zum Volke Faraos! Wollen sie nicht fürchten?

11/12 Er sprach: Mein Herr, mir banget
Daß sie mich Lügen strafen.

12/13 Auch eng ist meine Brust,
Und nicht gelös't ist meine Zunge;
Drum sende du an Aaron!

13/12 Sie haben auch
An mir zu fordern eine Schuld;
Mir bangt daß sie mich tödten.

14/15 Er sprach: Mitnichten! sondern geht,
Ihr zwei, mit unsern Zeichen!
Wir sind mit euch und hören.

15/16 So geht zu Farao hin und sprecht:
Wir sind ein Bote von dem Herrn der Welten.

16/17 Entlaß mit uns
Die Söhne Israels!

17/18 Er sprach: Erzogen wir dich nicht
Bei uns als Kind?
Und bei uns weiltest du
Von deinem Leben Jahrelang!

18/19 Und thatest jene That auch, die du thatest,
Und bist der Sünder einer.

19/20 Er sprach: Ich that sie, ja, da ich
War der Verirrten einer;

20/21 Und floh von euch,
Weil ich euch fürchtete.
Da aber gab mein Herr mir Weisheit,
Und machte mich zu einem Abgesandten.

21/22 Die Wohlthat aber, welche du mir vorwirfst,
Ist daß du hast geknechtet
Die Söhne Israels.

22/23 Sprach Farao: Und wer ist der Herr der Welten?

23/24 Er sprach: Der Herr
Des Himmels und der Erden
Und was darin ist, wenn ihr es verständet!

24/25 Sprach Farao zu denen um ihn: Hört ihrs?

25/26 Er sprach: Der Herr von euch, und Herr
Von euren Väter[n] ehmals.

26/27 Sprach Farao: Euer Gesandter,
Der an euch ist gesendet, ras't.

27/28 Er sprach: Der Herr
Des Aufgangs und des Niedergangs,
Und was dazwischen liegt, wenn ihr's begriffet!

28/29 Sprach Farao: So du einen Gott nimmst außer mir
So mach' ich dich zu der Gefangnen einem.

29/30 Er sprach: Auch wenn ich dir
Bring' etwas Sichtbares?

30/31 Sprach Farao: Bring es, wenn du Wahrheit redest!

31/32 Da warf er seinen Stab, und sieh,
Zur Schlange ward er sichtbar.

32/33 Dann zog er seine Hand hervor,
Und sie war weiß den Schauenden.

33/34 Sprach Farao zu der Schaar um ihn:
Das ist ein kundiger Zaubrer.

34/35 Er will euch treiben
Aus eurem Land mit seinem Zauber;
Was meinet ihr?

35/36 Sie sprachen: Halt' ihn hier mit seinem Bruder,
Und sende gen Mada'in Werbende,

Vers 35 *Werbendeḥāširīna*? **v. 53.**

36/37 Daß sie dir bringen jeden kundigen Zaubrer.

37/38 Da sammelten sich die Zauberer
Zur anberaumten Tagesfrist.

38/39 Den Leuten aber ward gesagt:
Wollt ihr euch nicht versammeln?

39/40 So mögen wir dann folgen
Den Zauberern, wenn sie die Sieger bleiben.

40/41 Als nun die Zauberer gekommen,
Da sprachen sie zu Farao:
Wird uns wol auch ein Lohn, wenn wir die Sieger bleiben?

41/42 Ja, sprach er, und ihr sollet seyn
Am Throne, von den Nächsten.

42/43 Und Mose sprach zu ihnen: Werft,
Was ihr zu werfen habet!

43/44 Sie warfen ihre Strick' und ihre Stäbe
Und riefen: Bei der Hoheit
Faraos, wir sind die Sieger!

44/45 Doch Mose warf den Stab, und der
Verschlinget, was sie gaukeln.

45/46 Da warfen sich die Zaubrer hin, anbetend,

46/47 Und riefen:
Wir glauben an den Herrn der Welten!

47/48 Den Herrn Mose's und Aaron's.

48/49 Sprach Farao: Ihr glaubet ihm,
Bevor ich's euch erlaube?
Ja er ist euer Meister,
Der euch gelehrt die Zauberei;
Ihr sollet es erfahren!

49/– Euch stümmeln will ich Händ' und Füße,
Querüber, und euch kreuzigen miteinander.

50/50 Sie sprachen: Kein Versehr!
Wir sind zu unserm Herrn gewendet.

51/51 Wir wünschen, es verzeihe
Der Herr uns unsre Sünden, weil
Wir sind die ersten Gläubigen.

52/52 Doch wir verkündigten an Mose: Reise Nachts
Mit unsern Knechten! man wird euch verfolgen.

53/53 Da sandte Farao gen Mada'in Werbende:

54/54 Hier diese Leute sind ein kleines Trüppchen,

55/55 Und sind auf uns ergrimmt;

56/56 Doch wir sind sämmtlich auf der Hut.

57/57 Doch wir (spricht Gott) vertreiben sie
Von Gärten und von Quellen,

58/58 Von Schatz und werthem Aufenthalt.

59/59 Wir thuns und geben es zum Erbe
Den Söhnen Israels.

60/60 Doch sie verfolgten sie bei Sonnenaufgang.

61/61 Und als einander sahn die beiden Heere, sprachen
Die Leute Mose's: Wir sind eingeholet.

62/62 Er sprach: Mitnichten!
Denn mit mir ist mein Herr, er wird mich führen.

63/63 Doch wir verkündigten an Mose:
Schlage mit deinem Stab das Meer!
Da spaltete sichs, und jede Seite
Stand wie ein hoher Bergwall.

64/64 Da brachten wir heran das Heer der Andern;

65/65 Da retteten wir Mose samt den Seinen;

66/66 Sodann ertränkten wir die Andern.
67/67 In diesem ist ein Zeichen,
Allein die meisten sind ungläubig.
68/68 Doch er, dein Herr, ist der Allmächtige Allerbarmer.
69/69 Lies ihnen auch die Kunde Abrahams!
70/70 Als er da sprach zu seinem Vater
Und seinem Volk: Wem dienet ihr?
71/71 Sie sprachen: Bildern dienen wir,
Und warten ihnen stehend auf.
72/72 Er sprach: Und hören sie euch, wann ihr rufet?
73/73 Und nutzen sie euch oder schaden?
74/74 Sie sprachen: Nein, wir fanden
Nur unsre Väter also thun.
75/75 Er sprach: O seht ihr, wem ihr dientet,
76/76 Ihr selbst, und eure Väter vormals?
77/77 Sie sind mir feind, nur nicht der Herr der Welten!
78/78 Der mich geschaffen hat, und führt mich;
79/79 Und der mich speis't und tränket mich;
80/80 Und wenn ich sieche, heilt er mich.
81/81 Er der mich sterben läßt und wieder leben;
82/82 Von dem ich wünsche, daß er mir
Verzeihe meine Sünde
Am Tage des Gerichts.
83/83 Herr, gib mir Weisheit,
Und zähle mich den Frommen bei!
84/84 Und schaff mir eine Zunge
Der Wahrheit bei den Spätern!
85/85 Mach mich zu einem Erben
Des Gartenhains der Wonne!
86/86 Verzeih auch meinem Vater! denn
Er ist von den Verirrten.
87/87 Laß mich beschämt nicht seyn
Am Tage der Auferstehung!
88/88 Am Tage wo nicht nutzt Gut noch Söhne;
89/89 Nur, wer da kommt zu Gott mit reinem Herzen.
90/90 Da wird herangebracht der Garten
Den Gottesfürchtigen.

91/91 Und vor die Augen wird gerückt
Der Abgrund den Verführten.

92/92 Und ihnen wird gesagt:
Wo ist nun, wem ihr dientet?

93/93 Statt Gottes! Werden sie euch helfen, oder
Wird ihnen seyn zu helfen?

94/94 Und drein gestürzt sind sie und die Verführten,

95/95 Des Iblis Heerschaar insgesammt.

96/96 Sie sprechen drin und hadern:

97/97 Bei Gott, wir waren
Im offenkundigen Irrthum,

98/98 Als wir euch stellten gleich dem Herrn der Welten.

99/99 Nur irrgeleitet haben uns die Schuldigen;

100/100 Und uns ist Niemand Fürsprach,

101/101 Kein Freund und Anverwandter.

102/102 Und würd' uns Widerkehr,
Wir wären von den Gläubigen.

103/103 In diesem ist ein Zeichen,
Allein die meisten sind ungläubig.

104/104 Doch er, dein Herr, ist der Allmächtige, Allerbarmer.

105/105 Auch Lügen strafte Noe's Volk die Gesandten.

106/106 Als da zu ihnen sprach ihr Bruder Noe:
Wollet ihr Gott nicht fürchten?

107/107 Ich bin an euch ein Bote treu.

108/108 So fürchtet Gott, und folget mir!

109/109 Und nicht von euch begehr' ich Lohn dafür;
Mein Lohn allein steht auf den Herrn der Welten.

110/110 So fürchtet Gott, und folget mir!

111/111 Sie sprachen: Sollen wir dir glauben?
Dir hängen die Nichtswürdigen an.

Vers 111–114 Vergl. 6,52 und 7,58 die Anmerkung.

112/112 Er sprach: Mein Wissen ist nicht, was sie thaten.

113/113 Die Rechenschaft für sie ist nur
Bei meinem Herrn, wenn ihr es merktet!

114/114 Doch treiben will ich nicht von mir die Gläubigen.

115/115 Ich bin nichts wan ein offenkundiger Mahner.

116/116 Sie sprachen: Lässest du nicht ab, o Noe,
So stirbst du als gesteinigter.

117/117 Er rief: O Herr, mein Volk es straft mich Lügen;

118/118 Entscheide zwischen mir und ihnen mit Entscheidung!
Und rette mich und die mit mir, die Gläubigen.

119/119 Da retteten wir ihn und die mit ihm
Im Schiffe dem gefüllten.

120/120 Und dann ertränkten wir darauf die Übrigen.

121/121 In diesem ist ein Zeichen,
Allein die meisten sind ungläubig.

122/122 Doch er, dein Herr, ist der Allmächtige, Allerbarmer.

123/123 Ad's Volk auch strafte Lügen die Gesandten.

124/124 Als da zu ihnen sprach ihr Bruder Hud:
Ha wollet ihr nicht fürchten?

125/125 Ich bin an euch ein Bote treu.

126/126 So fürchtet Gott, und folget mir!

127/127 Und nicht von euch begehr' ich Lohn dafür;
Mein Lohn allein steht auf den Herrn der Welten.

128/128 Erbauet ihr auf jedem Bühl
Ein Wunderwerk zum Spiele?

129/129 Und unternehmt Kunstbauten,
Alsob ihr ewig wäret?

130/130 Und wenn ihr stürmet, stürmet ihr wie Riesen.

131/131 O fürchtet Gott, und folget mir!

132/132 Und fürchtet ihn, der euch versah
Mit allem was ihr wisset;

133/133 Der euch versah mit Herden und mit Söhnen;

134/134 Mit Gärten und mit Quellen.

135/135 Ich fürchte wahrlich über euch
Straf' eines großen Tages.

136/136 Sie sprachen: Gleich gilt uns, ob du gepredigt,
Ob nicht gepredigt habest.

137/137 Das sind nur Dichtungen der Alten;

138/138 Und uns wird Niemand strafen.

139/139 So straften sie ihn Lügen;
Doch wir verdarben sie.
In diesem ist ein Zeichen,
Allein die meisten sind ungläubig.

140/140 Doch er, dein Herr, ist der Allmächtige Allerbarmer.

141/141 Themud auch strafte Lügen die Gesandten;

142/142 Als da zu ihnen sprach ihr Bruder Salih:
Ha, wollet ihr nicht fürchten?

143/143 Ich bin an euch ein Bote treu.

144/144 So fürchtet Gott, und folget mir!

145/145 Und nicht von euch begehr' ich Lohn dafür;
Mein Lohn allein steht auf den Herrn der Welten.

146/146 Werdet ihr bleiben in dem,
Worin ihr seid so sicher?

147/147 In Gärten und an Quellen,

148/148 Saaten und Palmen schlank von Wuchs;

149/149 Und hauet aus den Bergen Häuser wacker!

150/150 So fürchtet Gott, und folget mir!

151/151 Und folget nicht den Reden der Vergeuder,

152/152 Die schädigen auf Erden, und nicht bessern.

153/153 Sie sprachen: Du bist einer der Bethörten.

154/154 Du bist ein Mensch nur unsersgleichen;
Bring uns ein Zeichen, wenn du Wahrheit redest!

155/155 Er sprach: Hier die Kamelin;
Sie hat zu trinken, und ihr habt
Zu trinken soviel Tage.

156/156 Rührt sie nicht an im Bösen!
Sonst wird euch fassen
Straf eines großen Tages.

157/157 Sie aber lähmten jene, darauf
Erwachten sie zur Reue.

158/158 Da faßte sie die Strafe.
In diesem ist ein Zeichen;
Allein die meisten sind ungläubig.

159/159 Doch er, dein Herr, ist der Allmächtige, Allerbarmer.

160/160 Loth's Volk auch strafte Lügen die Gesandten.

161/161 Als da zu ihnen sprach ihr Bruder Loth:
Ha wollet ihr nicht fürchten?

162/162 Ich bin an euch ein Bote treu.

163/163 So fürchtet Gott, und folget mir!

164/164 Und nicht von euch begehr' ich Lohn dafür;
Mein Lohn allein steht auf den Herrn der Welten.

165/165 Wie? gehet ihr die Männer in der Welt an,

166/166 Und lasset, was euch Gott erschuf an euren Fraun
Ja, ihr seid ein Volk von Frevlern.

167/167 Sie sprachen: Lässest du nicht ab, o Loth,
So bist du ein Vertriebner.

168/168 Er sprach: Ich bin ein Hasser eurer Werke.

169/169 Herr, rette du mich und die Meinen
Von ihren Werken!

170/170 Da retteten wir ihn und all die Seinen,

171/171 Bis auf die Alte, die zurückblieb;

172/172 Dann tilgten wir die Andern.

173/173 Und einen Regen regneten wir über sie;
O schlimmer Regen der (umsonst) gewarnten!

174/174 In diesem ist ein Zeichen,
Allein die meisten sind ungläubig.

175/175 Doch er, dein Herr, ist der Allmächtige, Allerbarmer.

176/176 Die Leute auch von Aika straften Lügen die Gesandten.

177/177 Als da zu ihnen sprach Schoaib:
Ha, wollet ihr nicht fürchten?

178/178 Ich bin an euch ein Bote treu;

179/179 So fürchtet Gott, und folget mir!

180/180 Und nicht von euch begehr' ich Lohn dafür;
Mein Lohn allein steht auf den Herrn der Welten.

181/181 Meßt treulich und verkürzet nicht!

182/182 Und wägt mit rechter Wage!

183/183 Entzieht den Menschen nicht das Ihre,
Und stiftet nicht auf Erden Frevelschaden.

184/184 Und fürchtet den, der euch erschuf
Und vorige Geschlechter.

185/185 Sie sprachen: Du bist einer der bethörten.

186/186 Du bist ein Mensch nur unsresgleichen;
Wir halten dich für einen von den Lügnern.

187/187 Laß fallen auf uns ein Stück vom Himmel,
Wenn du die Wahrheit redest.

188/188 Er sprach: Es weiß mein Herr am besten, was ihr thuet.

189/189 So straften sie ihn Lügen,
Da faßte sie die Strafe

Des Wolkentages, ja es war
Straf' eines großen Tages.

190/190 In diesem ist ein Zeichen,
Allein die meisten sind ungläubig.

191/191 Doch er, dein Herr, ist der Allmächtige, Allerbarmer.

192/192 Und dieses ist die Offenbarung
Vom Herrn der Welten,

193/193 Geoffenbaret vom betrauten Geiste

194/194 In deinen Busen, daß du seist ein Mahner,

195/195 In klarer Zung', arabischer;

196/196 Dasselb' ist auch in heiliger Schrift der Alten.

197/197 Ist dieses nicht für sie ein Zeichen,
Daß es wissen die Weisen
Der Söhne Israels?

Vers 197 *für sie* **i.e. die Araber.**

198/198 Und hätten wir es offenbart
An einen der Fremdredenden,

199/199 Und hätt' er es gelesen ihnen,
So hätten sie daran nicht glauben mögen.

Vers 199 *ihnen* **den Arabern.**

200/200 So aber haben wir es eingeführet
Ins Herz der Schuldigen.

201/201 Sie glauben nicht daran, bisdaß
Sie sehn die Strafe furchtbar.

202/202 Bis ihnen sie wird kommen plötzlich,
Ohne daß sie es merken,

203/203 Und sie dann rufen: Gibt man keine Frist uns?

204/204 Ha wollen sie wol unsre Strafe
Beschleunigen?

205/205 Hast du's gesehn, wann wir sie ließen
Genießen Jahre lang,

206/206 Dann ihnen kam, was ihnen war verheißen,

207/207 Wie ihnen alles nichts half, was
Sie zu genießen hatten?

208/208 Und nie verdarben eine Stadt wir, ohne daß
Ihr kamen Mahner

209/209 Zur Kundschaft, und wir thaten ihr kein Unrecht.
210/210 Auch offenbarten dis nicht böse Geister.
211/211 Dergleichen kommt nicht ihnen zu, noch können sie's;
212/212 Sie sind vom Hören ausgeschlossen.
213/213 Auch ruf nicht neben Gott an einen andern Gott,
Daß du nicht werdest der Gestraften einer!
214/214 Und mahne deinen Stamm, die dir Verwandten!
215/215 Und neige deinen Fittig dem,
Wer dir folgt von den Gläubigen.
216/216 Doch wenn sie Trotz dir bieten, sprich:
Ich bin unschuldig
An solchem was ihr thuet.
217/217 Und du vertrau auf den Allmächtigen, Allerbarmer,
218/218 Der dich sieht, wo du stehest,
219/219 Und auch dein Liegen unter den Anbetern:
220/220 Er ist der Hörer und der Wisser.
221/221 Soll ich euch künden, welchem nahn
Mit Offenbarung böse Geister?
222/222 Sie nahen jedem schuldbewußten Lügner,
223/223 Treffen das Ohr, und trügen meist;
224/224 Und ihnen folgten die verführten Dichter.
225/225 O siehst du nicht, wie sie
In jedem Thale schwärmen,
226/226 Und reden viel, was sie nicht thun?
227/227 Die ausgenommen, welche glauben,
Das Gute thun und denken Gottes häufig.
228/228 Und ihnen ist geholfen,
Nachdem sie Unrecht litten.
Erfahren aber werden, die da Unrecht thun,
Welchen Ergangs sie sich ergehen werden.

Aus Sura 27
Die Ameisen

7/7 Als wie da Mose sprach zu seinen Leuten:
Ich sehe dort ein Feuer,
Von ihm will ich euch bringen eine Nachricht,
Oder euch bringen einen Brand,
Daß ihr euch wärmen möget.

Vers 7 Vgl. 28,30.

8/8 Doch als er nun dahin kam, hört' er rufen:
Heilig ist der im Feuer ist und rings um es,
Lobpreis sei Gott, dem Herrn der Welten!

9/9 O Mose, ich bin Gott der Mächtige der Weise.

10/10 Wirf deinen Stab! –
Als er nun sah den Stab sich regen,
Alsob er sei ein Geist,
Wandt' er zur Flucht den Rücken
Und kehrte sich nicht um. – O Mose, fürchte
Dich nicht! Es fürchten sich bei mir nicht die Gesandten.

12/12 Nun steck' auch deine Hand in deinen Busen!
Hervorgehn soll sie weiß, ohn' Übel.
Dis unter den neun Zeichen
An Farao und sein Volk, denn ja
Sie sind ein Volk abtrünnig. –

13/13 Und als nun ihnen kamen unsre Zeichen augensichtlich,
Sprachen sie: Das ist offenbarer Zauber.

14/14 Und leugneten die Zeichen,
Die doch erkannten ihre Seelen,
Aus Trotz und Hochmuth. – Aber siehe,
Wie war das Ende nun der Frevler! –

15/15 Wir aber gaben David' einst
Und Salomone Weisheit, und sie sprachen:
Gelobt sei Gott, der uns aus Gnaden
Hat vorgezogen vielen
Seiner Knechte, der Gläubigen.

16/16 Und Salomo beerbte David,
Und sprach: O all ihr Menschen!
Ich ward gelehrt der Vögel Sprache,
Und alles hab' ich überkommen;
Ja, das ist Gottes offenbare Gnade.

17/17 Da ward geschaart zu Salomo
Sein Heer vom Stamm der Dschinnen,
Der Menschen und der Vögel,
Aufziehend in geschiednem Trupp;

18/18 Bis, da sie nun gekommen waren
Zum Thale der Ameisen,
Sprach eine Ameis: O all ihr Ameisen, geht
Hinein in eure Wohnungen,
Damit euch nicht zertrete
Salomo und sein Heer, ohn' es zu merken!

19/19 Da lächelt' er und lacht' ob ihrer Rede,
Und sprach: O Herr, gib Antrieb mir
Zu danken deine Huld, die du
Gabst huldreich über mich und meine Väter,
Zu thun das Gute das du liebest,
Und bringe mich in deiner
Barmherzigkeit zu deinen frommen Knechten!

20/20 Da mustert' er die Vogelschaar,
Und sprach: Wie ist mir? nicht seh' ich den Hudhud.
Oder wär' er wol abwesend?

Vers 20 *Hudhud* **Widhopf.**

21/21 Nun strafen will ich ihn mit schwerer Strafe,
Oder ihn schlachten, oder
Er komme mir mit einem klaren Ausweis.

22/22 Doch jener blieb nicht lange fern,
Und sprach: Ich hab' erkundet, was
Du nicht erkundet hast, von Saba
Bring' ich dir sichre Nachricht.

23/23 Ich fand daselbst ein Weib als ihre Königin,
Und sie hat überkommen alles,
Und einen großen Thron hat sie.

24/24 Ich fand sie und ihr Volk anbeten
Die Sonne außer Gott, und schön läßt scheinen
Der Satan ihnen ihre Werke,
Daß er sie wegstieß von dem Weg,
Und sie nicht richtig gehn.

27/27 Der König sprach: Wir wollen sehn,
Ob du die Wahrheit redest oder logest.

28/28 Geh hier mit meinem Brief, den wirf dort ihnen zu,
Dann wende dich von ihnen,
Und warte was sie erwidern. –

29/29 Sie sprach: O mein Gefolge! mir
Ist zugeworfen ein werther Brief,

30/30 Er ist von Salomo, und ist
Im Namen Gottes des allbarmherzigen Erbarmers:

31/31 Wollt ihr nicht ziehn hinauf zu mir,
Und kommen als Ergebne?

32/32 Sie sprach: O mein Gefolge!
Nun rathet mir in meinem Ding!
Denn ich beschließe nie ein Ding, bis ihr mir bei seid.

33/33 Sie sprachen: Wir sind Leute
Von Kraft und Leute von starker Macht;
Doch das Gebot steht dir zu,
So sieh nun zu, was du gebietest.

34/34 Sie sprach: Fürwahr die Könige,
Wenn sie kommen in eine Stadt,
Verwüsten sie dieselbe,
Und ihre Edlen erniedern sie,
So pflegen sie zu thun.

35/35 Drum will ich schicken Abgesandte
An jene mit Geschenken,
Und warten was zurück die Boten bringen.

36/36 Als er nun kam zu Salomo,
Sprach dieser: Wollt ihr mich bereichern
Mit Gute? doch was Gott mir gab
Ist besser als was euch er gab;
Doch ihr habt Freud' an eueren Geschenken.

37/37 Kehr um zu ihnen, doch wir wollen ihnen kommen
Mit einem Heer, dem sie nicht sind gewachsen,
Und wollen sie von dort vertreiben schmählich,
Klein sollen sie erscheinen.

38/38 Er sprach: O mein Gefolge!
Wer von euch holt mir ihren Thron,
Eh sie mir kommen als Ergebne?

39/39 Da sprach ein Ifrit von den Dschinnen:
Ich hol' ihn dir, eh du aufstehst von deinem Sitze;
Ich bin dazu stark und bewährt.

40/40 Doch einer spricht, der Wissen hat vom Buche:
Er sprach: Ich hol' ihn dir,
Eh zu dir kehrt zurück dein Blick. –
Und als er ihn nun vor sich stehn sah, sprach er: Dis

Ist von der Gnade meines Herrn,
Daß er mich prüf', ob ich sei dankbar, ob undankbar.
Wer aber dankbar ist, ist es nur seiner Seele;
Und wer undankbar, nun mein Herr
Ist unbedürftig großmuthsvoll.

41/41 Er sprach: Macht ihr unkenntlich ihren Thron!
Wir wollen sehen, ob sie ist erleuchtet,
Ob von den Unerleuchteten.

42/42 Als sie nun kam, ward ihr gesagt:
Ist so wie der dein Thron? Sie sprach:
Es ist als sei ers selber.
Wir überkamen schon vordem das Wissen,
Und wurden Gottergebne. –

43/43 Dann irrten aber jene sie,
Die sie anbetet' außer Gott,
Dieweil sie war aus einem Volk Ungläubiger.

44/44 Ihr ward gesagt: Tritt in den Saal ein!
Sie sah ihn und hielt ihn für tiefes Wasser,
Und zog das Kleid hinauf von ihren Schenkeln.
Er sprach: Es ist ein Saal, geglättet von Kristallen.

45/– Sie sprach: O Herr, ich habe mich versündigt;
Doch nun ergeb' ich mich mit den Ergebnen
An Gott den Herrn der Welten.

— — —

84/82 Und wann auf sie nun fällt das Wort der Strafe,
Dann lassen wir hervorgehn ihnen
Ein Thier dort aus der Erde,
Das wird zu ihnen sprechen, daß
Die Menschen nicht an unsre Zeichen glaubten.

— — —

89/87 Tags wo geblasen wird in die Drommete,
Wird zittern wer im Himmel und wer auf Erden,
Außer, wen Gott ausnehmen will,
Und alle kommen zu ihm unterwürfig.

90/88 Und sehn wirst du die Berge, die du hältst für fest,
Die gehn nach Gang der Wolken,
Werkstellung Gottes, der gefügt hat jedes Ding,
Und Er ist kundig eures Thuns.

91/89 Wer Gutes bringt, dem wird dafür ein Beßres,
Und solche sind vorm Zittern
Desselben Tags behut.

92/90 Wer aber Böses bringt, derselben
Gesichter sind gestürzt ins Feuer:
Wird euch vergolten andres als ihr thatet?

93/91 Mir ist geheißen dis nur: anzubeten
Den Herren dieser Flur,
Die er geweihet hat, und sein ist alles;
Und mir geheißen ist, zu seyn von den Ergebnen;

94/92 Und vorzutragen auch der Koran.
Nun wer sich leiten läßt, der ist
Geleitet seiner eignen Seele;
Wer aber irre geht, du sprich:
Ich bin nur einer von den Mahnern.

95/93 Und sprich: Gelobt sei Gott! er wird
Euch sehen lassen seine Zeichen,
Ihr werdet sie erkennen. Und der Herr ist nicht
Unachtsam dessen was ihr thut.

28^E Sure
Überschrieben
Die Erzählung der Geschichte

Überschrift **Mit einigen Auslassungen gegen das Ende hin. – Angeblich in Mekka. Mag seyn in Medina, oder doch nach eingeleiteter Verbindung mit Medina, als dort schon ein Rückhalt für die Seinigen war, er aber war noch in Mekka geblieben V. 57. – Anfangs als er noch nicht mit den Juden zerfallen war, V. 52.**

–/2 Dis sind die Zeichen
Des offenkundigen Buches.

2/3 Vortragen wollen wir dir von der Kunde
Mose's und Farao's, nach der Wahrheit,
Für solche die da glauben.

3/4 Nun, Farao war gewaltig auf der Erde,
Und machete sein Volk zwiespaltig,
Unterdrückt' einen Theil von ihnen,
Indem er schlachtet' ihre Söhne
Und beschämt' ihre Frauen;
Ja er war einer von den Frevlern.

4/5 Wir aber wollen Huld erweisen
Den Unterdrückten auf der Erde,

Und sie machen zu Vorständen,
Und sie machen zu Erben;

5/6 Und geben ihnen feste Statt auf Erden,
Und zeigen Farao'n und Haman
Und ihrem Heer von ihnen, was sie scheuen.

6/7 Doch wir eröffneten der Mutter Mose's:
Säug' ihn! und fürchtest du für ihn,
So wirf ihn in den Strom!
Und fürchte nicht noch traure!
Wir geben dir ihn wieder,
Und machen ihn zu einem der Gesandten.

7/8 Da lasen ihn nun auf die Leute Farao's,
Damit er ihnen würd' ein Feind und Kummer.
Denn Farao und Haman und ihr Heer, sie waren Sünder.

8/9 Da sprach die Gattin Farao's:
Ein Trost der Augen mir und dir, o tödt' ihn nicht!
Vielleicht daß er uns nützet, oder
Wir nehmen ihn zum Sohne.
Sie aber merkten nicht.

9/10 Da ward das Herz der Mutter Mosi's leicht am Tag;
Fast hätte sie's verrathen,
Doch machten wir ihr fest die Brust,
Daß sie beständ' im Glauben.

10/11 Sie sprach zu seiner Schwester: Geh ihm nach!
Die blickte nach ihm von der Seite,
Sie aber merkten nicht.

11/12 Da wehrten wir ihm ab erst die Säugammen;
Doch jene sprach: Soll ich euch weisen
Zu Leuten eines Hauses, die in Pfleg' ihn nehmen
Für euch, und die ihn wohl berathen?

12/13 So brachten wir zurück ihn seiner Mutter,
Daß ruhig würd' ihr Aug und sie sich nicht betrübte
Und wüßte: Der Verheiß von Gott ist Wahrheit;
Die meisten aber Wissens nicht.

13/14 Als er nun kam zu seiner Kraft
Und war in rechten Jahren,
Gaben wir ihm Verstand und Weisheit,
Also belohnen wir die Frommen.

14/15 Da gieng er in die Stadt einst unbemerkt von den Bewohnern,
Und fand daselbst zwei Männer kämpfen,
Den einen von den Seinen,

Den andern von den Feinden.
Da rief um Hilf' ihn an der von den Seinen
Gegen den von den Feinden,
Und Mose schlug ihn und erlegt' ihn.
Da sprach er: Das ist von dem Werke Satans,
Der ein erklärter Feind ist und Verführer.

15/16 Er sprach: Mein Herr! ich habe mich versündigt;
Vergib mir! da vergab er ihm,
Denn Er ist der Vergeber der Erbarmer.

16/17 Er sprach: Herr, weil du mir hast Gnad' erwiesen,
Nie will ich mehr ein Helfer seyn den Bösen.

17/18 Darauf des Morgens war er in der Stadt voll Furcht,
Umschauend; siehe da, der ihn
Um Beistand angerufen gestern,
Der schrie ihn wieder an. Zu ihm sprach Mose:
Du bist ein offenbarer Thor.

18/19 Doch als er treffen wollte jenen,
Der ihrer beider Feind war,
Sprach der: O Mose, willst du mich erschlagen,
Wie du erschlugest einen gestern?
Du willst nur ein Gewaltmann seyn auf Erden,
Und willst nicht seyn der biedern einer.

19/20 Da kam ein Mann, vom Aeußersten
Der Stadt her laufend, rief: o Mose!
Das Volk beräth sich über dich,
Daß sie dich tödten! geh hinaus!
Ich bin dir ein wohlmeinender Berather.

20/21 Da gieng er aus der Stadt voll Furcht,
Umschauend, sprach: Herr, rette mich
Von diesem Volk, den Frevlern.

21/22 Und als er sich gewendet nun gen Midian,
Sprach er: Vielleicht daß mich mein Herr
Leite des rechten Weges.

22/23 Und als er kam zum Wasser Midians,
Fand er da einen Trupp von Leuten, tränkend.

23/– Und fand von ihnen weg zwo Frauen,
Die abwerts hielten ihre Herde;
Er sprach: Was macht ihr da? Sie sprachen:
Wir tränken ehr nicht, bis die Hirten
Zurück vom Wasser treiben.
Und unser Vater ist ein hoher Greise.

24/24 Da tränkt' er ihnen, und dann zog er
Zurück sich in den Schatten,
Und sprach: Mein Herr, ich bin des Guten,
Das du mir sendest zu, bedürfig.

25/25 Da kam zu ihm heran die eine
Der beiden, schamhaft wandelnd, sprach:
Mein Vater rufet dich, daß er dir gelte
Den Lohn um daß du tränktest uns.
Und als er zu ihm kam und ihm
Erzählte seine Geschichte,
Sprach er: Sei ohne Furcht, du bist
Entronnen jenem Volk, den Frevlern.

26/26 Da sprach die eine von den beiden:
O Vaterchen, ding' ihn um Lohn.
Der beste, den du dingest, ist der starke, der bewährte.

27/27 Er sprach: Ich will zum Weib dir geben
Die eine meiner Töchter hier,
Auf den Beding daß du um Lohn
Mir dienst acht Jahr', und wenn du willst
Voll machen zehn, so stehts bei dir.
Ich will dich nicht beschweren,
Du sollst mich finden, will es Gott, als biedern.

28/28 Er sprach: So soll es gelten zwischen mir und dir,
Welche der beiden Fristen ich
Besteh', mehr liege mir nicht ob,
Und Gott ist dessen was wir reden Bürge.

29/29 Als Mose nun die Frist bestanden
Und zog mit seinem Hausgesind,
Sah er am Fuß des heiligen Bergs ein Feuer;
Und sprach zu dem Gesinde: Wartet!
Ich hab' ersehn ein Feuer,
Ob ich davon euch herbring' eine Kunde
Oder einen Glimmer von dem Feuer
Daß ihr euch möget wärmen.

30/30 Als er nun hinkam, hört' er rufen
Vom Stromrand her des Glücksthals
Auf dem gesegneten Boden
Aus dem Gebüsch: O Mose,
Ich, ich bin Gott, der Herr der Welten!

Vers 30 Vgl. 27,7 übersetzt.

31/31 Und dann: Wirf deinen Stab!
Doch als er den nun sah sich regen,
Alsob er sei ein Geist,
Wandt' er zur Flucht den Rücken,
Und kehrte sich nicht um. – O Mose!
Kehre dich her und fürchte nichts!
Du bist von den Behüten.

32/32 Steck deine Hand in deinen Busen,
Daraus hervorgehn wird sie weiß, ohn' Übel,
Und fasse dich vom Schrecken.
Denn dieses beides sind Beweise
Von deinem Herrn an Farao
Und sein Gefolg', sie sind ein Volk abtrünnig.

33/33 Er sprach: Mein Herr, ich hab' erschlagen ihrer einen,
Und fürchte daß sie mich erschlagen.

34/34 Mein Bruder Aaron aber ist beredter
Als ich an Zunge, sende den
Mit mir als Beistand, mir zu zeugen,
Sie zeihn mich, fürcht' ich, Lügen.

35/35 Er sprach: Wir wollen stärken deinen Arm durch deinen Bruder
Und geben beiden Vollmacht euch,
Daß sie an euch nicht kommen sollen
Bei unsern Zeichen; ihr und die euch folgen, bleiben Sieger.

36/36 Als Mose nun zu ihnen kam
Mit unsern Zeichen offenkundig,
Sprachen sie: Das ist nichts wan Zauberwort, gedichtet,
Und niemals hörten wir davon bei unsern Vätern vormals.

37/37 Doch Mose sprach: Es weiß mein Herr am besten,
Wer mit der Leitung kommt von ihm,
Und wem da bleibt der Lohn des Hauses;
Nicht glücklich sind die Sünder.

38/38 Sprach Farao: Ihr mein Gefolge,
Nie kannt' ich einen andern Gott für euch als mich.
Du aber brenne mir, o Haman, Thon und bau
Mir einen Thurm, auf dem ich steige
Hinan zum Gotte Mosis.
Fürwahr, ich halt' ihn für der Lügner einen.

39/39 Hochmüthig war er und sein Heer
Auf Erden ohne Fug und Recht,
Und meinten daß sie nicht zu uns heimkehren sollten.

40/40 Da faßten wir ihn und sein Heer,
Und warfen sie ins Meer, und siehe,
Wie war das Ende der Sünder.

41/41 Und machten sie zu Vorständen,
Die da rufen zum Feuer,
Und bei der Auferstehung sind sie beistandlos.

Vers 41 *Vorständen* **Imâme.**

42/42 Und machten ihnen folgen
In dieser Welt den Fluch,
Und bei der Auferstehung sind sie
Von den geschändeten.

43/43 Dem Mose aber gaben wir
Die Schrift, nachdem vertilgt wir hatten
Die früheren Geschlechter,
Zum Augenschein den Menschen,
Zur Leitung und Barmherzigkeit,
Ob sie wol sich bedächten.

44/44 Du selber warst nicht auf der Westseit',
Als wir an Mose richteten die Gebote,
Und warst dabei nicht von den Zeugen.

45/45 Nun, wir erneueten seitdem Geschlechter,
Und lang ergieng hin über sie das Leben.
Du hast auch nicht gewohnt im Volke Midians,
Ihnen zu deuten unsre Zeichen,
Wir sandten dazu Boten.

46/46 Du warest auch nicht an der Seite
Des heiligen Berges, als wir riefen;
Nein sondern aus Barmherzigkeit von deinem Herrn
Sagen wir dir's, zu mahnen
Ein Volk, dem nie ein Mahner kam
Vor dir, ob sie wol sich bedenken.

47/47 Damit sie nicht erleiden möchten
Ein Leid um das was ihre Hände wirkten,
Und rufen dann: O unser Herr!
Hättest du doch gesandt uns einen Boten,
Daß wir ihm folgeten und wären von den Gläubigen.

48/48 Doch als nun ihnen kam die Wahrheit
Von unsrer Seite, riefen sie:
Ja, wäre dem gegeben solches,
Wie einst gegeben Mosen war! –
Wie? haben sie nicht auch geleugnet,

Was Mosen war gegeben einst?
Und sprachen: Zwei Blendwerke sinds,
Einander unterstützend;
Und sprachen: Beide leugnen wir.

49/49 Sprich du: Bringt mir ein Buch von Seiten Gottes,
Das leitungskräftiger sei als diese beide,
So folg' ich selber ihm, wenn ihr die Wahrheit redet.

50/50 Doch wenn sie dir nicht Antwort geben,
So wiß, daß sie nur folgen ihren Lüsten;
Und wer ist irrer als wer folget seiner Lust
Ohne Geleit von Gott? denn Gott
Geleitet nicht die Sünder.

51/51 Zukommen ließen ihnen wir das Wort nun,
Ob sie wol sich besännen!

52/52 Und jene selber, denen wir
Die Schrift zuerst gegeben,
Die glauben an das Wort.

53/53 Und wird es vorgetragen ihnen, rufen sie:
Wir glauben dran, es ist die Wahrheit
Von unserm Herrn; wir waren schon
Vor diesem Gottergebne.

54/54 Die werden ihren Lohn empfangen zweimal
Dafür daß sie ausharreten,
Und wehren mit dem Guten ab das Böse,
Und gern von dem, womit wir sie versorgt, ausspenden.

55/55 Und wo sie hören lose Rede,
Da wenden sie sich ab davon und sprechen:
Uns unsre Werke und euch eure Werke!
Friede mit euch! wir suchen nicht die Thoren.

56/56 Du leitest nicht, wen du begehrest, sondern
Gott leitet wen er will, er kennt
Am besten, die sich leiten lassen.

57/57 Sie aber sprechen: Folgen wir der Leitung
Mit dir, so werden wir gerafft aus unserm Lande.
Wie? gaben wir nicht ihnen eine feste Statt,
Ein befriedetes Heiligthum,
Zu dem gesammelt wird der Fruchtertrag von allem,
Zum Unterhalt von unsertwegen?
Doch ihre meisten wissen nichts.

Vers 57 ***Heiligthum*** **Nicht etwa die Kaba, sondern Medina. Gleich 29,67.**

58/58 Wie manche Stadt vertilgten wir,
Die überfroh war ihrer Lebensfülle!
Und jene Wohnungen von ihnen,
Sie wurden nicht bewohnt nach ihnen,
Als wenig nur, wir aber sind die Erben.

60/60 Und das was euch gegeben ward,
Ist Nießbrauch dieses Erdenlebens und sein Schmuck,
Das aber dort bei Gott ist besser
Und dauernder; versteht ihr nicht?

61/61 Ist wol, wem wir verheißen haben
Verheißung schöne, die er einst wird finden,
Wie der, den wir genießen lassen
Den Nießbrauch dieses Erdenlebens,
Dann wird er seyn am Tag der Auferstehung
Unter den Vorgeforderten!

65/65 Am Tag wo Er sie rufen wird und fragen:
Was gäbet ihr zur Antwort meinen Boten?

66/66 Da werden sie nicht Auskunft wissen,
Und auch nicht beieinander sich befragen. –

Vers 67 ff Der Ideengang ist deutlich, wenn vielleicht auch einige verbindende Verse stehen sollten.

76/76 Ja Karun war vom Volke Mosis,
Hochmüthig über alle,
Wir hatten ihm verliehn von Schätzen
Soviel daß schon davon die Schlüssel
Schwer wurden einem Truppe starker Leute.
Wie da zu ihm sein Volk sprach: Sei nicht frech!
Denn Gott liebt nicht die frechen!

77/77 Wirb hier mit dem, was Gott dir gab,
Nach jener Wohnung, und vergiß
Auch nicht dein Theil hienieden;
Thu Gutes, wie Gott Gutes hat gethan an dir,
Und suche nicht den Frevel auf der Erde;
Denn Gott liebt nicht die Frevler.

78/78 Er sprach: Dis alles ward mir nur
Beschert für eignes Wissen. –
O wußt' er nicht, daß Gott verdorben hat vor ihm
Von den Volkstämmen manchen,
Der stärker war als er an Kraft,
Zahlreicher auch an Menge? denn
Man fragt nicht erst um ihre Sünden
Die Schuldigen.

79/79 Er aber gieng
Hervor von seinem Volke,
In seinem Schmuck; da sprachen, die da gehren
Das Leben dieser Welt: O hätten
Wir gleiches, als was Karun hat,
Er ist Herr großen Glückes.

80/80 Da sprachen aber, die da Wissen hatten:
Weh euch! der Sold von Gott ist besser
Für den, der glaubt und Gutes thut,
Und ihn empfahn nur die enthaltsamen Dulder.

81/81 Da ließen wir ihm und seinem Hause
Die Erde klaffen, und ihm blieb
Kein Anhang, die ihm hülfen gegen Gott,
Und ihm war nicht zu helfen.

82/82 Da wachten morgens, die da hatten
Gewünschet seine Stelle gestern,
Und sprachen: Ach ja wohl, Gott dehnt
Die Nahrung, wem er will von seinen Knechten,
Und mißt sie zu. Hätt' uns nicht Gott gegnadet,
So hätt' er uns es klaffen lassen; ach ja wohl,
Nicht glücklich sind die Gottverleugner.

83/83 Dort jene Wohnung werden wir
Verleihen denen, die nicht gehren
Hochmuth auf Erden oder Frevel;
Der gute Ausgang wird den Frommen.

85/85 Fürwahr, der dir hat auferlegt den Koran,
Wird dich zu einer Freistatt bringen.
Sprich nur: Es weiß mein Herr am besten,
Wer mit der Leitung kommt und wer
Da ist in offner Irre.

86/86 Du hofftest selbst nicht, daß dir würde
Zu Theil das Buch, es war nur aus Barmherzigkeit
Von deinem Herrn; darum sei du
Kein Beistand den Verleugnern.

87/87 Abdrängen sollen sie dich nicht
Von Gottes Zeichen wieder,
Nachdem sie dir erschienen sind.
Rufe zu deinem Herrn, und sei
Nicht von den Götzendienern!

88/88 Und rufe nicht mit Gott an einen andern Gott.
Kein Gott als Er! Vergänglich

Ist alles außer seinem Antlitz.
Sein ist der Richtspruch und zu ihm
Seid ihr zurückgebracht.

— — —

71/71 Sprich so: was meint ihr? wollte Gott
Die Nacht euch machen endlos,
Bis zu dem Tag der Auferstehung;
Wer wär' ein Gott wol außer Gott,
Der Licht euch brächte? hört ihr nicht?

72/72 Sprich so: was meint ihr? wollte Gott
Den Tag euch machen endlos,
Bis zu dem Tag der Auferstehung;
Wer wär' ein Gott wol außer Gott,
Der eine Nacht euch brächte,
Darin zu ruhen? seht ihr nicht?

73/73 Er hat euch aus Barmherzigkeit
Die Nacht geschaffen und den Tag,
In ihr zu ruhn, und dann zu suchen Gottes Fülle
Und ob ihr etwa danken wollt.

Aus [der] 29. Sure
Die Spinne

Überschrift **Abgekürzt, versuchsweise die Einschiebselchen Gemeinplätze etc. ausgeworfen.**

1/2 Wie? meinen denn die Menschen, so
Zu bleiben, daß sie sagen nur:
Wir glauben! ohne daß geprüft sie würden?

2/3 Wir haben auch geprüfet die vor ihnen;
Und Gott kennt wohl, die wahrhaft reden,
Und kennet wohl die Lügner.

3/4 Wie oder meinen, die da thun
Das Üble, daß sie uns voreilen?
Wie übel ist ihr Urtheil!

4/5 Wer zu erscheinen hofft vor Gott;
Fürwahr, die Frist von Gott kommt;
Er ist der Hörer und der Wisser.

5/6 Und wer den heiligen Kampf kämpft,
Der kämpft ihn seiner eignen Seele;
Denn Gott ist unbedürftig aller Wesen.

9/10 Doch von den Menschen mancher spricht: Ich glaub' an Gott;
Doch wenn er wird bedrängt um Gott,
So setzt er die Versuchung
Der Menschen gleich der Strafe Gottes.
Kommt Hilfe dann von deinem Herren,
So sagen sie: Wir sind mit euch! –
Wie? weiß nicht Gott am besten,
Was in der Menschen Herzen ist?

10/11 Wohl kennet Gott die so da glauben,
Und kennet wohl die Heuchler.

11/12 Es sprechen aber, die da leugnen,
Zu denen die da glauben:
Folgt unserm Wege nur, und tragen
Wollen wir eure Sünden.
Aber sie werden tragen nichts
Von ihren Sünden; sie sind Lügner.

12/13 Sie werden tragen ihr Gewicht
Und anderes Gewicht zu ihrem
Gewicht, und werden seyn befragt
Am Tag der Auferstehung
Um das was sie gedichtet.

6/7 Die aber, die da glauben und das Gute thun,
Abnehmen werden denen wir ihr Böses,
Und sie belohnen für das Beßre das sie thaten.

Vers 7 Parallele 31,13.14.

7/8 Wir haben anbefohlen auch
Dem Menschen gegen seine Eltern Schönes;
Doch, fechten sie dich an, daß du
Abgöttisch mir gesellen sollest,
Was du nicht kennst: folg' ihnen nicht!
Zu mir ist eure Rückkehr,
Da werd' ich euch ansagen, was ihr thatet.

13/14 Wir sandten Noe an sein Volk; er weilte
Bei ihnen tausend Jahre, weniger fünfzig.
Da faßte sie die Flut, indem sie sündigten.

14/15 Da retteten wir ihn und die Genossen
Des Schiffs, und machten dieses
Zu einem Zeichen für die Welt.

15/16 Auch Abraham, als er sprach zu seinem Volke:
Dient Gott und fürchtet ihn! das ist
Euch besser, wenn ihrs wisset.

16/17 Ihr dienet außer Gott nur Bildern
Und schaffet Lug; fürwahr, die, denen
Ihr dienet außer Gott, vermögen
Euch nicht zu geben Unterhalt.
Und dient ihm und seid dankbar ihm!
Zu ihm kehrt ihr zurücke.

20/21 Er strafet wen er will,
Und ist barmherzig wem er will;
Und zu ihm müßt ihr wandern.

21/22 Ihr hindert nichts auf Erden noch im Himmel;
Und außer Gott ist euch kein Schutzherr und kein Helfer.

23/24 Da war die Antwort seines Volks
Nur daß sie sagten: Tödtet ihn oder verbrennt ihn!
Da rettete Gott ihn vom Feuer.
Darin fürwahr sind Zeichen für die Gläubigen.

24/25 Er sprach: Ihr nahmet außer Gott an Bilder,
Aus Liebe nur zu euerem
Verein im Erdenleben,
Allein am Tag der Auferstehung werdet ihr
Verleugnen einer den andern,
Und fluchen einer dem andern,
Und eure Einkehr ist die Glut,
Ihr findet keine Helfer.

25/26 Ihm aber glaubte Loth, und sprach:
Ja, ich bin ein Auswanderer
Zu meinem Herren, denn ja Er
Ist der Allmächtige, der Allweise.

Vers 25 *Ein Auswanderer* **absichtliche Bezeichnung.**

40/41 Das Gleichnis derer, die sie machen neben Gott zu Schutzherrrn,
Ist wie die Spinne, die sich macht ein Haus; fürwahr
Das schwächste aller Häuser ist
Das Haus der Spinne, wenn sie's wüßten!

41/42 Gott aber weiß, was sie anrufen neben ihm,
Und Er ist der Allmächtige Allweise.

42/43 Wir prägen diese Gleichnisse den Menschen,
Und sie verstehn nur kundige.

44/45 Du trage vor was dir eröffnet wird vom Buch,
Und halte das Gebet recht!
Denn das Gebet wehrt ab von Unzucht und von Unfug,
Doch Gottes Denken ist noch größer;
Und Gott weiß was ihr wirket.

45/46 Bestreitet nicht das Volk der Schrift,
Als nur mit schönem Glimpfe
(Die ausgenommen die von ihnen freveln),
Und sprechet nur: Wir glauben
An das was kam herab auf uns,
Und das was kam herab auf euch,
Und unser Gott und euer Gott ist Einer,
Und wir sind ihm Ergebne.

46/47 So sendeten wir dir das Buch hernieder;
Und jene denen wir das Buch einst gaben,
Die glauben dran; von diesen aber
Glaubt mancher dran, und unsre Zeichen
Verleugnen nur die Gottesleugner.

56/56 O meine Diener, die da glauben,
Raum hat noch meine Erde,
O dient mir nur!

Vers 56 Trost für die Auswanderer.

57/57 Den Tod muß schmecken jedes Leben,
Dann seid ihr uns zurückgebracht.

58/58 Doch denen die da glauben und das Gute thun,
Räumen wir ein zum Aufenthalt
Vom Garten einen Söller,
Darunter hin die Ströme fließen;
Geewigt sind sie drinnen,
O schöner Lohn der Wirkenden!

59/59 Die in Geduld ausharren und
Auf ihren Herrn vertrauen.

60/60 Wie manch Geschöpf auch, das nicht seinen Unterhalt
Erwirbt, Gott unterhält es
Und euch; Er ist der Hörer und der Wisser.

64/64 Doch dieses Erdenleben ist
Ein Schemen und ein Schaum nur,
Die Wohnung dort die ist das Leben
Das wahre, wenn ihr's wüßtet.

65/65 Wenn sie zu Schiffe fahren, rufen sie zu Gott,
Lauteren Dienst ihm weihend,

Doch hat er sie ans Land gerettet,
So dienen sie den Götzen.

67/67 O sehn sie nicht, wir machten
Ein befriedetes Heiligthum,
Indeß hinweg geraffet werden
Die Menschen rings um sie.
Wollen sie doch ans Eitle glauben
Und Gottes Huld verleugnen?

Vers 67 ***ein befriedetes Heiligthum*** **wie 28,57. Gleiche Situation.**

68/68 Doch wer ist frevelhafter
Als wer auf Gott erdichtet Lug,
Oder die Wahrheit Lügen zeiht,
Nachdem sie ihm erschienen?
Ha ist wol in Gehenna nicht
Ein Wohnplatz für die Leugner?

69/69 Die aber welche kämpfen
Für uns, die führen wir auch unsre Wege,
Und Gott ist mit den Tugendsamen.

Aus der 30. Sura
Rom

Überschrift Heraklius besiegt Chosru Perwis.

1/2 Besiegt ist Rom

2/3 Im nächsten Lande. Dann nach ihrer
Besiegung werden sie siegen

3/4 In etlichen Jahren, Gottes ist
Die Herrschaft vor und nachher,
Dann freuen sich die Gläubigen

Vers 4 Nun verläuft sich das Orakel in die gewöhnlichen Gemeinsprüche.

4/5 Der Hülfe Gottes. Er hilft wem er will und Er
Ist der allmächtige Erbarmer.

— — —

27/28 Er prägte euch ein Gleichnis an euch selber:
Habt ihr an euren Sklaven wol
Theilnehmende Genossen
An dem womit wir euch versorgten,

Sodaß ihr drin euch gleichstellt
Und ehret sie wie ihr euch selber ehret?
So modeln wir die Zeichen
Für Leute die verstehn.

29/30 O richte du dein Angesicht
Zum Gottesdienst andächtig,
Nach dem Gebilde Gottes,
Zu dem die Menschen er gebildet.
Kein Wandel ist am Werke Gottes,
Das ist der Dienst der stetige,
Allein die meisten Menschen sind unwissend.

30/31 Gekehrt zu ihm, o fürchtet ihn,
Und haltet das Gebet recht,
Und seid nicht von den Götzendienern,

31/32 Von denen, die gespaltet ihren Gottesdienst
Und wurden Sekten, jeder Trupp
Ist auf sein Eignes stolz und froh.

— — —

38/39 Und was ihr bringt zu Wucher, daß
Es wuchere am Gut der Menschen,
Das wuchert nicht bei Gott;
Doch was ihr bringet zu Almosen,
Womit ihr suchet Gottes Antlitz:
Die das thun, das sind die Verdoppler.

— — —

40/41 Sichtbar ist worden die Verheerung
Zu Land und Meer durch das, was wirkten Menschenhände,
Aufdaß Er sie verkosten lasse
Ein Theil von dem, was sie gethan,
Ob sie umkehren etwa.

— — —

46/47 Es ist uns ein Obliegen
Der Beistand für die Gläubigen.

Vers 46 Gott spricht.

47/48 Gott, der da sendet aus die Winde,
Daß sie erwühlen das Gewölk,
Und er verbreitet es am Himmel wie er will,
Und machet es zu Stücken,
Da siehest du die Flut hervor
Brechen aus seinen Spalten;

Und wenn er nun damit trifft wen er will von seinen Dienern,
Sieh da frolocken sie,

48/49 Und wenn sie auch, eh es auf sie herniederkam,
Zuvor verzaget waren.

49/50 So sieh die Spuren der Erbarmung Gottes an,
Wie er belebt die Erde wann sie todt war,
Derselbe wird beleben auch die Todten,
Und Er ist jedes Dings gewaltig.

— — —

53/54 Gott, der euch schuf von Schwäche,
Dann macht' er nach der Schwäche Stärke,
Dann macht' er nach der Stärke Schwäch' und Alter;
Er schaffet was er will und Er
Ist der Allweise der Allmächt'ge.

Aus der 31. Sura
Lokman

12/13 Wie Lokman sprach zu seinem Sohn
Und ihn ermahnte: O mein Söhnlein,
Treib' nicht Abgötterei vor Gott,
Denn die Abgötterei ist große Sünde.

13/14 Empfohlen haben dieses wir
Dem Menschen gegen seine Eltern:
Getragen hat ihn seine Mutter
Mit Mühsal über Mühsal,
Und seine Abgewöhnung war im zweiten Jahr:
Sei dankbar mir und deinen Eltern!
Zu mir ist eure Rückkehr.

14/15 Doch fechten sie dich an, daß du
Abgöttisch mir gesellen sollst, was du nicht kennst,
So folg nicht ihnen, doch begegne
Ihnen im Leben freundlich,
Und folg dem Pfade dessen der sich kehrt zu mir;
Zu mir ist euer Heimgang, dann
Werd' ich euch sagen was ihr thatet.

Vers 14 *Doch fechten sie dich an …* **Parallel 29,7. Hier vielleicht als eingeschoben zu betrachten (wie auch Wahl annimmt).**

15/16 Mein Söhnlein, wär' es auch nur das Gewicht von einem Senfkorn,
Und wär's in einem Felsen, oder im Himmel,

Oder im Schoß der Erde; bringen wird es Gott,
Denn Gott ist fein und kundig.

16/17 Mein Söhnlein, halte das Gebet recht,
Befördre Ziemendes, und steure Ungebühren
Und bleib im Unglück standhaft,
Denn das gehört zur Tüchtigkeit des Rathes.

Vers 16 *Halte das Gebot recht ... steure Ungebühren* **Parallele. Dieselben Worte ganz anders übersetzt. Wenn sie noch zehnmal kämen, zehnmal anders zu übersetzen. –** *Tüchtigkeit des Rathes* **S. 42, 41.**

17/18 Verzerre deine Wange gegen
Die Menschen nicht, und schreite
Nicht auf der Erde voller Lust;
Denn Gott liebt keinen eingebildeten stolzen.

18/19 Miß deinen Schritt und dämpfe deine Stimme;
Denn die unangenehmste
Der Stimmen ist des Esels Stimme.

— — —

21/22 Wer gibt sein Antlitz hin an Gott und thuet wohl,
Der hält sich an der festesten Handhabe.

— — —

26/27 Und wären alle Bäum' auf Erden Schreiberohre,
Das Meer dazu die Tint', und dazu sieben Meere,
Es würden nie erschöpft die Worte Gottes,
Denn Gott ist machtvoll weise.

— — —

32/33 O Menschen, fürchtet euern Herrn,
Und scheut den Tag, wo einstehn wird
Kein Vater für sein Kind, und kein
Erzeugter stehet ein für seinen Zeuger irgend.

33/- Ja wahr ist die Verheißung Gottes,
Und nicht berück' euch dieses Leben
Der Zeitlichkeit, und nicht berück'
An Gott euch der Berücker.

34/34 Bei Gott nur ist die Wissenschaft der Stunde,
Und er nur schickt herab den Regen,
Und er nur weiß was ist im Mutterschoße.
Und keine Seele weiß, was sie wird wirken morgen;
Und keine weiß in welchem Land sie sterben wird,
Denn Gott allein ist weis' und kundig.

Aus der 32sten Sure
Überschrift
Die Fussfälligen

Im Namen [Gottes des allbarmherzigen Erbarmers.]

1/2 Offenbarung des Buchs, an dem kein Zweifel ist,
Gesandt vom Herrn der Welten.

2/3 Oder sagen sie: Er dichtet's? Nein, es ist die Wahrheit
Von deinem Herrn, aufdaß du mahnest
Ein Volk, dem nie ein Mahner kam vor dir,
Ob sie sich lassen leiten!

3/4 Gott ists, der schuf den Himmel und die Erde
Und was da ist in beiden, in sechs Tagen,
Dann saß er auf dem Thron; ihr habt
Nicht außer ihm Fürsprecher noch Vertreter;
Wollt ihr euch nicht besinnen?

4/5 Er lenkt das Wort der Herrschaft
Vom Himmel zu der Erde,
Und wieder steigts zu ihm empor,
In einem Tage, dessen Maß
Sind tausend Jahre, deren die ihr zählet.

Vers 4 *tausend Jahre, deren die ihr zählet* **Das Dogma vgl. 70,4 und dort Wahl.**

5/6 Derselbe ist der Wisser des Verborgnen
Und Sichtbarn, der Allmächtige Erbarmer;

6/7 Der schön gemacht hat alles was er schuf,
Und brachte vor die Schöpfung
Des Menschen selbst aus Thon.

7/8 Dann macht' er dessen Sproß
Aus Saft verächtlichen Wassers;

8/9 Dann bildet' er ihn und blies in ihn von seinem Geist,
Und machte euch Gehör, Gesicht und Herze;
Wie wenig danket ihr!

9/10 Sie aber sprechen: Wie? Wenn wir verstreut sind auf der Erde
Wie sollen wir erstehn in neuer Schöpfung?

10/– O ja, die Zukunft ihres Herren leugnen sie.

11/11 Sprich: Euch nimmt hin der Todesengel,
Der über euch gesetzt ist,
Dann seid ihr heimgebracht zu eurem Herren.

12/12 Und o sähest du, wann nun die Schuldigen
Gebücktes Hauptes stehn vor ihrem Herren:
»O Herr, wir schauten nun und hörten,
Laß uns zurück, so thun wir Gutes,
Wir haben nun Gewisheit.« –

13/13 Wir würden, wenn wir wollten, geben
Jedweder Seele ihre Leitung,
Aber fest steht das Wort von mir:
Füllen werd' ich die Hölle
Mit Dschinnen und Menschen allzumal.

14/14 Nun schmeckt dafür daß ihr vergaßet
Die Zukunft dieses eures Tags,
(Wir haben euch auch vergessen),
So schmeckt die Pein der Ewigkeit,
Dafür was ihr gewirket.

15/15 Die nur glauben an unsre Zeichen,
Die, wo sie deren sind gemahnt,
Sich werfen hin Fußfällige,
Und preisen ihres Herren Lob,
Weil sie nicht groß sich dünken.

16/16 Es trennen ihre Weichen sich vom Lager,
Indem sie rufen ihren Herrn
In Furcht und Hoffnung, und von dem,
Womit wir sie versorgen, spenden sie gerne.

17/17 Und das weiß keine Seele,
Was ihnen aufbehalten ist
Von Trost der Augen zur Vergeltung
Für das was sie gewirket.

18/18 Wird seyn wol, wer da gläubig war,
Wie wer da war abtrünnig?
Sie werden sich nicht gleich seyn.

19/19 Dort jene die da glaubten und das Gute thaten,
Derselben sind die Wohnegärten
Zur Gasteinkehr für ihre Thaten.

20/20 Hier aber jene die verbrachen,
Ihr Wohnort ist das Feuer;
Sooft sie wollen draus herausgehn,
Sind sie darein zurückgebracht,
Und ihnen ist gesaget: Schmeckt
Die Pein des Feuers, die ihr habt geleugnet.

21/21 Doch schmecken wollen wir sie lassen
Erst von der Pein, der niedern,
Statt jener Pein, der höhern,
Ob etwa sie umkehren wollen.

22/22 Doch wer ist sündiger, als wer gemahnet wird
Der Zeichen seines Herrn, und kehrt sich ab davon?
Wir werden an den Schuldigen Rache nehmen.

23/23 Wir gaben Mosen einst das Buch auch
(O zweifle nicht, du wirst sein Antlitz schauen)
Und machten es zur Leitung
Den Söhnen Israels.

24/24 Von ihnen machten wir Vorgänger,
Anleitende nach unserm Worte,
Die in Geduld bestanden und von unsern Zeichen
Gewisheit hatten.

25/25 Und einst entscheiden wird dein Herr noch zwischen ihnen
Am Tag der Auferstehung das
Worüber sie uneinig waren.

26/26 Dient ihnen nicht zur Leitung dis,
Wieviel wir tilgten aus vor ihnen
Volkstämm', auf deren Wohnstatt sie nun wandeln?
Darin fürwahr sind Zeichen; wollen sie nicht hören?

27/27 Und sehn sie nicht auch, wie wir führen
Das Wasser zu der dürren Erde,
Und bringen aus ihm Saat hervor,
Die essen ihre Thiere und sie selber; wollen sie nicht schaun?

28/28 Sie aber sprechen: Wann kommt diese
Eröffnung, wenn ihr Wahrheit redet?

29/29 Du sprich: Am Tage der Eröffnung
Wird denen, die da leugneten,
Nicht nutzen mehr ihr Glauben, und
Man wird nicht ihrer warten.

30/30 Du kehre dich von ihnen ab
Und warte! Denn man wartet ihrer.

33. Sura
Die Bündner

(Medinisch)

Überschrift Mit Auslassungen und Versetzungen. – Belagerung von Medina, Krieg des Grabens.

9/9 Ihr die da glaubet, denkt daran,
Wie gnädig Gott war über euch,
Als zu euch kamen Heere,
Wir aber sandten gegen sie
Einen Wind und andre Heere,
Die ihr nicht saht, doch Gott ist eures Thuns ansichtig.

10/10 Als euch die Feinde kamen oben und unten her,
Als sich verkehrten eure Augen,
Und sich das Herz hob bis zum Schlund,
Ihr wähntet über Gott auch manches Wähnen;

11/11 Dort sind geprüft die Gläubigen worden,
Geschüttert mit gewaltiger Schüttrung.

12/12 Wie da die Heuchler sprachen
Und die, in deren Herzen Siechthum:
Verheißen hat uns Gott und sein Gesandter nichts als Trug.

13/13 Und wie da sprach ein Trupp von ihnen:
Ihr Leute Jethreb's,
Kein Halt ist mehr für euch; kehrt um!
Und schon um Urlaub bat ein Theil von ihnen den Profeten,
Sprechend: Unsre Häuser sind entblößt,
Doch diese waren nicht entblößt,
Sie selbst nur wollten fliehen.

14/14 Ja dränge man auf sie zur Stadt ein ringsum,
Und forderte sie zu Meuterei auf,
So wären sie bereit dazu.
Doch sollten sie darin nicht bleiben lange!

15/15 Sie aber hatten Gott gelobet vorher,
Nicht wenden würden sie den Rücken;
Und Gottgelobtes wird gefordert.

16/16 Sag ihnen: Nimmer nützt die Flucht euch,
Entfliehet ihr dem Tod auch oder dem Todtschlag,
Genießen lässt man es euch doch nur kurze Frist.

17/17 Sag: Wer vertheidigt euch vor Gott,
Wenn er nun zudenkt euch ein Böses,

Oder euch zudenkt ein Erbarmen?
Und finden werden sie für sich nicht außer Gott
Beschützer oder Helfer.

18/18 Gott kennt die Hindrer unter euch,
Die rufen ihren Brüdern zu: Kommt her zu uns!
Und wagen in den Kampf sich wenig;

19/19 Karg gegen euch; und wo Gefahr droht, siehest du
Sie nach dir blicken mit rollenden Augen,
Wie wer befallen wird vom Tod,
Und ist dann die Gefahr vorbei,
So hacken sie auf euch mit scharfen Zungen,
Karg gegen's Gute. Solche sind ungläubig,
Und Gott läßt ihre Werk' umkommen,
Und das ist Gott' ein Leichtes.

20/20 Sie meinen daß die Bündner gar nicht abziehn;
Und wenn die Bündner da sind, wünschen sie sich weit
Ins Feld zu den Feldarabern:
Da fragen sie nach eurer Zeitung!
Gut! wären sie auch unter euch,
Sie föchten doch nur wenig.

21/21 Euch aber wurde am Gesandten Gottes
Ein schönes Beispiel, jedem der da hofft auf Gott
Und auf den letzten Tag und denket Gottes häufig.

22/22 Und als die wahren Gläubigen die Bündner sahn,
Da sprachen sie: Das ist was uns verheißen
Gott und sein Abgesandter; wahr gesprochen hat
Gott und sein Abgesandter. Und die Fahr hat ihnen
Vermehrt nur Glauben und Ergebung.

23/23 Von diesen Gläubigen Männer sinds, die halten Wort
Dem was sie Gott gelobet haben;
Von ihnen mancher hat bezahlt schon sein Gelübde,
Manch anderer erwartet's noch;
Sie ändern nicht veränderlich;

24/24 Aufdaß belohne Gott den wortestreuen ihre Treue,
Und strafe, wenn er will, die falschen Heuchler,
Oder lasse sie in sich gehn;
Denn Gott ist gnädig und barmherzig.

25/25 Gott aber warf die Götzendiener
Zurück in ihrem Grimm, sie haben
Erlangt nichts Gutes; doch Gott stand

Den Gläubigen für den Krieg ein,
Und Gott ist stark allmächtig.

26/26 Er brachte die, so jenen halfen,
Vom Volk der Schrift, herab von ihren Burgen,
Und warf in ihre Herzen Schreck,
Daß einen Theil ihr tödtetet,
Und nahmt gefangen einen Theil.

27/27 Und erben ließ er euch ihr Land
Und ihr Gebiet und ihren Reichthum,
Land, das ihr nie zuvor betratet,
Denn Gott ist jedes Dings gewaltig.

Vers 27 Ein prachtvolles Siegeslied.

— — —

28/28 Du, o Profet, sag deinen Frauen:
Wenn ihr begehrt die Zeitlichkeit und ihren Schmuck,
So kommt nur her, ich will sie euch genießen lassen,
Entlassend euch mit ehrsamer Entlassung.

29/29 Wenn aber ihr begehret Gott und seinen Abgesandten,
Und dort die ewige Wohnung; nun, Gott hat bereitet
Für die schönhandelnden von euch Belohnung große.

30/30 Ihr Weiber des Profeten! wer von euch begehet offne Schmach,
Verdoppelt wird ihr die Strafe doppelt,
Und das ist Gott ein Leichtes.

31/31 Doch wer von euch willfahret Gott und seinem Abgesandten,
Und Gutes thut, ihr geben
Wir ihren Lohn zwiefaltig,
Und ihr bestimmen wir auch ehrenvolle Nahrung.

32/32 Ihr Weiber des Profeten, ihr
Seid nicht wie eine von den andern Weibern.
Wenn ihr seid gottesfürchtig, lispelt nicht mit eurer Stimme,
Daß euer gehr' in wessen Herzen Siechthum ist,
Doch redet wohlgefällig.

33/33 Bleibt fein in eueren Gemächern,
Und prunket nicht hervor mit heidnischem Prunke
Der vorigen Zeiten, sondern haltet das Gebet
Und gebt Almosen und gehorchet Gott und seinem Abgesandten.
Denn Gott will von euch nehmen nur Unsauberkeit,
Gesinde seines Hauses!, und euch reinigen mit Reinheit.

34/34 Merkt auf was vorgetragen wird
In eueren Gemächern
Von Gottes Zeichen und der Weisheit,
Denn Gott ist fein und kundig.

35/35 Fürwahr, ergebne Männer und ergebne Fraun,
Gläubige Männer und gläubige Frauen,
Andächtige Männer und andächtige Frauen,
Worttreue Männer und worttreue Frauen,
Geduldige Männer und geduldige Frauen,
Demüthige Männer und demüthige Frauen,
Almosenspendende Männer und almosenspendende Frauen,
Fastende Männer und fastende Fraun,
Und ihren Sinnentrieb behütende Männer und behütende Frauen
Und Gottes häufig denkende Männer und gedenkende Frauen;
Gott hat bereitet ihnen
Barmherzigkeit und großen Lohn.

36/36 Nicht zustehts einem Gläubigen noch einer Gläubiginn, wann hat
Beschlossen Gott und sein Gesandter einen Rath,
Die eigne Wahl zu haben ihres Rathes;
Und wer da trotzet Gott und seinem Gesandten,
Der irrt in offenbarer Irre.

— — —

53/53 Ihr die da glaubet, tretet nicht
In die Gemächer des Profeten,
Eh man euch angemeldet hat, zum Essen,
Und ohne zu beschauen seinen Hausrath.
Sondern, wenn man euch ruft, so kommt,
Und wann ihr habt gegessen, so geht euren Gang,
Und suchet nicht vertrauliches Gespräche.
Denn dis kränkt den Profeten, doch er schämt sich euchs zu sagen,
Gott aber schämt sich nicht der Wahrheit.
Und wenn ihr seine Frauen bittet um Geräth,
So bittet, so daß zwischen sei ein Vorhang.
Das ist euch unverfänglicher für eure Herzen und für ihre Herzen,
Und nicht zukommt es euch zu kränken
Den Abgesandten Gottes,
Noch zu heirathen seine Frauen je nach ihm;
Denn das wär' euch bei Gott ein großes.

54/54 Ob ihr mögt zeigen etwas oder bergen,
Doch Gott ist jedes Dings bewußt.

59/59 Du, o Profete, sprich zu deinen Frauen
Zu deinen Töchtern und den Weibern
Der Gläubigen, sie sollen senken
Auf sich ein Theil von ihren Überwurfen.
So ists geschickter, daß man sie erkenne, doch nicht kränke;
Und Gott ist gnädig und barmherzig.

55/55 Kein Anstoß ist für sie bei ihren Vätern oder Söhnen,
Noch auch bei ihren Brüdern noch den Söhnen ihrer Brüder,
Noch bei den Söhnen ihrer Schwestern,
Noch auch bei ihren dienenden Fraun,
Und die da unter ihrer Hand stehn.
Doch fürchtet Gott! Denn Gott ist jedes Dinges Zeuge.

56/56 Ja Gott und seine Engel sprechen Segen über den Profeten.
Ihr die da glaubet, sprechet Segen über ihn,
Und grüßet ehrerbietigen Gruß.

Vers 56 Den Gruß fügen sie noch jetzt dem Namen M[ohammeds] an.

57/57 Ja die da kränken Gott und seinen Abgesandten,
Geflucht hat ihnen Gott in dieser Welt und in der andern,
Und hat bereitet ihnen Strafe schmachvoll.

58/58 Und die da kränken gläubige Männer oder Fraun mit falschen
Anschuldigungen, die beladen sich mit Lug und offner Schuld.

60/60 Drum wenn nicht lassen ab die Heuchler,
Und die in deren Herzen Siechthum,
Und die Lärmmacher in der Stadt;
So werden wir auf sie dich reizen,
Dann sollen sie die Nachbarschaft
Mit dir darin nicht theilen lange;

61/61 Gefluchete, wo man sie trifft, ergreift man sie,
Und tödtet sie mit Tödtung;

62/62 Nach Ordnung Gottes über Volksgeschlechter voriger Zeiten,
Und nimmer findest du an Gottes Ordnung eine Wandlung.

69/69 Ihr die da glaubt, seid nicht wie jene, die einst kränkten Mosen;
Da reinigte ihn Gott von dem, was sie geredet hatten,
Bei Gott stand er in Ansehn.

70/70 Ihr die da glaubet, fürchtet Gott,
Und redet Rede glimpflich!

71/71 So wird er fördern eure Werke,
Und euch verzeihen eure Sünden;

Und wer gehorchet Gott und seinem Abgesandten,
Der ist mit großer Seligkeit beseligt.

63/63 Es fragen dich die Menschen um die Stunde.
Sprich: Ihre Wissenschaft ist nur bei Gott,
Und was weißt du, ob nicht vielleicht die Stunde nah sei!

64/64 Gott aber hat gefluchet den Ungläubigen
Und ihnen Glut bereitet,

65/65 Darin sie ewig sind, sie finden nimmer
Vertreter oder Helfer,

66/66 Des Tages wo sich wenden ihre
Gesichter in dem Feuer,
Da sagen sie: O hätten wir
Gehorcht Gott und gehorcht dem Abgesandten!

67/67 Und sagen: »Herr, wir haben
Gehorchet unsern Fürsten, unsern Aeltesten,
Die haben uns geleitet irr des Weges.

68/68 Herr, gib Gedoppeltes ihnen von der Strafe,
Und fluche ihnen schweren Fluch!« –

72/72 Wir trugen an den Glauben
Den Himmeln und der Erde und den Bergen;
Sie weigerten zu nehmen ihn auf sich,
Und bangeten davor.
Auf sich nahm ihn der Mensch, er war
Ein Sünder und unwissend;

73/73 Daß strafe Gott die Heuchler und die Heuchlerinnen,
Die Götzendiener und Götzendienerinnen,
Und Gott sich kehre zu den Gläubigen und Gläubiginnen,
Denn Gott ist huldreich und erbarmend.

Aus der 34ⁿ Sure Überschrieben Saba

Überschrift Abgekürzt, nämlich ausgelassen 1-9 und 38-43. ***Saba*** **V. 14.**

10/10 Daviden gaben wir von uns einst Hoheit:
Ihr Berge, singet Chor mit ihm! und Vögel!
Wir machten ihm auch weich das Eisen:

–/11 Wirke du
Umwallende Kriegsgewande,
Und gib ihr Maß den Panzerringen!
Wirkt alle Gutes, denn ich bin
Des was ihr wirkt Zuschauer.

11/12 Und Salomone gaben wir den Wind, zu wehn
Am Morgen einen Monat, und am Abend einen Monat,
Und ließen fließen ihm den Quell des Erzes;
Dazu auch Dschinnen, die vor ihm arbeiten
Auf Zulaß seines Herrn, und wer von ihnen wankt
Von unserem Gebot, dem geben wir zu kosten Glutpein.

12/13 Sie wirken ihm, was er begehrt
Von Hallen und Bildsäulen,
Und Schalen gleich den Teichen,
Und Kesseln, die auf Füßen stehn.
Wirkt, o Gesinde Davids, dankbar!
Doch wenig unsrer Knechte sind die dankbarn.

13/14 Als wir verhängt nun hatten über ihn den Tod,
Da zeigte ihnen seinen Tod
Ein Würmlein nur der Erde,
Das nagte seinen Stab;
Und als er hinfiel, merkten es die Dschinnen,
Daß, wenn sie wüßten das Verborgne,
Sie wären länger nicht geblieben
In der Strafarbeit schmachvoll.

14/15 Dem Volk von Saba aber war
In seinem Gau ein Zeichen,
Zwei Gärten, zu der Rechten und zur Linken: Eßt
Vom Unterhalte eures Herrn, und danket ihm!
Ein gutes Land und milder Herr.

15/16 Sie aber kehrten sich ab, da sendeten
Wir über sie den Bruch der Schleußen,
Und tauschten ihnen ein für ihre beiden Gärten
Zwei andre Gärten tragend Früchte bitter,
Und Tamarisk' und etwas weniges Lotos.

16/17 So galten wir es ihnen, daß sie leugneten;
Und wem vergelten wir es wie dem Leugner?

17/18 Wir hatten auch gemachet zwischen ihnen und
Den Städten, welche wir gesegnet,
Manch andre Städte sichtbar,
Und ihnen dahindurch bestimmt die Reise:
Reiset hindurch bei Nacht und Tage sicher!

18/19 Sie aber sprachen: Herr, mach einen weiteren
Raum zwischen unsern Reisen!
Und so versündigten sie sich.
Da machten wir zu Mährchen sie,
Und splitterten sie in alle Splitter;
In diesem traun sind Zeichen
Für jeden dankbaren geduld'gen.

19/20 An ihnen hat behalten Recht
Iblis mit seiner Meinung, und sie folgten ihm,
Bis auf ein Häuflein nur von Gläub'gen.

20/21 Doch hatt' er über sie nicht irgend Vollmacht,
Alsnur daß wir erkennen möchten
Den der da glaubte an die letzten Dinge,
Von dem der drüber wär' in Zweifel; denn dein Herr
Ist jedes Dings gewahrsam.

21/22 Sag: rufet die doch, die ihr annehmt außer Gott!
Sie vermögen nicht die Schwere eines Stäubchens
Im Himmel oder auf der Erde;
An beiden haben sie nicht Antheil,
Und Er hat auch an ihnen keinen Hülfsmann.

22/23 Und keine Fürsprach hilft bei ihm,
Als dem nur, dem er Zulaß gibt;
Sodaß, wann abgeschüttelt ist die Furcht nun ihren Herzen,
Sie fragen: Was ist, das gesprochen euer Herr?
Und sie antworten: Wahrheit!
Und Er nur ist der Hohe, der Gewaltige.

23/24 Sag ihnen: Wer versorget euch
Vom Himmel und von der Erde?
Sag ihnen: Gott! Wir oder ihr seid
In Leitung oder offenbarer Irre.

24/25 Sag ihnen: Euch wird man nicht fragen
Um das was wir gesündigt,
Und uns um das nicht fragen, was ihr thatet.

25/26 Sag ihnen: Uns zusammenbringen wird der Herr,
Dann wird er zwischen uns eröffnen
Die Wahrheit. Er ist der Eröffner, der Allweise.

26/27 Sag ihnen: Zeiget mir doch die,
Die ihr ihm beigabt als Genossen!
Nein! sondern Er ist Gott allmächtig und allwissend.

27/28 Dich aber sendeten wir nur
Insgemein an die Menschen

Als Heilverkünder und als Warner;
Allein die meisten Menschen sind unwissend,

28/29 Und sagen: Wann kommt euere Verheißung,
Wenn ihr doch Wahrheit redet?

29/30 Sprich: Euch ist anberaumt ein Tag,
Von welchem ihr zurückbleibt keine Stunde noch zuvoreilt.

30/31 Allein es sprechen, die da leugnen:
»Wir glauben nimmer an diesen Koran,
Noch auch an das vor ihm.«
Doch sähest du die Sünder nur,
Gestellt vor ihrem Herren,
Einander zu die Rede schiebend;
Da reden, die die Schwachen waren,
Zu denen die die Stolzen waren:
Waret nicht ihr, so hätten wir geglaubt.

31/32 Da reden, die die Stolzen waren,
Zu jenen da die Schwachen waren:
Haben denn wir verdrängt euch von der Leitung,
Nachdem sie euch gekommen war?
O nein! ihr waret Sünder.

32/33 Da reden, die die Schwachen waren,
Zu jenen, die die Stolzen waren:
O nein! die List bei Nacht und Tag,
Da ihr uns hießt verleugnen Gott,
Und ihm zu setzen Ebenbilder. –
Nun zeigen sie die Reue,
Nachdem sie sahn die Strafe.
Wir aber legten auf die Joche
Den Nacken der Verleugner;
Wird ihnen wol vergolten als was sie gethan?

33/34 Und niemals haben wir gesendet
In eine Stadt noch einen Mahner,
Daß ihre Üppigen nicht sprachen:
Wir sind an das, womit ihr seid gesandt, ungläubig.

34/35 Und sprachen: Wir sind reicher
An Gütern und an Kindern,
Und werden nicht gestraft seyn.

35/36 Du sprich: Mein Herr dehnt aus die Nahrung, wem er will,
Und misset sie, allein die meisten
Der Menschen sind unwissend.

36/37 Und eure Güter, eure Kinder sind es nicht,
Was euch zu uns gibt nähern Zutritt,
Sondern wer glaubt und Gutes thut,
Denselben ist der Lohn verdoppelt
Um was sie thaten, und sie sind
Auf ihren Söllern sorgenfrei.

37/38 Die aber streben gegen unsre Zeichen,
Sie zu entkräften, diese sind
Zur Strafe vorgerufen.

45/46 Sprich: Nur des Einen mahn' ich euch:
Daß ihr euch stellet Gotte paarweis oder einzeln:
Sodann bedenkt: In euerm Landsmann ist kein Dämon;
Nichts ist er als ein Warner euch,
Vorwandelnd mächtiger Strafe.

46/47 Sprich: Nicht von euch begehr' ich Lohn,
Der steht bei euch! Mein Lohn steht nur auf Gott,
Und Er ist jedes Dinges Zeuge.

47/48 Sprich: Er, mein Herr, schießt treffend mit der Wahrheit,
Der Wisser der Verborgenheiten.

Vers 47 *Verborgenheiten* **Geheimnisse.**

48/49 Sprich: Kommen ist die Wahrheit,
Und nicht ersteht das Eitl' und nicht kommts wieder.

49/50 Sprich: Wenn ich irre, irr' ich nur auf meine Seele;
Und wenn ich bin geleitet,
Bin ichs durch das was offenbaret mir mein Herr,
Denn Er ist hörend nahe.

50/51 O sähst du's, wie sie zittern, und kein Ausweg ist,
Erfasset sind sie aus der Nähe.

51/52 Und sprechen nun: Wir glauben dran.
Wie aber können sie dazu
Gelangen aus der Ferne?

52/53 Sie glaubten nicht daran zuvor,
Und schossen auf's Geheimnis aus der Ferne.

53/54 Nun ist die Scheidwand zwischen ihnen
Und dem was sie begehren;

54/- Wie es geschah auch ihresgleichen vordem,
Weil sie in argem Zweifel waren.

35^E Sure
Überschr[ift]
Die Engel

1/1 Gelobt sei Gott,
Der Schöpfer Himmels und der Erde,
Der da die Engel macht zu Boten
Mit Flügeln zweifach, dreifach oder vierfach.
Zusetzet er der Schöpfung was er will,
Denn Gott ist jedes Dings gewaltig.

2/2 Was aufthut Gott den Menschen für Barmherzigkeit,
Wer kann sie vorenthalten?
Und was er vorenthält, wer kann
Es niedersenden hinter ihm?
Und Er ist der Allmächtige der Allweise.

3/3 Ihr o ihr Menschen, denkt der Wolthat Gottes
An euch! Ist noch
Ein Schöpfer außer Gott?
Der euch versorgt vom Himmel und von der Erde;
Kein Gott ist alsnur Er;
Wie laßt ihr euch bethören?

4/4 Und zeihen sie dich Lügen,
So wurden Lügen auch geziehn
Die Boten vor dir; doch zu Gott
Sind heimgebracht die Dinge.

5/5 Ihr o ihr Menschen, die Verheißung Gottes
Ist Wahrheit; nicht bethör' euch
Das irdische Leben, nicht bethör'
An Gott euch der Bethörer.

6/6 Der Satan ist ein Feind euch,
So nehmet ihn zum Feinde;
Er rufet seinen Anhang nur
Zu werden Glutgenossen.

7/7 Die leugneten, für die ist starke Pein.

8/- Die aber glaubten und das Gute thaten,
Für die ist Gnad' und großer Lohn.

9/8 Wie aber wem gefällt das Böse seines Thuns
Und sieht es an für schön? Denn Gott
Läßt irren wen er will, und leitet wen er will.
Drum komme deine Seele

Nicht über sie in Kümmerniß;
Denn Gott weiß was sie wirken.

10/9 Und Gott ist der gesendet hat die Winde,
Die wühlen das Gewölk auf,
Das führen wir hin zu erstorbnem Gaue;
Lebendig machen wir dadurch
Die Erde, wann sie todt war;
So ist die Auferstehung.

11/10 Wer da begehrt die Herrlichkeit,
Die Herrlichkeit ist Gottes ganz.
Zu ihm steigt auf das fromme Wort,
Das gute Werk erhebet er;
Und die da listen Böses,
Für sie ist starke Pein,
Und die List derselben sie kommt um.

12/11 Gott aber hat geschaffen euch
Aus Staub, sodann aus einem Tröpflein,
Und hat gemachet euch zu Paaren.
Und nichts trägt eine Schwangre und nichts bringet sie,
Als nur mit seinem Wissen;
Und nicht betagt wird ein betagter,
Und nichts wird abgebrochen seinen Tagen,
Es stehe denn im Buch;
Wol ist das Gott ein Leichtes.

13/12 Nicht gleich sind beide Wasser, dieses lieblich süß
Und angenehm zu trinken,
Und jenes herb und bitter;
Aus beiden aber eßt ihr frische Speise,
Und zieht daraus hervor Schmuck den ihr anlegt.
Du siehst darauf die Schiffe schweben,
Auf daß ihr werbt nach Gottes Fülle,
Und ob ihr dankbar wäret.

14/13 Er führt die Nacht ein in den Tag,
Und führt den Tag ein in die Nacht,
Und machte dienstbar Sonn' und Mond,
Jedes läuft zu bestimmtem Ziel.
Selbiger ist Gott euer Herr,
Sein ist die Herrschaft, aber die
Ihr anruft neben ihm, beherrschen
Nicht eine Dattelfaser.

15/14 Ruft ihr sie an, so hören sie
Nicht euern Ruf, und wenn sie hörten,

Könnten sie nicht erhören euch.
Und an dem Tag der Auferstehung
Verleugnen sie den Antheil, den ihr ihnen gabt.
Dir sagts am besten wer es weiß.

Vers 15 ***wer es weiß*** **Sprichwörtlich was es auch später geblieben.**

16/15 Ihr o ihr Menschen, dürftige seid ihr gegen Gott,
Gott aber ist der Reiche der Gelobte.

17/16 Wenn Er will, nimmt er euch hinweg
Und bringet neue Schöpfung;

18/17 Das ist für Gott kein Großes.

19/18 Und keine beladne Seele ladet
Einer Anderen Ladung auf;
Und rufet eine schwerbeladne
Ihr etwas abzunehmen,
So wird davon nichts abgenommen,
Wär's auch ein Blutsverwandter;
Du aber mahnest die allein,
Die fürchten ihren Herren im Verborgnen
Und das Gebet bestellen;
Und wer Almosen gibt, der gibt sie seiner Seele,
Und zu Gott ist der letzte Gang.

20/19 Doch gleich ist nicht der Blinde und der Sehende,

–/20 Noch Finsterniß und Licht,

–/21 Noch Hitz' und Schattenkühle.

21/22 Gleich sind nicht die lebendigen und die todten.
Ja Gott macht hören wen er will,
Du aber machst nicht hören die in Gräbern,

–/23 Du bist nichts wan ein Mahner.

22/24 Wir haben dich gesendet mit der Wahrheit
Als Heilverkündiger und Mahner.
Und nie ein Volkstamm war, in welchem
Nicht schon erschien ein Mahner.

23/25 Und wenn sie Lügen zeihen dich,
So zeiheten auch die vor ihnen,
Als ihnen kamen ihre Boten
Mit offnen Kunden, Buchabschnitten
Und mit der Schrift der klaren.

24/26 Dann griff ich, die da leugneten,
Und wie war da mein Strafgericht!

25/27 O siehst du nicht, daß Gott hernieder schickt vom Himmel Wasser,
Da bringen wir daraus hervor
Früchte verschiedner Farben.
Und von den Bergen sind Abschnitte weiße
Und rothe, von verschiednen Farben,
Und rabenschwarze,

28/– Und von Menschen, Thier und Vieh,

–/28 Verschiedene von Farben.
So, doch es fürchten Gott von seinen Knechten nur die Weisen;
Ja Gott ist machtvoll, huldreich.

26/29 Ja, die da lesen Gottes Buch,
Und halten das Gebet, und spenden
Von dem womit wir sie versorgten,
Geheim und öffentlich,
Die lieben einen Handel der nicht umschlägt;

27/30 Daß er gewähre ihnen den verheißnen Lohn,
Und zuleg' ihnen von seiner Gnadenfülle,
Denn er ist huldvoll dankbar.

28/31 Was aber wir dir offenbarten von der Schrift,
Das ist die Wahrheit,
Bekräftend das was ihm vorangieng;
Denn Gott ist seiner Knechte kundiger Schauer.

29/32 Nun haben wir vererbt die Schrift
Auf die so wir erwählten unsrer Knechte;
Von ihnen einer nun der sich versündigt,
Und einer der die Mitte hält,
Und einer der da eilt voran im Guten,
Nach Zulaß Gottes, dieses ist
Die hohe Gnadenfülle:

30/33 Die Gärten Edens, wo sie eingehn,
Geschmückt darin mit Spangen
Von Gold, und Perlen, und ihr Gewand darin ist Seide.

31/34 Da sprechen sie: Gelobt sei Gott,
Der von uns nahm die Trauer;
Ja unser Herr ist huldreich dankbar.

32/35 Der uns gesiedelt hat im Haus des Bleibens
Nach seiner Gnadenfülle, nicht berührt uns drin
Ermüdung, nicht berührt uns drin Ermattung.

33/36 Doch die geleugnet, ihnen ist
Das Feuer der Gehenna,

Nicht wird es aus mit ihnen daß sie stürben,
Und nichts geleichtert wird ab ihnen von der Pein;
So lohnen wir jeden Leugner.

34/37 Sie rufen Hülfe drinn: O Herr!
Laß uns hinaus, so thun wir Gutes
Anderes dan wir thaten. –
Ließen wir nicht solang euch leben,
Daß sich besänne, wer da sich besänne,
Und euch kam auch der Mahner!

35/– So schmeckt nun, und den Sündern ist kein Helfer.

36/38 Gott aber ist der Wisser des Geheimnisses
Des Himmels und der Erde,
Er ist bewußt auch des Gehalts der' Herzen.

37/39 Er ists der euch gemacht zu Stellvertretern auf der Erde;
Wer leugnet nun, auf ihn sein Leugnen!
Nichts aber bringt den Leugnern ein ihr Leugnen
Bei ihrem Herrn als Zorn;
Nichts aber bringt den Leugnern ein ihr Leugnen als Verlust.

38/40 Sag ihnen: Saht ihr eure Gottgesellen,
Die ihr anrufet neben Gott?
Zeigt mir, was sie erschufen von der Erde?
Ob ihr ist ein Gesellschaftsrecht am Himmel?
Oder wir ihnen gaben
Geschriebnes, daß sie sich damit ausweisen?
Nein! es verheißen nur die Sünder
Einer dem andern nichts wan Trug.

39/41 Gott hält den Himmel und die Erde,
Daß sie nicht weichen; und sie wichen,
Wenn sie hielt' einer außer ihm;
Denn Er ist gütig huldreich.

40/42 Sie aber schworen Gott mit ihren stärksten Eiden,
Wenn ihnen käm' ein Mahner,
Sie würden seyn rechtwandelnder
Als eins der Volksgeschlechter;
Und als nun ihnen kam ein Mahner,
Mehrt es nur ihre Störrigkeit

41/43 Mit Hochfahrt auf der Erde
Und List zum Bösen, doch es trifft nur
Die böse List den eignen Mann.
Was anders denn erwarten sie,

Als die Strafordnung voriger Zeiten?
Und nimmer findst du an der Ordnung Gottes eine Wandlung,

Vers 41 *Ordnung Gottes* **Vgl. 33,62.**

42/- Und nimmer findst du an der Ordnung Gottes eine Aendrung.

43/44 O reisten sie nicht auf der Erde,
Und sahen, wie das Ende war
Derjenigen die vor ihnen
Stärker waren als sie an Macht?
Doch kommt es Gott nicht zu daß ihn behindre irgend etwas
Im Himmel oder auf der Erde;
denn er ist weis' und mächtig.

44/45 Und wollt' ergreifen Gott die Menschen
Um das was sie verwirkten,
Nicht übrig ließ' er auf dem Rücken
Der Erde ein Geschöpf, doch er
Gibt Aufschub ihnen auf bestimmte Frist.

45/- Doch, ist gekommen ihre Frist,
Dann schauet Gott nach seinen Knechten.

Sechsunddreissigste Sura
Jas[in]

Im Namen Gottes des barmherzigen Allerbarmers.

1/1 Jas.

-/2 Beim weisheitsreichen Koran!

2/3 Du bist der Gottgesandten einer

3/4 Zum Pfade dem geraden,

4/5 Mit Offenbarung vom allmächtigen Allerbarmer,

5/6 Aufdaß du mahnest solch ein Volk,
Des Väter ungemahnet waren,
So sind sie denn unachtsam.

6/7 Schon zugekommen ist das Wort den meisten
Von ihnen, doch sie glauben nicht.

7/8 Wol legten wir auf ihre Nacken Joche,
Die reichen zu den Kiefern,
So müßen sie den Kopf aufrecken.

8/9 Auch legten wir vor ihnen einen Balken,
Und hinter ihnen einen Balken,
So überhüllten wir sie, und sie sehn nicht.

9/10 Gleich ist es ihnen, ob du nun sie mahntest,
Ob nicht sie mahnst; sie glauben nicht.

10/11 Du mahnst nur, wer der Kunde folgt,
Und fürchtet den Erbarmer im Verborgnen;
Dem bring du frohe Botschaft von
Vergebung und von werthem Lohne.

11/12 Denn wir, ins Leben wecken wir die Todten,
Und schreiben was sie vorgethan
Und ihrer Werke Spuren,
Und Alles haben wir gerechnet
In deutlicher Verzeichnung.

12/13 Halt ihnen vor ein Gleichnis,
Die Leute jener Stadt,
Als da zu ihnen kamen die Gesandten;

13/14 Als wir zu ihnen sandten zwei,
Die jene Lügen straften,
Doch wir verstärkten sie durch einen Dritten;
Da sprachen sie: Wir sind an euch Gesandte.

14/15 Doch jene sprachen: Ihr seid nichts
Wan Menschen unsersgleichen,
Und keine Offenbarung hat
Gesandt der Allerbarmer;
Ihr wollet nichts wan lügen.

15/16 Sie sprachen: Unser Herr weiß,
Wir sind an euch Gesandte;

16/17 Und uns liegt ob allein
Die deutliche Verkündung.

17/18 Doch jene sprachen:
Ein übles Zeichen seid ihr uns;
Steht ihr nicht ab, so wollen wir euch steinigen,
Und treffen wird von uns euch Strafe peinlich.

18/19 Sie sprachen: Euer übles Zeichen
Ist an euch selber; ließet ihr euch warnen!
Doch ihr seid ausgelassne Leute.

19/20 Da kam vom End der Stadt her
Ein Mann mit Laufen, sprach:
Ihr Leute, folgt den Gottgesandten!

20/21 Folgt ihnen, die nicht fordern Lohn,
Und sind auf rechtem Wege.

21/22 Wie? sollt' ich dem nicht dienen,
Der mich erschuf, und zu ihm werdet
Ihr heimgebracht.

22/23 Sollt' außer ihm ich nehmen Götter,
Die, wenn mir will der Allerbarmer
Zufügen einen Schaden,
Nichts hilft mir ihre Fürsprach',
Und mich nicht retten könnten sie?

23/24 Fürwahr, ich wär' im offenbarem Irrthum.

24/25 Ich glaub' an ihn, an euren Herrn, o hört mich!

25/26 Da ward zu ihm gesagt:
Geh ein zum Wonnegarten!
Er rief: O daß mein Volk erkennte,

26/27 Wie mich begnadigt hat mein Herr,
Und mich gesellet hat den Auserwählten.

27/28 Wir aber sandten seinem Volke
Darauf kein Heer vom Himmel,
Und brauchten keins zu senden;

28/29 Ein Krach nur wars, da waren sie erloschen.

29/30 Weh über diese Knechte!
Es kommt zu ihnen kein Gesandter,
Daß sie ob ihm nicht spotten.

30/31 O sahn sie nicht, wieviele wir verdarben
Vor ihnen der Geschlechter?

31/– Daß sie zu ihnen nimmer kehren!

32/32 Und alle samt und sonders werden
Uns vorgeführt.

33/33 Und auch ein Zeichen ihnen ist das Erdreich,
Das todte, welches wir lebendig machten,
Und ließen draus hervorgehn Körner,
Von denen essen sie.

34/34 Und Gärten legten drin wir an
Von Palmen und von Trauben,
Und ließen drin aufsprudeln Quellen;

35/35 Damit sie äßen seine Frucht
Und was da bauten ihre Hände;
Werden sie es nicht danken?

36/36 Lobpreis ihm, der
Schuf die Geschlechter alle
Von dem was aufgesproßt die Erde,
Und von den Menschen selber, und von dem, was sie nicht kennen!

37/37 Und auch ein Zeichen ihnen ist
Die Nacht, durch die wir wegthun
Den Tag, und sieh! sie sind im Finstern.

38/38 Die Sonn' auch läuft nach ihr gesetztem Ziele;
Das ist die Ordnung des Allmächtigen Allweisen.

39/39 Dem Mond auch haben wir
Geordnet Wanderungen,
Bis daß er wieder kommt
Gleich dürrem Dattelstiele.

40/40 Der Sonne kommts nicht zu
Den Mond zu überholen,
Die Nacht auch eilet nicht zuvor dem Tage;
Jedes im eignen Kreise geht.

41/41 Und auch ein Zeichen ihnen ist,
Daß wir getragen ihren Stamm
Im Schiff einst, dem gefüllten;

42/42 Und schufen ihnen gleiches nun,
Darauf sie fahren.

43/43 Doch wenn wir wollen, lassen wir sie sinken,
Daß ihnen kommt kein Hilfrufeiler,
Und sie sind ungerettet,

44/44 Wo nicht von uns aus Gnad', und zur
Genussesfrist auf eine Weile.

45/45 Doch, wann man ihnen sagte: Fürchtet,
Was vor euch und was hinter euch,
Aufdaß ihr Gnade findet! –

46/46 Doch kommt an sie kein Zeichen
Von allen Zeichen ihres Herrn,
Daß nicht davon sie ab sich wenden.

47/47 Und wann man ihnen sagte: Gebt Almosen
Von dem was euch zum Unterhalte Gott gab;
So sprechen, die da leugnen,
Zu denen die da glauben:
Sollten wir speisen einen, den

Gott, wenn er wollte, speisen würde?
Fürwahr ihr seid im offenbaren Irrthum.

48/48 Und sprechen: Wann kommt die verheißne Strafe,
Wenn ihr doch Wahrheit redet?

49/49 Nichts werden sie erwarten als
Nur einen Krach, der wird sie fassen,
Derweile sie noch hadern.

50/50 Nicht machen können werden sie ein Testament,
Und nicht zu ihrem Hausgesind heimkehren.

51/51 Geblasen aber wird in die Drommete,
Und siehe, sie aus ihren Grüften
Zu ihrem Herrn hinströmen sie.

52/52 Sie sprechen: Weh uns, wer hat uns erwecket
Von unsrer Ruhstatt? Das ist, was verheißen hat
Der Allerbarmer, Wahrheit haben
Geredet die Gesandten.

53/53 Nichts ist es als ein einziger Krach,
Und siehe, sie gesammt
Sind vor uns hergebracht.

54/54 Nun heut wird Unrecht keine Seele leiden,
Und nicht wird euch vergolten werden
Als was ihr habt gethan.

55/55 Ja die Genossen
Des Wonnegartens heute sind
Beschäftigt froh,

56/56 Sie selbst und ihre Frauen,
Im Schatten auf Ruhbetten hingelehnet.

57/57 Sie haben Früchte dort, und haben was sie wünschen.

58/58 Friede zum Gruß von gnädigem Herrn.

59/59 Doch ausgeschieden seid heut, o ihr Schuldigen!

60/60 Hab' ich es nicht euch angesagt,
Ihr Söhne Adams: dienet nicht
Dem Satan! denn er ist euch
Ein offenbarer Feind.

61/61 Und dienet mir! Das ist der Weg der grade.

62/62 Er aber hat von euch verführet vieles Volk;
Habt ihr es nicht verstanden?

63/63 Dis ist die Hölle, die euch ward verheißen;

64/64 Heizet sie heut, weil ihr geleugnet!

65/65 Heut siegeln wir auf ihre Münder,
Und zu uns reden ihre Hände,
Und Zeugnis geben ihre Füße
Von dem, was sie gewirket.

66/66 Nun wenn wir wollten, würden wir
Auslöschen ihre Augen,
Da eilten sie des Weges vor,
Wie würden sie dann sehen?

67/67 Und wenn wir wollten, würden wir sie
Verwandeln auf der Stelle,
Sodaß sie könnten nicht von dannen,
Und könnten nicht zurück.

68/68 Doch wen wir länger leben lassen,
Den krümmen wir im Wuchse;
Werden sie nicht verstehen?

69/69 *Ihn* aber lehrten wir nicht Dichtkunst,
Nicht solches kommt ihm zu,
Es ist nur eine Botschaft
Und deutlicher Koran;

70/70 Damit er mahne die Lebendigen;
Und treffen soll das Wort die Leugner.

71/71 O sahn sie nicht, daß wir erschufen ihnen
Von dem was unsre Hände wirkten,
Vieh, über das sie walten?

72/72 Und unterwarfen's ihnen,
Sodaß davon ist ihr Gereite,
Und von ihm essen sie.

73/73 Und ihnen ist daran vielfache Nutzung,
Und Tränkung, wollen sie's nicht danken?

74/74 Sie aber nahmen anstatt Gottes Götter,
Ob sie nicht etwa Beistand fänden!

75/75 Nichts können sie zu ihrem Beistand,
Ihr Heer wird selber vorgefordert werden.

76/76 Doch dich betrübe nicht ihr Reden;
Wir wissen wohl, was sie verbergen,
Und was sie offenbaren.

77/77 Sieht nicht der Mensch, daß wir ihn schufen
Aus einem Tröpflein?
Und nun ist er ein offner Widersacher,

78/78 Und macht uns Gleichnisreden,
Und hat vergessen sein Erschaffen,
Spricht: Wer wird wol lebendig machen
Gebeine, wann sie modern?

79/79 Sprich: Der wird sie lebendig machen,
Der sie hervorgebracht zuerst,
Und er ist aller Schaffung kundig.

80/80 Der euch bereitet hat vom Baum, dem grünen,
Ein Feuer, sieh, nun schüret ihrs!

81/81 Ist, der da schuf den Himmel und die Erde,
Nicht auch im Stande
Zu schaffen euresgleichen? Ja,
Er ist der Schöpfer, der allweise.

82/82 Sein Wort ist, wann er etwas will,
Daß er zu ihm spricht Werde! und es wird.

83/83 Preis ihm, in dessen Hand die Herrschaft
Ist jedes Dings, und zu ihm werdet
Ihr heimgebracht.

Auszug aus der 37^{N} Sura
Die Reihenführerinnen

Überschrift Vgl. S. 51 und 79.

1/1 Bei euren Reihenführerinnen!

2/2 Und Treiberinnen!

3/3 Und Kundeleserinnen!

4/4 Euer Gott ist Ein einziger,

5/5 Herr des Himmels und der Erd' und was in beiden,
Und Herr der Sonnaufgänge.

6/6 Wir haben geschmückt den Erdenhimmel
Mit dem Schmuck der Gestirne,

7/7 Behut vor jedem meuterischen Satan.

8/8 Sie behorchen nicht die hohe Zunft,
Getroffen mit Geschoß von jeder Seite,

9/9 Erliegend, ihre Pein ist dauernd.

10/10 Doch wer erhascht hat das Erhaschte,
Den verfolgt ein scharfer Stral.

149/149 Frage sie doch, ob deinem Herrn sind
Die Töchter, ihnen die Söhne?

150/150 Ob wir die Engel schufen weiblich,
Und sie dabei gewesen?

165/165 Wir aber sind die Reihenführer,

Vers 165 *die Reihenführer* **Der Gegensatz von V. 1 zu 165 scheint bisher übersehen worden zu seyn. In V. 1 ist** *euer* **eingeschoben zur bestimmteren Bezeichnung des Bezuges. Dieser Schwur gibt wol auch Aufschluß über die übrigen der letzten kleinen Suren.**

166/166 Und wir sind die Lobpreiser.

180/180 Lobpreis dem Herrn der Herrlichkeit
Ob allem was sie sagen.

181/181 Gruß über die Gesandten,

182/182 Und Lobpreis Gott dem Herrn der Welten.

— — —

Abrahams Opfer

97/99 Er sprach: Ich geh' zu meinem Herrn,
Er wird mich leiten.

98/100 Herr, gib mir eine Stelle bei den Guten!

99/101 Darauf verkündigten wir ihm
Einen wackeren Knaben.

Vers 99 *Einen wackeren Knaben* **Ismael nicht Isaak.**

100/102 Als er mit ihm den Lauf vollbracht,

Vers 100 *den Lauf* **zwischen Safa und Merwa.**

101/- Sprach er: Mein Sohn, ich seh' im Traume,
Daß ich dich opfern soll;
Sieh zu nun, was dir dünket.

102/- Er sprach: Mein Vater, thu was du geheißen bist;
Mich finden wirst du, so Gott will, geduldig.

103/103 Als sie sich nun ergeben hatten,
Und er ihn hinstreckt' auf die Stirne;

104/104 Und da riefen wir: O Abraham!

105/105 Du hast entsprochen der Erscheinung.
Wir, also lohnen wir den Frommen.

106/106 Nun dieses war die klare Prüfung.

107/107 Wir kaufeten ihn los mit großem Opfer.

108/108 Und hinterließen über ihn der Nachwelt:

109/109 Gruß über Abraham!

110/110 So lohnen wir den Frommen.

111/111 Dieweil er war von unsern gläubigen Knechten.

112/112 Und wir verkündigten ihm Isaak
Als Profeten, einen von den Guten.

113/113 Und segneten ihn und den Isaak;
Und nun von [ihrem] Stamme
Ist einer fromm und einer
Versündiget sich offenbar.

— — —

Jonas

139/139 Auch Jonas war von den Gesandten;

140/140 Wie er da floh zum vollen Schiffe;

141/141 Da loßte er, und war Verlierer.

142/142 Da schlang ihn ein der Fisch, denn er war strafbar.

143/143 Und, wars nicht weil er war von den Lobpreisern,

144/144 Er blieb in seinem Bauche bis
Zum Tage wo man aufsteht.

145/145 Da warfen wir ihn aus ins Offne,
Und er war krank.

146/146 Und ließen wachsen über ihn
Ein Gewächse von Kürbis.

147/147 Und sandten ihn an Hunderttausend oder mehr.

148/148 Da glaubten sie, da gaben
Wir ihnen Frist auf eine Zeit.

38. Sura
[Sad]

1/1 Beim kundevollen Koran!

–/2 Die Leugner sind in Hochmuth und in Zwiespalt!

2/3 Wieviel vertilgten wir vor ihnen Stämme;
Da schrien sie und es war nicht Zeit zur Flucht.

3/4 Sie wundern sich daß ihnen kam
Ein Mahnender aus ihnen selber,

Und sprechen, die Ungläubigen:
Das ist ein Gaukler, Lügner.

4/5 Macht er die Götter zu Einem Gott?
Traun das sind Wunderdinge.

5/6 Aufbrachen die Fürsten unter ihnen:
Kommt, haltet Stand bei euern Göttern!
Das ist nun ein Ansinnen.

Vers 5 ***Ein Ansinnen*** **das man uns ungebührlich macht, oder: das wir euch gebührlich machen.**

6/7 Wir hörten nicht davon in letzten Zeitläuften;
Das ist nur ein Gedichte.

7/8 Wie? kam auf ihn die Kunde mitten unter uns? –
Ja, sie zweifeln an meiner Kunde,
Ja ja, sie schmeckten noch nicht meine Strafe.

8/9 Stehn denn bei ihnen die Schatzkammern
Der Gnade deines Herrn, des höchsten Gebers?

9/10 Oder ist ihr das Reich des Himmels und der Erde,
Und was dazwischen? Mögen sie aufsteigen doch auf Leitern!

10/11 Die Heerschaar dort steht fernab von den Bündnern.

11/12 Geleugnet hat vor ihnen
Das Volk von Noah und von Ad,
Und Farao der Herr der Pflöcke.

12/13 Themud auch und das Volk von Loth,
Und die von Aika; diese waren Bündner.

13/14 Von ihnen keiner der nicht Lügen zieh die Boten,
Und es traf sie mein Gericht.

14/15 Und was erwarten die hier auch als Einen Krach,
Der ohne Nachlaß ist?

15/16 Sie aber sprechen: Herr, beeile
Uns unsern Spruch noch vorm Gerichtstag!

16/17 Gedulde dich bei ihren Reden,
Und denke unsres Knechtes David
Des rüstigen, denn er war eifrig.

17/18 Wir machten dienstbar ihm die Berge,
Mit ihm zu singen Lob am Abend und Taganbruch.

18/19 Die Vögel auch geschaaret all' ihm eifrig.

19/20 Und festigten sein Reich und gaben
Die Weisheit ihm und Redekunst.

— — —

20/21 Kam dir die Kunde der Widersacher,
Als sie aufklommen zum Gemache?

Vers 20 *Widersacher* **Sind Engel anzunehmen.**

21/22 Als sie traten zu David ein,
Bangt' er; sie sprachen: fürchte nicht!
Wir sind zwei Widersacher,
Von denen einer frevelte am andern;
Du richte zwischen uns nach Recht,
Und übertrit nicht, sondern führ' uns
Zum rechten Pfad.

22/23 Mein Bruder hier hat neun und neunzig Lämmer,
Und ich Ein Lamm. Da sprach er:
Gib mirs in Pfleg'! und übermochte mich im Wort.

23/24 Sprach David: Unrecht that er dir,
Zu fordern dein Lamm zu seinen Lämmern.
Doch viele der Genossen freveln
Der eine an dem andern,
Nur die nicht, die da glauben und das Gute thun,
Doch wenig nur sind deren. –
Nun merkte David, daß wir ihn nur prüften,
Da fleht' er um Verzeihung seinen Herrn an,
Fiel hin gebeugt und wandte sich.

24/25 Und wir verziehn ihm dieses,
Auch ward ihm zu uns Zutritt,
Und eine schöne Heimkehr.

25/26 O David, wir bestellen dich
Zu einem Stellvertreter auf der Erde.
So richte nach dem Recht die Menschen,
Und folge nicht der Lust, die dich
Abirren mache von dem Wege Gottes.
Denn die abirren von dem Wege Gottes,
Für die ist starke Pein, weil sie vergaßen
Den Tag der Rechenschaft.

— — —

26/27 Nicht schufen wir den Himmel und die Erd' und was dazwischen ist, vergebens;
Das ist der Wahn der Leugner,
Doch weh den Leugnern vor der Glut!

27/28 Werden wir, die da glauben und das Gute thun
Wol machen wie die Schädiger auf der Erde?
Oder machen Gottesfürchtige wie die Lästrer?

28/29 Ein Buch, das wir herab dir sandten, segensvoll,
Aufdaß erwägen seine Zeichen
Und sich bedenken die Verständ'gen.

— — —

Salomo's Rosse

29/30 Davidem gaben wir zum Sohne Salomon;
Ein guter Knecht, denn er ist eifrig.

30/31 Da wurden ihm vorgeführt am Abend
Die edlen Stampfenden.

31/32 Da sprach er: Lieb war liebes Gut mir
Vor dem Gedächtnis meines Herrn,
Bis sich die Sonn' umschleiert hat.

32/33 Bringt sie mir her! – Da hub er an die Stümmlung
An Schenkeln und an Nacken.

— — —

33/34 Auch prüften wir den Salomo, und setzten
Auf seinen Thron eine Gestalt;
Da wandt' er sich,

34/35 Sprach: Herr, verzeihe mir und gib mir
Ein Reich das keinem zukommt nach mir;
Denn du, du bist der Geber.

35/36 Da macheten wir dienstbar ihm die Winde,
Wehend auf sein Gebot gelind, wohin ers schuf;

36/37 Und die Satane, lauter Bauer, Taucher,

37/38 Und andere gefesselte in Ketten.

38/39 »Dis unsre Gabe! Spende nun
Oder behalt, ohne Rechenschaft.«

39/40 Auch ward ihm bei uns Zutritt
Und eine schöne Heimkehr.

— — —

Hiob

40/41 Gedenk auch unsres Knechtes Hiob, wie er rief
Zu seinem Herrn: Mich hat berührt der Satan
Mit Ungemach und Pein. –

41/42 Stampfe mit deinem Fuße! – Dis
Ist kühles Bad und Trank.

42/43 Wir gaben ihm auch sein Gesinde,
Und noch einmal soviel dazu,
Gnade von uns und Mahnung an Verständige.

43/44 »Nimm auch mit deiner Hand den Blätterbüschel
Und schlag damit, daß du den Schwur nicht brechest!«
Denn wir befanden ihn geduldig;

44/– Ein guter Knecht! denn er ist eifrig.

— — —

45/45 Gedenk' auch unsrer Knechte Abrahams, Isaaks und Jakobs,
Der rüstigen und erleuchteten.

46/46 Wir wählten sie zur Auswahl
Zu Kundschaft unsrer Wohnung;

47/47 Sie sind bei uns von den erlesnen Guten.

48/48 Gedenk' auch Ismael's und Jasa's und Dhulkifl's,
Sie alle von den Guten.

49/49 Dis ist die Kunde, und den Gottesfürchtigen
Bleibt eine schöne Heimkehr:

50/50 Die Gärten Edens, aufgethan die Pforten.

51/51 Drin hingelehnt, sie langen drin
Nach Früchten mancherlei und Trank.

52/52 Bei ihnen Frauen züchtigen Blicks, gleichaltrige.

53/53 Dis was man euch verheißt zum Tag der Rechenschaft.

54/54 Dis unsere Versorgung,
Sie geht nicht aus.

55/55 Dis, doch den Widerspenstigen schlimme Heimkehr,

56/56 Gehenna, die sie heizen,
Schlimm ist die Ruhestatt.

57/57 Dis, kosten sie es nur! ist Qualm und Schlamm,

58/58 Und anderes desgleichen paarweis.

59/59 Der Trupp hier wird hinabgestoßen
Mit euch. Kein Willkomm ihnen!
Sie heizen nur das Feuer.

60/60 Sie sprechen: Nein, euch selbst, kein Willkomm euch!
Ihr gienget uns hiezu voran,
Und übel ist die Stätte.

61/61 Sie sprechen: Herr, wer uns hiezu voranging,
Mehr' ihm die Pein zweifach im Feuer.

62/62 Und sprechen: Wie ist uns, daß wir
Nicht sehn die Männer, die wir zählten zu den Schlechten,

63/63 Sie nahmen zum Gespött? verfehlen
Vielleicht sie unsre Augen nur?

64/64 Dis ist wahrhaftig,
Der Redestreit des Volks im Feuer.

65/65 Sprich: Ich bin nur ein Mahnender,
Und nicht ein Gott ist als nur Gott,
Der Eine der Allmächtige,

66/66 Der Herr des Himmels und der Erden
Und was dazwischen,
Der Höchste, der Verzeiher.

— — —

Der Engelfall und die Verführung der Menschen

67/67 Sprich: Dis ist hohe Kunde;

68/68 Ihr kehrt euch ab davon.

69/69 Mir war kein Wissen um die hohe Heerschar, wie sie stritten;

70/70 Mir ist nur offenbart dis, daß ich sei ein offner Mahner.

71/71 Wie da dein Herr sprach zu den Engeln:
Ich will schaffen den Menschen aus Thon.

72/72 Wenn ich ihn nun gebildet und ihm eingehaucht von meinem Geiste,
Fallt hin vor ihm anbetend!

73/73 Da beteten an die Engel alle insgesamt.

74/74 Nur Iblis war zu stolz,
Und war von den Verleugnern.

75/75 Er sprach: Was, Iblis, hielt dich ab,
Anzubeten was ich erschuf mit meiner Hand?

76/– Bist du zu stolz oder bist du zu erhaben?

77/76 Er sprach: Besser bin ich als er;
Du schufest mich aus Feuer,
Und schufest ihn aus Thon.

78/77 Er sprach: Geh aus von hier! Du bist gesteinigt.

79/78 Und auf dir ist mein Fluch bis zum Gerichtstag.

80/79 Er sprach: Mein Herr, erwarte mich
Am Tage wo sie aufstehn.

81/80 Er sprach: Du bist von denen, die erwartet sind,

82/81 Zum Tage der bestimmten Frist.

83/82 Er sprach: Bei deiner Hoheit, nun, verführen will ich alle,

84/83 Nur deine Knechte nicht, die treuen.

85/84 Er sprach: Recht! und das Recht sag' ich:

–/85 Füllen will ich die Hölle
Mit dir und jedem, wer dir folgt von ihnen allesamt.

86/86 Sprich: Nicht von euch begehr' ich dafür Lohn,
Und bin nicht einer der Bewerber.

87/87 Es ist nur ein Gedenknis an die Welten.

88/88 Erfahren werdet ihr schon seine Kunde
Nach einiger Zeit.

Aus der 39. Sura
Die Truppe

Überschrift *Die Truppe* **s. V. 71.**

8/6 Er hat geschaffen euch aus einer einzigen Seele,
Aus der er machte ihre Gattung
Und hat herab gesandt für euch der Hausthiere
Vier Gattungen in Paaren.
Er schaffet euch im Leibe eurer Mütter,
Erschaffung nach Erschaffung,
In Finsternissen dreifach.
Das ist Gott euer Herr, sein ist das Reich;
Kein Gott als Er! Wie laßt ihr euch abwendig machen?

Vers 8 *Vier Gattungen in Paaren* **Kamel, Rind, Schaaf und Ziege.**

9/7 Verleugnet ihr, nun, Gott ist unbedürfig euer,
Doch nicht genehm hält er an seinen Knechten Leugnung;
Dankt ihr, das hält er euch genehm.

— — —

14/11 Du sprich: Mir ist geheißen anzubeten Gott,
Ihm rein den Dienst erweisend,

–/12 Und mir geheißen ist zu seyn
Der erste der Gottergebnen.

15/13 Du sprich: Ich fürchte, wär' ich ungehorsam meinem Herrn,
Die Strafe großen Tages.

16/14 Sprich: Gott anbet' ich, rein ihm
Erweisend meinen Dienst.

17/15 Und betet ihr an, wen ihr wollet außer ihm!
Sprich: Das sind die Verlierer, die verlieren ihre Seelen
Und ihre Angehörigen am Tag der Auferstehung;
Ist dis nicht der Verlust, der offenbare?

23/22 O wem Gott hat erweitert seinen Busen zur Ergebung,
So daß er ist im Licht von seinem Herrn!
Weh aber denen die verstocktes Herzens sind
Vor der Ermahnung Gottes,
Dieselben sind in offner Irre.

24/23 Gott hat herabgesandt die schönste Kunde,
Ein Buch, sich ähnlich widerholend,
Von dem die Haut erschauert derer,
Die fürchten ihren Herrn, dann schmeidigt
Sich ihre Haut und ihre Herzen
Der Mahnung Gottes. Das ist die Leitung Gottes,
Womit er leitet wen er will,
Doch wen Gott irrgehn läßt, dem wird kein Leiter.

— — —

28/27 Gepräget haben wir den' Menschen
In diesem Koran jede Art von Gleichnis,
Ob sie sich wol bedenken mögen.

29/28 Arabischen Koran sonder Schiefe,
Ob sie Gott fürchten mögen.

30/29 Geprägt hat Gott ein Gleichnis, einen Mann, der hat
Gesellen unverträgliche,
Und einen Mann, ganz hingegeben einem Mann.
Sind wol gleich diese beiden?
Gelobt sei Gott! nein, ihre meisten wissen nichts.

31/30 Nun, du wirst sterben, und sie werden sterben,

32/31 Dann werdet ihr am Tag der Auferstehung
Vor eurem Herren rechten.

33/32 Doch wer ist schuldiger, als wer da log auf Gott
Und Lügen zieh die Wahrheit,
Nachdem sie zu ihm kam? Ist Gehenna nicht
Ein Wohnraum für die Leugner?

34/33 Wer aber bringt die Wahrheit und gibt Zeugnis ihr,
Das sind die Gottesfürchtigen.

35/34 Denselben wird was sie begehren
Bei ihrem Herrn, das ist der Lohn der Frommen,

36/35 Daß ihnen Gott erlasse
Das Bösere was sie gethan,
Und ihnen gelte ihren Lohn ums Bessre was sie thaten.

37/36 Ist Gott nicht seinem Knecht genug?
Sie aber schrecken dich mit denen außer ihm!
Doch wen Gott irrgehn läßt, dem wird kein Leiter.

38/37 Wem aber leitet Gott, dem ist kein Irrer.
Ist Gott nicht ein allmächtiger Rächer?

39/38 Fragst du sie nun: Wer hat erschaffen
Den Himmel und die Erde?
Sie werden selber sagen: Gott! Sag ihnen:
Was meint ihr? jene die ihr anruft neben Gott;
Wenn Gott mir zudenkt einen Schaden,
Können sie heben seinen Schaden?
Oder mir zudenkt eine Gnade,
Können sie wol aufhalten seine Gnade?
Sag ihnen: Mein Verlaß ist Gott,
Auf ihn vertrauen die Vertrauer.

40/39 Sag ihnen: O mein Volk! thut ihr an eurem Orte,
Ich thu desgleichen; dann erfahrt ihr,

41/40 Zu wem die Pein kommt, die ihn schändet,
Und einkehrt bei ihm Pein die bleibt.

— — —

43/42 Gott nimmt zu sich die Seelen wann sie sterben,
Und die nicht sterben, wann sie schlafen.
Die nun behält er, über die er
Den Tod verhängt,
Die andere entläßt er wieder
Bis auf bestimmte Frist.
In diesem traun sind Zeichen für Nachdenkende.

— — —

46/45 Wenn man gedenket Gotts des Einen,
Schaudern die Herzen derer, die
Nicht glauben an das Ende;
Doch denkt man derer neben ihm, frolocken sie.

47/46 Du sprich: O Herrgott, Schöpfer Himmels und der Erden,
Erforscher des Verborgnen und des Sichtbarn,
Du, du wirst richten zwischen deinen Knechten,
Worüber sie gestritten haben.

48/47 Und hätten, die da sündigten,
Das was auf Erden ist zumal,
Und nochsoviel dabei, sie kauften gerne
Sich los damit vom Ungemach der Strafe
Am Tag der Auferstehung, da erscheinet ihnen
Von Gott, worauf sie nicht gerechnet;

49/48 Erscheinet ihnen all das Böse das sie wirkten.
Und fällt auf sie, was sie verlachten.

50/49 Berührt den Menschen nun ein Schaden,
So ruft er uns; dann, wann wir ihn
Reich machten eines Guts von uns,
Spricht er: Erworben hab' ich es durch Wissen. –
Nein, sondern eine Versuchung ist's,
Doch ihre meisten wissen nichts.

51/50 Nicht anders sprachen die vor ihnen,
Und nicht half ihnen das was sie erwarben.

52/51 Es traf sie all das Böse, das sie wirkten.
Und die jetzt sündigen hier von diesen,
Es wird sie treffen all das Böse das sie wirkten,
Und nichts behindern werden sie.

— — —

54/53 Du sprich: Ihr, meine Knechte, die ihr
Euch übernahmt an euren Seelen,
Verzweifelt nicht an Gottes Gnade! Gott verzeiht
Die Vergehungen alle,
Er ist der gnädige der Verzeiher;

55/54 Kehrt euch zu eurem Herrn nur und ergebt euch ihm,
Bevor euch kommt die Strafe,
Dann findet ihr nicht Beistand.

56/55 Und folgt dem schönsten was euch ward
Herabgesandt von eurem Herrn,
Bevor euch kommt die Strafe plötzlich
Und ihrs nicht merkt;

57/56 Daß dann sag' eine Seele: Ach
Und Weh mir über das was ich
Versäumt' auf Seiten Gottes,
Und ich war von den Spöttern!

58/57 Oder sage: Hätte mich Gott geleitet,
So wär' ich gewesen ein Frommer!

59/58 Oder sage, wann sie sieht die Pein:
O würde mir Umkehr, so wollt' ich recht thun. –

60/59 O nein! dir kamen unsre Zeichen,
Da straftest du sie Lügen,
Und thatest stolz und warest von den Leugnern.

— — —

65/65 Es ist dir offenbart und denen vor dir,
Wenn du Abgötterei treibst,
So wird dein Werk umkommen,
Und du wirst seyn von den Verlierern.

66/66 Nein, sondern bete Gott an,
Und sei der Dankbarn einer.

67/67 Sie haben nicht gemessen Gott mit seinem rechten Maße.
Die ganze Erd' ist ihm ein Griff am Tag der Auferstehung,
Und die Himmel gefaltet in seiner Rechten.
Preis ihm! er ist erhaben
Ob dem, was sie ihm beigesellen.

68/68 Geblasen wird in die Drommete,
Da stürzt hin, wer im Himmel und wer auf Erden,
Als nur wen Gott hält.
Dann wird geblasen das andremal,
Nun stehen sie und warten.

69/69 Es sprühet auf die Erd' im Lichte ihres Herrn,
Und aufgeschlagen ist das Buch,
Und hergebracht sind die Profeten und Zeugen,
Und ist gerichtet zwischen ihnen nach dem Recht,
Und sie sind nicht verkürzet.

70/70 Und jeder Seele ist gewährt, was sie gethan;
Er aber weiß am besten was sie thaten;

71/71 Und hingetrieben werden, die da leugneten,
Zur Hölle truppweis, bis, wann hin sie kamen,
Aufthaten ihre Thore sich,
Und sprachen ihre Wächter:
Kamen euch keine Boten denn
Aus eurer Mitt', euch vorzutragen
Die Zeichen eures Herrn, und euch zu warnen
Der Zukunft dieses eures Tags?
Sie sprechen: Ja! – Allein verhängt ist
Das Wort der Strafe ob den Leugnern.

72/72 Gesagt wird: Geht ein in die Thore
Der Hölle, drin ihr ewig seid;
O schlimmer Wohnungsort der Stolzen!

73/73 Und hingeführt sind, die gefürchtet ihren Herrn,
Zum Garten truppweis, bis, wann hin sie kamen,
Aufthaten seine Thore sich,
Und sprachen seine Wächter:
Fried' über euch, ihr Guten!
Nun geht hier ein auf ewig!

74/74 Da sprechen sie: Gelobt sei Gott,
Der uns bewährt hat sein Verheiß,
Und so uns erben ließ die Erde:
Wir wohnen in dem Garten wo wir wollen.
O schöner Lohn der Wirkenden!

75/75 Und du siehest die Engel
Herschwebend um den Thron,
Lobsingend ihrem Herrn.
Und ist gerichtet zwischen ihnen nach dem Recht,
Und wird gesprochen: Lob sei Gott dem Herrn der Welten!

Aus der 40. Sure
Der Gläubige

7/7 Die tragen Gottes Thron und die so ihn umringen,
Lobpreisen ihren Herrn und glauben
An ihn, und flehn um Gnade
Für die da glauben: Unser Herr!
Alles umfassest du mit Huld und Weisheit.
Also gewähre Gnade denen,
Die sich bekehrn und folgen deinem Wege,
Und schirme sie vor Pein der Glut.

8/8 O unser Herr, und führe sie
Ein in die Gärten Edens,
Die du verheißen ihnen,
Und wer fromm war von ihren Vätern,
Von ihren Fraun und Sprößlingen;
Denn du bist der Allmächtige Allweise.

9/9 Und schirme sie vom Übel!
Denn wen du schirmst vom Übel jenes Tages,
Dem gabst du deine Gnade,
Das ist das Heil das große.

— — —

59/57 Die Schöpfung Himmels und der Erde
Ist größer als die Schöpfung
Des Menschen, doch die meisten Menschen wissen nicht.

— — —

78/78 Wir sandten vor dir auch Gesandte,
Von deren manchem wir dir sagten,
Von manchem sagten wir dir nichts.

41e Sure
Überschrift
Gemodelt

Überschrift Verkürzt.

1/2 Herabgesandte Offenbarung
Vom allbarmherzigen Erbarmer,

2/3 Ein Buch worin gemodelt sind
Die Zeichen zu arabischem Koran
Für Leute, die verstehn,

3/4 Als Heilverkündiger und Warner;
Doch ihre meisten wenden
Sich ab und hören nicht.

4/5 Und sprechen: Unsre Herzen sind in Hüllen
Vor dem, wo du uns rufest zu,
In unsern Ohren auch ist Härte,
Und zwischen uns und zwischen dir ein Vorhang;
Thu was du willst, wir thun desgleichen. –

8/9 Du sprich: O wollt ihr leugnen den,
Der schuf die Erde in zwei Tagen,
Und wollt ihm machen Ebenbilder?
Er ist der Herr der Welten.

9/10 Und machte auf ihr Bergesvesten über ihr,
Und segnete sie und ordnete
Auf ihr all ihre Nahrung in vier Tagen
Gleichmäßig allen Bittenden.

10/11 Dann hob er sich zum Himmel, der war Rauch,
Und sprach zu ihm und zu der Erde:
Kommt mit Gehorsam oder Zwang! Sie sprachen:
Wir kommen als Gehorsame.

11/12 Da schied er ihn in sieben Himmel in zwei Tagen,
Und jedem Himmel wies er an sein Amt,
Und auch geschmücket haben wir den Erdenhimmel
Mit Leuchten, wohlbehut.
Das ist die Ordnung des Allmächtigen Allweisen.

18/19 Doch Tages wo versammelt werden
Die Feinde Gottes zu der Glut,
In Reih und Glied aufziehend,

19/20 Bis sie nun kamen hin,
Da zeuget gegen sie
Ihr Gehör, Gesicht, und ihre Haut,
Über das was sie thaten.

20/21 Da sprachen sie zu ihrer Haut:
Was zeugt ihr gegen uns? Sie sprachen:
Uns machet reden Gott, der reden machet jedes Ding.
Und Er schuf euch das erstemal,
Und zu ihm seid ihr heimgebracht.

21/22 Nicht konntet ihr verbergen euch,
Daß gegen euch nicht zeugten euer
Gehör, Gesicht und eure Haut,
Ihr aber meinetet, Gott wüßte
Nicht viel um was ihr thatet.

22/23 Und diese eure Meinung, die
Ihr meinetet von eurem Herrn,
Hat euch gestürzt, nun heut seid ihr von den Verlierern.

23/24 Wenn sie sich still verhalten nun,
Doch ist die Glut ihr Wohnhaus;
Und wenn sie sich entschuldigen wollen,
Sind sie doch nicht entschuldigt.

25/26 Doch sprechen die Ungläubigen:
Hört nicht auf diesen Koran! schwätzet drein!
Ob wir vielleicht ihn überwinden. –

26/27 So wollen wir verkosten lassen
Die Leugner schwere Pein.

27/– Und wollen ihnen gelten
Das Schlimmste des was sie gethan.

28/28 Dis der Vergelt der Feinde Gottes,
Die Glut, für euch darin die ewige Wohnung,
Vergeltung, daß sie unsre Zeichen höhnten.

30/30 Die aber sprachen: Unser Herr ist Gott;
Und dann aufrichtig wandeln,
Auf sie steigen die Engel nieder:
Fürchtet euch nicht und trauert nicht,
Freut euch des Gartens, des ihr seid verheißen!

31/31 Wir sind euch Schutzgenossen
In diesem Leben und im andern,
Und euch wird dort was eure Seelen wünschen,
Und euch wird dort was ihr verlangt,

32/32 Gäst' eines gnädigen liebreichen.

33/33 Und wer hat eine schönre Rede,
Als wer da ruft zu Gott und thuet Gutes,
Und spricht: Ich bin von den Ergebnen!

34/34 Es ist nicht gleich das Schöne und das Üble;
Wehre du mit dem Schönern dich!
Und siehe! zwischen wem und dir erst Feindschaft war,
Wird wie ein nah verwandter Freund.

35/35 Dazu gelangen doch nur dic geduldige sind,
Dazu gelanget nur ein hochbeglückter.

36/36 Doch reizt vom Satan dich ein Anreiz,
Nimm deine Flucht zu Gott! Er ist
Der Hörer und der Wisser.

37/37 Von seinen Zeichen einige
Sind Nacht und Tag und Sonn' und Mond.
Fallt nieder nicht vor Sonn' und Mond,
Fallt nieder vor Gott, der sie geschaffen,
Wenn ihr ihm wirklich dienet.

38/38 Doch wenn sie dazu sind zu stolz,
Nun! jene droben, die bei deinem Herrn sind,
Die preisen ihn bei Tag und Nacht,
Und werden nimmer müde.

39/39 Und auch von [ihm] ein Zeichen
Ist, daß du siehst die Erde stille liegen;
Doch, senden wir auf sie herab das Wasser,
So regt sie sich und sprosset.
Fürwahr, der sie belebet, wird
Beleben auch die Todten;
Denn er ist jedes Dings gewaltig.

Vers 39 ***ihm*** **Ms.** ***uns.*** **Von Müller zu Recht nach dem arabischen Text korrigiert (H. B.).**

49/49 Nicht müde wird der Mensch zu wünschen Gutes;
Doch wenn ihn anrührt Böses,
Ist er kleinmüthig und verzagt.

50/50 Wenn wir ihn kosten lassen eine Huld von uns
Nach Weh, das ihn betroffen,
So spricht er: Das ist mein;
Ich denk' auch nicht, daß mir der Tag bevorsteht.
Doch werd' ich heimgebracht zu meinem Herren,
So wird bei ihm das Schönste mir. –
Ja! sagen werden wir's den Leugnern,
Was sie gewirket haben,
Und kosten lassen werden wir
Sie von der herben Strafe.

— — —

53/53 Wir wollen sie sehn lassen unsre Zeichen noch
Am Himmelsbogen und an ihnen selber,
Bis ihnen klar wird, es ist Wahrheit.
Ists etwa nicht genug an deinem Herrn, daß er
Ist über alles Zeuge?

54/54 Nun ja, sie sind im Zweifel über
Die Zukunft ihres Herrn; nun ja,
Er ist ja allumfassend.

Aus der 42^N Sura
Überschrift
Die Rathsbetreibung

Überschrift. *Die Rathsbetreibung* **s. V. 36.**

9/11 Der Schöpfer Himmels und der Erde,
Er machte von euch selber Paare,
Und auch vom Hausthier Paare,
Womit er euch ausbreitet,
Doch seinesgleichen ist kein Ding,
Er ist der Hörer und der Seher.

10/12 Sein sind die Schlüssel Himmels und der Erde;
Er dehnt die Nahrung wem er will und misset sie,
Denn er ist jedes Dinges weise.

11/13 Er hat für euch verordnet von dem Gottesdienst;
Das was er einst befahl an Noah,

Und was wir offenbarten dir,
Ist was wir einst befahlen
Abraham, Moses und Jesus, nämlich:
Bestellet recht den Gottesdienst,
Und spaltet euch darin nicht!
Schwer aber dünkt den Gottgesellern

12/- Das wozu du sie rufest.
Gott wählet zu sich wen er will,
Und leitet zu sich, wer sich hinkehrt.

13/14 Sie aber spalteten sich erst
Als ihnen kam das Wissen,
Nur aus Anmaßung unter sich.
Und wär' es nicht ergangner Spruch von deinem Herrn
Auf anberaumte Frist, so wäre
Bereits entschieden unter ihnen.
Doch die die Schrift nach diesen erbten,
Sind jetzt darob in ärgerlichem Zweifel.

14/15 Zu solchem aber rufe du,
Und halte recht dich, wie dirs ist geheißen,
Folge nicht ihren Lüsten, sondern sprich: Ich glaube
An alles was gesandt hat Gott von Büchern;
Mir ist geheißen, auszugleichen zwischen euch:
Gott unser Herr und euer Herr;
Uns unsre Werk, euch eure Werke!
Kein Rechten zwischen uns und euch!
Vereinen wird er uns, und zu ihm ist die Rückkehr.

15/16 Die aber rechten über Gott,
Nachdem geworden Antwort ihm,
Ihr Rechtsgrund ist hinfällig
Vor ihrem Herrn, auf ihnen
Ist Zorn, für sie ist harte Pein.

16/17 Gott, der herabgesandt das Buch zu Steuer
Der Wahrheit und die Wage;
Wer aber sagt dir, ob nicht nah die Stund' ist?,

17/18 Die um Beschleunigung anrufen
Diejenigen, die an sie nicht glauben;
Die aber glauben, bangen
Vor ihr, und wissen daß sie ist die Wahrheit.
O die da zweifeln an der Stunde,
Die sind in weiter Irre.

18/19 Gott, gütig gegen seine Diener,
Versorget wen er will, und Er
Ist der machtvolle hohe.

19/20 Wer wünscht den Acker jener Welt,
Zulegen wir ihm von dem Acker;
Wer aber wünscht den Acker dieser,
Dem geben wir von ihr,
Doch an der andern hat er keinen Theil.

22/23 Dis, was verheißt Gott seinen Knechten,
Die glaubten und das Gute thaten.
Sprich: Nicht von euch begehr' ich dafür Lohn,
Als nur die Liebe zur Verwandtschaft.
Wer aber wirket Schönes,
Dem mehren Schönstes wir dafür;
Denn Gott ist huldvoll dankbar.

Vers 22 ***Die Liebe zur Verwandtschaft*** **siehe Wahl S. [488]. Der vermuthete versteckten Eigennutz. – Wenn auch die Muhammedaner diese Stelle brauchen um die Pflicht zu beweisen, die Familie Mohammeds (die Scherifs) zu unterstützen, so folgt daraus noch nicht, daß er es hier so gemeint. Im ganzen Context und an der Stelle (in Mekka, vermuthlich frühzeitig) sagt es nicht viel mehr als: bedenkt nur daß ich euer Verwandter bin, und liebt mich als solchen.**

23/24 Doch sagen sie: Er hat auf Gott gedichtet Lüge?
Nun, wenn Gott will, wird er dein Herz besiegeln,
Und weg wird tilgen Gott das Falsche,
Und bewähren die Wahrheit
Mit seinen Worten; Er kennt den Gehalt der Busen.

26/27 Wenn aber Gott erweiterte
Die Nahrung seinen Dienern,
So würden sie auf Erden übermüthig;
Er aber spendet nach dem Maße wie er will,
Denn seine Diener kennet er und schauet.

29/30 Und was euch je befällt von Unfall,
Das ist für eurer Hände Werk,
Und vieles noch verzeiht er.

31/32 Und auch von seinen Zeichen sind
Die Wandlerinnen auf dem Meer, gleich Pfeilern;

–/33 Wenn er will, legt er den Wind,
Da stehn sie unbeweglich auf der Fläche.
Hierin fürwahr sind Zeichen
Für jeden dankbaren Geduldigen.

32/34 Oder er läßt sie untergehn
Für ihre Werk', und vieles noch verzeiht er.

33/35 Er kennet die da streiten gegen unsre Zeichen,
Für sie ist keine Zuflucht.

34/36 Was aber euch bescheret wird von Gütern,
Ist Nießbrauch dieses Erdelebens,
Doch das bei Gott ist besser
Und dauernder für die so glauben
Und auf den Herrn vertrauen.

35/37 Die meiden Hauptversündigung und Laster,
Und, wenn sie zornig sind, verzeihn;

36/38 Die gern Gehör leihn ihrem Herrn,
Und halten das Gebet recht,
Und ihre Angelegenheiten
Mit Rath betreiben unter sich,
Von dem auch, was wir ihnen
Zur Nahrung gaben, spenden aus;

37/39 Und die, wenn sie ein Unrecht trifft, sich wehren:

38/40 Vergeltung eines Bösen ist
Ein gleiches Böses;
Doch wer verzeiht und sühnet,
Hat seinen Lohn bei Gott;
Er liebet nicht die Übelthäter.

39/41 Wer nun sich wehrt nach einer Kränkung,
Kein Weg des Rechts ist gegen solchen.

40/42 Der Weg ist gegen solche,
Die andre kränken, und auf Erden freveln widerrechtlich,
Derselben wartet Strafe peinlich.

41/43 Wer aber an sich hält und nachsieht,
Das ist von Tüchtigkeit des Raths.

Vers 41 *Tüchtigkeit des Raths* S. 31,16. Das ist vom festen Rathschluß (um den möglichen Doppelsinn zu wahren). Doch ist kein Zweifel, daß *'azm* Festigkeit des Beschlusses bedeutet. Vgl. 46,34 auch von den Geduldigen. Diese Stelle hat Wahl abscheulich und lästerlich verfälscht S. 491.

50/51 Nicht kommt es zu dem Menschen,
Daß mit ihm anders rede Gott,
Alsnur durch Offenbarung
Des Wortes, oder hinter'm Schleier;

51/– Oder er send' ihm einen Boten,
Der offenbar' auf sein Geheiß ihm was er will;
Denn er ist hoch und weise.

52/52 Und also offenbareten wir dir durch einen Geist von unserm Worte;
Du wußtest nicht was Buch war oder Glaube;

Wir aber machten dis zum Licht in dem wir leiten
Wen wir wollen von unsern Knechten,
Du aber leitest zu dem graden Pfade,

53/53 Dem Pfade Gottes. Sein ist was im Himmel und auf Erden ist,
Und ja zu Gotte kehren heim die Dinge.

Die 43e Sure
Überschrift
Der Goldprunk

Überschrift. *Der Goldprunk* **s. V. 34.**

Im Namen [Gottes des allbarmherzigen Erbarmers.]

1/2 Beim klaren Buche!

2/3 Wir machten's zu arabischem Koran,
Ob sie verstehen möchten.

3/4 Und es ist bei uns in der Urschrift,
Traun hoch und weise.

4/5 Sollten wir ihnen vorenthalten
Die Lehre ganz,
Weil sie sind Leute frevelhaft?

5/6 Doch wieviel sandten wir nicht auch
Profeten in der Vorzeit!

6/7 Und nie kam ihnen ein Profet,
Daß sie ihn nicht verlachten.

7/8 Doch wir vertilgten stärkere schon als sie an Macht;
Ergangen sind die Gleichnisse der Vorzeit.

Vers 8 Ausgelassen als Glosse, Dublette, hieher verirrt aus V. 87, um hier eine scheinbare (oder wirkliche) Lücke zu füllen. Die Construktion ist 9–13 Vordersatz 14 Nachsatz.

9/10 Er, der gemacht die Erde euch zum Bette,
Und macht' euch auf ihr Wege,
Ob ihr geleitet möchtet seyn.

10/11 Und der hernieder sendete
Vom Himmel Wasser nach dem Maße,
Mit dem erweckten wir das Gefild das todte;
Desgleichen werdet ihr hervorgehn.

11/12 Und der da schuf die Paar' und Gattungen alle,
Und machte euch von Schiff und Thieren was euch trage;

12/13 Daß ihr auf dessen Rücken schwebet,
Sodann gedenkt der Wohlthat eures Herrn,
Wenn ihr schwebet darauf, und sprechet:
Preis ihm der uns macht dienstbar dieses!
Wir hättens nimmer fügen können.

Vers 13 Zweideutig; Wahl verstehts von der Rückkehr am jüngsten Tag.

13/14 Und zu unserm Herrn sollen wir uns wenden.

14/15 Doch geben sie ihm nun Antheil von seinen Knechten!
Der Mensch ist offenbarer Huldverleugner.

15/16 Nahm Er von dem wol, was er schaffet, Töchter?
Und euch beehrt' er mit den Söhnen?

16/17 Doch wenn verkündet ihrer einem solches wird,
Was auf den Allerbarmer er
Geschmiedet hat als Gleichnis,
Verfinstert sich sein Antlitz,
Und Aerger würget ihn:

Vers 17 Ganz misverstanden von Wahl, der andere des Misverstands zeiht.

17/18 »Was? so eins das aufwächst im Putz,
Und vor Gericht hat keine Stimme?«

18/19 Doch machten sie die Engel, die
Die Diener sind des Allerbarmers,
Zu Frauen! Waren sie bei ihrer Schöpfung Zeugen?
So sei ihr Zeugnis aufgeschrieben,
Und man soll sie befragen.

Vers 19 Müßige, störende Glosse.

20/21 Gaben wir ihnen denn ein Buch vor diesem,
Auf das sie sich berufen könnten?

21/22 Sie sagen nur: »Wir fanden unsre Väter
In einer Glaubensweise,
Und ihren Spuren gehn wir nach.«

22/23 Ja, also sandten wir vor dir
In keine Stadt je einen Mahner,
Daß ihre Üppigen nicht sprachen:
Wir fanden unsre Väter
In einer Glaubensweise,
Und ihren Spuren folgen wir.

23/24 Sag ihnen: Wie? auch wenn ich zu euch komme
Mit bessrer Leitung, als wobei
Ihr fandet eure Väter?
Sie sprachen: doch wir glauben
An eure Sendung nicht.

24/25 Und Rache nahmen wir an ihnen;
Nun siehe, was das Ende war der' Leugner!

25/26 Wie da sprach Abraham zu seinem Vater
Und seinem Volk: Ich bin unschuldig
An dem was ihr anbetet,

26/27 Außer jenem, der mich erschuf,
Derselbe wird mich leiten.

27/28 Und diese Rede macht' er bleibend unter seiner
Nachkommenschaft, aufdaß sie sich bekehrten.

28/29 Gefristet aber hab' ich diese
Und ihre Väter, bis zu ihnen kam die Wahrheit
Und deutliche Gesandtschaft.

29/30 Und als nun ihnen kam die Wahrheit, sprachen sie:
Das ist ein Blendwerk, wir sind dran ungläubig.

30/31 Und sprachen: Wäre dieser Koran
Nur zugekommen einem Edlen
Aus unsern beiden Städten!

31/32 Ha! theilen sie die Gnade deines Herrn aus?
Wir theilen unter ihnen aus
Die Fülle ihrer Güter
In diesem Leben, und erhöhn
Den einen ob dem andern
Um Stufen, daß der eine habe
Den andern zum Gelächter;
Allein die Gnade deines Herrn
Ist besser als was sie da sammeln.

32/33 Und wär' es nicht um zu verhüten,
Daß alle würden gleiches Schlages,
So gäben wir jedwedem, der
Verleugnet den Allerbarmer,
Auf ihre Häuser silberne Dächer,
Und Treppen, drauf zu steigen,

33/34 Und ihren Häusern Thore,
Und Throne, drauf zu lehnen.

34/35 Und goldnen Prunk; und Alles dis
Ist Nießbrauch dieses Lebens nur,

Das andre ist bei deinem Herrn
Für jene, die ihn fürchten.

35/36 Wer aber ist blödsichtig für
Die Weisungen des Allerbarmers,
Dem ordnen wir den Satan bei,
Der wird nun sein Genosse.

36/37 Dieselben stoßen solche nun
Vom Weg ab, und sie glauben sich geleitet;

37/38 Bis einer zu uns kommt, da spricht er:
O wäre zwischen mir und dir
Der Abstand zweier Sonnaufgänge!
Schlimm ist ein solcher Genosse.

38/39 Nichts aber hilft es heut euch, da ihr sündigtet,
Daß in der Pein ihr euch Gesellschaft leistet.

39/40 Doch du, wirst du die tauben hören machen, oder leiten
Die blinden, oder die in offner Irre?

40/41 Mögen wir nun hinweg dich nehmen,
Wir werden uns an ihnen rächen;

41/42 Oder mögen dich sehen lassen,
Was wir ihnen verheißen haben;
Denn wir sind ihrer wohl gewaltig!

42/43 Halt du dich nur an das, was dir ist offenbart!
Du bist auf gradem Wege.

43/44 Und dis ist eine Weisung dir
Und deinem Volk, und einst wird man euch fragen.

44/45 Frage nur, wen wir sendeten
Vor dir als unsre Boten, ob wir machten
Außer dem Allerbarmer Götter, anzubeten?

45/46 Den Mose sandten wir mit unsern Zeichen
An Farao und sein Gefolg, da sprach er:
Ich bin ein Bote von dem Herrn der Welten.

46/47 Und als er ihnen nun bracht' unsre Zeichen,
Siehe da lachten sie darüber.

47/48 Wir ließen sie nur Zeichen sehn
Eins größer als das andre,
Und faßten mit der Strafe sie,
Ob sie umkehren möchten.

48/49 Sie sprachen: O du Wundermann,
Ruf deinen Herrn für uns an

Um das was er dir zugesagt hat!
Wir wollen seyn geleitet.

49/50 Als wir von ihnen nahmen dann die Strafe,
Siehe, da traten sie zurück.

50/51 Und Farao rief vor seinem Volke,
Sprach: o mein Volk, ist mein nicht
Das Reich Aegyptens,
Und diese Ströme fließen unter mir, seht ihrs?

51/52 Bin ich wol besser als solch ein Verächtlicher,

52/– Der nicht einmal kann reden?

53/53 Ja, wären ihm nur umgehangen
Goldspangen, oder kämen
Mit ihm die Engel im Verein!

54/54 Und so verführte er sein Volk, daß sie ihm folgten;
Sie waren ja ein Volk abtrünnig.

55/55 Doch als sie uns erzürnten, rächten wirs an ihnen,
Wir ertränkten sie insgesamt.

56/56 Und machten sie zu Vorgang
Und Gleichnis für die Nachwelt.

Vers 57-62 deplaziert, siehe nach V. 80.

63/63 Doch als nun Jesus kam mit den Urkunden,
Sprach er: Ich komm' euch mit der Weisheit,
Und daß ich euch erkläre manches
Von dem worin ihr uneins seid;
So fürchtet Gott und folget mir!

64/64 Denn Gott ist mein und euer Herr;
Dient ihm! das ist der grade Pfad.

65/65 Doch uneins wurden die Anhänger unter sich;
Weh aber denen die gesündigt,
Weh vor der Strafe schlimmen Tags!

66/66 Was haben sie zu erwarten, als die Stunde, daß
Sie ihnen komme plötzlich,
Ohne daß sie es merken?

67/67 Die trauten Freunde sind des Tags einander feind,
Nur nicht die Gottesfürchtigen.

68/68 Ihr meine Knechte, keine Furcht heut über euch,
Und ihr sollt nicht betrübt seyn!

69/69 Die da geglaubt an unsre Zeichen,
Und waren Gottergebne.

70/70 Geht ein zum Garten, ihr und eure Fraun, durchwonnet!

71/71 Man geht im Kreis um sie mit Schalen
Von Gold und Bechern, und alda
Ist was begehren ihre Seelen,
Und wünschen ihre Augen;
Und ihr seid hier geewigt.

72/72 Dis ist der Garten, der zum Erbe
Euch ward, um was ihr thatet.

73/73 Darin für euch sind Früchte viel,
Davon ihr esset.

74/74 Allein die Schuldigen sind in der Pein Gehennas ewig,

75/75 Die nicht wird nachgelassen ihnen;
Drin sind sie hoffnungslos.

76/76 Wir aber thun nicht Unrecht ihnen,
Sondern das Unrecht thaten sie.

77/77 Und rufen nun: O Malek!
Ausmachen solls mit uns dein Herr.
Er aber spricht: Ihr bleibet.

78/78 Wir haben euch gebracht die Wahrheit,
Doch eure meisten sind der Wahrheit abhold.

79/79 Haben sie ihren Rath beschickt?
Nun, wir beschicken unsern.

80/80 Oder meinen sie, daß wir nicht hören
Ihre Heimlichkeit und Gespräch?
Ja unsre Boten ihnen
Zur Seite schreibens auf.

57/57 Da wir aufstelleten zum Gleichnis
Den Sohn Marias, sieh, so schreit dein Volk darüber,

58/58 Und sprechen: Unsre Götter, sind sie besser, oder er?
Sie stellen ihn dir nur zum Streit auf;
Ja sie sind Leute streithaft.

59/59 Er aber ist nichts als ein Diener,
Welchem wir Huld erwiesen,
Und machten ihn zum Gleichnisse
Den Söhnen Israels.

60/60 Ja wenn wir wollten, machten wir von euch auch Engel
Zu Stellvertretern auf der Erde.

61/61 Er aber ist ein Herold für die Stunde;
O zweifelt nicht an ihr, und folget mir!
Das ist der Pfad der grade!

62/62 Und nicht verleite euch der Satan!
Denn er ist euer offner Feind.

81/81 Sprich also: Wenn der Allerbarmer
Hätt' einen Sohn, ich wäre
Der erste der' Anbetenden.

82/82 Lobpreis dem Herrn des Himmels und der Erde,
Dem Herrn des Throns, ob allem, was ihr aussagt!

83/83 Laß du sie thören nur und spielen,
Bis sie begegnen ihrem Tage,
Der ihnen ist verheißen.

84/84 Er ist es der im Himmel Gott ist,
Und auf der Erde Gott,
Er der Allwissende, Allweise.

85/85 Gepriesen Er, des ist die Herrschaft
Des Himmels und der Erde
Und was inzwischen beiden ist,
Und bei ihm ist die Kenntnis
Der Stund', und zu ihm kommt ihr hin.

86/86 Die aber, die man anruft neben ihm,
Vermögen keine Fürsprach, als allein nur
Wer Zeuge war der Wahrheit, und sie wissen das.

Vers 86 *Wer Zeuge war der Wahrheit* **Nach den muhammedanischen Auslegern.**

87/87 Und fragst du sie, wer sie erschuf?
Sie müssen sagen Gott! Was macht sie denn abwendig?

88/88 Wie oft er sprach: Mein Herr, dis Volk
Sind Leute die nicht glauben!

89/89 Entschlag dich ihnen und sprich Gottbefohlen!
Einst werden sie's erkennen.

Aus der 44. Sure
Der Rauch

6/7 Der Herr des Himmels und der Erde
Und was inzwischen beiden,
Wenn ihr es recht erkennetet,

7/8 Kein Gott als Er, der leben macht und sterben,
Er euer Herr und Herr all eurer Väter weiland.

8/9 Doch zweifelmüthig scherzen sie.

9/10 Du harre Tages wo der Himmel
Aufgeht in Rauche sichtbar,

Vers 9 Der *Rauch* wird als Vorbote des jüngsten Tags gedacht. Aber auch in der siebenjährigen Hungersnoth über Mekka soll ein solcher Rauch gewesen seyn.

10/11 Der deckt die Menschen, das ist Strafe peinlich.

11/12 »Herr, nimm uns ab die Strafe! wir sind gläubig!«

12/13 Woher nun ihnen die Erinnrung?
Da vorlängst ihnen kam ein Bote sichtbar.

Vers 12 Woher *nun'annā* was soll (hilft) nun ihnen. Vergl. 89,24.

13/14 Sie aber wandten sich von ihm und sprachen:
Ein angelernter ein besessner!

14/15 Wir nehmen ab die Straf' ein wenig;
Da thut ihrs wieder.

15/16 Tags wo wir schlagen den großen Schlag,
Da werden wir uns rächen.

Vers 15 Der *große Schlag* ist ebenso doppelgültig: Der jüngste Tag und die Schlacht von Bedr.

16/17 Wir prüfeten vor ihnen auch das Volk von Farao,
Und ihnen kam ein werther Bote:

17/18 »Gebt mir heraus die Knechte Gottes!
Ich bin euch ein bewährter Bote.

18/19 Und daß ihr euch nicht wider Gott erhebet!
Ich komm' an euch mit offner Vollmacht.

19/20 Um Zuflucht geh' ich meinen Herrn an!
Und euren Herren, daß ihr mich nicht steiniget!

20/21 Und wenn ihr mir nicht glaubt, so laßt mich gehn.«

21/22 Da rief er seinen Herrn an:
Diese sind Leute sündhaft. –

22/23 »So reise Nachts mit meinen Knechten!
Ihr werdet seyn verfolget.

Vers 22 Die Flucht aus Ägypten als Vorbild der Flucht oder Auswanderung des Profeten und seiner Gläubigen. Mit Farao mag irgendein namhafter von Mohammeds Feinden gemeint seyn.

23/24 Laß hinter dir das Meer gemach!
Sie sind ein Heer Ersäufter.«

24/25 Was ließen sie nicht hinter sich an Gärten und an Quellen!

25/26 Saatfeld und werthen Aufenthalt,
26/27 Und Wohlstand, darin sie sich freuten!
27/28 So nun, zum Erbe gaben wir es andern.
28/29 Und nicht geweint hat über sie der Himmel und die Erde,
Und man hat nicht auf sie gewartet.
29/30 Wir aber retteten die Söhne Israels
Von der schmachvollen Strafe,
30/31 Von Farao, denn er war hochmüthig unter den Frevlern.

Aus der 45n Sure
[Die Hocker]

18/19 Die Ungerechten sind, die einen
Der anderen, Beschützer,
Gott aber ist der Schutz der Gottesfürchtigen.

— — —

20/21 Wie meinen denn, die da verübten Böses,
Daß wir sie halten werden wie
Die glaubten und das Gute thaten,
Ganz gleich in ihrem Leben und ihrem Tode?
Wie übel ist ihr Urtheil!
21/22 Gott hat geschaffen Himmel und Erde
Zu ernstem Zweck, damit gelohnt
Sei jeder Seele, was sie wirkte,
Kein Unrecht thut man ihnen.

— — —

23/24 Sie aber sprechen: Nichts ist, als dis unser Erdenleben;
Wir leben so und sterben,
Und nichts vertilgt uns als die Zeit.
Doch haben sie davon kein Wissen,
Sie meinen nur.
24/25 Und werden ihnen vorgetragen unsre Zeichen deutlich,
Ist ihr Beweisgrund der nur daß sie sprechen:
Bringt unsre Väter, wenn ihr Wahrheit redet!
25/26 Sag ihnen du: Gott läßt euch leben,
Dann lässet er euch sterben,
Dann schaart er euch zum Tag der Auferstehung,
An dem kein Zweifel ist, allein
Die meisten Menschen wissen nicht.

31/32 Doch wenn man saget: Die Verheißung Gottes
Ist Wahrheit, und die Stunde,
Kein Zweifel ist an ihr, so sprecht ihr:
Wir wissen nicht was die Stunde ist;
Wir meinen nichts als Meinungen,
Und haben nichts Gewisses.

46E Sure
Überschrift
Ahkaf

Überschrift. *Ahkaf* **(v. 20) d.i. die Sanddünen. Drei Jahre vor der Flucht, als er Tajef bekehren wollte.**

Im Namen [Gottes des allbarmherzigen Erbarmers.]

1/2 Niedersendung der Schrift von Gott,
Dem Höchsten, dem Allweisen.

2/3 Wir schufen Himmel und Erde
Und was da zwischen beiden, nur zu ernstem Zweck
Und zu bestimmtem Ziele;
Die Leugner aber wenden sich
Von dem, des sie verwarnt sind, ab.

3/4 Du sprich: Wie meint ihr? Was ihr anruft außer Gott,
Zeigt mir doch, was sie schufen von der Erde!
Oder ob sie haben Antheil an dem Himmel?
Bringt mir ein Buch vor diesem hier
Oder eine Spur von Wissenschaft,
Wenn ihr doch Wahrheit redet!

4/5 Doch wer ist irrer als wer anruft außer Gott,
Die ihm nicht Antwort geben zu dem Tag der Auferstehung,
Und ihres Anrufs sind sie ungewahrsam!

5/6 Wann aber auferstehn die Menschen,
Sind jene ihnen Feind' und leugnen ihren Dienst ab.

6/7 Doch wenn man ihnen vortrug unsre Zeichen deutlich,
So sprachen, die da leugneten
Die Wahrheit, seit sie ihnen kam:
Das ist ein Blendwerk sichtlich.

7/8 Oder sagen sie: Er hats gedichtet?
Sag ihnen: Hab' ich es gedichtet,

So möget ihr mir gegen Gott nicht helfen;
Er weiß am besten, worin ihr euch einlaßt,
Er ist genug zum Zeugen zwischen mir und euch;
Er ist der Huldige, der Erbarmer.

8/9 Sag ihnen: Ich bin kein Neuwunder von Gesandten,
Und weiß nicht, was mit mir geschieht, noch was mit euch;
Ich folge dem nur was mir offenbaret ist,
Und bin nichts wan ein offenkundiger Mahner.

9/10 Sag ihnen: Nun, wie meint ihr? wenn dis ist von Seiten Gottes,
Und ihr es leugnetet, und es
Bezeugt ein Zeuge von den Söhnen Israels
Das gleiche, und nimmts glaubend an, ihr aber seid hochfärtig?
Fürwahr Gott leitet nicht das Volk der Frevler.

10/11 Allein es sagen, die da leugnen,
Von denen die da glauben:
»Wär' es was Gutes, wären diese
Uns nicht darin zuvorgekommen.«
Und weil sie sich davon nicht wollen leiten lassen,
So werden sie wol sagen: Es ist alter Lug.

11/12 Doch vor ihm war das Buch von Mose
Wegweis' und Gnad', und dieses Buch ist
Bestätigung in arabischer Zunge,
Zu mahnen die da frevelten,
Und Heilverkündigung den Frommen.

14/15 Wir haben anbefohlen
Dem Menschen an den Eltern schön zu handeln;
Ihn trug die Mutter mit Beschwer,
Und gebar ihn mit Beschwer;
Sein Tragen und sein Säugen dreißig Monate;
Bis er nun kam zu seiner Stärke,
Und kam zu vierzig Jahren,
Da sprach er: Herr, gib Antrieb mir, zu danken deiner Güte,
Die du gethan an mir und meinen Eltern,
Und daß ich thue Gutes, das dir wohlgefällt;
Und gib mir Glück an meinem Nachsproß!
Denn ich bekehre mich zu dir
Und bin von den Ergebnen.

Vers 12. 13 Müßig.

15/16 Dieselben sinds, von denen wir annehmen wollen
Das Schönste dessen was sie thaten,

Und wollen weggehn über ihrem Bösen
Dort in der Schaar des Wonnegartens
Nach Verheißung der Wahrheit,
Die ihnen ist verheißen.

16/17 Doch wer zu seinen Eltern sagte: Pfui euch!
Wollt ihr mich lehren, daß ich auferstehn soll,
Da doch hingiengen die Geschlechter all vor mir?
Die beiden aber rufen Gott an:
Weh dir! o glaube doch! denn der Verheiß von Gott ist wahrhaft.
Da spricht er: Es sind nichts wan alte Mähren,

17/18 Dieselben sind es, denen ist verhängt der Spruch,
Der die Stämme traf, die giengen hin vor ihnen,
Von den Dschinnen und Menschen,
Sie waren die Verlierer.

18/19 Und Stufen sind für alle
Nach dem, was sie gethan,
Daß Er gewähre ihnen ihre Thaten,
Und es geschieht kein Unrecht ihnen.

19/20 Des Tages wo gebracht sind,
Die da leugneten, zum Feuer:
Ihr habet hingenommen euer Gutes
In eurem Leben auf der Welt,
Und [habet das genossen];
Heut werdet ihr belohnet mit der Pein der Schmach,
Darum, daß ihr hochfärtig waret
Auf Erden ohne Recht, und wart abtrünnig. –

Vers 19 ***habet das genossen*** **Ms. nicht mehr lesbar, Text von Müller (H. B.).**

20/21 Denke du auch des Manns von Ad,
Als er sein Volk verwarnte auf den Dühnen;
Und Warner giengen vor ihm hin und hinterher:
O betet nichts wan Gott an!
Ja fürcht' ich über euch Straf' eines großen Tages.

21/22 Sie sprachen: Kommst du uns, abwendig uns zu machen unsern Göttern?
So bring uns was du drohst!
Wenn du die Wahrheit redest.

22/23 Er sprach: Das Wissen ist allein bei Gott;
Ich richt' euch aus, womit ich bin gesendet;
Allein ich seh', ihr seid ein Volk unwissend.

23/24 Als sie nun sahn ein Quergewölk
Gewandt auf ihre Thäler,
Sprachen sie: Dieses Quergewölk beregnet uns! –
Nein! es ist das, was ihr herbeirieft,
Sturm, darin Strafe graunvoll.

24/25 Der wüstet alles aufs Geheiße seines Herrn;
Da war am Morgen nichts zu sehn
Von ihnen als ihr Wohnplatz;
So gelten wirs dem Volk der Schuld'gen.

Vers 25 *nur'in* nicht?

25/26 Wir hatten sie doch wohnlich eingerichtet,
So gut wie wir euch selbst nur eingerichtet,
Und hatten ihnen auch gemacht
Gehör' Aug' und Verstand;
Doch ihnen half nicht ihr Gehör
Und nicht ihr Aug' und ihr Verstand
In nichts, weil sie ableugneten
Die Zeichen Gottes, und sie traf
Was sie verlachet hatten.

Vers 26 Müßig.

27/28 O hätten ihnen doch geholfen,
Die sie annahmen außer Gott
Zu Opfer und zu Göttern!
Doch diese schwanden ihnen weg,
Und das war ihre Lüge
Und was sie dichteten.

28/29 Doch als wir zu dir wendeten
Ein Trüppchen von den Dschinnen,
Daß sie den Koran lesen hörten;
Als sie nun nahten, sprachen sie: Seid stille!
Und als es war geendet, kehrten
Sie heim zu ihrem Volk als Mahner;

Vers 28 Es ist sehr leicht abgethan, dis geradezu für eine unverschämte Erdichtung zu halten. Wenn man aber die Glut und Heftigkeit der Gedanken erwägt, wie sie im nächstvorstehenden herrscht, so läßt sich an völlig guten Glauben des Erzählers glauben. Es ist aber, poetisch genommen, die treffendste Beschämung der Bewohner v[on] Tajef, die den Verkündiger ungläubig abziehen ließen, daß noch in der Nacht auf ihrem Gebiet die Dschinnen kommen die Lehre anzunehmen.

29/30 Sprachen: O unser Volk! wir hörten
Ein Buch, geoffenbart nach Mose,
Bekräftigend alles Vorige,

Anleitend zu der Wahrheit
Und zu dem Weg dem graden.

30/31 O unser Volk, so gebt Gehör
Dem Herold Gottes! glaubt an ihn!
Und Er erlass' euch eure Sünden,
Und schirm' euch vor der Strafpein!

31/32 Doch wer nicht gibt Gehör dem Herold Gottes -
Behindern wird Ihn nichts auf Erden,
Und gegen ihn wird ihm kein Schutzherr;
Dieselben sind in offner Irre.

32/33 O sehn sie nicht, daß Gott, der schuf
Den Himmel und die Erde
Und ward nicht müd' an ihrer Schaffung,
Gewalt hat zu beleben auch die Todten?
Ja, er ist jedes Dings gewaltig.

33/34 Doch Tages, wo gebracht sind, die da leugneten, zum Feuer:
Ist dis nicht wahrhaft?
Sie sprechen: Ja! bei unserm Herrn!
Er spricht: Nun schmeckt die Pein, weil ihr geleugnet!

34/35 Doch du halt aus, wie die standhaften
Aushielten von den Boten,
Und nicht beschleunig' ihr Gericht!
Denn seyn wirds ihnen, wann sie sehen das Verheißne,

35/– Als hätten sie geweilt nur
Ein Stündchen eines Tags. Soweit die Meldung!
Wen anders tilgt man als das Volk Abtrünniger?

47e Sure
Überschrift
Mohammed

Überschrift. ***Mohammed*** **s. V. 2. – Abgekürzt. – Eine donnernde Kampfpredigt gegen die Mekkaner, die ihm, nach seiner Auswanderung, den Zugang zur Kaba verwehrten.**

(Medinisch)

1/1 Die leugnen und von Gottes Weg verführen,
Umkommen läßt er ihre Werke.

2/2 Die glauben und das Gute thun, und glauben
An das was hergesandt ist auf Mohammed,

Und daß es Wahrheit ist von ihrem Herrn,
Denselben nimmt er ab ihr Böses
Und bessert ihren Sinn.

4/4 Drum, wo ihr treffet die da leugnen,
So seis Schlag auf die Nacken,
Bis ihr sie nieder habt gebracht,
Dann machet fest die Bande!

Vers 4 Der Bote Allahs, spricht hier freilich nicht wie Christus vor ihm, sondern etwa wie 200 Jahre nach ihm Karl, der große Sachsenbekehrer.

5/- Dann Gnad' entweder oder Loskauf,
Bis nun der Krieg legt nieder seine Bürde.
So! Und wenns Gott gefiele, könnt' er
Sich ihrer selbst erwehren;
Doch thut er dis, zu prüfen
Von euch den einen mit dem andern;
Und die auf Gottes Wege fallen,
Umkommen läßt er nimmer ihre Werke.

Vers 5 *fallen* **Variante: kämpfen.**

6/5 Er leitet sie und bessert ihren Sinn,

7/6 Und führt sie in den Garten, den
Er ihnen angewiesen.

8/7 Ihr die da glaubet, steht ihr Gott bei,
So steht er euch bei
Und festigt eure Tritte.

9/8 Doch die da leugnen, Unfall ihnen!
Umkommen läßt er ihre Werke.

10/9 Dis weil sie das verschmähten was Gott niedersandte;
Versinken läßt er ihre Werke.

14/13 Und o wie manche Stadt, die stärker war an Macht
Als deine Stadt, die dich vertrieb,
Vertilgten wir, und ihnen ward kein Helfer.

22/20 Doch sprechen, die da glauben: Würde
Herabgesandt doch eine Sure!
Doch wird herabgesandt nun eine Sure bündig,
Und wird darin erwähnt der Kampf;
So siehst du die, in deren Herzen Siechthum ist,
Anblicken dich mit Blicken eines
Vom Tod befallnen. Ihnen würdiger wäre
Gehorsam und anständiges Wort.

23/21 Nun es beschlossen ist, o hielten
Sie Gott ihr Wort, das wäre besser ihnen.

24/22 Wollt ihr vielleicht, wenn ihr den Rücken wendet,
Verheeren rings das Land, nicht schonen
Selbst eure Blutsverwandtschaft?

25/23 Die sind es, denen Gott geflucht hat,
Hat sie getäubt, geblindet ihre Augen.

26/24 Beachten sie den Koran nicht?
Oder liegen vor den Herzen Schlösser ihnen?

27/25 Ja solche, die sich kehren rückwerts
Nachdem klar ihnen ward die Leitung,
Berückt hat sie der Satan,
Und hat sie losgelassen;

28/26 Dieweil sie sprechen zu den andern,
Die das verschmähen was Gott niedersandte:
Wir wollen folgen euch in einigen Stücken.
Doch Gott weiß ihre Heimlichkeit.

31/29 Wie? meinen die, in deren Herzen Siechthum ist,
Gott werd' hervor nicht ziehen ihre Abgunst?

32/30 Wenn's uns gefiele, könnten wir sie zeigen dir,
Daß du sie möchtest kennen an ihren Mienen;
Und kennen magst du sie am Miston ihrer Rede,
Und Gott kennt ihre Werke.

Vers 32 *Miston* Vielleicht ganz besondere Bezeichnung einer Person.

33/31 Und prüfen wollen wir euch, bis wir kennen
Die Kämpfer unter euch und Dulder,
Und prüfen ihre Kunden.

34/32 Traun, die da leugnen, und verführen
Von Gottes Weg, und irren den Gesandten,
Nachdem klar ihnen ward die Leitung;
Sie werden Gott nicht schaden,
Doch sinken lassen wird er ihre Werke.

35/33 Ihr die da glaubt, gehorchet Gott und
Gehorchet dem Gesandten,
Und nicht vereitelt eure Werke!

37/35 Und seid nicht weich und ruft nach Frieden,
Da ihr die Obhand habt und Gott ist mit euch,
Und nie verkürzen wird er eure Werke.

38/36 Das Leben dieser Welt ist nur ein Spiel und Spott;
Doch wenn ihr glaubt und fürchtet Gott,

So gibt er euern Lohn euch,
Und heischt von euch nicht euer Gut.

39/37 Heischt er's von euch und dringt in euch, so geizet ihr,
Und kommt zum Vorschein eure Abgunst.

40/38 Ha, ihr dahier! man ruft euch nur,
Zu spenden auf dem Wege Gottes!
Doch mancher von euch geizt.
Wer aber geizt, geizt ab von seiner Seele;
Gott ist der Reiche, ihr die Dürftigen.
Und wendet ihr euch ab, so wird er tauschen ein
Ein andres Volk statt euer,
Die sollen dann nicht seyn wie ihr!

48^E Sure
Die Siegseröffnung

Überschrift Im 7 [n] Jahr der Flucht, nach dem Waffenstillstand von Hodeibia, und während des Kriegs gegen die Juden von Chaibar, vor dem feierlichen Besuch der Kaba. Wahl XLVI[II] ff. – ***Siegseröffnung*** **entweder wirklicher Sieg profetisch, oder die Abkunft mit den Mekkanern in Hodeibia als Sieg dargestellt, oder der darauf folgende Sieg über Chaibar, oder aber Siegsverheißung, oder endlich überhaupt Ertheilung der göttlichen Gnade und Zusicherung göttlicher Hilfe. – Die ersten 4 Verse sind auf den Fahnen der Türken im Kampf gegen Ungläubige.**

In Medina

1 Wir haben dir eröffnet eine klare Siegseröffnung,

2 Daß dir verzeihe Gott das was voran ist
Von deiner Schuld, und was dahinter,
Und seine Gnad' an dir vollende,
Und leite dich geraden Pfad,

3 Und stehe Gott dir bei mit hohem Beistand.

4 Er hat gesandt den Gottesfrieden
In die Herzen der Gläubigen,
Damit sie nehmen zu an Glauben neben ihrem Glauben;
Und Gottes sind die Heerschaaren
Des Himmels und der Erde,
Und Gott ist weis', allwissend;

5 Daß er eingehen lasse
Die Gläubigen und die Gläubiginnen
In Gärten, unter denen hin die Ströme fließen,

Darin sie ewig sind, und nehme
Von ihnen weg ihr Böses,
(Das ist von Gott ein großes Heil;)

6 Aber strafe die Heuchler und Heuchlerinnen,
Götzendiener und Götzendienerinnen,
Die meinen über Gott die schlimme Meinung,
Über sie die Umkreisung
Des Bösen, Gott zürnt über sie
Und fluchet ihnen und bereitet ihnen
Die Hölle, schlimm ist sie zur Einkehr.

7 Doch Gottes sind die Heerschaaren
Des Himmels und der Erde,
Und Gott ist weis' und mächtig.

8 Wir haben dich gesandt als Zeugen,
Heilkundiger und Warner;

9 Aufdaß ihr glaubt an Gott und seinen Abgesandten,
Und achtet ihn und ehret ihn,
Und preiset Ihn am Morgen und am Abend.

Vers 9 *Und preiset Ihn* **hier vermutlich Gott.**

10 Fürwahr, die da dir huldigen,
Die huldigen Gott;
Gottes Hand über ihren Händen.
Und wer den Schwur bricht, bricht ihn seiner Seele;
Wer aber hält was er Gott zugesagt hat,
Dem wird er geben großen Lohn.

11 Dir sagen werden die zurückgebliebnen der Feldaraber:
Uns hielten unsre Herden ab
Und unser Hausgesinde;
Bitt um Verzeihung Gott für uns!
Sie sagen das mit ihren Zungen,
Was nicht in ihren Herzen ist.
Sag ihnen: Wer vermag euch gegen Gott was,
Wenn er euch zudenkt einen Schaden,
Oder euch zudenkt einen Nutz?
Gott aber ist des, was ihr thun mögt, kundig.

12 Vielmehr ihr meintet, nimmer kehre
Der Gottgesandte und die Gläubigen wieder heim,
Das dünkt' euch gut in euren Herzen,
Und meinetet die schlimme Meinung,
Und waret arge Leute.

13 Doch wer nicht glaubt an Gott und seinen Abgesandten,
Bereitet haben wir den Leugnern Gluten.

14 Doch Gottes ist die Herrschaft
Des Himmels und der Erde, er verzeihet wem er will,
Und strafet wen er will, und Gott ist gnädig huldreich.

15 Es werden sagen die Zurückgebliebenen,
Wenn ihr nun auszieht, Beute zu erlangen:
Laßt uns euch folgen! Aendern wollen
Sie Gottes Ausspruch. Sag: Ihr folgt uns nimmer!
So hat es Gott zuvor gesagt.
Sie aber werden sagen: Ihr misgönnt es uns.
Doch sie verstehn nur wenig.

16 Sag den zurückgebliebnen der Feldaraber:
Man wird demnächst euch rufen
Gegen ein Volk von starker Kraft,
Sie zu bekämpfen bis sie sich ergeben.
Gehorcht ihr da, so gibt euch Gott auch schönen Lohn;
Doch wendet ihr euch, wie ihr erst euch wandtet,
So straft er euch mit herber Strafe.

17 Der Blinde ist entschuldigt wol,
Entschuldigt ist der Lahme,
Entschuldiget der Kranke.
Wer aber Gott gehorcht und seinem Abgesandten,
Den wird er führen in die Gärten,
Darunter hin die Ströme fließen;
Und wer sich wendet, strafen wird
Er ihn mit herber Strafe.

18 Gott hat es gnädig angenommen von den Gläubigen,
Als sie dir huldigten dort unterm Baume;
Er wußte was in ihrem Herzen war, und sandte
Den Gottesfrieden über sie,
Und stärkte sie mit naher Siegseröffnung,

19 Und reicher Beute, die sie erlangen sollen;
Denn Gott ist weis' und mächtig.

20 Verheißen hat euch Gott viel reiche Beute,
Die ihr erlangen sollet;
Doch diese gab er euch einstweilen in der Eile,
Und hielt von euch zurück den Arm der Menschen,
Daß es ein Zeichen sei den' Gläubigen,
Und er euch leit' auf gradem Pfad.

Vers 20 *In der Eile* **im Krieg gegen Chaibar, vor der völligen Einnahme. –** *Hielt von euch zurück den Arm der Menschen* **ein Handstreich also ohne Gegenwehr.**

21 Die andre, über die ihr noch nicht habt Gewalt,
Die hat Gott schon in Händen,
Denn Gott ist jedes Dings gewaltig.

22 Und würden euch die Leugner auch bekämpfen,
Sie wendeten doch den Rücken,
Dann finden sie nicht Helfer noch Beschützer;

Vers 22 *die Leugner* **die von Chaibar, nicht die Mekkaner.**

23 Nach Satzung Gottes, die vorlängst ergangen ist,
Und nimmer wirst du finden an der Satzung Gottes eine Wandlung.

24 Er ist es auch, der dort zurückhielt ihren Arm
Von euch, und euren Arm von ihnen,
Im Thale Mekkas, als er schon die Oberhand
Euch über sie gegeben hatte,
Und Gott ist alles eures Thuns ansichtig.

Vers 24 *ihren Arm* **der Mekkaner.**

25 Sie sind es, die da leugneten
Und drängten weg euch vom geweihten Bethaus,
Die Opferthiere schon bereit
Zur Opferstätte zu gelangen.
Und wär's nicht wegen einiger gläubigen Männer
Und gläubigen Weiber unter ihnen,
Die ihr nicht kanntet, und ihr hättet
Sie mit danieder getreten,
Und euch daran versündiget unwissentlich,
Daß Gott in sein Erbarmen doch
Aufnähme, wen er wollte,
Wenn sie gesondert wären;
So hätten wir die Leugner unter ihnen wol
Gestraft mit herber Strafe:

26 Wie da die Leugner fasseten
In ihre Herzen trotzigen Stolz,
Den trotzigen Stolz des Heidenthums;
Gott aber sandte seinen Frieden
Auf seinen Abgesandten und die Gläubigen,
Und ließ sie halten fest das Wort der Gottesfurcht;
Des waren sie ja würdiger,
Und wohl dazu geschickt;
Gott aber ist um alle Dinge wissend.

Vers 26 *Stolz des Heidenthums* **siehe Wahl.**

27 So hat Gott Wort gehalten seinem Gesandten
Mit jenem Traumgesicht in Wahrheit,
Ja eingehn werdet ihr ins heilige Bethaus,
So Gott will, friedlich,
Geschornen Haupts, gemessnen Schrittes, ohne Furcht.
Er wußte wol, was ihr nicht wisset,
Und machte außerdem noch nahe Siegseröffnung.

Vers 27 *Was ihr nicht wisset* **nämlich, daß es erst im nächsten (diesem) Jahre in Folge des Waffenstillstandes geschehen sollte, da ihr meintet, es solle vorm Jahr geschehen.**

28 Er ist es, der gesendet seinen
Gesandten mit der Leitung
Und wahrem Gottesdienst, daß er
Ihn siegen lass' ob jedem Gottesdienste,
Und Gott genügt zum Zeugen.

29 Mohammed, der Gesandte Gottes,
Und die mit ihm sind eifrig wider
Die Leugner, liebreich unter sich;
Du siehest sie verbeugt, fußfällig,
Erflehend Huld von Gott und Wohlgefallen.
Ihr Gepräg ist in ihrem Antlitz
Von Spuren des Betniederfalls:
Dis ist ihr Gleichnis in der Thora;
Ihr Gleichnis in dem Evangelium:
Wie Saat, die treibet ihren Halm,
Und macht ihn wachsen daß er anschwillt,
Und schwebt auf seinem Schafte,
Freuend den Sämann, daß sich ärgern
An ihnen die Ungläubigen. Gott hat verheißen denen,
Die glaubten und das Gute thaten unter ihnen,
Barmherzigkeit und großen Lohn.

Neunundvierzigste Sure Überschrieben Die Gemächer

Überschrift Ganz klar, verständig, schön.

In Medina

1 Ihr alle die da glauben, drängt euch nicht voran
Vor Gott und seinem Abgesandten,
Und fürchtet Gott!
Denn Gott ist der da hört und weiß.

2 Ihr alle die da glauben,
Erhebt nicht eure Stimme über
Die Stimme des Profeten,
Und seid nicht gegen ihn laut mit der Rede,
Wie ihr es untreinander seid,
Daß eure guten Werke nicht
Verfallen, ohne daß ihrs merket.

3 Fürwahr, die ihre Stimmen dämpfen
Beim Abgesandten Gottes,
Die sind es, deren Herzen Gott
Geprüfet hat zur Frömmigkeit, denselben wird
Verzeihung und ein großer Lohn.

4 Fürwahr die so dich rufen
Hervor aus den Gemächern,
Sind meistens unverständige.

5 Doch wenn sie sich geduldeten,
Bis du heraus zu ihnen giengest,
Das wäre besser ihnen;
Und Gott ist, der verzeiht und sich erbarmet.

6 Ihr alle die da glauben,
Wenn zu euch ein Verläumder kommt
Mit einer Kunde, so bedenket wohl,
Daß ihr nicht Jemand kränkt im Unverstande,
Und habet dann, was ihr gethan habt, zu bereuen.

7 Wisst, unter euch der Abgesandte Gottes,
Wollt' er gehorchen euch in manchen Dingen,
Ihr würdet übel fahren;
Gott aber hat euch lieb gemacht den Glauben,
Und ihn geschmückt für eure Herzen,
Und hat euch leid gemacht Unglauben,

Treubruch und Ungehorsam;
Dieselbigen von euch sind die Rechtfertigen,

8 Aus Gottes Huld und Gnade,
Und Gott ist der da weiß und richtet.

9 Wenn zwei Parteien von den Gläubigen kämpfen,
So sühnet zwischen ihnen;
Hat aber eine von den beiden
Gefrevelt an der andern,
Bekämpfet ihr die frevelnde,
Bis sie sich füget dem Gebote Gottes,
Und wenn sie sich gefügt hat,
Dann sühnet zwischen ihnen beiden
Dem Recht nach und entscheidet billig,
Denn Gott liebt billige Entscheidung.

10 Fürwahr die Gläubigen sind Brüder;
So sühnt denn zwischen euren beiden Brüdern,
Und fürchtet Gott, ob ihr Erbarmen findet.

11 Ihr alle die da glauben,
Nicht spotten sollen Leute über Leute;
Wer weiß, sind diese besser nicht als jene.
Noch Weiber über Weiber,
Wer weiß, sind diese besser auch als jene.
Noch winkt und deutet auf einander,
Noch stichelt mit Zunamen euch;
Ein schlimmer Nam' ist Abfall nach dem Glauben.
Und wer sich nicht bekehrt,
Dasselbe sind die Frevler.

12 Ihr alle die da glauben,
Vermeidet mancherlei zu denken;
Denn vieles was man denkt, ist Sünde.
Und spürt nicht aus, und afterredet
Nicht einer von dem andern.
Liebt denn wol einer unter euch
Zu essen seines Bruders Fleisch, des todten?
Es würd' euch davor eckeln;
So fürchtet Gott!
Denn Gott ist der sich zukehrt und erbarmet.

13 Ihr o ihr Menschen, wir erschufen
Euch Mann und Weib,
Und machten euch zu Stämmen und Geschlechtern,
Daß ihr einander kennen möchtet;

Fürwahr, der edelste von euch ist
Der Gottesfürchtigste von euch;
Denn Gott ist weis' und kundig. –

14 Es sprechen die Feldaraber:
Wir glauben. Sprich zu ihnen:
Ihr glaubet nicht. Sprecht nur: Wir traten über.
Noch ist nicht eingegangen
Der Glaub' in eure Herzen. Doch
Wenn ihr gehorchet Gott und seinem Abgesandten,
Wird er euch nichts entziehn von euren Werken;
Denn Gott ist nachsichtsvoll barmherzig.

15 Die Gläubigen aber, die da glaubten
An Gott und seinen Abgesandten,
Und dann nicht wurden zweifelhaft,
Und die gestritten haben
Mit ihrem Gut und ihrem Leben
Auf Gottes Weg; die sinds die Wahrheit reden.

16 Sprich: Wollt ihr Gott belehren eures Glaubens?
Gott ist belehrt von allem was
Im Himmel und auf Erden ist,
Und Gott ist jedes Dings mitwissend.

17 Sie rechnen's gegen dich sich zum
Verdienste, daß sie übertraten.
Sprich: Rechnet euch nicht zum Verdienste
Den Übertritt zum Islam!
Gott rechnets zum Verdienste sich
An euch, daß er euch leitete zum Glauben;
Wenn ihr wollt Wahrheit reden.

18 Gott weiß die Heimlichkeit
Des Himmels und der Erde,
Und Gott sieht was ihr thut.

Aus der 50n Sure
[Qaf]

15/16 Erschaffen haben wir den Menschen,
Und wissen auch was ihm zuflüstert seine Seele,
Denn wir sind näher ihm als die Pulsader.

16/17 Da wo begegnen sich die zwei Begegnenden,
Zur Rechten und zur Linken sitzend;

17/18 Kein Wörtchen spricht er, ohne daß
Bei ihm ein Merker ist bereit.

18/19 Dann kommt die Trunkenheit des Todes wirklich;
Das ists wovon du ab dich wandtest.

19/20 Geblasen aber wird in die Drommete;
Das ist der Tag der Drohverheißung.

20/21 Und jede Seele kommt,
Mit ihr ein Treiber und ein Zeuge.

21/22 Unachtsam warest du auf dis,
Nun nahmen wir dir deine Hüll' ab,
Und heut ist scharf dein Auge.

22/23 Spricht sein Gesell': Das war bei mir zu haben! –

Vers 22 ***Sein Gesell*** **Der Dämon, der ihn verführt hat. Zu diesem hat dich die Verbindung mit mir gebracht.**

23/24 »Ihr beiden, werft in die Gehenna
Jeden hartnäckigen Leugner,

Vers 23 ***Ihr beiden*** **Gerichtsengel. Wir haben hier (V. 16. 20. 23) drei verschiedene Engelpaare, keines eins mit dem andern, daneben noch den bösen Gesellen im Leben und im Tode, der sich jetzt gern von der Gesellschaft lossagen möchte V. 26. wie anderwerts ausführlicher.**

24/25 Hindrer des Guten, frevelhaften Zweifler!

25/26 Der neben Gott macht' andere Götter.
Werft in die strenge Pein ihn!«

26/27 Spricht sein Gesell: O Herr, ich hab' ihn nicht verführt,
Er selber war in weiter Irre.

27/28 Doch Er spricht: Rechtet nicht vor mir!
Ich gab zuvor euch mein Verheiß.

28/29 Gewechselt wird bei mir das Wort nicht.
Und Unrecht thu' ich nicht den Knechten.

29/30 Des Tags wo wir zur Hölle sagen: Bist du voll?
Und sie sagt: Gibts noch mehr?

30/31 Doch hergerücket wird der Garten
Den' Gottesfürchtigen unfern.

31/32 Das ist was euch verheißen ward,
Jedem eifrigen Bewahrer;

32/33 Wer fürchtet den Erbarmer im Verborgnen,
Und kommt mit willigem Herzen,

33/34 Geht ein darin in Frieden!
Das ist der Tag der Ewigkeit.

34/35 Sie haben was sie wünschen drin,
Und bei uns ist noch mehr.

Aus der 51n Sure
Überschrift
Die Streuerinnen

Vers 1 *Bei euren streuenden Streuerinnen* **Bei den von euch angenommenen weiblichen Engeln, Elementarwesen, Winden, Wolken u.s.w. Das »euer« hat die Übersetzung eingeschoben, um den Bezug hervorzuheben, den alle bisherigen Ausleger, auch die mahommedanischen, übersehen zu haben scheinen. Vgl. S. 79 u. S. 36.**

1 Bei euren streuenden Streuerinnen!

2 Und Bürdetragerinnen!

3 Und leichten Läuferinnen!

4 Und Werkanordnerinnen!

5 Was euch gedroht ist, das ist wahr,

6 Und das Gericht trifft ein.

7 Beim Himmel dem gestreiften!

8 Ihr führt mishellige Rede;

9 Durch die wird irr, wer irr ist.

10 Tod den verlognen Wähnern,

11 Die in Betäubung taumeln!

12 Sie fragen: wann ist der Gerichtstag?

13 Tags wo man sie am Feuer probt.

14 Verkostet eure Probe!
Das ist was ihr herbeirieft.

15 Aber die Frommen in Gärten und an Quellen,

16 Empfahnd, was ihnen gab ihr Herr,
Weil sie zuvor schön handelten;

17 Nur wenig von der Nacht sie schliefen;

18 Und früh an um Verzeihung riefen,

19 Und ihres Gutes ward sein Theil
Dem Bittenden und dem Darber.

20 Auf Erden wol sind Zeichen für Erkennende,

21 Und an euch selber; seht ihr nicht?

22 Doch im Himmel ist eure
Versorgung, und das euch Verheißne.

23 Beim Herrn des Himmels und der Erde! Das ist wahr.
Wie ihr auch zu betheuern pflegt.

Vers 23 *Wie ihr auch zu betheuern pflegt* **Nämlich bei euern Streuerinnen u.s.w. statt beim Herrn. Man hat dem Profeten oft diese Art von Betheuerungen zum Vorwurf gemacht. Wenigstens könnte er sich entschuldigen, wie einst ein junger italienischer Kanonikus, den ich fragte, warum er immer** *corpo di Bacco* **fluche? er sagte, daß er es in** *dispetto di Bacco* **thue.**

— — —

56 Ich schuf die Dschinnen und die Menschen
Nur dazu daß sie dienten mir.

57 Ich will von ihnen keine Nahrung,
Will nicht, daß sie mich speisen.

58 Denn Gott ja ist der Nährer,
Der Herr der starken Kraft.

52. Sure
Der Berg

1 Beim Berg in Wettern!

2 Und bei des Buches Lettern

3 Auf entfalteten Blättern!

4 Bei dem besuchten Hause,

5 Des Daches hohem Knaufe,

6 Und bei des Meeres Brause!

7 Die Strafe deines Herrn trifft ein,

8 Und ihr wird kein Abwender seyn.

9 Wann wank die Himmel wanken,

10 Und schwank die Berge schwanken,

11 Weh selbigen Tags den Lügezeihern,

12 Die plätschern in der Thorheit Weihern,

13 Des Tags, wo man sie zu den Feuern
Der Hölle stößt mit Stoß hin.

14 Das ist das Feuer, das ihr Lüge habt geziehn.

15 Ists Blendwerk, oder seht ihrs nicht?
16 Nun heizt es, und seid geduldig oder seid es nicht!
Gleich gilt es nun,
Man lohnet euch nur euer Thun.
17 Die Frommen aber in Gärten und in Wonnen,
18 Froh des was ihnen gab ihr Herr,
Es schirmte sie ihr Herr, vorm Flammenbronnen.
19 Esset und trinket wohlgemuth,
Weil ihr thatet gut!
20 Gelehnt auf Polstern den gebauschten,
Und wir vermählten sie mit Huris großgeaugten.
21 Die so da glaubten und es folgte
Ihr Nachsproß ihnen auch im Glauben,
Beigeben wir denselben ihren Nachsproß,
Und wir verkürzen sie um ihrer Werke keins;
Ein jeder Mann steht seinem Thun zu Pfande.
22 Wir haben sie versorgt mit Früchten
Und Fleisch, wie sie begehren.
23 Sie langen dort sich Becher zu,
Kein Thorenwort ist dort und keine Sünde.
24 Und um sie kreisen zur Bedienung Jünglinge
Gleich Perlen in der Muschel.
25 Da wendet einer sich zum andern fragend:
26 Sprechend: Wir waren sonst unter den Unsern zagend.
27 Doch Gottes Huld nahm uns in Hut,
Und schirmt' uns vor der Pein der Glut.
28 Wir aber riefen sonst ihn auch,
Er ist der gnädige der Erbarmer.
29 Du mahne nur! Du bist, dank deinem Herren, weder
Wahrsager noch bezaubert.
30 Oder sagen sie ein Dichter?
Wir wollen seines Unfalls lauern.
31 Sprich: Lauert nur! ich will mit euch stehn auf der Lauer.
32 Mahnen sie ihre Träume dessen?
Oder sind sie nur so vermessen?
33 Oder sagen sie: Er macht ein Gedicht?
Ja, sie glauben nicht.

34 Sie mögen doch nur bringen einen gleichen Spruch,
Wenn sie die Wahrheit reden.

35 Sind sie erschaffen wol aus Nichts,
Oder sind sie selbst die Schöpfer?

36 Erschufen sie wol Erd' und Himmel?
Sie haben nichts Gewisses.

37 Sind ihnen deines Herrn Schatzkammern,
Oder sind sie die Verwalter?

38 Oder haben sie eine Leiter,
Darauf zu steigen und zu horchen?
So komm' ein Horcher nur von ihnen
Mit Vollmacht und Beweisen!

39 Hat Er die Töchter, ihr die Söhne?

40 Oder forderst du Lohn von ihnen,
Daß Schuldenlast sie drückte?

41 Besitzen sie wol das Geheimnis,
Und schreiben es?

42 Oder schmieden sie eine List?
Doch die Leugner sind überlistet.

43 Haben sie andern Gott als Gott?
Lobpreis sei Gott ob allem,
Was sie ihm beigesellen!

44 Und sähen sie ein Stück vom Himmel fallen,
So sprächen sie: Ein Wolkenstreif.

45 Laß du sie nur, bis sie begegnen ihrem Tag,
Wo sie bestürzt seyn werden.

46 Des Tags wo ihnen nicht wird helfen ihre List,
Und ihnen wird kein Beistand.

47 Der' Frevler aber wartet vorher Strafe noch,
Doch ihre meisten wissen nichts.

48 Harr auf den Rathschluß deines Herrn!
Du bist vor unsern Augen,
Und preise deines Herrn Lob, wann du aufstehst,

49 Und einen Theil der Nacht durch preise,
Und hinter'm Fall der Sterne.

53ᴱ Sure
Der Stern

1/1 Beim Stern der flirrt!

Vers 1 *Beim Stern* **Der Stern, hier der Sirius,** *Schira*, **Gegenstand abgöttischer Verehrung s. V. 50. Die Betheuerung wie S. 51.**

2/2 Nicht euer Genosse thört noch irrt,
3/3 Spricht nicht aus eigener Begierd',
4/4 Es ist was offenbart ihm wird.
5/5 Ihn lehrte ein hochstrebender,
6/6 Gewaltiger, stätschwebender,
7/7 Am Himmel hoch sich hebender,
8/8 Dann naht' er sich und kam hernieder,
9/9 Und war zwei Ellen weit und minder,
10/10 Und offenbarte seinem Knecht, was er ihm offenbarte;
11/11 Nicht log das Herz, was das Auge gewahrte.
12/12 Wollt ihr abstreiten ihm, was er gewahrte?
13/13 Dann sah er ihn das andremal
14/14 Beim Sidrabaum am Grenzepfahl,
15/15 Wo der Wohngarten sich erstreckt;
16/16 Da hat den Sidrabaum bedeckt, was ihn bedeckt.
17/17 Es wankte nicht und irrte nicht sein Blick erschreckt;
18/18 Von Zeichen seines Herrn sah er das große.
19/19 Was meint ihr nun von Allat und von Osse?
20/20 Und von Menat, der dritten der Genossen?
21/21 Hat Er die Töchter, ihr die Knaben?
22/22 Ihr wollt unbillige Theilung haben.
23/23 Es sind nur Namen, die ihr nanntet, ihr und eure Väter,
Gott sandte dazu keine Vollmacht,
Ihr folgt nur eurer Meinung
Und eurer Seelen Lust,
Da doch von eurem Herrn euch kam die Leitung.
24/24 Hat wol der Mensch, was ihn ergetzt?
25/25 Doch Gottes ist das Erst' und Letzt';
26/26 Und o wie mancher Engel in den Himmeln,
Nichts nützet seine Fürsprach',

27/- Als nur nachdem es zuläßt Gott
Für einen, den er liebt und schätzt.

28/27 Doch die nicht glauben an das Letzte, haben
Den Engeln weibliche Namen gesetzt.

29/28 Sie haben davon nicht Wissenschaft,
Sie folgen nur der Meinung,
Da doch die Meinung von der Wahrheit nichts ersetzt.

30/29 Laß ab von dem, der sich abwendet unsrer Mahnung
Und nur an dieser Welt sich letzt.

31/30 Das ist ihr höchstes Ziel der Weisheit;
Gott aber weiß wer ab von seinem Wege schreitet,
Und weiß wer da ist recht geleitet.

32/31 Sein ist was da im Himmel und auf Erden ist,
Um zu vergelten Bösesthuenden ihr Thun,
Schönhandelnden das Schönste zu bereiten,

33/32 Die Laster und Hauptsünden meiden,
Und fehlen nur in Kleinigkeiten;
Dein Herr ist weit umfassend an Barmherzigkeit.
Er wußt' um euch, als er euch ließ hervorgehn aus der Erde,
Und als ihr Keime wart in eurer Mütter Leibern;
Drum machet euch nicht rein; er weiß schon wer ihn ehret.

34/33 O siehst du den, der ab sich kehret?

Vers 34 *O siehst du den, der ab sich kehrt* **Soll auf einen ganz besonderen Fall anspielen. Siehe Wahl. Dergleichen Anekdoten sind meist etwas läppisch, was nur den Auslegern zur Last fällt, die nach solchen Läppchen der Überlieferung haschen. Hier genügt ebenso das Allgemeine wie V. 30, von dem es nur die Steigerung ist.**

35/34 Der kargt und gibt nichts Großes?

36/35 Kennt er vielleicht die Heimlichkeit des Loßes?

37/36 Ward ihm nichts kund vom Buche Moßes?

38/37 Von Abraham, der Treue pflegt'?

39/38 Und daß nie eine Trägerinn
Die Last von einer andern trägt?

40/39 Und nichts dem Menschen wird, als was er angelegt?

41/40 Sein Angelegtes einst wird sichtbar dargelegt?

42/41 Dann wird ihm voller Lohn gewägt!

43/42 Und daß beim Herrn der Ausgang ist der Sachen?

44/43 Er weinen macht und lachen?

45/44 Und sterben und erwachen?

46/45 Daß er erschaffet die Geschlechter, Weib und Mann,
47/46 Aus einem Tröpflein welches rann?
48/47 Und daß er auch zum andernmale schaffen kann?
49/48 Daß man ohn' ihn kein Gut gewann?
50/49 Und Sirius ist in seinem Bann?

Vers 50 *Sirius* Nicht Sirius, noch andere Sterne geben Glück und Besitz.

51/50 Daß er das Volk von Ad verstieß?
52/51 Und von Themud nicht übrig ließ?
53/52 Und Noa's Volk; denn sündig wars und frech dazu.
54/53 Und er stürzt' um die Städt' im Nu;
55/54 Da deckte sie was sie deckte zu.
56/55 An welcher Gnade deines Herren zweifelst du?
57/56 Dir kam ein Mahner von den alten Mahnern zu.
58/57 Die Überfallende fällt ein,
–/58 Die Niemand außer Gott hält ein.
59/59 Verwundert ihr euch dieser Kunde?
60/60 Lacht statt zu weinen mit dem Munde?
61/61 Und schreitet stolz einher zur Stunde?
62/62 Fallt nieder betet an am Grund!

Anfang und Ende der 54^{N} Sure
Der Mond

1 Die Stunde naht, es ist der Mond gespaltet.
2 Doch wenn sie sehn ein Zeichen, wenden sie sich ab
Und sagen: Zauber waltet.
3 Sie zeihn der Lüg' und folgen ihren Lüsten;
Doch alles Ding ist fest gestaltet.
4 Wol zur Abschreckung könnten dienen
Die Mahnungen, die ihr erhaltet,
5 Ausreichende Belehrungen,
Und Warnung, die ihr schaltet.
6 Laß du sie gehn! einst wann der Rufer
Ruft zu dem Dinge schlimm gestaltet!
7 Die Augen niederschlagend, gehn sie aus der Gruft,
Wie sich ein Heuschreckzug entfaltet;

8 Hinzitternd zu dem Rufer, sagen dann die Leugner:
Das ist ein Tag der hitzt und kältet.
52 Doch alles ist im Buch entfaltet,
53 Geschrieben, was für groß und klein ihr haltet.
54 Die Frommen in den Gärten,
An Strömen, ungealtet,
55 Im Sitze der Gerechtigkeit,
Beim Könige, der waltet.

55^{e} Sure
Der Allerbarmer

1/1 Der Allerbarmer lehrte dich
–/2 Den Koran zum Vortrage.
2/3 Den Menschen schuf er an dem Schöpfungstage,
3/4 Und lehrte ihn die Sprache.
4/5 Bahn halten Sonn' und Mond bei Nacht und Tage.
5/6 Und Stern und Baum sind in Anbetungslage.
6/7 Er hob den Himmel und setzt' ein die Wage;
7/8 Daß ihr nicht frevlet an der Wage!
8/9 Daß ihr recht haltet das Gewicht
Und nicht verkürzt die Wage!
9/10 Die Erde setzt' er um des Menschen willen,
10/11 Fruchtbäume drauf und Palmen mit Fruchthüllen,
11/12 Und Korn in Hülsen und Basilien.
12/13 Ihr Menschen und ihr Genien!
Welche Gnad' eures Herrn wollt ihr verkennen?
13/14 Er schuf den Menschen Töpfergleich aus Lehmen,
14/15 Und schuf die Genien aus des Funkens Brennen;
15/16 Welche Gnad' eures Herrn wollt ihr verkennen?
16/17 Der Herr der beiden Sonnaufgänge
17/– Und beiden Niedergänge;
18/18 Welche Gnad' eures Herrn wollt ihr verkennen?
19/19 Durch den die beiden Wasser sich begegnen und sich trennen;

20/20 Zwischen ihnen die Scheidewand, dagegen sie nicht rennen;
21/21 Welche Gnad' eures Herrn wollt ihr verkennen?
22/22 Er läßt daraus Perl' und Korall' erbrennen;
23/23 Welche Gnad' eures Herrn wollt ihr verkennen?
24/24 Sein sind die Schiffe, die durchs Meer wie Berge rennen;
25/25 Welche Gnad' eures Herrn wollt ihr verkennen?
26/26 Was auf der Erd' ist, muß vergehn,
27/27 Und nur das Antlitz deines Herren wird bestehn,
Das herrlich ist zu nennen;
28/28 Welche Gnad' eures Herrn wollt ihr verkennen?
29/29 Ihn fleht an, wer im Himmel und auf Erden ist;
Neu ist an jedem Tage sein Beginnen;
30/30 Welche Gnad' eures Herrn wollt ihr verkennen?
31/31 Wir werden auf euch sonders achten,
Ihr zwei Gewichte, Menschen und ihr Dschinnen!
32/32 Welche Gnad' eures Herrn wollt ihr verkennen?
33/33 Ihr Heer der Genien und Menschen,
Wenn ihr entrinnen könnt den Grenzen
Des Himmels und der Erd', entrinnt nur!
Ihr werdet ohne Vollmacht nicht entrinnen.
34/34 Welche Gnad' eures Herrn wollt ihr verkennen?
35/35 Man wird auf euch Sprühfunken senden
Und feuriges Blenden,
Ihr werdet euch nicht wehren können;
36/36 Welche Gnad' eures Herrn wollt ihr verkennen?
37/37 Wenn sich der Himmel spaltet,
Wie eine Ros' entfaltet,
Gleich rothem Leder von Jemen;
38/38 Welche Gnad' eures Herrn wollt ihr verkennen?
39/39 Des Tages fragt man nicht um ihre Schuld erst Mensch und Genien.
40/40 Welche Gnad' eures Herrn wollt ihr verkennen?
41/41 Man wird die Schuldigen an ihren Mienen kennen,
Sie fassen bei Stirnhaaren und Fußsennen:
42/42 Welche Gnad' eures Herrn wollt ihr verkennen?
43/43 Das ist die Hölle, die die Sünder Lüge nennen.
44/44 Sie werden zwischen ihr und heißer Flut umrennen.

45/45 Welche Gnad' eures Herrn wollt ihr verkennen?

46/46 Dem Frommen wird sein Herr zwei Gärten zuerkennen.

47/47 Welche Gnad' eures Herrn wollt ihr verkennen?

48/48 Zwei laubige Gartentennen;

49/49 Welche Gnad' eures Herrn wollt ihr verkennen?

50/50 Worin zwei Quellen rinnen;

51/51 Welche Gnad' eures Herrn wollt ihr verkennen?

52/52 Von jeder Frucht sind Doppelarten drinnen;

Vers 52 *Doppelarten* **siehe Wahl.**

53/53 Welche Gnad' eures Herrn wollt ihr verkennen?

54/54 Wo sie auf seidnen Polstern lehnen,
Des Gartens Früchte nah den Händen.

55/55 Welche Gnad' eures Herrn wollt ihr verkennen?

56/56 Drin sittsamblickende, die noch berührte keiner
Der Menschen oder Genien;

57/57 Welche Gnad' eures Herrn wollt ihr verkennen?

58/58 Schön wie Korallen und Rubinen;

59/59 Welche Gnad' eures Herrn wollt ihr verkennen?

60/60 Worin besteht der Lohn für Schönes als im Schönen?

61/61 Welche Gnad' eures Herrn wollt ihr verkennen?

62/62 Und noch zwei Gärten außer jenen;

63/63 Welche Gnad' eures Herrn wollt ihr verkennen?

64/64 Die dunkel grünen;

65/65 Welche Gnad' eures Herrn wollt ihr verkennen?

66/66 Und auch zwei Quellen träufeln drinnen;

67/67 Welche Gnad' eures Herrn wollt ihr verkennen?

68/68 Auch Frucht, Palm' und Granat' in ihnen;

69/69 Welche Gnad' eures Herrn wollt ihr verkennen?

70/70 Und drin die guten auch und schönen;

71/71 Welche Gnad' eures Herrn wollt ihr verkennen?

72/72 Huris in ihren Zeltvorhängen:

73/73 Welche Gnad' eures Herrn wollt ihr verkennen?

74/74 Die nie zuvor berührt hat einer
Der Menschen oder Genien;

75/75 Welche Gnad' eures Herrn wollt ihr verkennen?

76/76 Wo sie auf grünen Kissen lehnen
Und Teppichen, den schönen;

77/77 Welche Gnad' eures Herrn wollt ihr verkennen?

78/78 Gepriesen sei der Name deines Herren, der
Mit Ehrfurcht ist zu nennen.

56. Sure
Die Treffende

1/1 Wann eintrifft die Treffende,

2/2 Die nichtzubezweifelnde,

3/3 Erniedernde, erhöhende;

4/4 Wann die Erd' erbebt mit Beben,

5/5 Die Berge gehoben sich heben,

6/6 Und werden zu Flockengeweben,

7/7 Drei Schaaren werdet ihr geben:

8/8 Die Genossen der rechten Hand;
Was sind die Genossen der rechten Hand?

9/9 Und die Genossen der linken Hand;
Was sind die Genossen der linken Hand?

10/10 Und die Vorgeh'nden, die Vorgeh'nden!

11/11 Das sind die Nahesteh'nden;

12/12 In Wonnegärten,

13/13 Ein Trupp von den Urersten,

14/14 Und wenige von den Letzten.

15/15 Auf gestickten Polsterkissen

16/16 Gelehnt darauf, sich gegenübersitzend,

17/17 Umkreist von Jünglingen ewigen,

18/18 Mit Bechern, Näpfen, Schaalen des Klarflüssigen,

19/19 Das nicht berauscht und nicht verdüstert;

20/20 Und Früchten, wonach sie gelüsten,

21/21 Und Fleisch von Vögeln, was sie wünschen.

22/22 Und Huris, schöngeaugt,

–/23 gleich Perlen in der Muschel,

23/24 Belohnung fürs gethane Gute:

24/25 Sie hören dort kein Thorenwort noch Sünde,
25/26 Nur sagen Friede Friede!

Vers 25 *Nur sagen Friede* **den Gruß nur.**

26/27 Doch die Genossen der Rechten?
Wo sind die Genossen der Rechten?
27/28 Bei Sidrabäumen schlichten,
28/29 Und Talhasträuchen in Schichten,
29/30 Und Schatten dichten,
30/31 Und Quellen lichten,
31/32 Und vielen Früchten,
32/33 Ungeschmälert und unverwehrt.
33/34 Aber die auf den Polstern hehr,
34/35 Neu schufen wir sie neulich,
35/36 Und machten sie jungfreulich,
36/37 Gleichaltrig, herzerfreulich
37/38 Den Genossen der Rechten;
38/39 Ein Trupp von den Urersten,
39/40 Und ein Trupp von den Letzten
40/41 Doch die Genossen der Linken,
Wo sind die Genossen der Linken?
41/42 Im Sud- und Glutwinde,
42/43 Und Schatten vom Rauchgewinde,
43/44 Nicht kühl und hold zu empfinden.
44/45 Sie waren es die sonst sich letzten,
45/46 Sich an Ruchlosigkeit ergetzten,
46/47 Und Worte setzten:
47/– Wie, wann wir starben und wurden Staub und Knochen,
Wie sollen wir seyn die Auferweckten?
48/48 Und unsre Väter auch, die ersten?
49/49 Sag: Ja die ersten und die letzten,
50/50 Versammelt zu der Tagfrist, der gesetzten.
51/51 Ihr Irrer, und ihr Leugner, nun
52/52 Esset ihr von dem Baum Zakkum,
53/53 Und füllet euern Bauch davon,
54/54 Und trinkt darauf vom heißen Strom,

55/55 Und trinkt so schnell,
Wie ein verdurstetes Kamel.

56/56 Dis ist ihr Gasttrunk am Gerichtsstag.

57/57 Wir haben euch geschaffen;
O daß ihr glauben möchtet!

58/58 Was meinet ihr vom Saamen, den ihr hingießt?

59/59 Seid ihr es, die ihn schafft?
Oder sind wir die Schaffenden?

60/60 Wir setzen unter euch den Tod fest,
Und Niemand kommt darin zuvor uns,

61/61 An eure Statt zu setzen andre,
Und euch entstehn zu lassen neu
In dem was ihr nicht kennet.

Vers 61 *was ihr nicht kennet* **siehe Wahl.**

62/62 Ihr kennt ja das Entstehn, das erste;
O daß ihr doch bedächtet!

63/63 Was meinet ihr vom Feld das ihr bestellet?

64/64 Seid ihr es die es säet?
Oder sind wir die Säenden?

65/65 Gefiel' es uns, so machten wirs zu Stoppeln,
Dann würdet ihr euch wundern:

66/66 Wir sind verschuldet, ja wir sind

–/67 Um den Ertrag betrogen.

67/68 Was meinet ihr vom Wasser das ihr trinket?

68/69 Seid ihr es die es sendet aus der Wolke?
Oder sind wir die Sendenden?

69/60 Gefiel' es uns, so machten wir es bitter;
O wollet ihr nicht danken?

70/71 Was meinet ihr zum Feuer das ihr zündet?

71/72 Habt ihr gepflanzt den Baum desselben?
Oder sind wir die Pflanzenden?

72/73 Wir schufens zur Erinnerung,
Und zum Gebrauch der Reis' in Wüsten.

73/74 Preise den Namen deines Herrn, des großen!

74/75 Ich schwöre nicht beim Fall der Sterne

75/76 (Ja dieser Schwur ist, wüßtet ihrs, ein großer):

76/77 Dis ist ein werther Koran

77/78 In dem verwahrten Buche,
78/79 Berührt nur von Reinen,
79/80 Eröffnung von dem Herrn der Welten.
80/81 Wollt ihr verschlagen diese Kunde?
81/82 Zu eurem Unterhalt es machen daß ihr leugnet'.

Vers 81 ***Zu eurem Unterhalt*** **Lesart: zu eurem Dank.**

82/83 O wann die Seele kommt zum Schlunde,
83/84 Und ihr es seht zur Stunde,
84/85 Doch wir sind näher ihm als ihr,
Ihr aber seht es nicht;
85/86 O könntet ihr dann ungerichtet

Vers 85 ***ungerichtet*** **wörtlich: wenn ihr (wirklich wie ihr glaubt) ungerichtet seid, d.i. kein Gericht bevorsteht.**

86/87 Die Seele wiederbringen,
Wenn ihr doch Wahrheit redet!
87/88 Doch wenn er nun ist von den Nahgestellten;

Vers 87 ***Die Nahgestellten*** **Auch die Vorausgehenden genannt im Anfang dieser Sure.**

88/89 Ruh ihm und Duft und Wonnegarten!
89/90 Und ist er von der Schaar zur Rechten;
90/91 Friede dir von der Schaar zur Rechten!

Vers 90 ***Friede*** **Heilgruß.**

91/92 Doch ist er von den Leugnern,
92/– Den Irrern;
93/93 Ein Gasttrunk ihm vom heißen!
94/94 Und Feuerbrand der Hölle!
95/95 Dis ist die Wahrheit die gewisse;
96/96 Preise den Namen deines Herrn, den großen!

57. Sura
Überschrieben
Das Eisen

(Medina)

Im Namen [Gottes des allbarmherzigen Erbarmers.]

1/1 Gott preiset was im Himmel und auf Erden ist,
Und Er ist der Allmächtige der Allweise.

2/2 Sein ist das Reich des Himmels und der Erde,
Der leben macht und sterben,
Und Er ist jedes Dings gewaltig.

3/3 Er ist der erste und der letzte,
Der offenbare und verborgne,
Und Er ist jedes Dings mitwissend.

4/4 Er der erschuf den Himmel und die Erde in sechs Tagen,
Dann saß er auf dem Thron;
Er weiß, was in die Erd' eingeht,
Und was aus ihr hervorgeht;
Und was vom Himmel niederkommt,
Und was zu ihm emporsteigt;
Und Er ist mit euch, wo ihr seid,
Und Gott ist dessen, was ihr thut, Beschauer.

5/5 Sein ist das Reich des Himmels und der Erde,
Und zu ihm kehren heim die Dinge.

6/6 Er läßt die Nacht ein in den Tag gehn,
Und ein den Tag gehn in die Nacht,
Und er ist kundig des Gehalts der Herzen.

7/7 Glaubet an Gott und seinen Gesandten,
Und gebet Spende
Von dem worin er euch gesetzt hat zu Verwaltern!
Denn die von euch, die glauben
Und Spende geben,
Denselbigen wird großer Lohn.

8/8 Doch was ist euch, daß ihr nicht glaubet
An Gott, da der Gesandte
Euch rufet, daß ihr glaubt an euren Herren,
Und eure Zusag' hat er schon empfangen,
Dafern ihr gläubig seid.

9/9 Er ist es, der herniedersendet
Auf seinen Diener offenkundige Zeichen,

Daß er heraus euch führ' aus
Der Finsternis zum Lichte,
Und ja, Gott ist euch gnädig und barmherzig.

10/10 Doch was ist euch, daß ihr nicht Spende gebet
Auf Gottes Weg? Und Gottes ist
Das Erbe Himmels und der Erde.
Nicht gleich ist unter euch, wer Spende
Gab vor dem Sieg, und kämpfte mit;
Diese sind höher eine Stufe,
Als jene, die da Spende gaben
Nachher, doch auch mitkämpften;
Und beiden hat verheißen Gott das Schönste,
Und Gott ist kundig eures Thuns.

11/11 Wer ist es, der an Gott
Darlehnt ein schönes Darlehn,
Daß er es ihm verdopple,
Und ihm wird werther Lohn!

12/12 Am Tage wo du sehen wirst
Die Gläubigen und Gläubiginnen,
Es läuft ihr Licht vor ihnen her,
Und geht zu ihren Rechten.
Freudige Kund' euch heute,
Die Gärten unter denen hin
Die Ströme fließen für die ewigen drinnen,
Das ist das Heil das große.

13/13 Am Tag wo sprechen werden
Die Heuchler und die Heuchlerinnen
Zu denen, die da glaubten: Wartet!
Anzünden wollen wir von eurem Licht uns.
Gesprochen wird: Kehrt hinter euch,
Und suchet Licht!
Dann aufgeführt sind zwischen ihnen
Mauern mit einer Pforte,
Im Innern ist Barmherzigkeit,
Und draußen gegenüber ist die Strafe,

–/14 Die rufen jenen zu:
Waren wir nicht mit euch?
Sie sprechen: Ja! allein ihr führtet
Selbst in Versuchung euch,
Und lauertet und zweifeltet,
Und euch bethörten die Begierden,
Bis das Gericht kam Gottes,
Und euch um Gott bethört hat der Bethörer.

14/15 Nun heute nimmt man von euch keine Loskauf,
Und nicht von denen die geleugnet,

Eur Einkehrort das Feuer,
Es ist eur Hort, und schlimm ist solche Zuflucht.

15/16 Ha ists nicht Zeit für die so glauben,
Daß sich demüthigen ihre Herzen
Der Kunde Gottes und was er
Hat offenbart von Wahrheit?
Daß sie nicht seyen denen gleich,
Die einst die Schrift empfiengen,
Und lang war ihre Frist,
Doch ihre Herzen wurden hart,
Und ihrer viele sind abtrünnig.

16/17 Wisset, daß Gott lebendig macht
Die Erde, wann sie todt war.
Wir haben euch erkläret
Die Zeichen, ob ihr mögt verstehn.

17/18 Ja die Almosengeber und
Allmosengeberinnen,
Sie lehnten dar an Gott ein schönes Darlehn,
Verdoppelt wird es ihnen,
Und ihnen wird ein werther Lohn.

18/19 Und alle die geglaubet haben
An Gott und seinen Abgesandten, diese
Sind die Wahrhaftigen und die Zeugen
Bei ihrem Herrn,
Ihr Lohn bleibt ihnen und ihr Licht.
Die aber leugneten
Und Lügen straften unsere Zeichen,
Die sind Genossen ewiger Glut.

19/20 Wisset, das Leben dieser Welt ist
Ein Spott und Spiel, ein Prunk und Hochmuth unter euch,
Begier nach mehr an Gärten und an Kindern,
Wie ein bewässert Feld,
Dessen Gewächs die Bauern freut;
Dann welkt es und du siehst es gelb geworden,
Dann wird es Spreu,
Und an dem End' ist starke Pein.

20/– Doch Huld von Gott und Wohlgefallen!
Das Leben dieser Welt ist
Ein Nießbrauch nur der Eitelkeit.

21/21 Eilt zu der Huld von eurem Herrn,
Zum Garten dessen Breit' ist wie

Die Breite Himmels und der Erde,
Bereitet denen, die da glaubten
An Gott und seine Gesandten;
Das ist die Gnade Gottes,
Die gibt er wem er will,
Und Gott ist Herr der Gnaden groß.

22/22 Betroffen hat euch kein Betreff
Auf Erden noch an euren Seelen,
Der nicht im Buche stand,
Bevor wir ihn verfügten;
Fürwahr, das ist für Gott ein leichtes;

23/23 Damit ihr nicht kleinmüthig seiet
Um das was euch entgangen ist,
Noch übermüthig über das, was ihr erlangt;
Denn Gott liebt keinen eingebildeten stolzen.

24/24 Die aber geizen und den Leuten
Zum Geize rathen,
Und wer sich rückwerts wendet; –
Nun Gott, er ist der reiche, der gelobte.

25/25 Gesendet haben wir
Mit offnen Kunden unsere Gesandten,
Und ihnen mitgegeben Buch und Wage,
Damit im Rechte stehn die Menschen;
Und auch gesendet haben wir das Eisen,
Darin ist starke Kraft zum Schaden
Und Nutzen für die Menschen,
Und daß daran erkenne Gott,
Wer Beistand leistet ihm und seinen
Gesandten in Abwesenheit;
Denn Gott ist stark und mächtig.

26/26 Gesendet haben wir vor Zeiten Noe
Und Abraham, und stifteten
In ihrem Saamen die Profetschaft und die Schrift;
Von diesen ist rechtfertig einer,
Doch ihrer viele sind abtrünnig.

27/27 Dann ließen wir auf ihren Spuren
Nachkommen unsre Abgesandten,
Und ließen kommen Jesus, Sohn Maria's,
Und gaben ihm das Evangelium,
Und legten in die Herzen derer, die ihm folgten, Lieb' und
Huld,

Und Mönchthum, das sie neu erfanden,
Wir schrieben nicht es ihnen vor,
Sie thaten's nur, zu suchen Gottes Wohlgefallen,
Doch hielten sie es nicht mit rechter Haltung.
Wir aber gaben denen
Von ihnen, die da glaubten, ihren Lohn,
Doch ihrer viele sind abtrünnig.

28/28 Ihr alle, die da glauben, fürchtet Gott,
Und glaubt an seinen Abgesandten!
So gibt Er euch Gedoppeltes
Von seiner Huld, und setzet euch
Ein Licht, in dem ihr wandelt, und vergibt euch,
Denn Gott ist huldreich und barmherzig.

29/29 Damit nicht denkt das Volk der Schrift,
Daß sie vermögen etwas über Gottes Gnade;
Die Gnade steht in Gottes Hand,
Er gibt sie wem er will,
Und Gott ist Herr der Gnaden groß.

Vers 29 *Damit nicht denkt* **Die eine Negation scheint falsch.**

Die 58^e Sure
Die Bestreiterinn

(Medinisch)

1/1 Gott hat gehört die Rede jener,
Die dich bestritt ob ihrem Gatten,
Und klagete zu Gott, Gott aber hörte euer
Gespräch, denn Gott ist Hörer, Seher.

2/2 Die da von euch zu ihren Frauen sagen: »Mutterrücken«;
Nicht sind doch diese ihre Mütter, ihre Mütter
Sind jene nur, die sie gebaren;
Sie sagen nur unrechtes Wort und Lüge.

3/– Doch Gott verzeihet und vergibt.

4/3 Die nun zu ihren Frauen sagen: »Mutterrücken«,
Dann wiederholen was sie sagten;
Denen liegt ob Befreiung eines Nackens,
Bevor sie ehlich sich berühren.
Das ist, wes ihr gemahnet seid,
Und Gott ist kundig eures Thuns.

5/4 Wer aber keinen findet,
So seis dafür ein Fasten zweier Monde nacheinander,
Bevor sie ehlich sich berühren;
Und wer das nicht vermag, so sei es Speisung sechzig Armer.
Dis, daß ihr glauben mögt an Gott und seinen Abgesandten;
Dis die Bestimmungen Gottes, und den Leugnern strenge Pein!

6/5 Fürwahr, die widerstreben Gott und seinem Abgesandten,
Die sind gestürzt, alswie gestürzt sind die vor ihnen.
Schon sandten wir hernieder Zeichen offenkundig,
Und den Verleugnern schmähliche Pein!

7/6 Des Tags, da Gott sie wird versammeln alle
Und ihnen sagen, was sie thaten;
Gott hats gezählt, sie haben es vergessen,
Und Gott ist jedes Dinges Zeuge.

8/7 O siehst du nicht, daß Gott weiß, was im Himmel ist und was auf Erden?
Nicht wird ein heimliches Gespräch geführt von dreien,
Daß er nicht ist ihr vierter,
Und nicht von fünfen, daß er nicht ihr sechster,
Und nicht von wenigern und nicht von mehrern,
Daß Er nicht ist mit ihnen, wo sie sind;
Dann wird er ihnen sagen, was sie thaten,
Am Tag der Auferstehung,
Denn Gott ist jedes Dings mitwissend.

9/8 O siehst du die, so abgemahnet wurden
Von heimlichem Gespräch, und thun das wieder,
Wovon sie abgemahnet worden?
Und führen ihre Zwiesprach' in Versündigung und Feindschaft
Und Ungehorsam gegen den Gesandten.
Doch kommen sie zu dir, so grüßen
Sie dich, wie nicht dich grüßet Gott,
Und sagen bei sich selber: »Ei wird Gott wol
Für das uns strafen, was wir sagen!«
Ihr Gewähr ist Gehenna, die sie heizen werden,
Schlimm ist der Einkehrort.

10/9 Ihr die da glaubet, wenn ihr Zwiesprach führet,
Führt sie nicht in Versündigung und Feindschaft
Und Ungehorsam gegen den Gesandten!
Führt sie in Zucht und Frömmigkeit,
Und fürchtet Gott, zu dem ihr werdet seyn gesammelt!

11/10 Heimliche Zwiesprach ist vom Satan,

Damit er kränke die so glauben,
Doch kann er ihnen nichts zu Leid thun
Als auf Zulassung Gottes nur; auf Gott allein
Sollen vertraun die Gläubigen.

12/11 Ihr die da glaubt, wenn euch gesagt wird: »Machet Platz
In den Zusammensitzungen!«
So machet Platz! so wird Gott Platz euch machen dort.
Und wenn euch wird gesagt: »Rückt höher!«
So rücket höher! Gott wird die
Von euch erhöhn, die glauben und
Erkenntnis haben, dort um Stufen;
Und Gott ist kundig eures Thuns.

13/12 Ihr die da glaubet, wenn ihr Zwiesprach' habt mit dem Gesandten,
So schickt vor eurer Zwiesprach her Almosen!
Das ist besser für euch und reiner.
Doch könnt ihr's nicht aufbringen,
Nun, Gott ist nachsichtvoll barmherzig.

14/13 Bangt ihr vor eurer Zwiesprach her zu schicken ein Almosen?
Nun wenn ihr's unterlaßen habt, und Gott euch dann erleuchtet,
So haltet das Gebet und gebt die Sühnungssteuer,
Gehorchet Gott und seinem Abgesandten!
Denn Gott ist kundig eures Thuns.

15/14 O sahst du die nicht, die den Rücken wandten?
Ein Volk, auf welche Gott erzürnt ist;
Sie sind von euch nicht und sind nicht von jenen;
Sie schwören auf die Lüg', und wissens.

16/15 Bereitet hat Gott ihnen Strafe peinlich,
Denn bös' ist, was sie thun.

17/16 Sie brauchen ihren Eid als Decke,
Und lenken ab von Gottes Weg,
Für sie ist Strafe schmachvoll.

18/17 Nicht nutzen werden ihnen ihre Güter,
Noch ihre Kinder gegen Gott etwas.
Sie sind Genossen des Feuers,
In dem sie ewig sind.

19/18 Des Tags da Gott sie wird erwecken alle,
Werden sie schwören ihm,
Als wie sie schwören euch,
Und werden meinen, etwas helf' es;
Ei ja! sie sind die Lügner.

20/19 Bemächtigt hat sich ihrer Satan,
Und sie vergessen machen Gottes Gedächtnis;
Sie sind die Rotte Satans;
Ei ja, die Rotte Satans
Sind die Verlustigen.

21/20 Die da befeinden Gott und seinen Abgesandten,
Die sind bei den Erniederten.

–/21 Gott hat geschrieben: Siegen werd' Ich
Und meine Abgesandten;
Denn Gott ist stark und mächtig.

22/22 Nicht finden wirst du Leute, die da glauben
An Gott und an den jüngsten Tag,
Die lieben möchten jene, die
Anfeinden Gott und seinen Abgesandten,
Und wären jene ihre Väter oder Kinder,
Oder ihre Brüder oder Stammgenossen.
Die sinds, in deren Herzen Gott
Geschrieben hat den Glauben,
Und sie gestärkt mit einem Geist von sich;
Und eingehn lassen wird er sie
In Gärten, unter denen hin
Die Ströme fließen für die ewigen drinnen.
Gott hat an ihnen Wohlgefallen,
Und Wohlgefallen sie an ihm.
Dieselben sind die Rotte Gottes;
Ei ja, die Rotte Gottes,
Das sind die Seligen.

Neunundfünfzigste Sura
Überschrieben
Der Aufbruch

Überschrift *Der Aufbruch* **sonst Auferstehung** *ḥašr* **v. 2.**

(Medinisch)

Im Namen [Gottes des allbarmherzigen Erbarmers.]

1 Gott preiset, was im Himmel ist
Und was auf Erden,
Und Er ist der Allmächtige der Allweise.

2 Er ist es der vertrieben hat
Vom Volk der Schrift die Ungetreuen
Aus ihren Wohnungen im ersten Aufbruch.
Ihr meintet nicht sie seyen zu vertreiben,
Und selber meinten sie, beschützen würden
Sie ihre festen Burgen
Vor Gott, doch Gott kam ihnen
Von wannen sie es nicht gedacht,
Und warf in ihre Herzen Schrecken,
Sodaß sie selbst zerstörten ihre Häuser
Mit ihren Händen, wie mit Händen
Der Gläubigen. So nehmt daran ein Beispiel
Ihr, die ihr Augen habet.

3 Und hätte Gott nicht über sie
Geschrieben Landesräumung,
So hätt' er sie mit Tod gestraft in dieser Welt,
Und in der andern ist
Für sie des Feuers Strafe.

4 Dis dafür, daß sie trotzten Gott
Und seinem Abgesandten;
Und wer da trotzet Gott,
Ja, Gott ist scharf von Rache.

5 Ihr habt gefället keine Palme,
Und keine lassen stehn auf ihrem Schafte;
Gott wollt' es so, und daß er mache
Zu Schanden die Abtrünnigen.

Vers 5 *Ihr habt gefället keine Palme* **Das** *mā* **ist halb** *nicht*, **halb** *was*.

6 Und was Gott seinem Abgesandten
Hat zugewandt von ihrer Beute:

Nichts habt ihr zu ihm stoßen lassen
Von Reiterei und von Kamelschaar;
Nur Gott ists, der Gewalt gibt seinen
Gesandten über wen wer will,
Und Gott ist jedes Dinges mächtig.

7 Was Gott hat zugewendet seinem
Gesandten von der Städter Beute,
Gehöret Gott und dem Gesandten,
Den Anverwandten und den Waisen,
Den Armen und dem Sohn des Weges,
Daß es nicht werde Glückspiel
Zwischen den Reichen unter euch.
Doch was euch der Gesandte gibt, das nehmet;
Und was er euch versagt, versagts euch,
Und fürchtet Gott,
Denn Gott ist scharf von Strafe.

8 Und es gehört den Armen Gottes
Den Ausgewanderten, die sind vertrieben
Von ihrer Heimat, ihren Gütern;
Sie suchen Gottes Huld und Wohlgefallen
Und leisten Beistand Gott
Und seinem Abgesandten;
Die sind die Wahrheitsprechenden.

9 Die aber, die vor andern nun
Inhaben Haus und Glauben,
Und lieben jene, die zu ihnen
Auswanderten, und fühlen nicht in ihrer Brust
Bedürfnis des, was sie besitzen,
Ja andre werther halten als sich selber,
Wenn auch sie selber Mangel hätten,
Und wer sich so verwahrt vorm Geize seines Herzens,
Dis sind die Glückbeseligten.

10 Und die nach ihnen kommen, werden sprechen:
Vergib uns, Herr, und unsern Brüdern,
Die uns vorangegangen sind im Glauben;
Und laß nicht seyn in unsern Herzen
Groll gegen die so glauben,
Herr! Denn du bist der Milde, der Barmherzige.

11 O sahst du nicht die Heuchler, wie sie sprachen
Zu ihren ungetreuen Brüdern
Vom Volk der Schrift:
Wenn man euch austreibt, ziehn wir aus mit euch,

Und geben niemals einem gegen euch Gehör;
Wenn man euch angreift, stehen wir euch bei;
Doch Gott ist Zeuge daß sie lügen.

12 So man nun jene austreibt, ziehn sie nicht mit aus,
Und greift man jene an, nicht stehn sie ihnen bei;
Auch wenn sie ihnen beistehn,
So wenden sie die Rücken;
Dann steht auch ihnen Niemand bei.

13 Ihr selber seid gewaltiger
Mit Furcht in ihrer Brust, als Gott,
Dieweil sie sind ein Volk vernunftlos.

14 Sie nicht bekämpfen euch mit Heermacht,
Nur aus verschanzten Städten
Und hinter Mauern. Ihre Kraft
Ist zwischen ihnen selber stark;
Du hältst sie für vereinte Heermacht,
Doch ihre Herzen sind getheilt,
Dieweil sie sind ein Volk verstandlos.

15 Gleich denen, die vor ihnen nächst
Schmeckten das Unheil ihres Rathes,
Und Strafe traf sie peinvoll.

16 Gleichwie der Satan, als er sprach
Zum Menschen: Leugne! Und als er geleugnet,
Sprach Satan: Keine Schuld hab' ich an dir,
Ich fürchte Gott, den Herrn der Welten.

17 Und ihr der beiden Ende war,
Daß beide sind im Feuer,
In dem sie ewig sind;
Das ist der Lohn der Übelthäter.

18 Ihr edle, die da glauben, fürchtet Gott!
Und eine Seele schaue,
Was sie gefördert hat für morgen;
Ja fürchtet Gott,
Denn Gott ist kundig eures Thuns.

19 Seid nicht wie jene, die vergaßen Gottes,
Da macht' er sie vergessen ihrer selber,
Das sind die Abgefallenen.

20 Nicht gleich sind die Genossen
Der Glut und die Genossen
Des Gartens; die Genossen
Des Gartens sind die Seligen.

21 Wenn wir gesendet hätten diesen Koran
Herab auf einen Berg, du sähest
Ihn niedersinken und zerspringen
Aus Furcht vor Gott.
Und diese Gleichnisse prägen wir
Den Menschen aus, ob sie vielleicht bedenken.

22 Er ist Gott, außer welchem ist
Kein Gott als Er,
Der Wisser des Verborgnen und des Sichtbarn,
Er, der barmherzige der Allerbarmer.

23 Er ist Gott, außer welchem ist
Kein Gott als Er, der Herrscher,
Der Heilige, der Friedliche,
Der Treue, der Betraute,
Der Starke, der Gewaltige, der Große,
Preis ihm vor allem was man ihm
Abgöttisch beigesellet!

24 Er ist Gott der Erschaffer und der Schöpfer und der Bildner;
Sein sind die schönsten Namen;
Ihn preiset was im Himmel ist
Und was auf Erden,
Und Er ist der Allmächtige, der Allweise.

Sechzigste Sura
Die Geprüfte

Überschrift *Die Geprüfte* **V. 10.**

(Medinisch)

1 Ihr, die da glaubet, nehmet
Nicht meine Feind' und eure Feinde
Zu Freunden, zu begegnen ihnen
Mit Liebe, da sie leugnen das,
Was euch kam von der Wahrheit,
Und sie vertreiben den Gesandten
Und euch, weil ihr an Gott glaubt, euern Herrn.
Wenn ihr nun ausgezogen seid
Zum heiligen Kampf auf meinem Wege, suchend
Mein Wohlgefallen, heget ihr
Noch heimlich gegen sie die Liebe;

Doch Ich weiß was ihr bergt und was ihr zeiget.
Und wer dis thut von euch,
Der irret ab vom graden Wege.

2 Wo sie euch fassen mögen, sind sie Feind' euch,
Und recken gegen euch aus
Im Bösen ihre Händ' und ihre Zungen,
Und liebten's, wenn ihr fielet ab.

3 Nicht helfen wird euch eure Blutsverwandtschaft,
Noch eure Söhn' am Tag der Auferstehung,
Der da wird scheiden unter euch;
Und Gott ist dessen, was ihr thut, ansichtig.

4 Ihr habt ein schönes Muster
An Abraham und den Seinigen,
Als sie zu ihrem Volke sprachen:
Wir sind unschuldig
An euch und dem was ihr anbetet außer Gott.
Wir leugnen euch, und offen
Ist zwischen uns und euch
Die Feindschaft und der Haß auf ewig,
Bis daß ihr glaubt an Gott den Einen.
Nur sprach noch Abraham zu seinem Vater:
Ich werde für dich bitten,
Doch ich vermag für dich von Gott nichts zu erlangen.
O Herr, auf dich vertrauen wir,
Zu dir wenden wir uns,
Und zu dir ist die Heimkehr.

5 O Herr, nicht mach' uns zur Versuchung
An denen die dich leugnen,
Und o vergib uns, Herr,
Denn du bist der Allmächtige der Allweise.

Vers 5 *nicht nach uns zur Versuchung* **Sur. 10,85 vergl. 83.**

6 In diesen ist für euch ein schönes Muster
Für den der hofft auf Gott und auf den letzten Tag;
Wer aber sich abwendet,
Nun, Gott ist reich und hochgelobt.

7 Vielleicht wird Gott auch zwischen euch
Und denen, welche ihr befeindet,
Noch machen eine Freundschaft,
Denn Gott ist mächtig,
Und Gott ist huldreich und erbarmend.

8 Gott wehret euch nicht ab von denen, die euch nicht
Bekämpften um des Glaubens willen,
Und nicht vertrieben euch aus eurer Heimat,
Daß fromm ihr seyn mögt gegen sie
Und sie gerecht behandeln,
Denn Gott liebt die Gerechten.

9 Gott wehrt euch ab von denen nur,
Die euch bekämpften um des Glaubens willen,
Und euch vertrieben aus der Heimat, oder halfen
Zu euerer Vertreibung; wehret euch, daß ihr
Mit ihnen Freundschaft haltet;
Denn wer mit ihnen Freundschaft hält,
Dasselbe sind die Sünder.

10 Ihr, die da glaubt! wenn zu euch kommen gläubige Fraun,
Auswandernde, so prüfet sie!
Gott kennt wohl ihren Glauben;
Und findet ihr sie gläubige,
So schickt sie nicht zurück an die Verleugner.
Sie taugen denen nicht zu Weibern,
Noch ihnen die zu Männern;
Doch gebt den Männern, was sie aufgewendet haben.
Und keine Sünd' ists euch zur Ehe sie zu nehmen,
Wenn ihnen ihr gebt ihre Morgengabe;
Ihr sollt nichts vorenthalten den Verleugnern.
Heischt, was ihr aufgewendet habt,
Und laßt sie heischen was sie aufgewendet.
Das ist der Rechtspruch Gottes,
Er richtet zwischen euch, und Gott
Ist der allweise Richter.

11 Doch wenn euch was entkommt von euren Frauen zu den Leugnern,
Und ihr Ersatz dann findet,
So gebet denen, deren Fraun weggiengen,
Soviel sie aufgewendet haben;
Und fürchtet Gott, an den ihr glaubet.

12 Du, o Profet, wenn zu dir kommen
Die gläubigen Fraun, dir zu geloben,
Nicht zu treiben Abgötterei,
Nicht zu stehlen und nicht zu huren,
Und nicht zu tödten ihre Kinder,
Noch vorzubringen Lug, den sie
Erfinden zwischen ihren Händen und Füßen,

Und dir nicht ungehorsam
Zu seyn in dem Gebührlichen:
So nimm an ihr Gelöbnis,
Und sühne Gott mit ihnen aus,
Denn Gott ist gnädig und versöhnlich.

13 Ihr die da glaubet, nehmet nicht zu Freunden
Das Volk, ob welchem Gott zürnt,
Und die da verzweifelten am andern Leben,
Alswie verzweifeln die Verleugner
An den Genossen der Gräber.

Vers 13 *das Volk, ob welchem Gott zürnt* **die Juden. –** *Die Verleugner* **die ungläubigen Mekkaner, leugnen die Auferstehung des Fleisches, die Juden aber, etwa sadducäische Sekten, leugnen die Fortdauer überhaupt, von der allerdings auch in den hebräischen Urkunden sich noch kein fester Glaube findet.**

Einundsechzigste Sura Überschrieben Die Schlachtreihe

(Medinisch)

Im Namen [Gottes des allbarmherzigen Erbarmers.]

1 Gott preiset, was im Himmel ist,
Und was auf Erden,
Und Er ist der Allmächtige, der Allweise.

2 Ihr die da glaubt, warum sagt ihr, was ihr nicht thut?

3 Schwer von Gehässigkeit in Gottes Augen ist
Dis, daß ihr sagt, was ihr nicht thut.

4 Denn Gott liebt, die da kämpfen
Auf seinem Weg in Schlachtreih,
Als sey'n sie ein gefugter Bau.

5 Alswie da Mose sprach zu seinem Volke:
Mein Volk, o warum kränkt ihr mich,
Und wisset doch, daß ich an euch
Bin Gottes Abgesandter!
Doch weil sie wichen ab, ließ Gott
Abweichen ihre Herzen,
Und Gott führt nicht das Volk, das abgefallne.

6 Und wie da sprach Jesus, der Sohn Maria's:
Ihr Söhne Israel's, ich bin
An euch der Abgesandte Gottes,
Bekräftigend, was vor mir war
Vom heiligen Gesetze,
Verkündend einen Abgesandten,
Der kommen wird nach mir, sein Name Ahmed.
Doch als der ihnen kam mit offnen Kunden,
Sprachen sie: Das ist offenbarer Zauber.

7 Doch wer ist sündiger, als wer
Auf Gott erdichtet Lüge,
Wenn er berufen wird zum Islam?
Doch Gott führt nicht das Volk der Sünder.

8 Sie wollen löschen Gottes Licht,
Mit ihren Mündern,
Doch Gott erfüllt sein Licht,
Auch wenn's ungerne sehn die Leugner.

Vers 8 *Sie wollen löschen* **Parallele S. 9,32.**

9 Er ists der seinen Abgesandten
Gesendet hat mit Führung
Und mit dem rechten Gottesdienst,
Um ihm zu helfen gegen jeden Gottesdienst,
Wenns auch ungerne sehn die Leugner.

10 Ihr die da glaubt, soll ich euch weisen
Zu einem Handel, welcher euch
Erlöst von Strafe peinlich?

11 Ihr sollet glauben
An Gott und seinen Abgesandten,
Und streiten auf dem Wege Gottes
Mit eurem Gut und eurem Leben;
Das ist das Beste euch, wenn ihrs verstehet.

12 So wird er euch vergeben eure Sünden,
Und lassen eingehn euch zu Gärten,
Darunter hin die Ströme fließen,
Zu angenehmen Wohnungen
In Gärten Edens,
Das ist das Heil das große.

13 Und noch ein andres, das ihr liebt:
Hilfe von Gott und naher Sieg!
Das kündige du den Gläubigen.

14 Ihr die da glaubet, seid Gehilfen Gottes!
Als wie da sprach Jesus, der Sohn
Maria's zu den Jüngern: Wer
Ist mein Gehilfe Gottes?
Die Jünger sprachen: Wir
Sind die Gehilfen Gottes.
Da glaubete ein Theil der Söhne Israels,
Und leugnete ein andrer Theil;
Wir aber stärkten jene die
Da glaubten, gegen ihre Feinde,
So wurden sie zu Siegern.

62e Sura
Der Freitag

(Medinisch)

Im Namen [Gottes des allbarmherzigen Erbarmers.]

1 Gott preiset, was im Himmel ist
Und was auf Erden,
Den König, ihn, den Heiligen,
Den Mächtigen, den Allweisen.

2 Er der erweckt hat unter
Den Laien einen Abgesandten
Von ihnen selber, welcher nun
Liest ihnen seine Zeichen,
Und weihet sie, und lehret sie
Die Schrift und Weisheit, und sie waren
Vordem fürwahr im offenbaren Irre.

3 Und andere von ihnen sind
Noch nicht vereint mit ihnen,
Doch Gott ist mächtig und allweise.

4 Das ist die Gnade Gottes,
Er gibt sie wem er will,
Und Gott ist Herr der Gnaden groß.

5 Das Gleichnis derer, denen ward zu tragen
Gegeben das Gesetz, und die's nicht trugen,
Ist das Gleichnis des Esels,
Der Bücher trägt. Schlimm ist das Gleichnis

Des Volks, das Lügen straft die Zeichen Gottes;
Und Gott führt nicht das Volk der Sünder.

6 Sprich: Ihr, die ihr euch nennet Juden,
Meint ihr, ihr seid die Auserwählten Gottes
Mit Ausschluß andrer Menschen;
So wünscht den Tod, wenn ihr die Wahrheit redet.

Vers 6 *Meint ihr ... wenn ihr die Wahrheit redet* **Gleiche Stelle Sur. 2,[88] (hier, nicht dort original).**

7 Sie aber wünschen nimmer ihn
Ob dessen, was gefrevelt ihre Hände,
Gott aber kennt die Sünder.

8 Sprich: Ja, der Tod, vor dem ihr flieht,
Ja, er wird euch begegnen,
Dann werdet ihr zurückgebracht
Zum Wisser des Verborgnen und des Sichtbarn,
Und sagen wird er euch das was ihr thatet.

9 Ihr alle die da glaubet, wenn
Man rufet zum Gebet am Freitag,
So eilet zum Gedächtnis Gottes
Und laßt den Kauf,
Das ist euch besser, wenn ihr es verstehet.

10 Doch wenn zu End' ist das Gebet,
Dann so verstreut euch auf der Erde,
Und suchet von der Gnadenfülle Gottes,
Und denket Gottes häufig,
Aufdaß ihr glücklich seid.

11 Doch wenn sie sehen Handelschaft und Spielwerk,
So rennen sie dahin, und lassen
Dich stehn. Sprich: Das in Gottes Hand ist besser
Als Spielwerk und als Handelschaft, und Gott ist
Der beste Nahrungspender.

63^E Sure
Die Heuchler

(Medinisch)

1 Die Heuchler, wann sie zu dir kommen, sagen: »Wir bezeugen
Du bist der Abgesandte Gottes.«

Und Gott weiß, daß du bist sein Abgesandter,
Und Gott bezeuget, daß die Heuchler Lügner sind.

2 Sie machten ihren Eid zu einer Decke,
Und lenken also ab vom Wege Gottes;
Ja schlimm ist was sie thaten:

3 Dieweil sie nahmen an den Glauben,
Dann fielen ab; versiegelt
Sind ihre Herzen, sie sind ohn' Erkenntnis.

4 Wenn du sie siehst, bewunderst du ihre Leiber,
Und wenn sie reden, horchst du ihrer Rede.
Sie sind nur wie gefugte Bretter, meinend,
Ein jeder Schlag betreffe sie;
Sie sind die Feinde, hüte dich vor ihnen.
Bestreite sie Gott! wie sind sie abgewichen.

5 Sagt man nun ihnen: Kommet, daß euch sühne
Der Abgesandte Gottes! schütteln sie ihr Haupt, du siehest sie
Ablenken und sich stolz geberden.

6 Gleich ists für sie, ob du sie sühnst ob nicht sie sühnest,
Gott söhnt sich nicht mit ihnen aus,
Fürwahr Gott leitet nicht abtrünnige Menschen.

7 Sie sinds die sagen: »Gebt nicht Spende
Für die beim Abgesandten Gottes,
Damit sie sich verlaufen!«
Doch Gottes sind die Schatzkammern
Des Himmels und der Erde;
Die Heuchler aber haben nicht Erkenntnis.

8 Sie sprechen: »Kommen wir nur erst zur Stadt zurück,
So sollen drin die Würdigern
Hinauswerfen die Schlechtern.«
Doch Gottes ist die höchste Würde
Und seines Abgesandten und der Gläubigen;
Die Heuchler aber haben keine Einsicht.

Vers 8 *die Würdigern* **nämlich sie, die so sprechenden, die sich dafür halten.**

9 Ihr die da glaubet, laßt euch nicht
Abziehn durch eure Güter, eure Kinder
Von dem Gedächtnis Gottes;
Die solches thun, sind die Verlierer.

10 Und gebet Spende auch von dem,
Womit wir euch versorget haben,
Eh euer einem kommt der Tod,

Und er dann sage: Herr, o hättest
Du mich gefristet auf nahes Ziel,
Daß ich Almosen geben möcht'
Und werden von den Guten!

11 Gott aber fristet keine Seele, wann ihr Ziel kam,
Und Gott ist kundig eures Thuns.

Vers 14–18 ist der Schluß nicht dieser, sondern der nächstfolgenden Sure, wozu aber dieser Schluß nicht paßt, und schon im Reim abweicht, dagegen mit dieser stimmt, der wir ihn deswegen aneignen. – Dis sei zugleich eine Andeutung von dem wahrscheinlichen Verhältnis mancher Suren wie 64, worüber die Ausleger streiten, ob sie mekkanisch oder medinisch sei oder gemischt. Ich halte 64 von 1–11 für mekkisch, für ein Bruchstück der gewöhnlichen Bekehrungsreden. Aber von V. 12 an tritt der zuversichtlichere Ton ein: Gehorchet Gott und seinem Abgesandten! statt des sonstigen mekkanischen: Gehorche du, Mohammed, ihnen, den Ungläubigen, nicht!

[Aus der 64. Sure]

14 Ihr die da glaubet, ja, an euren Fraun und euern Kindern habt
Ihr Feinde, hütet euch vor ihnen!
Doch wenn ihr Nachsicht übt und milde Schonung:
Nun, Gott ist selber mild und voll Erbarmen.

Vers 14 ***hütet euch vor ihnen*** **erklärt sich aus [S. 63] V. 9 verglichen mit [S. 63] V. 4.**

15 Doch eure Güter, eure Kinder, sind Versuchung,
Aber bei Gott ist großer Lohn.

16 Drum fürchtet Gott soviel ihr könnt,
Und höret und gehorcht und spendet,
Was besser euren Seelen ist;
Und wer sich wahrt vorm Geize seiner Seele,
Dieselben sind die Glücklichen.

17 Wenn ihr darlehnet Gott ein schönes Darlehn,
Wird er es euch verdoppeln, und vergeben euch,
Denn Gott ist dankbar, huldreich.

18 Der Wisser des Geheimen und des Sichtbarn,
Der Höchste der Allweise.

Schluss der 65N Sure
[Die Ehescheidung]

12/12 Gott ists, der geschaffen sieben Himmel,
Und ebensoviel Erden;
Das Wort der Macht steigt nieder zwischen ihnen;
Damit ihr wißt, daß Gott ist alles Dings gewaltig,
Und Gott umfaßt mit Weisheit alles.

Vers 12 *Erden* **Die sieben mythischen Erden vielleicht die sieben Planeten? Oder sieben Erdtheile.**

Aus der 66N Sure
Die Versagung

8 Ihr die da glaubt, bekehret euch zu Gott mit
Aufrichtiger Bekehrung!
So mags geschehn, daß euer Herr von euch nehm' euer Böses,
Und euch führ' in die Gärten,
Darunter hin die Ströme fließen,
Am Tage wo Gott nicht in Schande
Bestehn wird lassen den Profeten
Und die da glaubeten mit ihm;
Ihr Licht wird wandeln
Vor ihnen und zu ihrer Rechten,
Indem sie sprechen: Unser Herr!
Mach unser Licht voll und vergib uns!
Denn du bist jedes Dings gewaltig.

— — —

10 Geprägt hat Gott zum Gleichnis für die Leugnerischen
Das Weib von Noah und das Weib von Loth.
Es hatten sie bei Knechte unsrer frommen Knechte.
Sie aber trogen diese beide,
Doch half es ihnen nichts vor Gott,
Gesprochen ward: Geht beide ein ins Feuer
Mit allen die da eingehn!

11 Und geprägt hat Gott zum Gleichnis für die Gläubigen
Das Weib von Farao, als sie rief:
O Herr, bau mir bei dir ein Haus im Garten,
Und rette mich von Farao und seinen Werken,
Und rette mich vom Volk der Übelthäter!

12 Und die Maria, Tochter Amran's,
Die ihre Sittsamkeit bewahrte,
Da bliesen wir darein von unserm Geiste;
Sie glaubte an die Worte ihres Herrn und seine Schriften,
Und war von den Gehorsamen.

Erste Hälfte der 67. Sure
Die Herrschaft

1 Gepriesen sei, in dessen Hand die Herrschaft ist,
Und Er hat über jedes Ding Gewalt.

2 Der schuf den Tod und schuf das Leben, euch zu prüfen,
Wer unter euch am frömmsten wallt.

3 Der schuf die sieben Himmel schichtenweise;
Du siehest in der Schöpfung
Des Allerbarmers keinen Sprung;
Und wende deinen Blick! siehst du wol einen Spalt?

4 Dann wende nochmals deinen Blick!
Es kehrt dein Blick zu dir zurück,
Erliegend also daß er müd' hinfällt.

5 Den Erdenhimmel schmückten wir mit Leuchten,
Die machten wir zur Steinigung
Den Satanen, und gaben diesen
Pein in der Flammenwelt.

Vers 5 *Flammenwelt* und Vers 6 *Gehenna* daß beide Höllen nicht getrennt und verschieden gedacht werden, zeigt sogleich V. 10.

6 Und denen, die verleugnen ihren Herrn, Pein in Gehenna;
Schlimm ist der Aufenthalt.

7 Wenn sie darein geworfen werden, hören sie sie brüllen,
Indem sie wallt.

8 Nicht fehlet viel, sie birst vor Grimm;
Sooft darein geworfen wird
Ein Haufen, fragen ihre Wächter:
Kam euch kein Warnherold?

9 Sie sagen: Ja, es kam uns ein Warnherold wohl,
Wir aber zeihten ihn der Lüg' und sprachen:
Gott hat nichts offenbart, ihr seid
In Irrthum manigfalt.

10 Und sagen: Hätten wir gehört
Oder gethan, wir wären jetzt
Nicht von der Schaar der Flammenwelt.

11 Nun haben sie ihre Schuld bekannt,
Zu spät! fort mit der Schaar der Flammenwelt!

12 Die aber fürchten ihren Herrn im Stillen,
Für die ist Huld und großer Lohn bestellt.

13 Macht leise eure Rede, oder macht sie laut!
Er kennt der Brust Gehalt.

14 Sollte nicht kennen Er der schuf?
Sein Blick ist fein und hold.

15 Er hat gemacht die Erd' euch unterwürfig.
Durchziehet ihre Gegenden,
Und eßt von seinem Unterhalt;
Er aber ists zu dem ihr heim einst wallt.

16 Seid ihr vor dem im Himmel sicher,
Daß er die Erd' euch klaffen lasse?
Beben wird sie alsbald.

17 Oder seid ihr vor dem im Himmel sicher,
Daß er auf euch send' einen Sturm?
Dann wißt ihr, was die Mahnungen gewollt.

18 Doch die vor ihnen leugneten auch,
Und wie hab' ich gegrollt!

68e Sure
Der Griffel

1 Bei dem Griffel und wer ihn führt!

2 Du bist durch deines Herren Huld nicht sinnverwirrt;

3 Und großer Lohn ists der dir wird;

4 Du bist ein Geschöpf dem Schöpfer werth.

5 Sehn wirst du's und sie werden's sehn,

6 Wer von euch beiden war bethört.

7 Dein Herr weiß wohl, wer irre geht von seinem Weg,
Und weiß, wer richtig fährt.

8 Drum thu nicht, was will irgend ein Verächter,

9 Daß du nachgebest, und nachgeben möcht' er.

10 Thu nicht was will ein falscher, schlechter,
11 Verläumder, schleichender Verräther,
12 Hindrer des Guten, Übelthäter,
13 Hochmüthiger, und dabei unächter,
14 Hab' er auch Güter und Sohngeschlechter;
15 Der, wenn man ihm liest unsre Zeichen, ausruft: Mährchen der Väter! –
16 Wir wollen auf die Nas' ihn zeichnen zum Gelächter.
17 Wir haben sie versucht, wie wir versuchten einst
Die Herrn des Gartens, als sie schwuren
Ihn zu ernten beim Morgenlicht;
18 Und gaben Gott die Ehre nicht.
19 Doch über ihn ergieng, indeß sie schliefen, deines Herrn Gericht,
20 Und morgens war er wie geerntet glatt und schlicht.
21 Sie aber riefen beim Morgenlicht:
22 Kommt auf den Acker! wollet ihr ihn ernten nicht?
23 Da giengen sie und besprachen sich:
24 Laßt ein zu euch dort heute keinen armen Wicht!
25 So giengen sie hin voll Zuversicht;
26 Doch wie sie sahen, riefen sie: Giengen wir irre nicht?
27 Unsere Hoffnung ward zunicht.
28 Da sprach der beste unter ihnen: Sagt' ichs nicht?
Warum habt ihr nicht Gott gepriesen?
29 Da sprachen sie: Preis unserm Herrn!
Ja wir sind Sünder gewesen.
30 Und einer wandte sich zum andern mit Verweisen.
31 Sie sprachen: Weh uns wir sind Frevler gewesen.
32 Vielleicht nun gibt dafür uns unser Herr ein Beßres;
Denn unsern Herren haben wir erlesen.
33 So hier die Strafe; doch die Strafe dort ist größer,
Wenn sie es wollen wissen.
34 Die Frommen sind bei ihrem Herrn im Garten, in Genüssen.
35 Sollten wir die Ergebenen gleichhalten wol den Bösen?
36 Was treibt euch, so zu schließen?
37 Habt ihr ein Buch, darin das ist zu lesen?
38 Ja, das euch zuerkennt, was ihr euch mögt erkiesen?

39 Habt ihr denn unser Wort darauf zum jüngsten Tag,
Daß ihr dürft was ihr wollt beschließen?

40 Frag sie, wer ihnen Bürgschaft hat verheißen?

41 Vielleicht Hülfsgötter haben sie,
So bringen sie uns diese mit Beweisen!

42 Tags wann das Unheil wird den Schenkel blößen,
Wann man sie ruft zum Niederfall,
Und sie nicht können leisten diesen;

43 Niedergeschlagner Augen, Schmach überwältigt sie,
Einst rief man sie zum Niederfall,
Da sie noch heil gewesen.

44 Laß mir nur die, die diese Kunde schelten!
Beikommen will ich ihnen, wo sie es nicht wissen;

45 Ich stunde sie, mein Anschlag der wird gelten.

46 Begehrst du Lohn von ihnen, daß darum sie drücken Schulden?

47 Sie thun, alsob wir ihnen unsre
Geheimbeschlüss' enthüllten.

48 Du aber sollst auf deines Herrn Gerichtspruch dich gedulden,
Nicht thun wie der vom Fisch, als er
Rief in der Noth, der selbstverschuldten.

49 Hätt' ihn die Gnade seines Herrn nicht eingeholt,
So lag er schmählich ausgeworfen auf dem Felde.

50 Da nahm sein Herr ihn auf und setzte
Ihn zu den Auserwählten.

51 Die Leugner aber möchten dich mit ihren Blicken spelten,
Wenn sie die Mahnung hören, und
»Ein Irrer« ist ihr Schelten.

52 Doch es ist eine Mahnung an die Welten.

70^E Sure
Die Stufenleiter

1 Ein fragender fragt, wann trifft die Leugner

2 Die Pein, vor der ist kein Vertheid'ger,

3 Von Gott, dem Herrn der Stufenleiter,

4 Auf der die Engel steigen und der Geist zu ihm
An einem Tag, des Maß ist funfzigtausend Jahr.

Vers 4 *Funfzigtausend Jahr* s. Wahl. Vielleicht unächt ohne Reim, hier eingeschoben aus 32,4 (die 50.000 statt 1000 erklären sich im allgemeinen, doch ohne hier zu passen), als 50 Tage für die 50 Völker, jeder Gottestag 1000 Menschenjahre. Nicht die Währung oder der Anfangszeitpunkt des Gerichtes, sondern der Weltverlauf (der freilich auch das Gericht ist). Wenn dieses der rechte Sinn, so ist nothwendig die Stelle hier falsch, weil widersprochen von V. 5 und 6.

5 Gedulde dich fein einstweilen!
6 Sie sehn ihn ferne weilen,
7 Wir sehn ihn nah her eilen,
8 Den Tag, an dem die Himmel zu Schlacken,
9 Und die Berge werden zu Flocken,
10 Wo Red' und Antwort wird kein Freund dem Freund ertheilen.
11 Sie sehn sich an, und jeder Sünder kaufte gern
Sich von der Strafe los durch seine Kinder,
12 Sein Weib und seine Brüder,
13 Seine Verwandtschaftsglieder,
14 Und männiglich auf Erden, wer ihm werden wollt' ein Retter.
15 Mitnichten! Die Flamme,
16 Die packt bei dem Kamme,
17 Ruft den heran, der sich sträubte,
Sich gegen die Mahnung betäubte,
18 Zusammenscharrt' und häufte.
19 Der Mensch ist geschaffen wankelmüthig,
20 Wenn ihn Übles betrifft, kleinmüthig,
21 Wenn ihn Gutes betrifft, ungütig.
22 Doch die des Gebetes pflagen,
23 Ihrem Gebet oblagen;
24 Von denen ihres Guts auch ein Theil war angeschlagen,
25 Zur Nahrung der Armuth beizutragen;
26 Die zweifelnd nicht nach dem Gerichtstag fragten,
27 Und vor der Strafe ihres Herren zagten
28 (Denn Niemand bürgt vor ihres Herren Strafen)
29 Die ihre Sinnlichkeit im Zaume halten
30 (Gegen andre als ihre Fraun und Sklavinnen,
Denn soweit sind sie nicht zu tadeln,
31 Doch die darüber gehn, die sind in Schuld gefallen);

32 Die anvertrautes Gut und ihre Treu bewahren,
33 Und die bei ihrem Zeugnisse beharren,
34 Und die recht ihr Gebet abwarten;
35 Die sind geehrt im Garten.
36 Was aber ist den Leugnern, daß sie dir entgegen traben,
37 Rechts her und links in Schaaren?
38 Will jedermann von ihnen wol hinein zum Wonnegarten?
39 Mitnichten! Wir erschufen sie, sie wissen wohl von wannen!
40 Und schwör' ich bei dem Herrn der Aufgäng'
Und Niedergänge? wir sind auch im Stande,

Vers 40 *Und schwör' ichlā* **wie 79,1; 56,74.**

41 An ihre Statt, wer wehrt es uns?
Zu setzen bessre andre.
42 Doch laß sie tändeln nur und spielen, bis sie sehn
Den Tag, des man sie mahnte.
43 Des Tags wo sie aus ihrer Gruft gehn eilig,
Wie wenn sie nach dem Ziel wettrannten.
44 Die Augen niedergeschlagen, Schmach überwältigt sie;
Das ist der Tag, des man sie warnte.

Die erste Hälfte der 72N Sure
Die Dschinnen

1/1 Sag: Offenbaret ist mir so:
Es hörte zu ein Trüppchen Dschinnen,
Dann sprachen sie: Wir hörten
Einen Koran wunderbar.
2/2 Der leitet zur Rechtfertigkeit;
Drum glauben wir daran, und nie gesellen
Wir unserm Herren einen bei.
3/3 Und so: Erhöht sei unsres Herren Ehre!
Er hat kein Weib und keinen Sohn.
4/4 Und so: Es sprachen Thoren unter uns von Gott sonst Irriges.
7/7 Und so: Sie meinten, und ihr meintet,
Gott werde keinen auferwecken.

Vers 7 Versetzt.

5/5 Und so: Wir hätten nie gedacht, daß Mensch und Dschinne
Von Gott Lug sollte sagen.

6/6 Und so: Es wandten Männer von den Menschen sich
An Männer von den Dschinnen;
Die aber mehreten nur ihre Thorheit.

8/8 Und so: Wir streiften an den Himmel,
Doch fanden ihn voll Wachen und voll Flammen.

9/9 Und so: Wir saßen manchen Sitz dort
Zum Horchen, doch wer jetzo horcht,
Der findet eine Flamme nach ihm lauern.

10/10 Und so: Wir wissen nicht, ist Böses zugedacht
Denen auf Erden, oder denkt
Ihr Herr Rechtleitung ihnen zu.

11/11 Und so: Von uns sind einige fromm und andre nicht,
Wir sind getrennter Wege.

12/12 Und so: Wir denken, daß wir nichts
Vermögen wider Gott auf Erden,
Auch nichts durch Flucht vermögen.

13/13 Und so: Nachdem wir höreten
Die Leitung, glauben wir daran.
Und wer an seinen Herrn glaubt, fürchtet
Nicht Schmälerung noch Irrsal.

14/14 Und so: Von uns sind Gottergebne,
Von uns sind auch Abweichende.
Nun wer sich Gott ergeben hat,
Der hat erwählt Rechtfertigkeit;

15/15 Doch die Abweichenden sind für Gehenna Brennholz.

73e Sure
Der Eingewickelte

1 Auf, Eingewickelter, entsteige!

2 Wache die Nacht, bis auf ein kleines!

3 Die halbe, oder brich nur ab ein kleines!

4 Oder setz' auch etwas zu, und sing
Den Koran ab sangweise!

5 Wir wollen dir gewichtige Red' ertheilen.

6 Fürwahr, Nachtwache taugt zur Unterredung, frommt zum Heile.

Vers 6 *taugt zu Unterredung* **Freilich ist** *waṭ'* **schwer zu erklären (wol aufstehn, Gegensatz liegen, schlafen). – Hammer,** *Lebensbeschreibungen* **[I], S. 42 unverschämt. »Der Beginn der Nacht ist stärker und besser zur Umarmung der Weiber und erfrischt besser durch Gekose die Kräfte.«**

7 Am Tag hast du Geschäfte mancherleie.

8 Doch denke deines Herren Namens,
Und weih dich ihm mit Weihe!

9 Der Herr des Niedergangs und Aufgangs,
Kein Gott als Er; ihn wähle zum Geleite!

10 Erdulde, was sie sagen, und
Mit Glimpf von ihnen scheide!

11 Überlaß mir die Leugner nur,
Die reichen, und gib ihnen Frist ein Weilchen!

12 Bei uns sind Fesseln und Glutheize,

13 Peinliche Straf' und würgende Speise.

14 Tags wann die Erde bebt und die Gebirge,
Und die Gebirge werden Kies ein feiner.

15 Wir haben euch gesendet einen Boten, Zeugen über euch,
Wie wir an Farao gesendet einen.

16 Doch Farao bot Trotz dem Boten,
Und wir ergriffen ihn, unsanft ergreifend.

17 Wie, wenn ihr leugnet, wollt ihr schirmen euch vorm Tag,
Der Kinder macht zu Greisen?

18 Der Himmel ist gespaltet dann;
Gethan ist sein Verheißnes.

Vers 18 *sein* **Gottes.**

19 Dis ist nur Mahnung, wer nun will, der lasse sich
Den Weg zu seinem Herren weisen. –

20 Fürwahr, dein Herr weiß, daß du auf bist
Beinah zwei Drittel von der Nacht,
Auch wol die Hälft', auch wol ein Drittel,
Und so auch deine Mitgenossen.
Gott hat gemessen Nacht und Tag,
Er weiß, daß ihrs nicht könnt berechnen,
Und hat sich eur erbarmet;

Drum sagt nur her soviel ihr eben könnt vom Koran.
Er weiß daß unter euch auch werden Kranke seyn,
Und andre, die das Land durchziehn,
Suchend Erwerb von Gottes Fülle,
Und andre, die auf Gottes Wegen kämpfen;
Drum sagt davon nur her soviel ihr eben könnt,
Und haltet das Gebet und gebt die Sühnungsteuer,
Lehnt Gott ein schönes Darlehn dar!
Was ihr vorausschickt euren Seelen Gutes,
Das findet ihr bei eurem Herrn;
Das ist euch besser, und zum Lohne größer.
Und bittet um Verzeihung Gott!
Denn Gott ist gnädig und verzeihend.

Vers 20 Über die Form. V. 20 ein exegetischer gesetzlicher Zusatz ohne poet. Reim. Vgl. 74 v. 31–34.

74^E Sure
Der Bedeckte

(Gabriel:)

1/1 O der du liegst bedeckt,
2/2 Steh auf und lehr' erweckt,
3/4 Und deinen Herrn preis' unerschreckt,
4/4 Mach rein dein Kleid, das ist befleckt,
5/5 Und wirf den Greuel weg!
6/6 Thu nicht Gutes, das Lohn bezweckt,
7/7 Und harr auf den, der dein Ziel dir steckt!
8/8 Wann die Drommete weckt,
9/9 Das wird ein Tag der herbe schmeckt
10/10 Den Leugnenden, sie nicht erquickt.

(Gott:)

11/11 Laß mich allein mit dem, den ich schuf sonder gleichen,
12/12 Und machte ihn zum Reichen,
13/13 Und gab ihm Söhne, seines Glückes Zeugen,
14/14 Und bettet' ihn im Weichen.
15/15 Er aber will, ich soll noch mehr ihm reichen.
16/16 Mitnichten! denn er trotzet unsern Zeichen.

17/17 Ich werd' ihm geben eine Höh zu steigen.
18/18 Denn er baut und braut.
19/19 Fluch dem was er braut!
20/20 Ja Fluch dem was er braut!
21/21 Er steht und schaut,
22/22 Grinst dann und kraut,
23/23 Kehrt dann den Rücken stolz, und laut
24/24 Spricht er: Das ist nur Blendwerk aufgebraut;
25/25 Es ist nur Menschenlaut. –
26/26 Er soll verfallen der Flammenbraut.
27/27 Weißt du was ist die Flammenbraut?
28/28 Sie malmt und kaut,
29/29 Und sengt die Haut.
30/30 Ihre Hut ist neunzehn Hütern vertraut.
31/31 Wir wählten zu des Feuers Wächtern Engel nur,
Und setzten ihre Zahl fest zur Verstörung der Ungläubigen,
Doch daß die Schriftinhaber das Gewisse wissen,
Die Gläubigen aber nehmen zu im Glauben;
32/– Die Schriftinhaber und die Gläubigen zweiflen nicht,
33/– Diejenigen, in deren Herzen Siechthum ist,
Und die Verleugner aber sagen:
Was wollte Gott mit diesem Gleichnis?
34/– So läßt Gott irrgehn wen er will,
Und leitet wen er will, und keiner
Kennt deines Herren Heer als Er.
Das ist für Menschen nur ein Mahnelaut.
35/32 Ja bei dem Mond der schaut,
36/33 Und bei der Nacht die thaut,
37/34 Und bei dem Tag der graut!
38/35 Zu einer Warnung ist sie erbaut,
39/36 Zu einem Schauder der Menschenhaut,
40/37 Für den der vorwerts oder rückwerts schaut.
41/38 Wol jede Seele steht für ihre That zu Pfand
–/39 Doch die Genossen der rechten Hand,
42/40 In Gärten am Quellenrand
–/41 Fragen nach den Sündern im Brand:

43/42 Was hat euch gebracht zur Flammenbraut?
44/43 Sie sprechen: Weil man uns nicht beten fand,
45/44 Und wir nicht speisten die Armen im Land,
46/45 Wir trieben mit den Tändlern Tand,
47/46 Und leugneten des Gerichts Bestand,
48/47 Bis uns die Gewisheit kam zur Hand,
49/48 Und die Vertretung der Vertreter schwand.
50/49 Was haben sie? sie halten nicht der Mahnung Stand,
51/50 Gleichwie Wildesel scheue,
–/51 Wenn sie scheucht ein Leue.
52/52 Ja ihrer jeder möchte daß er eines offnen Briefes sich erfreue!
53/53 Mitnichten! denn sie glauben nicht ans End' in Treue.
54/54 Mitnichten! dis ist Mahnung, wer gemahnt seyn will aufs neue.
55/55 Doch mahnen lassen sie sich nur, wenn Gott will;
Er ist der Herr der Huld, der Herr der Scheue.

75e Sure
Der Erstand

1 Schwör' ich beim Tage zum Erstande?

Vers 1 ***Schwör' ichlā*** **wie 84,16; 90,1; 70,40 wo Gott beim Herrn der Auf- und Untergänge schwört.**

2 Bei der Seele, die besteht in Schande?
3 Meint wol der Mensch, wir seyen sein
Gebein zu sammeln nicht im Stande?
4 Ja doch! zu fügen auch der Finger Bande.
5 Doch geht der Mensch dahin im Unverstande,
6 Fragt wann der Tag sei zum Erstande.
7 Wanns vorm Auge flirrt,
8 Und der Mond wegschwirrt,
9 Und Sonn' und Mond vereinigt wird;
10 Alsdann wird sagen der Mensch: Wo ist ein Zufluchtsort?
11 Und es ist kein Port.
12 Bei deinem Herren ist alsdann der feste Hort;

13 Und was der Mensch that und was ließ, man sagts ihm dort.
14 Ja selber ist der Mensch sein Zeuge,
15 Ob er auch leugne. –
16 Beweg nicht deine Zunge, daß du mit ihm eilest voran!
17 Wir tragen wohlgefaßt dir vor den Koran.
18 Und wie wir ihn vortragen, folg dem Koran!
19 Und die Erklärung dann vertraun wir deinem Ohr an. –
20 Ihr aber liebt das Eilende,
21 Vergeßt das Ewigbleibende.
22 An jenem Tag Gesichter sind hellscheinende,
23 Auf ihren Herren schauende;
24 Gesichter sind an jenem Tage trauernde,
25 Die denken über sie ergeh' das Schauernde.
26 Ja wann die Seele kommt zum Schlunde,
27 Und man fragt: wo ist Heilkunde?
28 Und er nun merkt, es kommt die Stunde,
29 Und Schenkel sich streckt an Schenkel unten;
30 Zu deinem Herrn ist dann der schwere Gang gefunden.
31 Doch glaubt' er nicht, noch that Gebet,
32 Leugnete nur und hat sich gedreht,
33 Und gieng nach Hause stolzgebläht.
34 Oh weh dir weh
35 Dir! weh dir! weh!
36 Meint denn der Mensch, daß er frei ohne Hüter geh?
37 War er ein Tröpflein nicht, gesäten Samens eh?
38 Dann ward er zähes Blut, bis Gott ihn formt' und bildete,
39 Und machte so Geschlecht und Eh.
40 Sollt' Er nicht haben Macht, daß Todtes aufersteh?

76. Sure
Der Mensch

1 Gieng hin nicht über den Menschen eine geraume Zeit,
In der er etwas war, des Niemand dachte?

2 Wir bildeten den Menschen
Aus einem Mischlingströpflein,
Nun wollen wir ihn prüfen, und verliehn ihm Ohr und Auge.

3 Dann leiteten wir ihn den Weg,
Sei er nun dankbar oder dankvergessen.

4 Den dankvergessnen Leugnern aber schufen wir
Ketten und Joch und Gluten.

5 Doch die Gerechten trinken aus den Schalen
Gewürzt mit Kafur,

6 Dem Quell, an welchem trinken Gottes Knechte,
Und lassen sprudeln seine Sprudel.

7 Sie die erfüllen ihr Gelübd' und fürchten
Den Tag, des Weh sich weit verbreitet;

8 Und geben Speisung ihm zu Liebe
Dem Armen, Waisen und Gefangnen:

9 Wir speisen euch für Gottes Antlitz,
Und wollen keinen Lohn von euch noch Dank.

10 Von unserm Herren fürchten wir
Einen finsterblickenden grimmen Tag.

11 Da schirmte Gott sie vor dem Übel solches Tags,
Und ließ sie finden Freudenstral und Wonne,

12 Galt ihnen, was sie duldeten,
Mit Lustgarten und Seide.

13 Gelehnt darin auf Pfühlen,
Sie sehn darin nicht Sonnenbrand noch Mondfrost.

14 Nah über ihnen schweben die Schatten,
Und niedrig hangen die Früchte nieder.

15 Und um sie macht man Runde mit Gefäßen
Von Silber und mit Bechern von Kristallen,

16 Silberkristallen, die mit Maß sie messen;

17 Und reicht zum Trinken ihnen dort die Schale
Gewürzt mit Zengebil,

18 Aus einem Quell dort, der genannt ist Selsebil.

19 Und um sie machen Runde Jüngling' ewige;
Die wenn du siehest, hältst für hingestreute Perlen.

20 Und wo du hinsiehst, siehst du Lust und großes Reich.

21 Ihr Oberkleid Gewand von Sundus grün und Atlas,
Und Spangen tragen sie von Silber, und sie tränkt
Ihr Herr mit reinem Tranke.

22 Das ist nun euch zum Lohn gegeben,
Und euer Bemühen ist bedankt.

23 Wir haben dir die Sendung
Des Korans zugesandt.

24 Harr aus im Willen deines Herrn,
Und folge nicht von jenen einem Sünder oder Leugner.

25 Und denke deines Herren Namens früh und spät!

26 Auch bei der Nacht fall nieder ihm, und preis' ihn lange Nächte!

27 Hier diese lieben das Flüchtige,
Und lassen hinterm Rücken einen schweren Tag.

28 Wir haben sie geschaffen
Und ihre Kraft gefugt;
Und wenn wir wollen, lassen wir
An ihre Stelle treten Stellvertreter.

29 Dis eine Mahnung; wer nun will,
Der nimmt zu seinem Herrn den Weg.

30 Doch werdet ihr nicht wollen, wenn nicht Gott will;
Und weis' ist Gottes Rathschluß.

31 Er führt ein, wen er will, in seine Gnade,
Den Sündern aber hat er zubereitet peinliche Strafe.

77e Sure
Die Ausgesendeten

1 Bei diesen ausgesendeten mit Sendung,

2 Sich wendenden mit Sturmeswendung,

3 Ausspendenden Ausspendung,

4 Aussondernden mit Trennung,

5 Mittheilenden Erkennung,

6 Versöhnung und Vermahnung!

Vers 1–6 D.i. bei diesen Koranversen. Parodie der sonstigen Anrufungen weiblicher Engel, dergl. 79.

7 Was euch gedroht ist, bricht herein.

8 Wann die Sterne verschlungen sind,

9 Und die Himmel zersprungen sind,

10 Und die Berge geschwunden sind,

11 Die Gesandten eingefunden sind –
12 Zu welchem Tag sie bedungen sind?
13 Zum Tag der Scheidung.
14 Weißt du was ist der Tag der Scheidung?
15 Weh jenes Tags den Leugnern!
16 Tilgten wir nicht die frühern?
17 Nun lassen wir folgen die spätern.
18 So machen wirs den Sündern.
19 Weh jenes Tags den Leugnern!
20 Erschufen wir euch nicht aus schlechten Wassern,
21 Bewahrt in sicheren Behältern
22 Bis zu der Frist, der sichern,
23 Dann formten wir, Preis sei den Formern!
24 Weh jenes Tags den Leugnern!
25 Und machten wir die Erde nicht zum Boden
26 Lebendigen und Todten?
27 Und machten Berge drauf erhöht,
Und tränkten euch mit süßen Fluten?
28 Weh jenes Tags den Leugnern!
29 Nun kommet her zu dem, was ihr geleugnet gern!
30 Kommt her zum Schatten der dreifachen Spitze!
31 Er schattet nicht, und wehret nicht der Hitze.
32 Funken wirft es wie Kastelle,
33 Wie die falben Kamele.
34 Weh jenes Tags den Leugnern!
35 Ein Tag heut von Nichtsprechern,
36 Und Nichtentschuldigern.

Vers 35. 36 Hier hat der deutsche Reim (wer ihn dafür will gelten lassen) den Ausdruck einmal kürzer und erhabner gemacht, als der arabische ist. Oft genug ist das Gegentheil nicht zu vermeiden, wie sogleich V. 38. So stellt sich denn eine Art von Gleichgewicht her.

37 Weh jenes Tags den Leugnern!
38 Der Tag der Scheidung ist es, und wir brachten euch
Zusammen mit den Frühern.
39 Habt ihr nun eine List, so listet eurem Herrn!
40 Weh jenes Tags den Leugnern!

41 In Schatten und an Quellen sind die Frömmern,
42 Bei Früchten, die sie haben gern.
43 Esset und trinket wohlgemuth vom Euern!
44 So lohnen wir's den Treuern!
45 Weh jenes Tags den Leugnern!
46 Eßt und genießt die kurze Frist,
Die wir gestecket Sündern!
47 Weh jenes Tags den Leugnern!
48 Die, wann man sagte: Beugt euch! nicht sich beugen.
49 Weh jenes Tags den Leugnern!
50 Wem wollen sie, wenn dem nicht, glauben?

Anfang und Ende der 79^{N} Sure
Die Entweicherinnen

1 Bei euren untertauchenden Entweicherinnen,

Vers 1 Siehe S. 33 u. 51. Dazu 77. Vgl. Wahls Absurda.

2 Und umschweifenden Schweiferinnen,
3 Und hinstreifenden Streiferinnen,
4 Und vorlaufenden Läuferinnen,
5 Und Gebotbetreiberinnen!
6 Am Tage wo die Gellerin gellt,
7 Und die Antworterin einfällt,
8 Sind die Herzen von Angst geschwellt,
9 Und die Blicke zu Boden geschnellt.
10 Doch sprechen sie: Wie sollten wir seyn hergestellt,
11 Wann wir zu Knochen sind zerschellt?
12 Sie sprechen: Übel wärs bestellt.
13 Doch seyn wirds nur ein einziger Gell,
14 Und dastehn sie im offnen Feld.
27 Seid ihr Geschöpfe stärker als die Himmel? Er erhob sie,
28 Wölbt' ihre Deck' und wob sie,
29 Umzog mit finstrer Nacht und Morgenroth sie.
30 Die Erde dann, hinstreckt' er bloß sie,

31 Dann Weid' und Wasser trug auf sein Gebot sie,
32 Und aufwerts feste Berge schob sie,
33 Euch zum Genuß und eurem Vieh.
34 Doch kommt die Überwältigerin, die große,
35 Wann seines Werks denkt jeder Werkgenosse,
36 Der Abgrund wird gerückt vors Aug das bloße;
37 Wer nun war im Verstoße,
38 Bethört vom Weltgenusse;
39 Der Abgrund ihm zum Schlosse!
40 Doch wer den Richtort seines Herrn gefürchtet,
Und der Begierde wehrte unverdrossen,
41 Der Garten ihm zum Schlosse!
42 Sie fragen dich, wann ist gesetzt die Stunde?
43 Was hast du davon Kunde?
44 Sie ruht in deines Herren Munde.
45 Du bist ein Mahner nur dem der sie scheut von Herzensgrunde.
46 Wann sie sie sehn, wirds ihnen seyn, als hätten sie
Geweilt nur einen Abend oder eine Morgenstunde.

80e Sure
Er gieng verdriesslich

1/1 Er gieng verdrießlich wegen
2/2 Des blinden Manns, der ihm kam ungelegen.
3/3 Weißt du, ob er nicht reinen Sinn mag hegen?
4/4 Ob ihm nicht Mahnung hätte frommen mögen?
5/5 Doch einer von Vermögen,
6/6 Dem kommst du gern entgegen,
7/7 Und fragst nicht, ob er reinen Sinn mag hegen.
8/8 Wer aber zu dir kommt, dem es ist angelegen,
9/9 Und geht auf Gottes Wegen,
10/10 Gar unbekümmert bist du seinetwegen.
11/11 Doch eine Mahnung ists fürwahr
12/12 Für jeden, der zu mahnen war,

13/13 Auf Blättern wunderbar,
14/14 Erhabnen, rein und klar,
15/15 Von den Händen gestellet dar
–/16 Einer hohen heiligen Schreiberschaar.
16/17 Fluch dem Menschen! wie ist er undankbar!
17/18 Woraus hat Er ihn erschaffen?
18/19 Aus einem Tropfen
19/– Bildet' er ihn und schuf ihn,
20/20 Dann führt' er jede Stuf' ihn,
21/21 Ließ dann ihn sterben und begrub ihn,
22/22 Dann, wann er wollte, weckt' er aus der Gruft ihn;
23/23 Doch er thut nie, wozu er ruft ihn!
24/24 So sehe doch der Mensch auf seine Nahrung!
25/25 Wir ließen träufeln Wassertrauf,
26/26 Und spalteten Erdspalten,
27/27 Und ließen wachsen Korn herauf,
28/28 Und Klee und Traub',
29/29 Oliv' und Palm',
30/30 Und Gärten voller Laub,
31/31 Und Frucht und Kraut,
32/32 Euch selbst und euren Thieren zur Bewahrung.
33/33 Wann aber kommt der Schlag,
34/34 Am Tag wo flieht ein Mann vor seinem Bruder,
35/35 Seinem Vater und seiner Mutter,
36/36 Vor seinem Weib und seinem Sohn,
37/37 Weil jeder nun hat für sich selbst genug zu thun;
38/38 Des Tages werden Angesichte erstralen,
39/39 Mit Lächeln wird sie Freude malen;
40/40 Des Tags auch werden Angesicht' erfahlen,
41/41 Erdfarbig seyn vor Qualen;
42/42 Das sind die Leugner und die Lästrer alzumal.

81ᴱ Sure
Die Ballung

1 Wann die Sonne sich wird ballen,
2 Die Sterne zu Boden fallen,
3 Und die Gebirge wallen,
6 Der Meere Fluten Schwallen;

Vers 6 Versetzter Vers.

4 Wann Zuchtkamele sind unverwahrt,
5 Und die wilden Thiere geschaart,
7 Und die Seelen wieder gepaart;
8 Man das lebendig begrabne wird fragen,
9 Um welche Schuld es sei erschlagen;
10 Und die Bücher sind aufgeschlagen;
11 Wann der Himmel wird abgedach't,
12 Und die Hölle wird angefacht,
13 Und der Garten herangebracht;
14 Wird eine Seele wissen was sie dargebracht.
15 Soll ich schwören bei den Planeten,

Vers 15 *Soll ich schwörenlā* **wie 84,16.**

16 Den wandelnden, den unsteten?
17 Und bei der Nacht der öden?
18 Und der athmenden Morgenröthe?
19 Das Wort ists eines Boten werth,
20 Eines Boten stark, der steht beim Herrn des Throns geehrt,
21 Eines Gebieters treu bewährt.
22 Nicht euer Landsmann irrt noch thört.
23 Er sah ihn in der Höh verklärt,
24 Und will mit dem nicht geizen was er sah und hört'.
25 Das Wort nicht ist es dessen der sich hat empört.
26 Wo rennt ihr hin verstört?
27 Es ist nur eine Mahnung an die Welten,
28 Dem wer von euch will lassen die Wahrheit gelten;
29 Ihr aber wollet nicht, wenn nicht will Gott, der Herr der Welten.

82e Sure
Die Zerkliebung

1 Wann die Himmel zerkloben sind,
2 Und die Sterne zerstoben sind,
3 Wann die Meere sind verschäumt,
4 Und die Gräber sind geräumt;
5 Wird eine Seele wissen, was
Sie hat gethan und was versäumt.
6 O Mensch, wie bist du deinem Herrn, dem gütigen, entronnen!
7 Der dich gebildet und geschlichtet
Und eingerichtet,
8 In welche Form er wollte, dich gedichtet.
9 Doch leugnet ihr den Tag, an dem er richtet.
10 Doch über euch sind Hüter bleibende,
11 Hochedle Schreibende,
12 Die wissen was ihr habt verrichtet und begonnen.
13 Fürwahr die Frommen sind in Wonnen,
14 Die Sünder sind im Flammenbronnen,
15 Da brennen sie, wann das Gericht begonnen,
16 Und sind ihm nicht entronnen.
17 Weißt du, wann das Gericht begonnen?
18 Ja weißt du, wann das Gericht begonnen?
19 Wann keine Seel' hilft keiner Seel' und Gottes ist die Macht.

83e Sure
Die Schmälerer

1 Weh den Schmälerern,
2 Die, wenn sie sich zumessen lassen,
Von andern nehmen Volles gern,
3 Doch, wenn sie messen oder wiegen, schmälern.
4 Vermeinen sie nicht daß man sie wird wecken,
5 Zu einem Tag der Schrecken?
6 Da werden sich die Menschen nicht vor ihrem Herrn verstecken.

7 O ja, die Schrift der Sünder liegt in Sidschin fern.
8 Wüßtest du, was ist Sidschin, gern?
9 Geschriebenes von Schreibern.
10 Weh jenes Tags den Leugnern,
11 Die den Gerichtstag leugnen gern.
12 Geleugnet wird er nur von argen Frevlern;
13 Die, wenn man unsre Zeichen liest,
Ausrufen: Possen der Aeltern!
14 Ach ja, von ihren Werken läßt ihr Herz sich übermeistern.
15 Ja, ausgeschlossen sind sie dort von ihrem Herrn;
16 Sie brennen in der Hölle Kern.
17 Da sagt man: Das ist, was ihr wolltet leugnen gern.
18 O ja die Schrift der Frommen liegt in Illiun fern.
19 Wüßtest du, was ist Illiun, gern?
20 Geschriebenes von Schreibern,
21 Bezeugt von Auserwähltern.
22 Die Frommen traun in Wonnegauen,
23 Auf Polstern, wo sie um sich schauen;
24 Auf ihren Angesichtern ist der Wonne Glanz zu schauen.
25 Sie tränkt versiegelter Saft der Trauben,
26 Des Siegel ist von Muskus;
Danach soll ringen ringendes Vertrauen!
27 Und seine Mischung ist von Tesnim's Thaue,
28 Dem Quell, an welchem trinken Gottvertraute.
29 Die Sünder pflegten der Gläubigen einst zu lachen,
30 Und im Vorbeigehn manchen Wink zu machen,
31 Dann heimzugehn froh ihrer Sachen,
32 Zu sagen, wo sie jene sahn: »Das sind die Irren, Schwachen.«
33 Sie sollten ja nicht ihre Hüter machen!
34 Heut werden ihrer nun die Gläubigen lachen,
35 Auf Polstern um sich schauend sagen:
36 Wird man den Leugnern wol vergelten was sie sprachen?

84^E Sure
Der Auseinanderfall

1 Wann der Himmel auseinander fällt,
2 Seinem Herrn zu Gebot gestellt,
3 Und wann die Erde wird geschwellt,
4 Und auswirft was sie in sich hält,
5 Ihrem Herrn zu Gebot gestellt;
6 O Mensch, du strebtest gegen deinen Herrn, nun wirst du ihn finden.
7 Wer nun sein Buch in seine rechte Hand erhält,
8 Dem wird gerechnet eine Rechnung linde,
9 Und zu den Seinen kommt er hin im Glücke;
10 Doch wer sein Buch hält hinter seinem Rücken,
11 Der wird Vernichtung rufen
12 Und brennen in den Gluten.
13 Denn bei den Seinen war er einst im Glücke,
14 Nicht dacht' er daß man ihn entrücke;
15 Doch ihn bemerkten seines Herren Blicke.
16 Soll ich schwören beim Abendroth,

Vers 16 *Soll ich schwören* **Das** *lā* **ist grammatisch nicht als wirkliche Negation zu fassen, weil es beim zweiten Gliede nicht wiederkehrt. Eben so 90,1; 81,15. Die angerufenen Gegenstände sind auch hier ein Bild des was betheuert werden soll: aus einem Zustand in den andern.**

17 Und bei der Nacht und was sie droht,
18 Und bei des vollen Mondes Boot!
19 Ihr werdet kommen aus Noth in Noth.
20 Was wollen sie, daß sie nicht glauben?
21 Wenn man den Koran ihnen liest, nicht beten an im Staube?
22 Die Leugner sind es, die sich strauben.
23 Doch Gott kennt, was sie sich erlauben.
24 Verkündige ihnen Marterschrauben!
25 Doch dem, der glaubt und Gutes thut, wird Lohn, der nicht zu rauben.

91ᴱ Sure
Die Sonne

1 Bei der Sonne die im Glanze schreitet,
2 Und bei dem Mond der sie begleitet!
3 Und bei dem Tag, der sie weidet,
4 Und bei der Nacht, die sie bestreitet!
5 Beim Himmel und was ihn geweitet,
6 Und bei der Erd' und was sie gebreitet!
7 Und bei der Seel' und was sie bereitet,
8 Zur Wahl von Gut und Bös sie angeleitet!
9 Selig ist, wer sie läutert,
10 Unselig, wer sie verschleudert.
11 Themud hat einst gemeutert,
12 Als auf sich machte der schlechtste ihrer Leute;
13 Doch sprach der Bote Gottes: Dis Kamel laßt trinken heute!
14 Sie leugneten, und stümmelten's, da hat ihr Herr
Für die Schuld mit Stumpf und Stiel sie ausgereutet,
15 Ohne daß er dafür Rache scheute.

92ᴱ Sure
Die Nacht

1 Bei der Nacht wann sie dunkelt!
2 Und beim Tag, wann er funkelt!
3 Bei dem, was Er schuf Mann und Weib hienieden!

Vers 3 *Bei dem, was Er (Gott) schuf* **doch wol Was (Nominativ), wie 91,5.**

4 Ja, eure Wege sind verschieden.

Vers 4 *Verschieden* **wie Tag und Nacht, wie Mann und Weib, oder die Geschöpfe unter sich.**

5 Wer fromm ist und gibt Spende,
6 Und glaubt an die Urstände,
7 Den machen wir zum Heil behende.
8 Wer geizt und gehrt ohn' Ende,

9 Und leugnet die Urstände,
10 Den machen wir zum üblen Heil behende.
11 Nichts hilft sein Gut, wann er zum Abgrund rennte.
12 Die Leitung ist für unsre Hände,
13 Unser der Anfang und das Ende.
14 Ich aber warn' euch vor der Feuerblende,
15 Darin nur brennt der Grundelende,
16 Der leugnet' und sich wendet' ab;
17 Was wir dem Frommen wenden ab,
18 Der von seiner Habe Sühne gab,
19 Und suchte keinen Lohn dafür hienieden,
20 Nur daß ihm sei das Antlitz seines hohen Herrn beschieden;
21 Einst wird er seyn zufrieden.

93e Sure
Der Tag der steigt

1 Beim Tag der steigt!
2 Und bei der Nacht die schweigt!
3 Verlassen hat dich nicht dein Herr, noch dir sich abgeneigt.
4 Das dort ist besser als was hier sich zeigt.
5 Er gibt dir noch, was dir zu deiner Lust gereicht.
6 Fand er dich nicht als Waisen, und ernährte dich?
7 Als irrenden, und führte dich?
8 Als dürftigen, und mehrte dich?
9 Darum den Waisen plage nicht,
10 Dem Bittenden versage nicht,
11 Und deines Herrn Huld vermelde!

94e [Sure]
Erschlossen wir

1 Erschlossen wir dir nicht die Brust,
2 Und nahmen ab dir deine Last,

3 Darunter du gebeugt dich hast?
4 Und hoben dein Gedächtnis fast?
5 Wol kommt durchs Schwere Hehres.
6 Wol kommt durchs Schwere Hehres.
7 Drum, bist du fertig, hebe dich,
8 Zu deinem Herrn bestrebe dich!

95e Sure
Die Feige

1 Bei Feige und Olive,
2 Und bei des Berges Giebeln,
3 Und diesem Friedensgebiete!
4 Wir schufen erst den Menschen nach dem schönsten Bilde,
5 Dann ließen wir ihn sinken in die tiefste Tiefe,
6 Die ausgenommen, die glauben und das Gute thun,
Lohn ungemessner ist für diese.
7 Was zweifelst du noch am Gericht?
8 Ist Gott der gerechteste Richter nicht?

96e Sure
Das zähe Blut

Überschrift Gilt für die erste, und Hammer, ***Lebensbeschreibungen*** **[I], S. 39, macht aufmerksam, daß die ersten Worte von Mohammeds Prophetenthum Lesen und Schreiben betreffen.**

1 Lis im Namen deines Herrn der schuf,
2 Den Menschen schuf aus zähem Blut.
3 Lis, dein Herr ists der dich erkohr,
4 Der unterwies mit dem Schreiberohr;
5 Den Menschen unterwies er
In dem was er nicht weiß zuvor.
6 Ach ja, der Mensch wird übermüthig,
7 Wenn Gott ist gütig;

8 Doch einst kommt er demüthig!
9 Siehst du ihn, ders verbietet,
10 Wann einer betet?
11 Siehst du wohl, ob er ist geleitet,
12 Und Frömmigkeit verbreitet?
13 Siehst du wohl, ob er leugnet und wegschreitet?
14 Weiß er nicht, daß ihn Gottes Blick begleitet?
15 Wenn er nicht abläßt, wollen wir
Ihn bei den Locken packen,
16 Den heuchlerischen meuchlerischen Locken.
17 Ruf' er nur seine Leute!
18 Wir rufen die Höllenmeute.
19 Folg' du ihm nicht! bet' an und nah'!

97e Sure
Die Nacht der Macht

1 Wir sandten ihn hernieder in der Nacht der Macht.
2 Weißt du, was ist die Nacht der Macht?
3 Die Nacht der Macht ist mehr als was
In tausend Monden wird vollbracht.
4 Die Engel steigen nieder und der Geist in ihr,
Auf ihres Herrn Geheiß, daß alles sei bedacht.
5 Heil ist sie ganz und Friede, bis der Tag erwacht.

100e Sure
Die Jagenden

1 Die schnaubenden, die jagenden,

Das *wa* schwört nicht eigentlich, ist ein bloßer Ausruf, statt Construction. Das Bild ist deutlich, die unbändigen begierigen Rosse.

2 Mit Hufschlag Funken schlagenden,
3 Den Morgenangriff wagenden,
4 Die Staub aufwühlen mit dem Tritte,

5 Und dringen in des Heeres Mitte!
6 Ja, der Mensch ist gegen Gott voll Trutz,
7 Was er sich selbst bezeugen muß,
8 Und liebet heftig seinen Nutz.
9 O weiß er nicht, wann das im Grab wird aufgeweckt,
10 Und das im Busen aufgedeckt,
11 Daß nichts von ihnen ihrem Herrn dann bleibt versteckt?

101e Sure
Die Klopfende

1/1 Die Klopfende!
–/2 was die Klopfende!
2/3 Weißt du was ist die Klopfende?
3/4 Wann Menschen werden seyn wie flatternde Motten,
4/5 Und Berge wie gekrempelte Wollenflocken.
5/6 Nun, wessen Wage schwer wird seyn,
–/7 Der ist in Lust und Liebe;
6/8 Und wessen Wage leicht wird seyn,
–/9 Des Mutter ist die Tiefe.
7/10 O weißt du was ist diese?
8/11 Glut brennend heiße.

102e Sure
Das Mehrwollen

1 Ihr wollt nur mehr Geschlecht und Habe,

Vers 1 Note über die angeblich besondere Anspielung.

2 Und geht darüber zu dem Grabe.
3 Einst werdet ihrs erfahren,
4 Ja einst werdet ihrs erfahren.
5 O daß ihrs sähet recht im Klaren!
6 Die Hölle werdet ihr gewahren,

7 Gewahren werdet ihr recht im Klaren.
8 Da wird man fragen euch, was eure Freuden waren.

103^E Sure
Das Nachmittagsgebet

1 Beim Nachmittagsgebet!
2 Des Menschen Fleiß misräth,
3 Nur dessen nicht, der glaubet und das Gute thut,
Der zur Geduld räth und zur Wahrheit räth.

105^E Sure
Die Elefanten

1 Sahst du nicht, was dein Herr that an den Herrn der Elefanten?
2 Macht' er nicht ihre List zu Schanden,
3 Da er auf sie ein Heer von Vögel sandte,
4 Das sie mit Steinen warf, gebrannten;
5 So macht' er sie gleich abgefressnen Saaten.

106^E Sure
Koreisch

1/1 Der Brüderschaft Koreisch,
2/2 Derselben Brüderschaft zur Handelsreis'
Im Winter und im Sommer!
3/3 Drum sollen sie den Herrn anbeten dieses Hauses,
–/4 Der sie gespeiset gegen Hunger,
4/– Gefriedet gegen Furcht und Kummer.

107ᴱ Sure
Das Geräth

1 O siehst du den, der leugnet das Gericht?
2 Er ists der hart mit einer Waise spricht,
3 Und treibt zur Armenspeisung nicht.

Vers 3 *treibt* sich und andere.

4 Weh dem, der sein Gebet spricht,
5 Und merkt auf sein Gebet nicht,
6 Will nur daß ihr ihn seht,
7 Und weigert das Geräth.

108ᴱ Sure
Kauther

1 Wir haben dir verliehn den Kauther;
2 Bring deinem Herrn Gebet und Opfer!
3 Ja, wer dich haßt, der ist ein Abgestumpfter.

109ᴱ Sure
Die Leugner

1 Sprich: O, ihr Leugner!
2 Nicht bet' ich an, was ihr anbetet,
3 Noch wollt ihr beten an, was ich anbete,
4 Noch will ich beten an, was ihr habt angebetet,
5 Noch sollt ihr beten an, was ich anbete.
6 Euch euer Gottesdienst und mir der meine!

110ᴱ Sure
Der Sieg

1 Wann kam der Sieg von Gott und Beistand,
2 Und du die Menschen sahest eingehn
Zum Dienste Gottes schaarenweise;
3 Lobpreise du dann deinen Herrn,
Und ruf ihn um Verzeihung an;
Er kehret sich daran.

111ᴱ Sure
Ab sind sie

1 Ab sind die Händ' Abulahab's, und er ist ab;
2 Es half ihm nicht sein Gut und Hab.
3 Heizen wird er des Feuers Brast,
4 Zuträgt sein Weib des Holzes Last,
5 Um ihren Hals ein Strick von Bast.

112ᴱ Sure
Bekenntnis der Einheit

1 Sprich: Gott ist Einer,
2 Ein ewig reiner,
3 Hat nicht gezeugt und ihn gezeugt hat keiner,
4 Und nicht ihm gleich ist einer.

113ᴱ Sure
Die Dämmerung

1 Sprich: Zuflucht such' ich bei dem Herrn der Dämmerung
2 Vorm Bösen dessen was er schuf,
3 Vorm Bösen der Verfinsterung,
4 Vorm Bösen nestelknüpfender Weiber,
5 Und vor dem bösen Neid der Neider.

114^E^ Sure
Die Menschen

1 Sprich: Zuflucht such' ich bei dem Herrn der Menschen,
2 Dem Könige der Menschen,
3 Dem Gott der Menschen,
4 Vorm Bösen des Einbläsers, des Verräthers,
5 Der einbläst in der Brust des Menschen,
6 Zuflucht vor Dschinnen und vor Menschen.